新时期
工会工作的理论与实践

第一辑

黎青平　余龙进　胡祎赟　主编

浙江工商大学出版社
ZHEJIANG GONGSHANG UNIVERSITY PRESS

U0743886

图书在版编目(CIP)数据

新时期工会工作的理论与实践.第一辑 / 黎青平，余龙进，胡祎赟主编. —杭州：浙江工商大学出版社，2017.8
ISBN 978-7-5178-2246-2

Ⅰ.①新… Ⅱ.①黎… ②余… ③胡… Ⅲ.①杭州师范大学－工会工作－文集 Ⅳ.①D412.6－53

中国版本图书馆 CIP 数据核字(2017)第 150594 号

新时期工会工作的理论与实践

黎青平　余龙进　胡祎赟 主编

责任编辑	沈明珠　谷树新	
责任校对	郑梅珍　张成亮	
封面设计	林朦朦	
责任印制	包建辉	
出版发行	浙江工商大学出版社	
	（杭州市教工路 198 号　邮政编码 310012）	
	（E-mail：zjgsupress@163.com）	
	（网址：http://www.zjgsupress.com）	
	电话：0571-88904980,88831806(传真)	
排　　版	杭州朝曦图文设计有限公司	
印　　刷	杭州恒力通印务有限公司	
开　　本	710mm×1000mm　1/16	
印　　张	25.25	
字　　数	451 千	
版 印 次	2017 年 8 月第 1 版　2017 年 8 月第 1 次印刷	
书　　号	ISBN 978-7-5178-2246-2	
定　　价	63.00 元	

前　　言

近年来,随着我国高等教育改革的全面推进,各高校在取得改革成果的同时也出现了一些新的问题,这些问题涉及高校管理、师德建设、教工工作生活、教工权益、教工身心健康等方面,而这些都与高校工会工作直接相关。对上述问题产生的原因、解决的思路等方面的理论和实践的探究,成为新时期创新高校工会工作方式的举措之一。为了更好地推动高校工会工作的开展和创新,杭州师范大学成立了由专家学者和工会干部参与的工会工作研究会。自工会工作研究会成立以来,每年都组织专家精选、凝练了新的课题研究指南。校工会研究会理事会部分成员和校工会部分会员积极申报、承担了相关课题的研究工作。课题完成后,校工会工作研究会组织课题研究人员参加课题结项前的学术研讨工作。呈现在这里的是工会工作研究会前三届课题研究的成果。综合来说,这些课题研究成果具有以下几个方面的特点。

一、时效性与多元性的统一

研究课题是在党的十八大会议精神和中组部、中宣部、教育部党组联合印发的《关于加强和改进高校青年教师思想政治工作的若干意见》的指导下,结合高校,特别是杭州师范大学工会工作实际遴选、凝练出的,其课题内容涉及"中国梦"、师德建设、高校管理、教工权益、教工健康、青年教工思想政治状况、青年教师工作生活、高校非在编人员生存状况等诸多方面。绝大多数课题负责人能够结合最新理论和上级部门要求,紧密围绕自己最初选题开展了较为深入、细致的研究工作。

二、理论性与实证性的统一

课题成果既有从理论方面的深入探讨,亦有对实际问题的调查分析和对策研究。比如,对尊重劳动和实现"中国梦"的思考、高校工会贯彻落实党的十八大精神的途径和载体等课题,就是从理论方面进行的研究。即使是在实证调查课题的研究中,亦有厚重的理论作为支撑。比如,对高校青年教师生活工作状况、非在编职工生存状况、先进校园文化和教职工文化建设等问题的研究上,做到了理论与实证的紧密结合,这也是高校研究工作者的特色所在。

三、科学性与人文性的统一

无论是在理论研究还是实证调查分析的课题中,除体现科学性、合理性的特征外,还蕴涵着深厚的人文关怀色彩。比如,"医院劳各派遣女职工思想与生活、工作状况的研究与思考"课题,在对数据做数理分析的基础上,提出"重视权益保障,倡导人文关怀,解决劳务派遣女职工的后顾之忧"的关怀伦理的理念;再如对高校非在编教师生存状况、青年教师工作满意度状况的调查分析和对策思考,是以马斯洛需求层次理论为理论指导的,而该理论本身就是一种兼具科学和人文双重特色的心理学理论。

由于主客观的原因,部分研究成果中还存在一些不尽如人意的地方,诸如研究的深度不够、调查样本偏少等,期望在以后的研究中能够不断深入和改进。

本书由杭州师范大学原党委副书记、校工会主席黎青平教授,马克思主义执行院长兼党总支书记、校工会工作研究会会长余龙进教授和校工会工作研究会秘书长胡祎赟副教授主编。

杭师大工会研究课题,得到了浙江省教育工会和杭州市教育工会领导的悉心关怀与指导,得到了学校工会领导的指导和支持,本书的出版也得到了浙江工商大学出版社鲍观明社长和沈明珠编辑的大力支持,在此一并表示衷心的感谢!

编　者

2016 年 12 月

目 录

教职工思想业务素质提升篇

教职工的合法权益维护篇

发挥工会在校园文化建设中的作用篇

关心教职工工作与生活篇

加强工会的自身建设篇

党的工会工作
理论与实践篇

马克思主义工会理论中国化的
逻辑内涵及其时代意义

胡祎赟[①]

【摘　要】马克思、恩格斯在揭示工会产生的原因及其历史必然性时指出了工会的保护、组织和教育作用。列宁在无产阶级专政条件下发展了马克思主义工会理论。列宁认为,工会是党和群众之间的"桥梁""纽带"。毛泽东的"生产、生活、教育三位一体"的工会职能观、邓小平同志的"工会参与管理"的思想、江泽民同志的"四项落实"、胡锦涛同志的全面建设小康社会的工会工作主题和习近平同志的工会维权践行思想,都是中国共产党领导集体把马克思主义理论与中国革命和建设实践相结合的理论产物,亦是马克思主义工会理论中国化的具体内容。

【关键词】马克思主义工会理论;中国化;逻辑内涵

一、马克思主义工会观的时代内涵

　　马克思主义工会理论是马克思、恩格斯对于当时欧洲工会运动实践的理论思考,是马克思主义理论不可或缺的一部分。仅从理论结构自身的角度来说,马克思、恩格斯确实没有专门写过关于无产阶级工会理论的著作,也没有形成关于工会研究的专门的、系统的理论体系,他们主要从工会与无产阶级政党在组织性质、政治任务和革命作用等方面的区别与联系中论述了其工会学说,这些论述大多散见于马克思恩格斯的著作中。马克思主义工会学说是特定环境和特定问题的产物,其工会理论具有鲜明的时代特征。他们在揭示工会产生的原因及其历史必然性时指出了工会的作用:一是保护作用。"最初目的只是为了维护工资。"[1]"工会的直接任务仅仅是适应日常的需要,力图阻止资本的不断进攻,一句话,仅仅是解决工资和劳动时间问题。"[2]这些论断生动地说明了工会的保护

---

　　① 胡祎赟,杭州师范大学马克思主义学院副教授、校工会工作研究会秘书长。

作用。二是组织作用。工会产生之前,工人反抗资本家的斗争分散而无力;工会产生以后,"它使工人阶级作为一个阶级组织起来"[3]。工人的力量由分散变为集中,联合起来的工人力量不断增强,通过斗争,把资产阶级贪得无厌的欲望限制在了一定的范围之内,为工人争得了工资和劳动条件的改善。三是教育作用。马克思和恩格斯认为,无产阶级依靠工会和资本进行经常的斗争,使无产阶级受到了训练,尤其对工会组织的罢工训练作用给予了较高评价。恩格斯曾说过:"罢工是工人的军事学校,他们就在这里受到训练,准备投入已经不可避免的伟大的斗争中去;罢工是工人阶级各个队伍宣告自己参加伟大的工人运动的宣言。"[4]19 世纪 70 年代末,德国成为世界工人运动的中心,恩格斯在分析德国工人运动取得较大胜利的原因时,指出了工会在德国工人运动中的重要作用:"工会组织产生的直接利益,吸引着许多平时对政治漠不关心的人参加政治运动。"[5]工会从斗争实践中教育了广大工人阶级团结联合,并从关注经济斗争转向关注政治斗争。在当时的历史条件下,马克思、恩格斯在对工会与无产阶级政党关系的论述中,阐明了工会的作用是保护工人阶级当前利益、组织工人联合反抗资本家,以及通过和资本家的经常的斗争,教育和训练无产阶级的阶级觉悟和斗争水平。

二、列宁:工会是党和群众之间的"桥梁""纽带"

列宁在无产阶级专政条件下发展了马克思主义工会理论。列宁在社会主义建设时期特别强调工会的作用。他认为,工会是党和群众之间的"桥梁""纽带"。"工会作用是非常重要的。"[6]"党直接依靠工会来进行自己的工作。"[7]党组织通过工会组织工人群众恢复生产,用劳动竞赛推动生产发展。他还提出,工会要参与国家管理,参加生产的管理。"工会是一个学校,是学习联合的学校,学习团结的学校,学习维护自己的学校,学习主持经济的学校,学习管理的学校。"[8]"是共产主义的学校。"[9]

三、马克思主义工会理论中国化的具体方面

(一)毛泽东:"生产、生活、教育三位一体"的工会职能观

早在建党初期,毛泽东就对工会的某些基本问题提出了马克思主义的见解,

之后他又不断丰富这方面的内容。他和刘少奇等党内一批杰出的工人运动领袖一道奠定了中国化的马克思主义工会理论基础。关于工会的性质,毛泽东认为"劳工会是劳工的团结体","工会是工人组织的",是为工人群众谋福利的工人自己的组织,是工人阶级的群众组织。[10]他明确指明了工会的目的和宗旨:"劳动组合的目的,不仅在团结劳动者以罢工的手段取得优异的工资和缩短工作时间,尤在养成阶级的自觉,以全阶级的大同团结,谋全阶级的根本利益。这是宗旨所在,希望劳工会诸君特别注意的。"[11]他认为,工会应把争取和维护工人眼前的切身利益,同谋求工人阶级的彻底解放这个根本利益结合起来。关于工会的职能,毛泽东也有过一些论述和指示,涉及工会四项基本职能的一些重要内容。他的基本点是"以生产为中心,生产、生活、教育三位一体"的工会职能观。他多次强调,在工厂内必须以生产为中心。搞好生产经营,是党、政、工三位一体的共同任务、共同目的。在他看来,工会同党、政一样,也必须一切服从、服务于生产这个中心。工会工作有不适合提高劳动纪律与劳动积极性的,必须加以改进。很显然,他特别突出工会的生产建设职能,把它作为首要职能,放在中心的地位。对工会维护、教育和参与职能,毛泽东也做过若干论述。"苏区工人是组织了坚强的阶级工会。这种工会是苏维埃政权的柱石,是保护工人利益的堡垒,同时它又成为广大工人群众学习共产主义的学校。"[12]他常常把工会履行维护职能同关心职工生活福利结合起来,而且把"维护"的重心放在"生活"上。他对工会作为"学习共产主义的学校"的教育职能一直很重视。他强调工人是企业的主人,要实行"两参、一改、三结合",即"工人群众、领导干部和技术人员三结合,干部参加劳动,工人参加管理,不断改革不合理的规章制度"[13]。

毛泽东提出了工会应把大多数工人组织起来的重要原则。新中国成立前夕,面对全国工业城市相继解放,而工会组织又存在着关门主义倾向,他在全国工会工作会议上指出:"'今天我国有将近二千万的职工大军,但组织起来的太少。老解放区工会发展很少,新解放区刚才开始。'[14]必须尽快建立工会,把工人阶级组织起来。一切职工,即使政治上落后的人,都应包括在工会组织之内。否则,我们在工厂中便会是少数,便会孤立。"

毛泽东制定了"公私兼顾,劳资两利"的正确的工运方针。他指出,在国有工厂中,国家和工人、工厂和工人,都必须兼顾,不能只顾一头。无论只顾哪一头,都是不利于社会主义的。他在《论政策》《关于工业与工运问题的方针》《关于工商业政策》等著作中,对"劳资两利"方针做了深刻的阐述。他针对抗日战争,特别是解放战争时期出现的对待民族资产阶级和上层小资产阶级的过"左"的错误政策,以及片面强调工人眼前福利,提出过高劳动条件的倾向指出:"而新民主主义国民经济的指导方针,必须紧紧地追随着发展生产、繁荣经济、公私兼顾、劳资两利这个总目标。一切离开这个总目标的方针、政策、办法,都是错误的。"[15] 按照这个方针,工会应调节劳资间的利害关系,实行劳资合作。一方面,必须坚决保护工人利益,保障工会的权利,才能发动工人的积极性;另一方面,要保证私人企业在合理经营下的正当赢利。工会还应主动做私营企业家的工作,调动他们的积极性。这个方针对于我们今天扩大开放、引进外资、发展私营经济仍然具有重要的指导意义。

(二)邓小平:"工会参与管理"的思想

在中国社会主义革命和建设时期,以邓小平同志为代表的中国共产党人,继承和发展了马列主义、毛泽东思想关于工会的理论。立足于社会主义初级阶段的客观实际,在"一个中心,两个基本点"基本路线的指引下,邓小平对工会的实际工作提出了新的要求,在工会理论方面也有许多创新之处。

1.发展了群众路线的思想

在粉碎"四人帮"后不久,邓小平同志就充分肯定了中国工人阶级为实现中国四个现代化做出的突出贡献。他明确指出:"全国总工会和各级工会组织在党的领导下做了许多很好的工作,对全国的社会主义革命和社会主义建设的胜利发展起了重大的作用。"[16] 因此,"工会不再是有些人所认为的那种可有可无的组织了"[17]。

2.发展了列宁的"工会参与管理"的思想

我国实行对外开放后,经济领域出现了以公有制国有大企业为主体的多种所有制经济并存的局面。为了办好这些企业,除发挥对这些企业经理的集中指挥外,还应发挥职工的主人翁精神和作用。工人阶级既是我国的领导阶级,又是国家的主人,因而要发挥职工参与和管理的作用。"我们所有的企业必须毫无例外地实行民主管理。"[18] 其形式主要是发挥职代会或职工大会的作用。"企业的重大问题要经过职工代表大会或职工大会讨论。"[19] 这些论述为《中华人民共和国公司法》《中华人民共和国工会法》(以下简称《工会法》)等法律的出台提供了重要的理论根据。

3.发展了列宁两个维护的思想

两个维护是社会主义国家工会的特殊作用,社会主义国家是代表人民利益的国家,这就要求工会维护国家的总体利益。但是,由于"我们国家还很落后,工人福利不可能在短期间有很大的增长,只能在生产增长特别是劳动生产率的增长的基础上逐步增长。但是,这决不能成为企业领导不关心工人福利的借口,尤其不能成为工会组织不关心工人福利的借口,在目前的条件下,企业领导在这方面还是有大量的工作应该做"[20]。

4.发展了工会在精神文明建设中的作用的思想

邓小平同志结合我国改革开放以来的经验,明确提出:"只要我们的生产力发展,保持一定的经济增长速度,坚持两手抓,社会主义精神文明建设就可以搞上去。"[21]工人阶级也是精神文明建设的主力军,工会在精神文明建设中要发挥组织的作用,"工会要教育工人艰苦奋斗、大公无私、严守纪律、服从调动、爱厂如家"。"工会干部自己就必须在所有这些方面都成为模范。"[22]只有这样,工会在职工群众中才能享有较高的威信,做出更大的贡献。

5.发展了工会自身建设的思想

工会自身建设好,才能率领工人阶级实现肩负的伟大历史使命。邓小平根据中国的实际指出:"工会工作的好坏怎么样,影响着工人当家做主的权利行使得怎么样,也影响着企业管理的好坏怎么样。"[23]工会自身建设的关键是工会干部水平的提高。因此,急需提高他们的思想政治水平、科技水平和管理企业的能力。

(三)江泽民:"四项落实"的工会工作观

江泽民同志在坚持邓小平有关工人阶级和工会理论的同时,适应我国社会主义市场经济和现代化建设的新形势,对之又有新的发展,主要体现在下列几方面。

1.必须全心全意依靠工人阶级

江泽民同志充分认识到全心全意依靠工人阶级这一问题的重要性,他指出:"必须全心全意依靠工人阶级,这是由我们革命的性质和多年来艰苦奋斗的历程决定的。中国共产党领导革命所取得的国家政权,就是工人阶级领导的政权。我们的国家是工人阶级领导的国家,不全心全意依靠工人阶级依靠谁呢?"随着改革开放的不断深入以及计划经济体制向社会主义市场经济的逐步过渡,企业所有制形式多样化,具体组织形态和管理操作也多样化了,职工队伍不断发展壮大的同时,自身结构也呈现出许多新的特点。这使一些企业的领导人和部分职工群众产生了错误思想和认识。他们的理想淡化了,信念动摇了,职业道德和素质下降了,更多地追求实惠而不大关心政治了。江泽民同志对这些错误思想和倾向予以及时纠正。1995年4月29日,他在庆祝"五一"国际劳动节大会上指出："工人阶级是我党的阶级基础,是我们国家的领导阶级。我们党所领导的改革和社会主义现代化建设的全部活动与整个过程,都必须全心全意地依靠工人阶级,这在任何时候、任何情况下都不能动摇。"它明确告知世人,中国正在进行的改革是社会主义性质的改革,是社会主义制度的自我完善;社会主义市场经济的目的是在坚持生产资料社会主义公有制和按劳分配原则为主的基础上,消除制约生产力发展的不利因素,解放和发展生产力,提高综合国力和人民生活水平,消除两极分化,实现共同富裕;改革并不改变社会主义本质,也不改变党和国家的性质;否定工人阶级的历史地位和作用,也就否定了党的工人阶级先锋队性质,否定了党的领导地位和作用。当改革进入攻坚阶段,一部分职工由于利益调整而产生失落感时,江泽民同志又在工会十三大召开期间用"不愧为先进生产力的代表,不愧为推进中国革命、建设和改革事业的中坚力量,不愧为我们国家的领导阶级"高度评价了我国工人阶级,坚定了广大职工的信心。此外,江泽民同志还强调:"依靠"是依靠包括知识分子在内的工人阶级全体,知识分子已经是工人阶级的一部分,没有知识分子不可能建设社会主义。第三代领导集体把握时代脉动,重视发展科学技术,高瞻远瞩地制定了科教兴国方略,为作为工人阶级一部分的知识分子提供了广阔的发展空间。从江泽民同志的论述中不难看出,他始终高度重视工人阶级的历史地位和作用,给予我国工人阶级极高的评价,结合形势发展,在各个时期都突出体现了改革开放和社会主义现代化建设的全部活动与整个过程都必须全心全意依靠工人阶级。

2."四项落实"的工会工作观

江泽民同志不仅从理论上高度重视并深刻阐述了全心全意依靠工人阶级的指导方针,而且多次强调要狠抓落实,对各项具体工作做出了明确指导。1995年,江泽民同志在庆祝"五一"国际劳动节大会上说:"……我们必须认真研究在新的历史条件下坚持这一方针遇到的新情况新问题,有效地保障这一方针的贯彻落实。"随后他又指出:"全心全意依靠工人阶级,就是要在政治上保证职工群众的主人翁地位,调动广大职工的积极性和创造性,增强企业的凝聚力和向心力;就是要加强民主管理,听取群众意见,在制度上保证职工了解和参与企业的经营管理,实现职工群众对企业的有效监督;就是要加强职工队伍建设,提高职工队伍素质,用建设有中国特色社会主义理论和社会主义市场经济知识武装广大职工,加强对广大职工的爱国主义、集体主义、社会主义教育;就是要依法保护广大职工的合法权益,不断改善生产环境和条件,关心广大职工的生活和福利,目前要更加关心一些困难行业、企业的职工生活。"[24]这充分体现了党对职工群众的关心,全面而具体地指明了全心全意依靠工人阶级方针的基本实现途径和重点工作,是对邓小平工人阶级和工会工作理论的又一个新发展。江泽民同志提出的政治上保证、制度上落实、素质上提高、权益上维护这四项内容恰恰体现了工会的工作重点——依法维权,维护职工民主政治权利和维护职工经济利益。因此,要更好地实现这"四项落实",不仅需要各级党政机关给予政策、方法上的指导帮助,需要广大职工坚定信念、积极支持,更需要各级工会组织扎实做好群众工作,充分发挥桥梁与纽带作用。

(四)胡锦涛:"全面建设小康社会"的工会工作主题

党的十六大以来,胡锦涛同志对工人阶级和工会工作做出了一系列重要指示和论述,他在充分肯定工人阶级的历史地位和主力军作用的前提下,提出了新世纪新阶段我国工人运动的主题是全面建设小康社会,揭示了工人阶级在面临新变化的时代背景下,要全面履行各项社会职能和以创新精神不断加强自身建设等重要论断。这些论述为做好工人阶级和工会工作提供了强大的思想武器和理论指导,是对党的三代中央领导集体关于工人阶级和工会工作理论的继承和发展。

1.新世纪新阶段工人运动的主题

2003 年,胡锦涛同志在同全国总工会新一届领导班子成员和中国工会十四大部分代表座谈时指出:"我国工人阶级的前途命运是同党和国家的前途命运紧紧联系在一起的,我国工人阶级的地位和作用也是同党和国家事业的发展紧紧联系在一起的。全面建设小康社会,是全党全国人民在新世纪新阶段的历史任务,也必然是新世纪新阶段我国工人运动的主题。我国工人运动只有牢牢把握这一主题,才能始终坚持正确的方向,生机勃勃地向前发展。"2010 年,胡锦涛同志在全国劳动模范和先进工作者表彰大会上进一步指出:"我们一定要紧紧把握全面建设小康社会、坚持和发展中国特色社会主义这个当代中国工人运动的主题,坚持聚精会神搞建设、一心一意谋发展。"[25]

2.揭示工人阶级的新变化

改革开放以来,特别是党的十六大和中国工会十四大以来,随着我国经济社会持续较快发展和工业化、信息化、城镇化、市场化、国际化快速推进,我国工人阶级在队伍、素质、权益等方面发生了意义深远的新变化。胡锦涛同志指出:"随着改革开放的深入和经济、文化的发展,随着经济结构战略性调整的推进和工业化、城镇化进程的加快,大批乡镇企业职工、进城农民工、非公有制企业职工和新兴产业职工源源不断地加入工人阶级队伍。"胡锦涛同志充分肯定了工人阶级在精神面貌方面取得的进步。"在全国广大职工中深入开展社会主义核心价值体系教育,着力建设知识型职工队伍,职工队伍思想道德素质和科技文化素质得到新的提高。"[26]胡锦涛同志强调在党和政府以及工会组织共同努力下,职工经济、政治、文化、社会权益得到了有力保障,社会主义和谐劳动关系得到新发展。

3. 坚持走中国特色社会主义工会发展道路

坚持走中国特色社会主义工会发展道路,是历史的结论、时代的必然、未来的召唤。胡锦涛同志指出:"中国特色社会主义工会发展道路是中国特色社会主义道路的重要组成部分。要全面把握中国特色社会主义工会发展道路的精神实质,把坚决按照工会章程和有关法律法规独立自主开展工作同自觉接受党的领导紧密结合起来,把维护职工群众具体利益同维护全国人民根本利益紧密结合起来,把服务职工、维护职工合法权益同组织职工、教育引导职工紧密结合起来,不断提高为职工群众服务的能力和水平。要准确把握经济关系、劳动关系和职工队伍发展变化的新特点,探索社会主义市场经济条件下工会工作的规律,努力使中国特色社会主义工会发展道路越走越宽广。"

4. 提出工会全面履行各项社会职能

面对新的形势和任务,党中央要求工会全面履行各项职能,切实把党的路线方针政策贯彻落实到各项工作中去,充分发挥组织职工、引导职工、服务职工、维护职工合法权益的重要作用,扩大工会工作覆盖面,增强工会组织凝聚力。

5. 工会以创新精神不断加强自身建设

工会要履行职能和发挥作用,需要以创新精神不断加强自身建设。胡锦涛同志指出:"加强自身建设是工会适应新形势新任务、在党和国家工作大局中更好发挥作用的重要前提。要全面贯彻党的十七大精神,切实搞好深入学习实践科学发展观活动,以解放思想为先导、以改革创新为动力,切实解决思想、作风、能力、素质等方面与推动科学发展要求不符合不适应的问题,深入研究工会工作面临的新情况新问题,探索新形势下做好工会工作的新思路新办法,继续推动工会工作改革创新,最广泛地把广大职工群众组织到工会中来、团结在党的周围。要充分激发工会组织特别是基层工会活力,进一步扩大工会工作覆盖面,不断增强工会组织凝聚力。工会干部特别是领导干部要加强学习、转变作风,密切联系群众,提高推动科学发展、促进社会和谐、服务职工群众的能力和水平,努力做到政治坚定、业务扎实、作风过硬、廉洁自律,为工会事业发展做出优异成绩,不辜负党的重托和广大职工群众的期望。"

(五)习近平:工会维权的践行

1.工会维护职工权益是服务党和国家工作大局的需要

习近平总书记明确指出:"保障职工群众经济、政治、文化、社会权益是我国社会主义制度的根本要求,是党和国家的神圣职责,也是发挥广大职工群众积极性、主动性、创造性最重要最基础的工作。"[27]在这里,习总书记既从我们党的宗旨、社会主义国家的性质、根本制度的高度,阐明了维护和发展职工群众权益天经地义、绝不含糊,同时也深刻揭示了工会以维护之手段服务大局之目的的内在统一关系,即工会只有坚持以职工为本,努力维护好、发展好、实现好职工群众的各项权益,才能充分调动起、发挥好职工参与改革、致力发展、维护稳定的积极性、主动性和创造性,凝聚起亿万职工的磅礴力量,为实现中华民族伟大复兴的中国梦而奋斗。

在推进中国特色社会主义伟大事业进程中,我国各行各业、各个部门的工作,都必须坚持党的基本路线,都必须服从于党和国家工作大局,但是具体途径和手段是不一样的。工会通过维护职工的合法权益,充分调动职工的积极性、主动性和创造性,并将其组织和引导到完成党和政府提出的各项任务上来,始终做坚持中国道路的柱石、弘扬中国精神的楷模、凝聚中国力量的中坚,正是从工会自身性质和特点出发,适应大局并为大局服务的不二选择。

长期的实践也表明,工会组织维护职工权益与深化改革是内在统一的,与促进发展是内在统一的,与维护稳定是内在统一的。那种把二者割裂开来,甚至对立起来的观点是形而上学的,在实践中是极其有害的。各级工会组织和广大工会工作者必须认真学习、领会贯彻习近平总书记的重要论述,以维护职工权益为天职,理直气壮、旗帜鲜明地把"最重要最基础的工作"做深做细做扎实,在围绕中心、服务大局中彰显作为。

2.工会维权力度大小关乎其凝聚力的强弱

习近平总书记指出:"工会要赢得职工群众的信赖和支持,必须做好维护职工群众切身利益的工作,促进社会公平正义。"因是果之始,果是因之实。习近平总书记运用因果关系的哲理阐明,工会的凝聚力来自工会的维权力度。实践证明,工会越能站在工人阶级的立场上维权说话,就越能发挥好工会作为党联系职工群众的桥梁和纽带作用,越能引导工人阶级听党话跟党走。反之,职工群众就不会认为工会是自己的组织,工会就会脱离职工群众。目前,一些基层工会形同虚设,发挥不了作用,企业一出现群体性事件,职工就把工会抛开了,其教训是十分深刻的。现在社会情况复杂,职工队伍构成也很复杂,一些别有用心的人打着所谓"维权"的旗号,利用职工遇到的一些矛盾和问题,上蹿下跳,煽风点火,其目的就是与党争夺职工群众,动摇我们党执政的阶级基础和群众基础。关系就是如此清楚,道理就是这么简单。正因为如此,法律明确规定维护职工合法权益是工会的基本职责,党一再要求工会要突出履行维护职能,全面履行各项社会职能。因此,各级工会必须经常以基本职责审视工会工作的格局,以突出维护职能强化职责担当,建立健全维权考核评价体系,以制度机制促维权,纠正和防止在维权工作上避重就轻、避难就易和无所作为的现象。

3. 切实增强工会维权的系统性、科学性和实效性

工会维权应学会在对立中把握统一,在统一中把握对立。习近平总书记指出:"维护要讲全面,也要讲重点,重点就是广大职工最关心最直接最现实的利益问题,也就是职工群众面临的最困难最操心最忧虑的实际问题。"这就告诉我们,在维权工作中,单兵突进不行,畸轻畸重不行,齐头并进也不行,必须全面考量,突出重点,协调推进。

根据习近平总书记的论述,讲全面,工会就是要在维护全国人民总体利益的同时,更好地维护职工群众的具体利益,不能只顾一头;就是要代表职工主动参与立法和政策制定,从制度上源头上保障职工利益、发展职工利益;就是不仅要维护职工群众的经济利益,还要维护职工的政治权利、文化权益;就是既要维护职工权益,又要教育职工依法表达合理诉求,自觉维护社会和谐稳定。讲重点,就是要抓住主要矛盾和矛盾的主要方面,突出维护的重点内容和重点对象。紧紧围绕职工工资收入、体面劳动、技能培训、社会保障、法律援助等问题,经常抓、反复抓、深入抓。要聚焦一线职工、农民工、困难职工等最需要维权、最需要帮扶的群体,给予他们特别的关爱,竭诚为他们排忧解难,使他们共享改革发展成果。目前,我国正处于经济结构调整的阵痛期,淘汰落后产能必然会涉及一些职工的利益,一方面,要千方百计不使职工利益在改革中受损或使其降到最低限度,协助政府、企业做好职工安置和再就业工作;另一方面,要引导职工充分发扬识大体顾大局的光荣传统,眼前利益服从长远利益,坚决拥护改革、参与改革、支持改革。这也要作为工会维权的一个阶段性重点。

4. 关键在于加强工会自身改革和建设

做好新形势下的工会工作,更好地维护职工权益,有赖于工会自身改革和建设得到切实加强。对此,习近平总书记饱含深情、厚望殷殷。他指出,"时代在发

展,事业在创新,工会工作也要发展,也要创新","要让职工群众真正感受到工会是'职工之家',工会干部是最可信赖的'娘家人'"。[28]加强工会自身改革和建设。一是必须牢牢把握正确的政治方向,坚持用党的基本理论、基本路线、基本纲领、基本经验武装头脑、指导工作,始终在政治上思想上行动上与党中央保持高度一致。二是必须密切联系职工群众。三是必须坚持工会内部民主制度。在推动健全以职代会为基本形式的企事业单位民主管理制度的同时,把工会会员代表大会制度坚持好;在推动企事业单位实行厂务公开、政务公开的同时,也要搞好会务公开;在推动落实职工的知情权、参与权、表达权、监督权的同时,也要落实好会员的知情权、参与权、选举权、监督权。四是必须抓好基层打牢基础。要通过深入调查研究,摸清症结,采取有效举措,下决心扭转基层薄弱的状况。依法民主选举基层工会主席应作为工会自身改革和建设的突破口,积极稳妥地推进直选,真正选好"地基"中的"钢筋"。要依法建会、依法管会、依法履职、依法维权,严格按照《工会法》《中国工会章程》等相关法律法规办事,运用法治思维和法治方式加强基层工会建设。

参考文献

[1] 马克思,恩格斯.马克思恩格斯选集:第4卷[M].北京:人民出版社,1995.

[2] 马克思,恩格斯.马克思恩格斯全集:第16卷[M].北京:人民出版社,1964.

[3][4][5] 马克思,恩格斯.马克思恩格斯全集:第19卷[M].北京:人民出版社,1963.

[6][7][8][9] 列宁.列宁全集:第4卷[M].北京:人民出版社,2012.

[10][11] 毛泽东.毛泽东文集:第1卷[M].北京:人民出版社,1993.

[12] 中华全国总工会.中华全国总工会七十年[M].北京:中国工人出版社,1995.

[13] 毛泽东.毛泽东文集:第8卷[M].北京:人民出版社,1999.

[14][15] 毛泽东.毛泽东文集:第5卷[M].北京:人民出版社,1996.

[16][17][18][19][21][22][23] 邓小平.邓小平文选:1975—1982[M].北京:人民出版社,1993.

[20] 邓小平.邓小平文选:第二卷[M].北京:人民出版社,1994.

[24] 江泽民.江泽民文选:第1卷[M].北京:人民出版社,2006.

[25] 人民日报.工人阶级是社会主义中国的领导阶级[N].人民日报,2010-05-05.

[26] 新华网.胡锦涛在同全国总工会新一届领导班子成员和中国工会十五大部分代表座谈时的讲话[EB/OL].(2008-10-21)[2016-08-14].http://news.xinhuanet.com/newscenter/2008-10/21/content_10229774_1.htm.

[27] 人民日报. 习近平同中华全国总工会新一届领导班子集体谈话[EB/OL].（2013-10-23）
　　[2016-08-15]. http://cpc. people. com. cn/n/2013/1024/c64094-23308870. html.
[28] 习近平. 在同全国劳动模范代表座谈时的讲话[N]. 人民日报, 2013-04-28.

中国共产党早期群众工作理论与实践探索

周 玲[①]

【摘 要】本文探讨了早期(1921 年 7 月—1927 年 4 月)中国共产党走群众路线的历史必然性,中国共产党早期群众工作理论与实践的主要内容,以及中国共产党早期群众工作的直接成效与经验教训。并且指出了党在长期斗争中创造和发展起来的群众路线,萌芽于党的初创时期,党的早期群众工作理论与实践为后来群众路线理论的形成和发展提供了宝贵的经验。

【关键词】中国共产党;群众路线;研究

1990 年 3 月 12 日,中国共产党第十三届中央委员会第六次全体会议通过《关于加强党同人民群众联系的决定》,谈了九方面的问题,其中第一条就警戒全党:"人民群众是我们党的力量源泉和胜利之本。能否始终保持和发展同人民群众的血肉联系,直接关系到党和国家的盛衰兴亡。"可见,萌芽于党的初创时期的"一切为了群众,一切依靠群众,从群众中来,到群众中去"的群众路线,始终是中国共产党的优良传统和政治优势。在全党全国人民为实现中国梦而奋斗的今天,重视早期共产党人的群众工作理论与实践的学习与研究,注意总结和吸取历史经验,对于当前深入开展党的群众路线教育实践活动,引导党员干部牢固树立马克思主义群众观点,切实改进工作作风,赢得人民群众信任和拥护,夯实党的执政基础,巩固党的执政地位,具有十分重大而深远的意义。

一、走群众路线是中国共产党人的历史必然选择

就中国近代革命的历史条件来说,当时中国的资产阶级比无产阶级更成熟,更具有革命的领导经验,可资产阶级领导的民主革命为什么失败了呢?而与此

[①] 周玲,杭州师范大学马克思主义学院教授。

同时,爆发在苏俄的无产阶级领导的十月革命却取得了胜利。客观地、科学地分析中国近代旧民主主义革命失败及苏俄1917年十月革命胜利的原因,我们不难发现,能不能"代表最广大人民群众的根本利益"成为革命成败的关键。因此走群众路线正是早期共产党人重视历史的学习与研究,注意总结和吸取历史经验的必然选择。

(一)吸取旧民主主义革命失败的教训

19世纪下半叶,鸦片战争爆发,中国出现了历史上几千年未有之"大变局"。外国资本主义入侵造成中国空前的民族危机和社会危机。如何抵御外国侵略?如何救亡图存?如何向西方学习?如何求强求富?中国社会各阶级开始登台表演与探索。农民阶级发动太平天国农民战争,企图用绝对平均主义方案改造社会;新兴资产阶级维新派发起戊戌维新,企图通过政治改良道路救亡图存;资产阶级革命派发动革命,企图通过建立民主共和国来解决民族危机。可惜的是,中国人历尽半个世纪千辛万苦地在黑暗中摸索国家出路的历次努力都失败了。为什么?究其原因是:缺乏先进阶级及其政党的领导,缺乏先进思想理论的指导,缺乏人民群众的广泛支持。

就维新派而言,他们的活动基本上局限于官僚士大夫和知识分子的小圈子。他们不但脱离人民群众,而且害怕甚至仇视人民群众。康有为每次上书,都要反复提醒光绪皇帝不要忘记人民反抗的危险,强调"即无强敌之逼,揭竿斩木,已可忧危"。正因为没有人民力量作为后盾,所以当他们得悉守旧派要发动军事政变时,只得打算依靠掌有兵权的袁世凯,结果反被袁世凯出卖。

辛亥革命同样害怕和敌视人民群众的力量。由于中国民族资产阶级同封建势力有着千丝万缕的联系,因而不敢依靠反封建的主力军农民群众。在革命的过程中资产阶级革命派虽然也曾经联合新军(多数是穿军装的农民和学生),但在清政府被推翻后,他们不但不去领导农民进行反封建斗争反而指责农民"行为越轨"。从未顾及广大农民的利益,致使自己所既定的反封建的革命无法彻底进行,资产阶级也因此失去了巩固革命成果所必需的根基,尽管孙中山先生留下了"必须唤起民众","革命尚未成功,同志仍须努力"的临终遗愿,但是失败和复辟的结果还是无法避免。"国民革命需要一个大的农村变动。辛亥革命没有这个变动,所以失败了。"[1]缺乏人民群众的广泛支持就是旧民主主义革命失败的严重教训。

由此可见,中国的出路,首先必须通过人民革命,发动人民群众,推翻帝国主义、封建主义统治,然后走符合中国国情的现代化道路,才能真正实现中国的独立、民主和富强。

(二)受到十月革命胜利的启发

"十月革命一声炮响,给我们送来了马克思列宁主义。十月革命帮助了全世界的也帮助了中国的先进分子,用无产阶级的宇宙观作为观察国家命运的工具,重新考虑自己的问题。走俄国人的路——这就是结论。"[2]那么俄国人的路是一条怎样的路?

1917年11月7日(俄历10月25日),在以列宁为首的布尔什维克党的领导下,俄国爆发了"十月革命"。全俄工兵苏维埃第二次代表大会于11月7日—9日在斯莫尔尼宫召开,大会首先通过了列宁起草的《告工人、士兵和农民书》,宣告各地全部政权一律归以工人、农民、士兵为代表的苏维埃所有,大会选出了临时苏维埃政府——人民委员会,列宁当选为人民委员会主席。它宣告了世界上第一个社会主义国家的诞生。至1918年3月,在全俄范围内普遍建立了苏维埃政权。1922年12月30日,俄罗斯、乌克兰、白俄罗斯和外高加索联邦共同组成了苏联。

十月革命是人类历史上一种崭新的革命,它开辟了世界无产阶级社会主义革命的新时代。十月革命中,俄国工人、农民和士兵群众的广泛发动并由此赢得胜利的事实,给予中国先进分子以新的革命方法的启示。毛泽东同志说,俄罗斯以民众大联合打倒贵族、驱逐富人的事实,使"全世界为之震动"。1948年7月1日,刘少奇回顾党的历史时说:"此外,还有一个最大的事情,就是十月革命的胜利,这个革命把全世界想要革命但又没有找到出路的人都惊醒了。特别是在中国,我们那时感到了亡国灭种的危险,但又不晓得朝哪里跑,这一下就有办法了。"[3]董必武回忆说:读了许多关于十月革命的书籍后,才"逐渐了解俄国革命中列宁党的宗旨和工作方法与孙中山先生革命的宗旨和工作方法迥然不同"。1920年12月1日,毛泽东在给蔡和森的信中非常明确地表达了要走新的革命道路的认识,反映出走俄国式道路的必然性。他说:"我看俄国式的革命是无可如何的山穷水尽诸路皆走不通了的一个变计,并不是有更好的方法弃而不采。"[4]中国的先进知识分子从十月革命胜利中看到了工农劳动群众的伟大力量,因而他们开始改变对人民群众的看法,逐渐认识到要真正改变中国社会的现状,必须发动广大的工农群众起来进行革命斗争。

1919年巴黎和会上中国外交的失败,进一步打破了中国先进分子对欧美民主主义的幻想,更加促使他们把学习的目光转向苏俄,转向马列主义,转向工农运动。

(三)看到五四运动中工人阶级显示的伟大力量

1919年五四运动爆发,5月4日—6月4日,这是以知识分子(具有初步共产主义思想的知识分子、小资产阶级知识分子、资产阶级知识分子)为主体,以爱国学生打先锋的阶段。自6月3日起,运动面临夭折的危险:北洋政府在北京和其他城市大肆逮捕和镇压学生,学生的情绪开始波动,学生队伍开始分化。正在这个时候,中国工人阶级开始以独立的姿态登上历史舞台。自6月5日起,上海六七万工人为声援学生先后自动举行罢工,工人罢工推动了商人罢市、学生罢课,使五四运动成为一场以工人阶级为主力军,有广大的城市小资产阶级和民族资产阶级群众参加的、全国范围的革命运动。五四运动的直接斗争目标已实现。

在此运动中,中国工人阶级第一次作为独立的政治力量登上历史舞台,显示了伟大力量,发挥了决定性的作用。上海学生联合会在告同胞书中说"学生罢课半月,政府不惟不理,且对待日益严厉","工界罢工不及五日,而曹、章、陆去"。中国工人阶级显示的伟大力量深深震撼了初步掌握马列主义的知识分子,他们脱下学生装从这里出发,"往民间去,去办工人学校,去办工会"(邓中夏),并且开始有了"知识阶级做民众的先驱,民众做知识阶级的后盾"的认识(李大钊)。

二、中国共产党早期群众工作的理论与实践

中国共产党人清醒地总结了中国资产阶级革命失败的历史教训,"一切革命同志须知:国民革命需要一个大的农村变动。辛亥革命没有这个变动,所以失败了。现在有了这个变动,乃是革命完成的重要因素"[5]。中国共产党从十月革命的胜利和五四运动中看到了人民群众的伟大力量,在党成立之初就提出为中国广大人民的利益而奋斗的目标,提出革命活动必须发动和依靠群众的思想,并且把这一思想贯穿到实际斗争的全过程。

(一)关于早期群众工作的思想认识

1. 开始提出知识分子应当同劳动群众相结合的思想

李大钊认为知识分子和人民群众的关系,应该是知识阶级做民众的先驱,民众做知识阶级的后盾,而"知识阶级的意义,就是一部分忠于民众做民众运动的先驱者"。[6]他不仅重视工人,号召"把三五文人的运动"变成"劳工阶级的运动",而且还重视农民,号召先进的知识分去做"开发农村的事",他主张知识分子"向农村去""到民间去"。随后他明确指出:"中国的浩大的农民群众,如果能够组织

起来,参加国民革命,中国国民革命的成功就不远了。"[7]他号召先进的知识分子必须深入到工农群众中去,努力在他们中间工作,共同创造新的历史。尽管当时到工人中去的知识分子为数不多,但这毕竟是一个重要开端,它预示着先进的知识分子应当遵循的新方向和应当走的新道路。

2. 首先集中精力组织工人的思想

1921年,中国共产党第一次全国代表大会通过的《中国共产党纲领》,就充分反映了这种观点。《中国共产党纲领》认为以往的斗争之所以成效甚少,一个重要的原因,就在于未能充分地发动群众,因而在纲领中就明确地规定了"要把工人、农民和士兵组织起来"开展斗争,作为党的重大任务。中共一大在讨论实际工作计划时,决定首先集中精力组织工人。鉴于当时的党"几乎完全由知识分子组成",大会决定"要特别注意组织工人,以共产主义精神教育他们"。

3. 首次提出三万万农民乃是中国革命运动中的最大要素

1922年,党的二大指出:"我们既然是为无产群众奋斗的政党,我们便要到群众中去,要组成一个大的群众党。"这个党不仅"内部必须有适应于革命的组织与训练",而且在关于党的章程的决议案中规定,"党的一切运动都必须深入到广大的群众里面去",都"必须是不离开群众的"。强调三亿农民乃是中国革命运动中的最大要素。1923年6月,党的三大确定与国民党建立革命统一战线,开始把宣传和发动农民提上议程,通过了《关于农民问题的决议案》。1926年3月,毛泽东在《湖南农民运动考察报告》中,充分估计了发动农民群众对中国革命的意义,认为广大农民是中国革命的主要力量,其革命行动是挖了封建势力统治中国的墙脚,动摇了帝国主义侵略控制中国的基础,从而有力地推动了北伐期间工农运动的开展。

4. 提出了工农联盟的思想

1925年1月召开的党的四大,专门研究了对各界群众斗争的领导问题,通过了关于各界群众运动与党的组织、宣传工作的11项决议案。大会宣言号召全国工人、农民、学生、手工业者、商人、知识阶级行动起来,提出了"要使中国不陷于奴隶地位,完全靠着中国劳动群众的努力","中国劳动群众万岁"的口号。1925年,党中央扩大执委会的决议案指出,"中国革命运动的将来命运,全看中国共产党会不会组织群众",引导群众。在各界群众的斗争中,党开始看到工农联盟的巨大作用。在党的四大通过的《对于农民运动之议决案》中,首次提出了工农联盟的问题,强调中国共产党与工人阶级要领导革命至于成功,必须尽可能地、系统地鼓动并组织各地农民逐渐从事经济的和政治的争斗,没有这种努力,中国革命取得成功以及它在民族运动中取得领导地位,都是不可能的。

(二)到工人中去进行宣传和组织工作

共产党早期组织的成员认识到,组织共产党,"离开工界不行",应当与工人加强内部联系。为此,他们提出了"请钻进工场去"的口号,主动学习工人的语言,从事工人的劳动,开展了一系列的活动。

1.创办各种形式的工人夜校

以1921年1月1日由北京共产主义小组创办的北京长辛店劳动补习学校为例,其招生简章写道,本校"以增进'劳动者'和'劳动者的子弟'完全知识;养成'劳动者'和'劳动者的子弟'高尚的人格为宗旨"。"凡身体健康,身家清白的劳动者,不论年龄大小和识字与否,都可入学"。"本校分日夜两班:夜班为'劳动者'而设,日班为'劳动者的子弟'而设"。"本校课程:夜班注重国文、法文、科学常识社会常识'工场和铁路知识'。日班与普通'国民''高小'课程略同"。"凡本校学生概不收学费;并酌量津贴书籍用具等物"。

据北京共产主义小组报告:这是在"既没有工人组织又没有工人领袖的地方"所开办的一所学校。"学校的任务主要是教育工人,并使其习惯于亲自从工人当中选出有觉悟而又积极的工人来管理学校和工会的事情。"[8]"这所学校看来是我们接近工人的一个途径,我们和工人之间逐渐产生了亲密友好的感情;我们不止一次地向工人提出鼓舞他们的重要建议,结果,我们看到,提出的各种阶级要求,像增加工资、缩短工时、要求成立工会等思想,在工人中间已不断增长起来。"[9]

2.组织工会,发动工人斗争

上海机器工会在1920年11月21日成立,会员370多人,近千人出席成立大会。孙中山、陈独秀到会演说,世界工人联合会执行总部致电祝贺,出版刊物《机器工人》。随后,武汉、长沙、广州、济南等地的工人也相继成立工会,工会开始发动工人开展罢工斗争。中国"现代式"的职工运动,是从中国共产党手里开始的。"有了共产党(指共产主义小组)然后才有'现代式'的工会,从此中国的工会才渐次的相当具有组织性、阶级性以至于国际性。"[10]

在中国共产党的领导下,掀起了第一次中国工人运动的高潮,1922年1月12日至3月8日,历时56天。罢工影响迅速波及新加坡、上海等港口。港英当局被迫接受了工人提出的9项条件,罢工取得了完全胜利。工人们高呼:"海员工会万岁。"这次罢工是为争取工人集会、结社的自由权利而爆发的,它鲜明地提出了"为自由而战、为人权而战"的政治口号,标志着"中国职工运动开始了一个新阶段——从改良生活的经济斗争到争取自由的政治斗争的阶段"。工人的觉悟程度和组织程度在斗争中得到了进一步的提高。[11]

(三)组织农民运动和成立农民协会

在集中力量领导工人运动的同时,中国共产党也开始从事发动农民的工作。中国共产党领导的农民运动,最早出现在浙江萧山。1921 年 9 月,上海共产主义小组成员沈玄庐回到家乡,建立了第一个农民运动组织——萧山县衙前村农民协会,发表了成立宣言和章程,开展反抗地主压迫的斗争。农民协会很快扩展到萧山、绍兴两县的 80 余村。1922 年 6 月,彭湃来到家乡广东海丰县赤山约,经过艰苦的工作,成立了农会。1923 年元旦,海丰全县农民代表大会召开,宣告海丰总农会的成立。农民运动随着第一次国共合作的建立,特别是北伐战争的胜利进军而迅猛发展。1926 年 6 月,广东、广西、河南、湖北 4 省区成立了农会,县农会 36 个,区农会 294 个,乡农会 5023 个,农会会员 981442 人。农民协会利用各种各样的教育方法,把农民群众团结起来,反对贪官污吏、土豪劣绅,反对苛捐杂税,形成了全国农村大革命的高潮。这种新式的农民运动,在中国共产党成立之前是不曾有过的。

(四)改组国民党实现第一次国共合作

在二七惨案之后,中国共产党认识到,中国无产阶级虽是一个最有觉悟性和最有组织性的阶级,但是如果单凭自己一个阶级的力量是不能取得胜利的。而要胜利,他们就必须在各种不同的情形下团结一切可能团结的革命的阶级和阶层,组织革命的统一战线。中国共产党决定采取更积极的姿态去联合孙中山领导的国民党。

孙中山领导的国民党大体是代表民族资产阶级和城市小资产阶级的政党。尽管这个党在几经挫折后并没有多少实力,并且成分复杂,严重地脱离群众,但是,中国共产党认为,"中国现存的各政党,只有国民党,比较是革命的民主派",首先应当争取同国民党进行合作,把国民党改组成工人、农民、城市小资产阶级和民族资产阶级的联盟。1923 年 6 月,中国共产党第三次全国代表大会就国共合作的方针和办法做出了正式的决定。国共合作的形成,加快了中国革命的前进步伐。1924 年,工人运动开始复兴,农民运动也有了初步开展。

三、中国共产党早期群众工作的主要成效与经验教训

中国共产党从成立之日起就坚持了一条走群众路线的工作方针,取得的第一手资料和亲身感受辩证地将群众生活和革命斗争联系起来,正确地处理了改进工作方法和完成工作任务的相互关系。不仅在现实的革命斗争中取得了轰轰烈烈的效果,而且为群众路线理论的形成和发展直接提供了宝贵的经验教训。

(一)主要成效——出现了轰轰烈烈的大革命

经过共产党人深入细致的工作,一向被视为一盘散沙的中国人民的力量逐步地组织起来、凝聚起来。1927 年 4 月中共召开五大时,它领导下的工会共拥有 280 万会员,产业工人基本上都已经组织起来了。农会则拥有 972 万会员,由于一个农户一般为五口之家,而入会时只写一个人的名字,所以农会联合的农民实际上已经达数千万之众,这就为国民革命的发展、北伐战争的胜利奠定了群众基础。"打倒列强,除军阀"的歌声响彻了大江南北,随着北伐的胜利进军,中国形成了历史上空前广大的人民解放运动,群众的动员程度更为广泛,斗争的规模更加宏伟,革命的社会内涵更为深刻,人民称之为大革命。大革命是近代中国历史上空前广泛而深刻的群众运动,而中国共产党正是人民群众的主要发动者和组织者。

(二)基本经验——党的活动和广大人民群众是不可分割的

毛泽东在早期的建党活动中就认为:民众联合的力量最强,主张实行"民众的大联合"。"争取群众""组织群众"成为当时党的主要活动任务。党的活动和广大人民群众是不可分割的,因此在党的纲领、路线、方针和实际革命活动中都应反映出鲜明的群众观点,是群众路线的初步萌芽。随着党在长期斗争中不断创造和发展,群众路线成为中国共产党的优良传统。

(三)教训——没有形成一个比较完整的群众路线理论形态

由于历史条件的局限,中国共产党尚处于幼年时期,对中国革命的理论、路线、方针的认识尚处于探索阶段,这种政治上的不成熟性反映在群众路线问题上还没有形成一个比较完整的理论形态,反映在群众路线的实践中出现过陈独秀限制群众运动发展的右倾机会主义错误和主张"无工不会,无会不罢","有土皆豪,无绅不劣",一概打倒的"左倾"盲动情绪,给中国革命事业带来了很大的损失。

参考文献

[1][5] 毛泽东.毛泽东选集:第 1 卷[M].北京:人民出版社,1991.

[2] 毛泽东.毛泽东选集:第 4 卷[M].北京:人民出版社,1991.

[3] 中共中央文献研究室,中共中央党校.刘少奇论党的建设[M].北京:中央文献出版社,1991.

[4] 中共中央文献研究室.毛泽东书信选集[M].北京:人民出版社,1983.

[6] 中国李大钊研究会.李大钊全集:第 3 卷[M].北京:人民出版社,2006.

[7] 中国李大钊研究会.李大钊全集:第 5 卷[M].北京:人民出版社,2006.

[8][9] 中央档案馆.中共中央文件选集:第 1 卷[M].北京:中共中央党校出版社,1989.

[10][11] 邓中夏.邓中夏文集[M].北京:人民出版社,1983.

十八大以来习近平关于工人阶级和
工会工作的重要思想初探

陈　剑①　王　康②

【摘　要】党的十八大以来，习近平总书记两次专门就工人阶级和工会工作发表了重要讲话，对新形势下工人阶级和工会工作提出了一系列新思想、新要求。提出了中国工人运动为实现中华民族伟大复兴的中国梦而奋斗的时代主题，重申了中国工人阶级的主力军作用，进一步丰富和发展了马克思主义的劳动学说，坚持了党全心全意依靠工人阶级的基本方针，为中国特色社会主义工会发展道路注入了新的时代内涵，是马克思主义中国化最新理论成果的有机组成部分。

【关键词】习近平；工会工作；时代主题；主力军

党的十八大以来，以习近平同志为总书记的党中央提出了为实现中华民族伟大复兴的中国梦而奋斗的伟大愿景，开启了中华民族伟大复兴的新的历史征程。习近平总书记高度重视工人阶级和工会工作，在 2013 年 4 月 28 日全国劳模代表座谈会上和 2013 年 10 月 24 日与中华全国总工会新一届领导班子成员集体谈话时两次专门对工人阶级和工会工作发表了重要讲话，提出了对当前和今后一个时期工人阶级和工会工作的一系列新论断、新思想。指明了在实现中华民族伟大复兴的中国梦的伟大征程中中国工人运动的时代主题、工人阶级和工会工作的前进方向、根本任务。

---

①　陈剑，杭州师范大学马克思主义学院研究生。
②　王康，杭州师范大学马克思主义学院教授。

一、牢牢把握我国工人运动的时代主题

2013年10月,在同中华全国总工会新一届领导班子成员集体谈话时,习近平总书记指出:"我国工人运动的时代主题,是为实现中华民族伟大复兴的中国梦而奋斗。"[1]

早在中国共产党成立时的中共一大,就确定了党成立后的中心任务是组织工会和教育工人,领导工人运动。[2]1922年1月—1923年2月,在第一次工人运动高潮时期,以香港海员罢工、安源路矿罢工、京汉大罢工等为代表的一系列规模大、影响广的工人运动进一步彰显了中国工人阶级的巨大力量,也扩大了刚刚成立的中国共产党在全国人民中的影响力。在此后的革命、建设、改革的各个时期,我国的工人阶级和工人运动,以及各级工会组织,始终把实现中国共产党在不同的历史时期确立的奋斗目标作为自身的历史使命和时代主题。在新民主主义时期,我国的广大工人阶级和工人运动为实现民族独立、人民解放而奋斗。新中国成立以来,工人阶级和工人运动在社会主义革命和社会主义建设时期,为建立和巩固人民当家做主的新政权,建立独立的、比较完整的工业体系和国民经济体系而奋斗;在改革开放的历史新时期,工人阶级和工人运动为坚持和发展中国特色社会主义而奋斗。历史和实践雄辩地证明:中国的工人运动始终沿着中国共产党指引的正确方向前进,始终同中国共产党领导的伟大事业紧密相连,始终是实现中华民族伟大复兴历史使命中的重要组成部分。

历届党中央领导集体对不同时期工人运动的历史使命和时代主题有过一系列重要论述,早在1953年12月,在《给鞍山钢铁公司全体职工的贺信》中,毛泽东同志就指出:"我国人民现正团结一致,为实现我国的社会主义工业化而奋斗,你们的英勇劳动,就是对于这一目标的重大贡献。"[3]1978年10月,邓小平同志在代表党中央向中国工会九大开幕致贺词时指出:"在本世纪内把我国建设成现代化的伟大的社会主义强国,是中国工人阶级新的伟大历史使命。"[4]1998年10月,江泽民同志在同中华全国总工会第十三届领导班子成员和出席中国工会十三大的部分代表座谈时指出:"希望我国工人阶级继续肩负起历史赋予的光荣使命,为改革开放和现代化建设做出新的贡献。"[5]2003年9月,胡锦涛同志在同中华全国总工会第十四届领导班子成员座谈时指出:"全面建设小康社会,是新世纪新阶段我国工人运动的时代主题。"[6]

在新的历史起点上,以习近平同志为总书记的党中央提出了实现中华民族伟大复兴的中国梦的伟大愿景和"两个一百年"的奋斗目标,在总结历史经验和现实基础上,习近平总书记旗帜鲜明地阐述了中国工人运动为实现中华民族伟大复兴的中国梦而奋斗这一全新的时代主题,具有很强的思想性、理论性、针对性,进一步指明了当前和今后一个时期我国工运事业发展的前进方向。我国工人运动只有牢牢把握为实现中华民族伟大复兴的中国梦而奋斗这个时代主题,才能继续引领历史潮流,坚持正确方向,在时代洪流中奋勇前进。

二、工人阶级是实现中国梦的主力军

(一)工人阶级是全面建设小康社会、实现中华民族伟大复兴中国梦的主力军

2013年4月,在同全国劳动模范代表座谈时,习近平总书记指出:"必须充分发挥工人阶级的主力军作用。工人阶级是我国的领导阶级,是我国先进生产力和生产关系的代表,是我们党最坚实最可靠的阶级基础,是全面建成小康社会、坚持和发展中国特色社会主义的主力军。中国特色社会主义,必须全心全意依靠工人阶级、巩固工人阶级的主力军作用。全心全意依靠工人阶级不能只当口号喊、标签贴,而要贯彻到党和国家政策制定、工作推进的全过程,落实到企业生产经营各方面。"[7]

如何正确认识工人阶级的历史地位和历史作用,一直是马克思主义理论研究领域的一个重大命题,同时也是攸关党和国家事业前途命运的重大政治问题。在马克思主义理论体系中,工人阶级是社会化大生产的产物,工人阶级与现代化大生产和现代科学技术相联系,是先进生产力和生产关系的代表者,有严格的组织性和纪律性,富于革命的坚定性和彻底性。[8]因而"是现代生活中唯一彻底革命的阶级","在一切革命中都是先进的阶级"[9]。《中国共产党章程》更是开宗明义,旗帜鲜明地指出:中国共产党是中国工人阶级的先锋队。[10]

党的十八大以来,习近平总书记坚持运用"人民群众是历史的创造者"这一历史唯物主义的根本立场、根本观点,高度肯定了我国广大工人阶级崇高的社会地位、杰出的贡献和卓越的历史功勋,具有很强的现实针对性。在中国共产党的正确领导下,中国广大工人阶级在九十多年的漫长历史征程中,始终紧紧跟随中国共产党的前进步伐,经历了革命、建设、改革,坚定地奋战在全民族的最前列,充分发挥了先进阶级的重要作用,充分展现出领导阶级的伟大力量。与此同时,

我国工人阶级的队伍在不断壮大,各项综合素质全面提高,性别、年龄、学历等结构更加优化,整体面貌焕然一新,先进性不断增强。习近平总书记的这一论断向世人昭示,在实现中华民族伟大复兴中国梦的征程中,中国共产党将始终把工人阶级作为推动我国先进生产力发展和经济社会全面进步的根本力量,作为不断发展人民群众根本利益的坚定力量,作为维护社会安定团结的中坚力量。[11]习总书记的这一重要论断,必将极大地激发我国广大工人阶级的积极性、主动性和创造性,成为我国广大工人阶级为实现中华民族伟大复兴的中国梦再立新功的强大动力。

(二)坚持崇尚劳动、造福劳动者,大力弘扬劳模精神、发挥劳模作用

在与全国劳模代表座谈时,习近平总书记生动地指出:"幸福不会从天而降,梦想不会自动成真。实现我们的奋斗目标,开创我们的美好未来,必须紧紧依靠人民、始终为了人民,必须依靠辛勤劳动、诚实劳动、创造性劳动。我们说'空谈误国,实干兴邦',实干首先就要脚踏实地劳动。"[12]习近平总书记的这一重要论断,把辛勤劳动、诚实劳动、创造性劳动与实现"两个一百年"的奋斗目标、实现中国梦紧密结合起来。在社会化大生产中,劳动分为体力劳动和脑力劳动,劳动者也因其岗位的分工不同,有生产劳动者、科技劳动者、服务劳动者、管理劳动者等各种类型,因而社会上有"白领""蓝领""金领""灰领"之说。但广大劳动者无论在什么岗位上,都用他们的诚实劳动为经济社会发展做出了卓越贡献,他们都是国家的主人,都是实现中国梦的主体力量。解决中国一切问题的关键是发展,而发展最根本的是要靠劳动。为此,习近平总书记指出:"全社会都要贯彻尊重劳动、尊重知识、尊重人才、尊重创造的重大方针,牢固树立劳动最光荣、劳动最崇高、劳动最伟大、劳动最美丽的观念,维护和发展劳动者的利益,保障劳动者的权利,坚持社会公平正义,排除阻碍劳动者参与发展、分享发展成果的障碍,努力让劳动者实现体面劳动、全面发展。"[13]

在与劳模代表座谈时,习近平总书记结合自身经历,高度肯定和赞扬了劳动模范在中国共产党团结带领人民进行革命、建设、改革各个历史时期发挥的重要榜样作用。他指出:"一个民族要繁衍生息,一个国家要创新发展,必须有强大的精神力量作支撑。"长期以来,广大劳模以平凡的劳动创造了不平凡的业绩,铸就了"爱岗敬业、争创一流,艰苦奋斗、勇于创新,淡泊名利、甘于奉献"的劳模精神,丰富了民族精神和时代精神的内涵,是我们极为宝贵的精神财富。

三、做好新形势下的工会工作

十八大以来，在系统地阐述了新一届党中央领导集体对工人阶级和工会工作的一系列新观点、新论断的基础上，习近平总书记科学回答了"建设什么样的工会，怎样建设工会""工会发挥什么作用""如何发挥作用"等重大命题。对做好新形势下的工会工作指明了新方向，提出了新要求，对推动党的工运事业和工会工作的发展具有重大的现实意义。

《中国工会章程》指出：中国工会是中国共产党领导的职工自愿结合的工人阶级群众组织。[14]我国现有的各级工会组织是在中国共产党领导的中国工人运动不断发展的过程中诞生、成长的。根据国家统计局提供的数据，全国基层工会数量已由改革开放初的32.9万个，增长到2013年的266.5万个，会员人数从改革开放初的5147万人增长到2013年的2.8亿人。[15]多年来，各级工会组织认真贯彻落实中央决策部署，坚决拥护、热情支持改革开放，充分发挥了党联系职工群众的桥梁纽带作用，发挥了社会主义国家政权的重要社会支柱作用，发挥了职工利益的代表者维护者作用。而党的十八届三中全会描绘了工会的未来，在新的历史征程中，团结和动员广大职工群众为实现中国梦而奋斗是工会的庄严历史使命。

在同中华全国总工会新一届领导班子集体座谈时，习近平总书记指出："在革命、建设、改革各个历史时期，中国共产党都注重发挥党领导的工会组织的重要作用。坚持全心全意依靠工人阶级，充分发挥工人阶级主力军作用，把广大职工群众紧紧团结在党和政府周围，这是我们党一个突出的政治优势，也是中国特色社会主义的一个鲜明特点。"[16]同时，党对工会寄予厚望，职工群众对工会充满期待。习近平总书记明确指出，在实现中华民族伟大复兴的中国梦的历史征程中，工会要牢牢抓住为实现中华民族伟大复兴的中国梦而奋斗这个时代主题，"把推动科学发展、实现稳中求进作为发挥作用的主战场，把做好新形势下职工群众工作、调动职工群众积极性和创造性作为中心任务，把巩固党执政的阶级基础和群众基础作为政治责任，竭诚为职工群众服务，切实维护职工群众权益，不断焕发工会组织的生机活力"。[17]

（一）坚持正确的政治方向

习近平总书记强调："工会工作做得好不好，有没有取得明显成效，关键看有没有坚持正确的政治方向。"坚持正确的政治方向,就是要坚持中国共产党的领导和社会主义制度。党的领导是中国特色社会主义最本质的特征。工会是工人阶级的群众组织,只有坚持党的领导,工会工作才能方向明确、不走偏路,才能做得有声有色、扎实有效。工会要永远保持自觉接受党的领导这一优良传统。在行动上,要坚决贯彻落实党的大政方针和决策部署,更要自觉服从、服务于党和国家的工作大局。

(二)贯彻群众路线,做好新形势下的职工群众工作

习近平总书记强调:"群众路线是党的生命线和根本工作路线,同时也应该成为各级工会开展工作的生命线和根本工作路线。"党的十八大以来,全党上下开展了以"为民、务实、清廉"为主题的群众路线教育实践活动。教育实践活动历时一年,取得了较好的效果,得到了全党和各族人民的一致好评。因此,各级工会要牢固树立马克思主义的群众观点,认真贯彻党"从群众中来,到群众中去"的重要路线,在力戒"四风"的基础上,切实改进工作作风,更多地到基层去,到困难多、矛盾多的地方去,到职工群众中去,帮助基层化解矛盾、解决困难。引导职工群众自觉做坚持中国道路的实践者、弘扬中国精神的示范者、凝聚中国力量的主力军,动员亿万职工满怀信心投身于为实现中国梦而奋斗的火热实践,形成万众一心、众志成城的磅礴力量。[18]

(三)切实维护职工合法权益

《中国工会章程》明确中国工会是会员和职工利益的代表。习近平同志指出:"保障职工群众经济、政治、文化、社会权益是我国社会主义制度的根本要求,是党和国家的神圣职责,也是发挥广大职工群众积极性、主动性、创造性最重要最基础的工作。工会要赢得职工群众信赖和支持,必须做好维护职工群众切身利益工作,促进社会公平正义。"[19]全心全意为职工群众服务是工会工作的根本宗旨,竭诚服务职工、发展职工利益是工会一切工作的出发点和落脚点。2004年12月召开的中华全国总工会十四届二次执委会提出了工会工作"组织起来,切实维权"八字方针。在新的历史起点上,习近平总书记的重要讲话为各级工会紧紧围绕职工群众最关心最直接最现实的利益问题、最困难最操心最忧虑的实际问题,扎扎实实为职工群众做好事、办实事、解难事,努力增进广大职工的福祉指明了方向。党的十八届三中全会通过的《中共中央关于全面深化改革若干重大问题的决定》指出,要创新劳动关系协调机制,畅通职工表达合理诉求的渠道,完善企业工资集体协商制度。[20]各级工会应在这些方面做出积极探索。

(四)弘扬社会主义法治精神

习近平总书记指出:"依法治国是党领导人民治理国家的基本方略,法治是治国理政的基本方式,要更加注重发挥法治在国家治理和社会管理中的重要作用,全面推进依法治国,加快建设社会主义法治国家。"

2013 年 10 月,中国工会十六大修改并通过了新的《中国工会章程》。2009 年 8 月 27 日,第十一届全国人大常委会第 24 次会议修改了《中华人民共和国工会法》,为新的历史起点上的工会工作提供了法制保障和基本遵循。同时,《中华人民共和国劳动法》《中华人民共和国社会保险法》《中华人民共和国劳动合同法》《中华人民共和国劳动争议调解仲裁法》等一系列法律法规为工会更好地履职服务提供了有力保障。党的十八届四中全会对依法治国提出了新的要求,全会通过的《中共中央关于全面推进依法治国若干重大问题的决定》(以下简称《决定》)明确指出:健全立法机关和社会公众沟通机制,开展立法协商,充分发挥政协委员、民主党派、工商联、无党派人士、人民团体、社会组织在立法协商中的作用,探索建立有关国家机关、社会团体、专家学者等对立法中涉及的重大利益调整的论证咨询机制。[21]

工会作为党领导下的工人阶级的群众组织,应在立法协商中发挥重要作用,在事关工人阶级和职工群众切身利益的法律法规的制定和修改过程中发挥工会组织的积极作用。《决定》还指出:各级党政机关和人民团体普遍设立公职律师。[22]工会可在这方面做出积极探索,以公职律师的形式,把维护工会组织自身的合法权益和维护广大会员和职工群众的合法权益紧密结合起来,切实维护好自身和广大工会会员和职工群众的法律权益。《决定》还要求各级党委要领导和支持工会、共青团、妇联等人民团体和社会组织在依法治国中积极发挥作用。[23]因此,各级工会要牢固树立法治意识,依法按章程办事,依法建会、依法管会、依法履职、依法维权,运用法治思维和法治方式协调劳动关系。开展法制宣传教育,引导职工群众学法、尊法、守法、用法,依法维护自身权益,履行法律义务。

(五)加强和改善党对工会工作的领导,以改革创新精神推进工会自身建设

党的十八届三中全会对全面深化改革做出了部署。习近平总书记指出:"改革开放是我们党在新的时代条件下带领人民进行的新的伟大革命,是当代中国最鲜明的特色,也是我们党最鲜明的旗帜。"

工会在实现中国梦的伟大征程中,也要以改革创新的精神推进自身的改革

和建设。

首先，要切实加强和改善党对工会工作的领导。《中国共产党章程》明确指出：党必须加强对工会、共青团、妇女联合会等组织的领导，充分发挥它们的作用。[24]据中华全国总工会提供的研究数据，截至 2012 年年底，全国县级以上地方工会主席中，担任同级党委常委的有 790 人，担任同级人大常委会副主任的有 1012 人，担任同级政协副主席的有 177 人。[25]习近平总书记强调："各级党委要加强和改善对工会工作的领导，认真研究、切实解决工会工作中的重大问题，为工会工作提供更多支持，创造更好条件，热情关心、严格要求、重视培养工会干部。"

其次，广大工会干部自身要加强学习，提高水平，增强本领，努力走在时代前列，走在职工群众前列，走到经济社会发展最需要的地方，在企业生产一线、在职工群众的伟大实践中经风雨、受锻炼，努力把自己锤炼成听党话、跟党走、职工群众信赖的"娘家人"。

四、习近平关于工人阶级和工会工作重要思想的理论价值

十八大以来，习近平总书记关于工人阶级和工会工作的重要思想，具有重大的理论价值。这是对马克思主义劳动学说的坚持与发展，也是对中国共产党历代党中央领导集体关于工人阶级和工会工作思想的继承和发展，进一步丰富和发展了中国特色社会主义工会发展道路。

(一)坚持和发展了马克思主义的劳动学说

劳动学说是马克思主义理论的重要组成部分。马克思曾指出，只有劳动才能创造价值。在与全国劳模代表座谈时，习近平总书记强调，人世间的美好梦想，只有通过诚实劳动才能实现；发展中的各种难题，只有通过诚实劳动才能破解；生命里的一切辉煌，只有通过诚实劳动才能铸就。习近平总书记用通俗的语言阐释了物质生产劳动对于推动我国发展的决定性意义，从而在新的历史条件下坚持和发展了马克思主义的劳动学说。

(二)坚持和发展了历届党中央关于全心全意依靠工人阶级的基本方针

早在党中央确立将党的工作重心转向城市的中共七届二中全会上，党中央确立将党的工作重心转向城市的方针，在论及"在城市的斗争中，我们依靠谁"的

问题时,毛泽东同志就首次旗帜鲜明地提出"全心全意地依靠工人阶级"。[26]在为集中论述新中国国家性质等核心问题而著的《论人民民主专政》中,毛泽东同志进一步指出,整个革命历史证明,没有工人阶级的领导,革命就要失败;有了工人阶级的领导,革命就胜利了。[27]

党的第二代中央领导集体的核心邓小平同志坚持并发展了"全心全意依靠工人阶级"这一思想,并在党的历史上第一次旗帜鲜明地提出"依靠工人阶级必须成为党的指导思想"这一论断。[28]

党的第三代领导集体的核心江泽民同志在主持中央工作之初,就指出:"我们的国家是工人阶级领导的国家,不全心全意依靠工人阶级依靠谁? 全心全意依靠工人阶级这一条,我们决不可动摇。"[29]

胡锦涛同志在同中华全国总工会第十五届领导班子成员集体座谈时进一步诠释了工人阶级的地位和作用,重申了工人阶级始终是推动我国先进生产力发展和社会全面进步的根本力量,是实现和发展最广大人民根本利益的坚定力量,是维护社会安定团结的中坚力量。[30]并再次指出我国工人阶级的先进性必将进一步发展,国家领导阶级的地位必将进一步巩固,主力军作用必将进一步发挥。

十八大以来,习近平同志作为新一代党中央领导集体的总书记,多次重申要更好地发挥工人阶级的主力军作用,同时提出要充分发挥工人阶级的历史主动精神,调动劳动和创造的积极性。这是对历代党中央领导集体"全心全意依靠工人阶级"这一基本方针和科学论断的继承和发展。

(三)丰富和发展了中国特色社会主义工会发展道路

2005 年 7 月,中华全国总工会第十四届执委会第六次全体(扩大)会议提出了中国特色社会主义工会发展道路。这条道路是中国特色社会主义道路的重要组成部分,是中国共产党成立 93 周年、新中国成立 65 周年、改革开放 30 多年特别是新世纪新阶段以来中国共产党的理论创新与中国工人运动和工会工作生动实践相结合的结晶,是我们党关于新时期工人阶级和工会工作重要思想的集中体现,是对马克思主义工人运动理论的继承和发展,深刻反映了中国工会的性质和特点,是各级工会组织和工会工作始终沿着正确方向前进的重要保证。其科学内涵是坚持自觉接受党的领导,坚持中国工会的社会主义性质,坚持发展工人阶级先进性,坚持构建和谐劳动关系,坚持维护职工群众合法权益,坚持完善社会主义劳动法律体系,坚持推动形成国际工运新秩序,坚持以改革创新精神加强自身建设。以上八个方面相互联系、有机结合,构成了中国特色社会主义工会发展道路的完整体系,是一个不可分割的整体,以自觉接受党的领导为核心,以坚持中国工会的社会主义性质为根本，以坚持维护职工群众合法权益为关键。

对于中国特色社会主义工会发展道路，习近平总书记强调："要坚持中国特色社会主义工会发展道路，不断丰富这条道路的实践特色、理论特色、民族特色、时代特色，努力使这条道路越走越宽广。"而十八大以来，习近平总书记提出在新形势下牢牢把握为实现中华民族伟大复兴的中国梦而奋斗的时代主题，并旗帜鲜明地提出"保障职工群众经济、政治、文化、社会权益是我国社会主义制度的根本要求，是党和国家的神圣职责，也是发挥广大职工群众积极性、主动性、创造性最重要最基础的工作"。这是对中国特色社会主义工会发展道路的丰富和发展，为中国特色社会主义工会发展道路注入了新的时代内涵。

（四）是中国特色社会主义理论体系最新成果的有机组成部分

党的十八大以来，习近平总书记围绕改革发展稳定、内政外交国防等领域发表了一系列重要讲话，在中共十八届四中全会的公报中，首次提出"高举中国特色社会主义伟大旗帜，以马克思列宁主义、毛泽东思想、邓小平理论、'三个代表'重要思想、科学发展观为指导，深入贯彻习近平总书记系列重要讲话精神"。这是首次在党中央全会的公报上将习近平总书记系列讲话精神这一马克思主义中国化的最新理论成果和中国特色社会主义理论体系的最新理论成果与党的指导思想并列，而习近平总书记关于工人阶级和工会工作的新思想新论断，也是这一理论体系的有机组成部分。

参考文献

[1][16][17][19] 新华社.习近平在同中华全国总工会新一届领导班子集体谈话时强调：竭诚服务职工群众维护职工群众权益，为实现中国梦再创新业绩再建新功勋[N].人民日报,2013-10-25(1).

[2] 中共中央党史研究室.中国共产党历史：第一卷(1921—1949)上册[M].北京：中共党史出版社,2011.

[3][5] 中华全国总工会,中共中央文献研究室.毛泽东邓小平江泽民论工人阶级和工会工作[M].北京：中央文献出版社,2002.

[4][28] 邓小平.邓小平文选：第二卷[M].北京：人民出版社,1994.

[6] 胡锦涛同全国总工会新一届领导班子成员座谈[N].人民日报,2003-09-29(1).

[7] 习近平.在同全国劳动模范代表座谈时的讲话[N].人民日报,2013-04-29(1).

[8] 马克思,恩格斯.马克思恩格斯选集：第2卷[M].北京：人民出版社,1995.

[9] 列宁.列宁全集：第12卷[M].北京：人民出版社,1987.

[10][24] 中国共产党章程[M].北京：人民出版社,2002.

[11] 陈豪.工人阶级是培育和弘扬社会主义核心价值观的中坚力量[J].求是,2014(9).

[12][13][18]习近平.在同全国劳动模范代表座谈时的讲话[N].人民日报,2013-04-29(1).

[14] 中国工会章程[M].北京:中国工人出版社,2008.

[15] 国家统计局.中国统计年鉴 2013[M].北京:中国统计出版社,2014.

[20] 中共中央关于全面深化改革若干重大问题的决定[N].人民日报,2013-11-16(1).

[21][22][23] 中共中央关于全面推进依法治国若干重大问题的决定[N].人民日报,2014-10-29(1).

[25] 中华全国总工会.2012 年工会组织和工会工作发展状况统计公报[J].中国工运,2013.

[26][27] 毛泽东.毛泽东选集:第 4 卷[M].北京:人民出版社,1960.

[29] 江泽民.江泽民文选:第 1 卷[M].北京:人民出版社,2006.

[30] 胡锦涛同全国总工会新一届领导班子成员和工会十五大部分代表座谈[N].人民日报,2008-10-22(1).

尊重劳动与实现"中国梦"的思考

傅德田①

【摘　要】尊重劳动是指尊重劳动主体、尊重劳动创造、尊重劳动成果。在我们的现实中,不尊重劳动的现象广泛存在。解决这些问题,力求尊重劳动,就构成中华民族伟大复兴的"中国梦"的背景之一。尊重劳动与实现"中国梦"是内在统一的。尊重劳动既是实现"中国梦"的力量基础、重要手段和根本保证,又是实现"中国梦"的精神支持,尊重劳动的真正实现更是"中国梦"的本质内容所在。

【关键词】尊重劳动;"中国梦";劳动;不尊重劳动

早在十六大时,"尊重劳动,尊重知识,尊重人才,尊重创造"就已经被提出并作为党和国家的一项重大方针在全社会认真贯彻。之后,在党的执政能力建设中,"四个尊重"方针又继续强调和全面贯彻。"四个尊重"的基础是尊重劳动。今天,我们致力于中华民族伟大复兴,努力创造各种条件实现"中国梦";此时,关注和进一步尊重劳动,并思考尊重劳动与实现"中国梦"的关系,十分必要。

一

劳动是"人以自己的活动来引起、调整和控制人和自然之间的物质交换的过程"[1],即人们能动地改造世界以满足自己需要的活动与过程。劳动有四个要素:劳动者、劳动资料、劳动对象、劳动产品。劳动是四个要素交互作用展开的过程及活动,是劳动者利用劳动资料改造劳动对象创造劳动产品的过程及活动。

按照马克思主义劳动理论分析,劳动具有复杂的内容结构,蕴意丰富。从时间维度上看,劳动可以理解为活劳动和死劳动的统一。活劳动是当下劳动活动,是劳动力的现实使用,即改造世界的具体过程;死劳动是过去的劳动,是劳动力

---

① 傅德田,杭州师范大学马克思主义学院副教授。

使用所形成的既有成果。活劳动是劳动四要素在场的活动,死劳动则是劳动四要素不在场的既往活动。在这里,劳动四要素一方面是以往劳动的成果,包含着体现为资本、工具等物质形态的东西,另一方面又是当下劳动的要素。从性质维度上看,劳动区分为具体劳动和抽象劳动。具体劳动是现实中拥有各种具体形式的特殊劳动,是四要素的具体结合,它生产具体商品即创造商品的使用价值;抽象劳动是撇开具体形式的无差别的人类劳动,是作为人类存在的四要素的抽象活动,它凝结成商品的价值实体;任何劳动都是具体劳动和抽象劳动两者的矛盾体。从主体维度看,劳动又可分为私人劳动和社会劳动。私人劳动指劳动者在各自社会分工的劳动领域、单位岗位从事特定活动;社会劳动则指劳动者个人的劳动,是社会总分工的一部分,它们最终构成社会总劳动。在私有制下,私人劳动和社会劳动保持一定的矛盾张力并不时冲突对抗。从劳动复杂性维度上看,劳动还有简单劳动与复杂劳动的分别,简单劳动是劳动者不需要专门训练的劳动,复杂劳动则是劳动者需要培训的有一定技术含量的劳动。除此之外,我们还把劳动区分为脑力劳动与体力劳动、物质生产与精神生产等。

劳动的内涵既然如此丰富、复杂,我们在对待劳动问题时就需要特别细致深入,力求理解全面,避免认识偏颇。我们发现,有不少人对劳动的理解是过于简要,甚至片面的。比如,许多情况下,人们把劳动看成劳动力的使用,看成劳作、工作,这种看法停留在劳动的当下、表面表达,拘泥于个人利益得失范围,而遗漏了劳动的非当下、社会性内涵,因而无法领会劳动的社会历史意蕴;还有人误以为企业工人(或产业工人)的一线劳作才是劳动,尊重劳动就是尊重具体劳作和一线工人,忽视了抽象劳动的价值意义,遮盖了资本、管理者、科研人员等的作用;更多人则视劳动为挣钱的活动、谋生的手段,把劳动与就业视为等同,甚至把劳动的权利等同于消费的权利,把劳动的幸福庸俗化为消费的快乐,而未能把握劳动作为自由自觉活动的超越谋生手段的更大价值。显然,如何理解把握劳动内涵,直接影响到怎样理解把握尊重劳动。

尊重劳动,就是尊重上述劳动的内容与相关要求。

就劳动四要素而言,尊重劳动意味着尊重劳动者、劳动资料、劳动对象、劳动产品及其交互活动过程。其中,劳动者是劳动的主体,是劳动所要处理的人与自然关系中人的因素。尊重劳动,从根本上讲,是尊重劳动者,包括尊重劳动者的劳动主体地位、劳动创造精神、劳动选择权利和劳动者尊严等。劳动资料、劳动对象是劳动的物的因素,是劳动的中介系统、目标系统。在这里,尊重劳动,是尊重有利于人类劳动的各种物质条件、制度机制,尊重人类以往的文明成果,尊重大自然。劳动产品是劳动的当下成果,是劳动的直接目的。尊重劳动,就是尊重劳动所创造的价值,尊重劳动成果的合理分配权利,尊重合理的消费享受权利。

就劳动的内容结构而言,尊重劳动既指尊重活劳动,尊重劳动者的当下辛苦劳作,又指尊重以往的劳动成果,包括资本、劳动工具等死劳动;既指尊重简单劳动、具体劳动、私人劳动,又指尊重复杂劳动、抽象劳动、社会劳动;既指尊重体力劳动、物质生产,又指尊重脑力劳动、精神生产。"要尊重和保护一切有益于人民和社会的劳动,不论是体力劳动还是脑力劳动,不论是简单劳动还是复杂劳动,一切为我国社会主义现代化建设做出贡献的劳动,都是光荣的,都应当得到承认和尊重。"[2]

把上述各个角度的分析概要进行梳理,质而言之,尊重劳动就是指尊重劳动主体、尊重劳动创造、尊重劳动成果。

二

尊重劳动的提出,是鉴于现实中存在广泛的甚至严重的不尊重劳动的现象。这些现象部分是对劳动的理解偏差或劳动理念的错误所带来的,更多的是生产力水平、社会发展程度、政治经济体制等客观因素和盘剥劳动等主观因素所造成的。

从历史上看,私有制社会中,不尊重劳动的情况严重。主要表现在:体力劳动与脑力劳动严重对立,重视脑力劳动,轻视体力劳动;活劳动与死劳动割裂,轻视活劳动,重视死劳动;从事直接劳动的劳动者被蔑视,没有主体地位,相反,不劳动、享受他人劳动成果却被视为高贵;劳动成果分配不公;等等。在奴隶社会,体力劳动似乎只是奴隶的"专利",而占有劳动却是奴隶主的专权。奴隶的人身完全依附于奴隶主,没有自由,包括没有劳动的自由,只能按照奴隶主的意志而被迫劳动,他们有劳动的义务而没有享受劳动的权利,在奴隶主眼中,他们只是会说话的劳动工具。封建社会的劳动群众依然无法完全摆脱人身依附关系,劳动被拥有世袭权力、土地等封建特权的剥削者所控制,劳动成果大部分为"劳心者"占有,劳动者地位低下。资本主义的劳动者摆脱了以往的人身依附关系,成为"自由人",可以"自由"地出卖自己的劳动力,但劳动并未得到真正重视。资本支配下的劳动者"自由"只是以物的依附关系取代人身依附关系而已,劳动受到资本的操控,劳动成果为资本所盘剥、所占有。资本占有者重视的是占用劳动的成果,至于劳动者如何生产、生产什么、如何生存,资本家只有在资本增值的范围内才会考虑。

与这些不尊重劳动的事实相对应,中西方存在大量误解、轻视、蔑视劳动和劳动者的传统思想。古希腊文化中,体力劳动被看作是低贱的劳作,是人类有限性的表现,只有精神"实践"(哲学思考、政治实践等)才是高贵的。亚里士多德甚至认为,机械的劳作是精神"实践"的阻碍。到中世纪,除却宗教思考,其他理性活动也被视为低下的活动,沦落为论证上帝的工具,而辛苦劳动只被认为是现世赎罪的必须。一般而言,黑格尔之前的西方文化中,劳动显示的是人的不自由、人的有罪,劳动仅仅在生存手段的意义上被人们重视。黑格尔才开始真正意识到劳动的独特意义,在他那里,劳动是人的本质力量的外化,劳动获得了人的本质特征的地位。只是黑格尔的劳动还是"头足倒置"的精神实践。马克思扬弃黑格尔精神实践思想,既在现实意义上批判资本主义的劳动"异化",把劳动与人的自由自觉活动联系起来;又肯定劳动创造历史的作用,并致力于劳动的解放、"自由王国"的实现。在马克思这里,劳动不仅是人类生存的手段,更应是人本质力量的体现,在"自由人联合体"里,劳动将成为人类美好生活的目的本身,成为"生活的第一需要"。

中国传统文化中,春秋百家有重视劳动的农家、墨家,但它们没有得到很好的传承,"罢黜百家"之后,轻视体力劳动而侧重伦理道德实践的儒家影响日益深远。孔子强调"学而时习之","习"就是效行、实践,不过,学与效行的内容是仁义礼智信等道德课目和修己、安人的道德修养,对于与生产劳动相关的"请学稼""请学为圃"是相对轻视的;孔子视体力劳动为"鄙事"、生产劳动从事者为"小人",其教化致力于仁、君子和"学而优则仕"。孟子批驳许行农家思想和行动,强调"劳心者治人,劳力者治于人;治于人者食人,治人者食于人"(《孟子·滕文公上》),虽然孟子也提倡"井田制",倡议"五亩之宅,树之以桑"等(《孟子·梁惠王上》),但其用力处仍是培育"大丈夫"浩然之气,是涵养扩充"四善端"以"成人成圣""内圣外王"。以儒家为主导的中国文化,总体上注重道德实践,"自天子以至于庶人,壹是皆以修身为本"(《大学》),其不够尊重劳动的思想既反映了传统中国劳动被私有制特权所支配的现实,又从思想角度强化了中国传统社会不尊重劳动的状况。

今天,上述的民族文化传统影响犹在,加之开放引进、市场经济建设等诸多因素,不尊重劳动的情况仍有发生,在特定时空条件下,甚至还相当严重。主要问题有:

第一,对劳动者的尊重尚有不足,劳动主体性的确立、发挥与社会主义本质要求还存在较大差距。比如,以往我们实行福利性就业政策,改革开放破除旧就业制度,极大解放了劳动者的积极性,但新就业制度尚未真正完善,失业尤其城乡的隐形失业现象比较严重,就业的性别、年龄、地区歧视,以及不平等门槛也普遍存在。再如,各种劳动保障制度不够完善,社会保障水平总体偏低。国家统计局数据显示:2012 年各类生产安全事故共死亡 71983 人,亿元国内生产总值生产安全事故死亡人数为 0.142 人,工矿商贸企业就业人员 10 万人中生产安全事故死亡人数为 1.64 人,道路交通万车死亡人数为 2.5 人,煤矿百万吨死亡人数为 0.374 人。[3]尽管上述数据较以往已经大大下降,但劳动保障问题依然严峻。还有,行业之间、地区之间的劳动者存在不平等状况,劳动者劳动的自主选择能力受到限制,劳动者主体地位没有得到很好的尊重,劳动者人格尊严、身份平等、精神自主性等远未得到真正尊重。

第二,脑体分离现象仍然存在,活劳动与死劳动重视状况不均衡,资本等对生产劳动的地位优势明显,劳动积极性、创造性未能充分发挥。随着我国社会的发展,脑力劳动与体力劳动的差别有所缩小,一些新兴劳动行业、部门呈现脑体劳动兼具的特征,但体力劳动尤其是简单劳动仍然深受轻视。在活劳动与死劳动之间,资本受捧,辛勤劳动、诚实劳动、埋头苦干没有得到应有的尊重,活劳动的价值未被合理认可。社会上拜金主义、极端利己主义风气盛行,一些人急功近利,热衷于投机取巧、弄虚作假,祈求不劳而获、一夜暴富。生产劳动仅仅被视为资本增值的手段,在资本逻辑下,劳动者的劳动时间被肆意延长,劳动强度被增大,闲暇被剥夺。据中国青年报社会调查中心和央视资讯科技有限公司在 2005 年 4 月 12—13 日合作实施的一项调查,在接受调查的 1218 人中,每天工作时间在 8 小时以上的占 65.16%,其中,每天工作 10 小时以上的超过 20%。另据搜狐网站 2006 年 5 月发起的一项关于过劳死的调查,11121 名被调查者中超过 56%的人每天工作时间超过 10 小时。超长超强度的劳动,极大地遏制了劳动者劳动积极性、创造性的发挥,并带来过劳死的危险。2010 年上半年,富士康集团相继出现了 13 起员工跳楼自杀事件,造成 2 伤 11 死的严重后果,这从一个侧面凸显了此类问题的严重性。一般而言,劳动作为谋生手段、作为工作的整体状况远未改变,被迫劳动还是主流,劳动异化大量存在,有时,劳动甚至还被作为惩罚、规训手段,尊重劳动、体面劳动还是我们的艰巨任务,劳动光荣、劳动伟大有待我们继续争取。

第三,不尊重劳动成果。劳动的成果与劳动存在分离情况,劳动与所得工资比例不够合理,同工不同酬、随意克扣工资、剥削劳动所得等情况较普遍;城乡收入差距过大,行业之间、社会群体之间、阶层之间收入差距过大,国家公务员、国企、垄断企业员工收入过高,收入分配不公、两极分化状况严重。根据国家统计局数据,2013 年上半年,中国城乡居民收入差回落至 2.83,同比缩小 0.08;统计显示,收入差距从 2009 年的 3.33,渐次缩小为 2010 年的 3.23、2011 年的 3.13,以及 2012 年的 3.1。[4] 发展中国家城乡收入差距一般是 2.0,西方发达国家是 1.5,显然,我们在肯定进步的同时,还要看到巨大差距的存在。与此相关的、涉及劳动成果问题的劳资纠纷、群体事件都在逐渐增加。国家统计局数字显示,从 1994 年到 2003 年,劳资纠纷由 119 万件增长为 2216 万件,参与劳动纠纷的总人数由 7.78 万人增长为 80 万人,两个数字都增长逾 10 倍。[5] 另外,社会上一些人追求享乐主义、消费主义,铺张浪费,奢侈腐化;还有少部分党员干部贪污腐败,侵占、败坏社会劳动成果。

上述现实中所存在的一系列劳动问题、不足,极大损害了劳动者利益,阻碍了中国特色社会主义的建设事业,成为亟待解决的时代重大课题。劳动问题的解决,需要超越中西传统劳动观念、超越中国劳动现状的新型劳动理想的指引;也就是说,时代迫切要求劳动领域的中国理想的生成。这种劳动理想是当代中国伟大复兴、国强民富之"中国梦"的有机组成部分。"中国梦"不仅仅生发于近代百年的国耻民穷之深痛,更是当代中国问题及其希望的必然表达。可以说,尊重劳动是"中国梦"提出的时代背景之一。

三

党的十八大后,中共中央总书记习近平带领新一届政治局常委参观国家博物馆"复兴之路"展览,深刻论及"实现中华民族的伟大复兴"的"中国梦"。在十二届全国人大一次会议上,习近平又全面阐述"中国梦":"实现中华民族伟大复兴的中国梦,就是要实现国家富强、民族振兴、人民幸福。""中国梦"描绘了劳动人民期待国家富强、民族振兴、个人幸福的普遍愿景,积极回应了中国特色社会主义发展中所存在的各种问题,诠释了劳动人民解决问题、追寻幸福的宏大价值目标。回应和解决不尊重劳动的现实问题,自然也是"中国梦"的重要部分。而"中国梦"的实现又有待于尊重劳动的真正施行,尊重劳动是实现"中国梦"的重要手段、精神支持,是"中国梦"构成的本质内容之一。

(一)尊重劳动是实现"中国梦"的力量基础、重要手段和根本保证

从实践层面分析,尊重劳动包含尊重劳动者、尊重劳动成果、尊重劳动本身

三方面的行动和制度设置。

尊重劳动者，让劳动者成为劳动的真正主体，使之确立起自己的劳动主体地位，才能使劳动者成为社会的真正主人。成为社会真正主人的劳动人民是"中国梦"梦想成真的主体力量。习近平指出："中国梦归根到底是人民的梦，必须紧紧依靠人民来实现。"到底谁是"中国梦"梦想的主体？是精英、权贵，还是劳动人民，这事关"中国梦"的根本性质和实现可能。"中国梦"包含精英、权贵的合理追求，但她不是精英梦、权贵梦。少数人的梦想需要融入民族复兴的大业，才能凝聚成"中国梦"；少数人的力量也需要凝聚成人民的力量，凝聚成中国力量，才能推进中国理想的实现。"中国梦"依靠的就是这样的力量。由此，实现"中国梦"的真正主体是劳动人民。但劳动人民在历史和现实中的主体地位并非自然形成的；相反，劳动者不受尊重倒是一种传统与常态。英雄创造历史、思想决定历史的观念直到马克思才被纠正，马克思主义通过对社会历史和资本主义生产的深入研究，揭示了人民创造历史、人民是历史的真正主人的奥秘。尊重劳动者就是劳动人民历史主人地位这种理念的现实要求。这种要求通过一系列政策制度和实践，通过教育培养劳动者的技能、思想，通过保障劳动者的尊严和确立劳动者的劳动权益，得到现实的满足，从而实现对劳动者的现实尊重。这种尊重的达成将真正彰显劳动人民的劳动主体地位和价值主体地位，为"中国梦"奠定坚实的力量基础。

尊重劳动成果，既是尊重劳动者所创造的价值，又是尊重劳动者合理分配消费劳动成果。劳动者所创造的劳动成果构成社会主义中国的物质财富和精神财富，尊重劳动成果，打造了实现"中国梦"国强民富、人民幸福的财富基础。改革开放以来，中国的经济发展非常迅速，国家总体实力极大增强，GDP 总量已经位列世界第二。这些恰是尊重劳动成果给"中国梦"所做的贡献。但是人均 GDP 仍然较低，劳动者享有经济发展成果（包括人均收入）水平没有获得与经济总量相一致的提高，劳动成果的分配不公、两极分化情况较为严重。这就要求在物质精神财富水平不断提升的情况下，逐步建立以权利公平、机会公平、规则公平为主要内容的社会公平保障体系，实现财富分配、享有公平正义，这样，增长的财富才能化为人民的幸福。可见，尊重劳动成果的合理分配消费是人民幸福的"中国梦"的内在要求。

尊重劳动本身，即尊重劳动创造。尊重劳动本身的实现，就是劳动。尽管历史上存在大量轻视劳动的情况，但一旦离开劳动活动、离开生产，用不了多长时间，社会就将崩溃，历史就将终结。任何统治者在宣扬劳动低贱的同时，都极其自觉地加强对劳动者的盘剥,自觉地剥夺、占用劳动成果,其轻贱劳动的做法与宣传只是占有劳动的遮羞布,是保障其攫取他人劳动的意识形态。扯下剥削的遮羞布,透过利己的意识形态,历史的实际情况是:劳动创造价值,劳动创造历史。劳动是人的生存方式,正是劳动创造人身体本身,使人与自然分离;正是劳动造就人之为人的本质,因为动物只能按照自己物种的尺度生存,而人类借助劳动能够按照所有动物的尺度生活,按照美的尺度生活,在劳动中我们造就自己的社会性、思想性,造就我们"人"自己;不仅如此,劳动中形成的关系构成社会关系的基础,劳动生产活动创造了经济生活、政治生活、精神生活,从而造就社会本身。依据这个颠扑不破的真理和遮掩不了的事实,"中国梦"需要劳动来实现。空谈误国,实干兴邦。只有尊重劳动,务实巧干,才能消除我们前进途中诸多的困难障碍,铺平前进的道路,并为"中国梦"梦想成真提供根本的行动保障。

(二)尊重劳动是实现"中国梦"的精神支持

"中国梦"是中华民族伟大复兴的理想,是基于中国现实、超越中国历史、着眼中国未来的时代畅想。构筑这个梦想需有物质财富等硬的内容,需要 GDP,需要生产的数量质量等指标;也需要科技知识、制度体制等软的内容,需要科学技术的创新,需要教育的发展,需要体制机制的改革创新。但作为"梦想",作为对美好未来的希冀,除却物质、科技、体制的追求外,还应该蕴含更深层的价值、信念,它们隐藏、贯穿在物质科技体制的追求之中,凝结成一种内在的精神。

"中国梦"承载了鸦片战争以来无数前贤先辈自强不息、奋发图强的志向,饱含着当代中国人民赶超先进、强国富民的宏愿,内在里充满中华民族必将复兴的强大信念。"中国梦"还是走中国特色社会主义的道路之梦,理想中的中国将坚守社会主义核心价值,不断探索中国自己的独特发展路径,追寻只属于自己的远大前景。可以说,"中国梦"是中国特色社会主义的价值之梦。宏大的强国富民志向、中华民族振兴目标最后落实在人民幸福上,毫无疑问,幸福不仅是指数指标的集合,不仅是物质科技体制的堆砌,她更是精神的充分享受、价值的适宜实现、信念的自觉达成,等等,"中国梦"的幸福蕴意只有在精神层面方能理解把握。这样看,"中国梦"既是"财富梦""强国梦""复兴梦",又是"价值梦""信念梦""中国精神梦"。"中国梦"的实现既需要经济发展、社会进步、政治文化发达,又需要中国价值的生成、中国信念的振兴、中国精神的养成。

正像物质体制等的理想需要通过劳动创造来实现,精神层面的"中国梦"也离不开尊重劳动。

首先,尊重劳动本身就是态度、价值、信念等的统一,在劳动创造财富的同时,尊重劳动所蕴含的精神也展露并孕育成为"中国梦"的精神内容。从理念层面分析,尊重劳动包含尊重劳动的态度,尊重劳动的价值观念,尊重劳动的信念等精神内涵,她与尊重劳动作为一种活动、制度、机制等交融一体。作为一种活动、制度、机制的尊重劳动,是"尊重"的实践化、体制化,它们当然蕴含着"尊重"的价值、信念和精神诉求。这些诉求贯穿在劳动的对象化过程中,影响甚至支配劳动的性质、劳动分配是否公平正义、劳动者的主体地位是否确立等,规范和引导人们生产实践活动。

其次,尊重劳动的态度、价值、信念等,是破除"中国梦"实现过程中许多错误价值观念的精神武器。毋庸讳言,现实中国面临着许多劳动方面的思想问题的挑战。比如,与坚守艰苦劳动的优良作风相反,一部分人好逸恶劳,希冀不劳而获,尊尚享乐主义,生活奢侈浪费腐化;与尊重活劳动相分离,资本备受尊敬,人们对金钱趋之若鹜,"一切向钱看",而仅受金钱拜物教支配,只以金钱来衡量的社会生活庸俗化、物质化,失去了应有的精神魂魄。缺失劳动支持的享乐能带来短暂可怜的个人快乐,但不能造就社会强盛;金钱能够买来物品,却无法凝聚价值精神。享乐主义、金钱崇拜等显然无法支撑起"中国梦"。有人误以为享乐主义、金钱崇拜是西方发达国家的主流价值观念,是其资本主义的精神所在,他们在盲目崇信西方的同时把这些所谓的"先进"价值观照单全收。殊不知,这些观念即使在西方发达国家也只是多元思想的一部分,也许在某些人、某些时期有过流行,但似乎从未被确认为资本主义精神。按照马克斯·韦伯的分析,资本主义的迅速崛起、高速发展与把劳动视为天职,把节俭看成美德的新教伦理密切相关,新教伦理的这些内容构成了资本主义的核心精神。令许多人神往的"美国梦"也不是享乐主义、金钱崇拜之梦,"只要努力,一切皆有可能"之"美国梦"更多指的是开拓、进取、独立的精神。资本主义尚且如此,社会主义的"中国梦"若缺乏积极优良的精神价值支持又怎能实现?所以说,在精神层面尊重劳动,破除上述现实中存在的严重价值观念问题,我们才能保障"中国梦"成真。

最后,尊重劳动的态度、价值、信念等凝结成一种可贵的精神力量,与社会中其他积极力量一道支持"中国梦"的实现。尊重劳动的态度激发劳动者的劳动主动性、积极性、创造性,促进物质生产的更快更好发展、科技文化产业的创新建设、政治制度的改革创新,有利于国家富强这一理想的早日实现。尊重劳动的价值观念,在精神上保障劳动者的主人翁地位、劳动成果分配消费的公平正义以及共同富裕,从而引导人们在实现"中国梦"理想时坚守社会主义信念,坚持走社会主义道路。尊重劳动的信念又让我们对劳动创造价值、创造历史的作用充满信心,让我们对社会主义生产力发展充满信心,使我们坚信:借助辛勤劳动,中华民族伟大复兴和人民幸福是可以实现的。

总之,尊重劳动将在价值精神上支持"中国梦"实现。

(三)尊重劳动的真正实现还是"中国梦"的本质内容所在

中华民族伟大复兴的"中国梦"涉及国家强盛、民族繁荣、人民幸福三个层面的内容,有着政治文明、物质文明、精神文明、社会文明、生态文明等五个维度诸多指标和要求,这些内容要求究其实质只有两点:一是中国特色社会主义事业的基本完成,此为"中国梦"的社会本质;二是人民幸福的达成,此为"中国梦"的本质目的和最后落脚点。尊重劳动的真正实现恰恰将造就这两点内容。

马克思主义认为,人类社会的历史与现实必须从劳动去解读。"我们首先应当确定一切人类生存的第一个前提,也就是一切历史的第一个前提,这个前提是:人们为了能够'创造历史',必须能够生活。但是为了生活,首先就需要吃喝住穿以及其他一些东西。因此第一个历史活动就是生产满足这些需要的资料,即生产物质生活本身。"[6]劳动(生活资料的生产、生产资料的生产)及其生产方式矛盾是社会历史前进的动力,某种意义上说,历史的进步是劳动的不断对象化及其在对象化中实现人的本质力量。马克思早年批判资本主义,认为资本主义存在劳动异化:劳动产品和劳动者相异化,劳动者生产产品,资本家占用劳动产品,工人在创造资本主义财富同时越加贫困;劳动本身同劳动者相异化,劳动者在劳动中不是实现自己的本质力量,而是丧失自己人之为人的本质,成为非人。劳动的异化造成劳动者劳动被占用,尊严被蔑视,阻碍了无产阶级"自由自觉的劳动"展现自己本质力量的历史作用,因而,资本主义成为阻碍社会进一步发展的因素。"必须推翻那些使人成为被侮辱、被奴役、被遗弃和被蔑视的东西的一切关系。"[7]扬弃异化,根本上推翻资本主义制度,才能实现劳动之为劳动的本质,才能逐渐达成真正的尊重劳动。在新的"自由人联合体"制度下,正像马克思在《哥达纲领批判》中表述的,"劳动不仅是谋生手段,而且本身成了生活的第一需要",也是《资本论》所强调的"真正自由的劳动"。解放劳动,使劳动成为生活需要本身而非仅仅是谋生手段,使劳动真正自由自觉;解放劳动者,使劳动者真正成为劳动的主体、社会的主人。这是共产主义的本质内容所在。就当前中国社会而言,我们还处于社会主义初级阶段,不尊重劳动的情况依然存在而且较为严重,但是我们相信,随着作为有中国特色社会主义价值梦的"中国梦"的实现,尊重劳动将逐渐达成。

相应地,如从另一角度理解,尊重劳动的真正达成也是人民幸福的达成。人民幸福生活需要人民真正当家做主,真正成为劳动的主人,真正确立起劳动自主选择权;人民幸福生活需要拥有充分的物质财富,需要以高度发达的生产力为基础;人民幸福生活需要拥有充分的精神财富,精神上的真善美需求能够得到合理满足;人民幸福生活需要公平正义的社会制度安排,合法权利权益能够得到妥善保障;人民幸福生活是精神的充分享受、价值的适宜实现、信念的自觉达成。而这些内容恰恰是尊重劳动达成的成果:尊重劳动者,达成的是劳动者成为真正主体;尊重劳动活动,达成的是劳动制度的公平正义;尊重劳动成果,达成的是物质财富、精神财富的丰富;尊重劳动的态度、价值和信念,达成的是对劳动的享受,而一旦劳动成为生活享受,生活也就成为幸福的享受了。尊重劳动与"中国梦"在人民幸福内容上的本质一致,尊重劳动的真正实现就是"中国梦"中人民幸福要求的实现。

总之,尊重劳动与实现"中国梦"内在统一,尊重劳动既是实现"中国梦"的力量基础、重要手段和根本保证,又是实现"中国梦"的精神支持,尊重劳动的真正实现更是"中国梦"的本质内容所在。当前,我们需要在"尊重劳动"上为"中国梦"梦想成真下大功夫;而工会是尊重劳动的重要组织机构和力量,积极发挥工会的作用对于尊重劳动、实现"中国梦"至关重要。

参考文献

[1] 马克思,恩格斯.马克思恩格斯全集:第 23 卷[M].北京:人民出版社,1972.

[2] 江泽民.江泽民文选:第 3 卷[M].北京:人民出版社,2006.

[3] 国家统计局.中华人民共和国 2012 年国民经济和社会发展统计公报[M].北京:中国统计出版社,2013.

[4] 新华网.中国城乡收入差距收窄"质变"尚待观察[EB/OL].(2013-07-16)[2015-05-24].http://news.xinhuanet.com/2013-07/16/c_116563602.htm.

[5] 姚先国,李敏,韩军.工会在劳动关系中的作用——基于浙江省的实证分析[J].中国劳动关系学院学报,2009(1).

[6] 马克思,恩格斯.德意志意识形态:节选本.[M].北京:人民出版社,2003.

[7] 马克思,恩格斯.马克思恩格斯全集:第 3 卷[M].北京:人民出版社,2002.

坚定依法治国信念，提升社会治理能力

——对完善工会工作的几点思考

张海如①

【摘　要】提高社会治理水平，需要改革和更新当前的治理模式；改进社会治理方式，必须形成合理的利益格局。要走出社会管理的误区，从单向的、强制的、刚性的社会管理模式，向复合的、合作的、包容的社会治理模式转变。

【关键词】依法治国；社会治理；工会

一、社会治理的含义及其演变过程

现代社会治理从理论上讲，具有参与性、合法性、责任性、透明性、法制性、响应性、有效性和公正性等特性，或者应该实现这样一些目标。从理念的角度来讲，现代社会治理至少包括三个层面的含义：第一，基本的价值取向，即推进一个社会的全体成员共同的社会福祉，如分配的公平、公正、共享、包容等原则；第二，基本主体架构强调多元共治，即政府、社会、市场机制等多方力量共同参与，运行公开透明；第三，基本目标一致，即真正形成合理有效平衡，同时能够促进社会福祉与社会和谐，稳定社会治理的现代体系。

回顾历史，在社会管理实践中，人们逐渐认识到：社会的制度结构和关系，不只是政府内部的结构和关系，还包括社会部门的结构和关系。人们越来越认识到：政府对于公共事务的影响只是众多因素中的一个因素，事情越复杂，政府的局限性越明显。越来越多的人开始相信：群众关心的重要问题，包括收入公平问题、医疗保障问题、退休和养老问题，非常复杂，以至于不能仅仅依赖政府单独决策。这样，一个好的社会运行方式，还必须包括社会的广泛参与，即以社会治理替代社会管理。唯此，才能充分调动各级工会的积极性，既节省成本有效率，又

---

①　张海如，杭州师范大学马克思主义学院教授。

能提高效能促进社会和谐。

党的十八届三中全会将社会管理发展为社会治理,适应了我国新时期的新特点和人民群众在新时期的新期待。在经济转轨、社会转型的过程中,由于政府、市场和社会的关系没有彻底厘清,政府越位、缺位和不到位,人民群众不能公平分享改革发展的成果。尤其是个别官员腐败和官僚主义,造成干群关系的紧张,甚至在很多方面极大地伤害了群众的积极性,对于党和政府倡导的很多事情缺乏参与的热情和活力,对于关系国家发展、民族存亡的重大问题,许多人在很多时候麻木不仁、袖手旁观。同理,杭州师范大学要实现建设一流大学的目标,如果没有广大教职工的关心和工会组织的参与,注定难以成功。因此,如何激发全体教职工的热情和工会组织的活力,是当前和今后一个时期必须直面的问题。

另一方面,社会公平问题已经渗透到各个领域、各个层面,表现在人们的行为和心态上。如何构建一个公平公正的社会环境,实属当下人们的最大期待。不得不承认,利益格局调整是当前社会体制改革的一个重要背景。改革难度之大,问题之多,矛盾之复杂,涉及人群和部门之广泛,实为改革开放以来之最。深化这些"难啃的骨头"的改革,需要凝聚各级工会组织的智慧和力量,需要完善的社会治理方式和高超的社会治理水平。

二、提高社会治理水平,需要改革和更新当前的治理模式

过去的三十多年发展中,我国社会的治理和体制结构一直在不断变化,主要表现在:法治在替代人治,立法与执法的分离,部门之间的壁垒在打破,分权使地方领导获得更多的权力,公众越来越多地参与立法、执法和政策制定。但是按照治理体系和治理能力现代化的要求,目前差距尚远,改革和提升的空间很大。

(一)提升社会治理能力,要鼓励工会组织参与社会事务和公共事务

在新的发展时期,探索新的社会治理模式,避免社会治理危机或通过社会治理避免危机,保持经济社会协调发展,已经成为广大教职工和各级领导人共同面临的课题。从传统的社会管理走向社会治理,通过社会治理提高组织效率、避免组织危机,保持工会组织的健康、持续和全面发展,已经成为当代社会的基本趋势。

(二)提升社会治理能力,要不断完善决策模式

社会治理是一个国家开发经济和社会资源过程中实施管理的方式,它同时也是制定和实施决策的过程。所以,治理不仅仅局限于政府,也包括多元角色的互动。政府首先要意识到:重视公众利益并不意味着要约束政府,但是政府应当与其他角色包括媒体、一些社会组织、工会组织分享共同利益,在基本的公共问题上要保持一致。

(三)提升社会治理能力,要适应产业革命,不断改革社会体制

社会治理要努力适应世界范围内的科技革命和产业升级这一新的形势,努力实现与时代同发展。目前,社会发展正处在一个新的探索阶段,各类高校也是如此,为此必须把改革与创新有机结合起来,顺应经济体制、社会体制、文化观念和行政治理模式的变革。换句话说,需要更加深层次的改革,而各级工会组织在这场改革过程中起着不可或缺的作用。

三、改进社会治理方式,必须形成合理的利益格局

充分调动各方面的积极性,改进社会治理方式,满足人们不断提高的对公平正义的要求,要进一步完善相关法律法规,强化司法公正,使法律成为社会公平正义、各类社会主体参与社会事务和公共事务、市场主体参与市场竞争的坚强后盾,而要成为这一坚强后盾,解决以下的问题是当务之急。

第一,最大限度激发社会发展活力,必须明晰政府与社会的关系、政府与社会各自的责任。政府要完善法律法规和通过制度安排更好地保障人民群众各方面权益,让全体人民依法平等地享有权利和履行义务,使各种社会活动、居民的公共参与在法律和秩序的框架内进行。社会要通过居民的参与来解决发展中出现的矛盾和问题,建立起和谐的人际关系,形成秩序与活力统一的社会环境和氛围。

第二,要敢于以极大的政治勇气和政治智慧解决人民群众在社会领域中遇到的各种切身利益问题,以及感触最深、反映最强烈的问题,敢于触碰社会领域中的"硬骨头"。在现实社会中,官本位和泛行政化趋势是亟须改革的一个领域。它使等级制度和等级观念侵蚀社会的公共生活,破坏了社会和谐和公共参与的基本价值——平等和公正,挫伤了社会成员的积极性和创造性。

第三,加大力度改革计划经济中遗留的阻碍社会和谐的因素。党的十八届

三中全会要求进一步深化改革,就是要通过反腐败,缩小城乡差距、地区差距、群体之间的差距,完善土地制度、户籍制度,使全体人民能够自由迁徙,安居乐业。

第四,要进一步完善居民参与公共生活的决策机制。与改革开放初期比较,当下的改革面临的矛盾更多,更加复杂,尤其是涉及收入分配制度改革、利益格局调整,必须依靠人民群众的力量和人民群众的参与。正如毛泽东同志在 20 世纪 50 年代就指出的,"老百姓百分之八十的事都由他们自己来办,我们只包百分之二十就好办了"。在社会结构单一的时候,决策者可以像指挥军队一样引领社会前进。当利益格局复杂、社会诉求多元以后,要把更多的决策交给社会去博弈,交给社会组织去负责,要相信社会的自治能力。

四、做好创新社会治理须把握几个关键点

十八届三中全会指出:"全面深化改革的总目标是完善和发展中国特色社会主义制度,推进国家治理体系和治理能力现代化。"全面深化改革的总目标要求我们在整体上更新社会治理理念,创新社会治理体制,提高社会治理能力。从社会治理来看,长期以来我国社会管理还存在一些突出问题。当前,强调创新社会治理,就是要走出社会管理的误区,从单向的、强制的、刚性的社会管理模式,向复合的、合作的、包容的社会治理模式转变。创新社会治理,需要着重做好以下三个方面的工作。

(一)创新社会治理,构建制度化消解路径

我国经济经过三十多年的高速发展,在社会领域不可避免地积累各种各样的矛盾,主要表现为利益主体多元化、利益诉求多样化、利益冲突显性化。提高社会治理水平,一方面,需要构建解决社会矛盾与社会问题的制度化、程序化机制,以培育和提升社会制度对于社会矛盾与冲突的容纳能力,走出"治标不治本"的怪圈,特别是针对由人民内部矛盾而引发的群体性事件,要将谈判管理、冲突管理视为其制度运作的核心机制。另一方面,更加注重形成一套现代社会多元利益协调以及社会矛盾化解的长效机制,有效预防和化解社会矛盾,社会运行的风险才能得到有效控制,人民安居乐业、社会安定有序才能真正得以实现。

(二)创新社会治理,实现政府治理和社会自我调节、居民自治良性互动

社会治理是一个共同治理的过程,各种公共管理主体在社会生活中承担着

不同的角色,履行着不同的职责,发挥着各自不可替代的作用。社会治理的突破点是社会协同,一方面,社会治理强调多元主体通过协同方式实现对社会事务的合作管理,强调多元主体之间持续互动的过程,通过搭建组织参与平台、公众参与平台和社区参与平台,畅通参与渠道,拓展参与领域,实现参与实践的多样化。另一方面,通过激活社会组织活力,促进社会组织发育,扩大社会组织参与,形成化解社会矛盾和社会冲突的社会性机制。充分发挥人民团体、群众组织、社会组织的优势,吸引、凝聚各方力量,反映和协调群众各方面各层次的利益诉求,促进矛盾纠纷化解,同时通过居民自治,让居民自己组织起来解决自己的问题。总之,要发挥群众首创精神,善于依靠基层组织和广大群众,提高预防、化解社会矛盾的能力和水平,全面提高自我管理、自我服务水平,推动"人民治安人民办、社会稳定社会管"。这是今后相当长一段时期内,创新社会治理需要突破的重点。

(三)创新社会治理,努力追求"和而不同"的善治目标

随着现代社会的发展,特别是进入市场经济时期,当下社会的"不同"是主流,这正是现代社会发展进步的标志,有道是"和实生物,同则不济",表现出不同的价值观念、不同的行为模式、不同的利益诉求等。创新社会治理,实现兼容并蓄,就是把尊重个性的多样性及其个性差异作为社会治理的前提。创新社会治理,要能安定有序,就是实现社会各成员利益不相同中的和谐、差异中的和谐、多样性中的和谐。由此,社会治理的内涵将越来越丰富多样,社会的发展也就将越来越具有活力,这一状态的前提是承认差异、包容差异,乃至尊重差异,实现共存共荣,达到"和而不同"的社会状态。

五、公平正义是提升社会治理能力的第一要义

习近平总书记强调,在依法治国的实践中,要"努力让人民群众在每一个司法案件中都感受到公平正义",不断提高执法公信力,这是将建设法治中国的崇高理想变为现实的必由之路,是推进社会主义法治文明不断向前发展的力量之源。基于上述思考,我们试图从当前我国治理转型的时代情境及其遭遇的深层挑战出发,从总体上来理解现代社会组织体制建设成为主要着力点。这种认知路径促使我们不再简单地将关注点停留于社会组织总量、增长速度、资源获取来源等现阶段许多研究广为关注的焦点之上,而是深度追问当前社会组织得以在多元治理结构中发挥结构性功能的诸多支持条件,尤其是以下三点。

(一)塑造系统整合的社会组织发展良性制度环境

当制度环境在价值和实践层面都为社会组织有序参与多元治理提供激励时,良性的社会组织体制才有可能得到有效建设。当前,许多地区在发展社会组织时仍缺乏顶层设计和立足长远的制度规划,许多政府部门往往从自身治理目标出发,"零碎"地设计制度安排。这导致了制度环境的碎片化,不利于社会组织形成长期发展预期,也不利于政社合作的深入可持续开展。因此,社会组织体制的深入建设必然要求各级主要管理部门,形成长远规划的社会组织发展政策框架,并构建环环相扣的制度链条。

(二)构建社会组织发展的良性生态系统

在大多数多元治理格局得到较好发展的发达国家,社会组织都会形成一种健康、自我强化的组织生态系统:不同社会组织间出现分层与分工,并形成相互合作的基本态势——这也意味着社会领域的逐步成熟,以及具有结构性意义的社会组织体制的成型。就此而言,营造社会组织的生态系统,意味着鼓励不同类型和不同功能取向的合法社会组织共同发展,并在此基础上形成社会组织间相互服务、相互支持的新型合作发展格局。在此背景下,社会的深层活力能得到充分的释放。

(三)形成贴近我国国情的国家与社会关系

结合我国政府近年来的改革探索来看,就是要把政府职能转变同培育社会结合起来。政府职能转变,一方面是指政府从对社会的大包大揽转变为通过制度和公共财政以及思想观念等措施培育社会的自我组织、自我协调、自我管理的能力,使社会从对国家的完全依赖中走出来,形成自主的公共参与能力;另一方面,则要引导社会的有序发育,在鼓励社会组织提供公共产品、参与治理的同时加强引导与监督制度建设,及时纠正社会发展过程中出现的偏差现象。由此形成党和政府领导下,社会力量参与多元治理的新型社会治理模式。

综上所述,从社会管理到社会治理转变的过程,就是要摆脱维稳体制所对应的各种应急管理状态,迈入社会治理的日常性、基础性的大服务和大协同的新境界。在这个意义上,创新社会治理的提出给了我们更大的智慧和机遇,着眼于维护广大人民的根本利益,以社会为本,推进社会治理变革,在更高的经济发展水平上,创造出一个充满活力而又和谐稳定的社会。以"全面推进依法治国"和"依宪执政"为主题的党的十八届四中全会为建设中国特色社会主义法治体系开辟了光明道路,为全面建设公平正义的法治中国的伟大历史实践勾勒出美好蓝图。

"把党的领导贯彻到依法治理全过程和各方面,是我国社会主义法治建设的一条基本经验。"所以在贯彻依法治国方略的过程中,中国共产党始终不渝地坚守公平正义的法治信念,将法治与德治相结合,领导全体人民建设依法行政、人人守法的社会主义法治国家。各级工会组织也必将为提升社会治理能力,实现法治中国的理想而锐意进取、不断前行。

推进高校
民主管理篇

民主管理与现代大学制度

黎青平①

【摘　要】民主管理是现代大学制度的主要组成部分。我国高校民主管理虽然取得了很大进展，但仍然是高校管理中的薄弱环节。推进现代大学制度建设，必须把民主管理放在更加重要的位置，采取有效措施，推进高校民主管理建设。

【关键词】现代大学制度；民主管理；问题与对策

建立现代大学制度是我国高等教育改革发展的重要目标。民主管理既是现代大学制度重要的组成部分，也是现代大学制度的精神实质和根基。加强民主管理，是我国高校面临的重大课题。解决这一课题，对于推进我国高校的改革与发展，建立有中国特色的现代大学制度具有重要的现实意义。

一、现代大学制度下民主管理的含义

"民主"（democracy）一词来源于希腊文 demokratiao，它是由 demos（人民）和 kratia（统治权或权力）两字组成。它的原意为"人民的统治或权力"，是指人民直接地或按照地区选举产生的代表来统治和治理国家。由此可见，"民主"一词从产生之初就是同国家制度联系在一起的。列宁认为：一方面，民主是一种国家形式，一种政治体制；另一方面，民主意味着在形式上承认公民一律平等，承认大家都有决定国家制度和管理国家的平等权利。简言之，民主是一种国家制度以及组织和管理国家的方式和原则。随着民主理论和民主实践的不断发展，"民主"的含义也日益丰富和扩展，民主已不仅仅表现为一种国家形式和政治制度，也体现为一种生活和管理方式。美国政治哲学家科恩（Robert S. Cohen）认为："民主是一种社会管理体制，在该体制中社会成员大体上能直接或间接地参与，

---

① 黎青平，杭州师范大学原党委副书记，马克思主义学院院长、教授。

或可以参与影响全体成员的决策。"但无论是本来意义的民主,还是扩展意义的民主,民主都体现出对于"平等参与、共同决策"精神的提倡与弘扬,这是民主的本质,也是民主的核心价值观。

民主管理是指人民作为主体参与国家、企事业事务管理,行使法律赋予的各项权利并承担法律赋予的责任和义务,它是相对于绝对服从少数权威的管理而言的多数人管理的方式。高校民主管理,是高校教职工依照国家法律、法规的规定,采取民主方式直接或间接参加学校工作,行使主人翁权利的一系列管理行为过程,是教职工对高校公共事务行使民主权利的制度和实践活动的总称。高校民主管理的主体包括全体师生员工,管理的事务包括政治、经济、行政、学术等各方面。高校民主管理的目的是让广大教职工在参加学校管理的实践中体会和认识自己的主人翁地位,从而激发为教育事业献身的精神和高度的自觉性,为促进高校的改革发展贡献自己的力量。

高校民主管理包括三个方面内容:第一,教职工参加学校重大问题的决策,包括发展规划、教师队伍建设等重大方案的制定,讨论决定涉及教职工切身利益的重大事项。教职工参与决策,既有利于保证决策的科学性和正当性,也有利于决策的贯彻执行。第二,教职工行使民主监督的权利,监督和评价学校管理者是否正确贯彻执行党和国家教育方针政策,是否遵纪守法、尽职尽责;检查和督促学校规划、方案、制度的贯彻实施。教职工民主监督,有利于促进领导干部勤政和廉政,提高管理效率。第三,教职工通过各种途径,维护教职工的合法权益。教职工维护自身合法权益,可以防范和纠正侵害教职工利益的不当决策、措施等各种不利行为,预防和减少矛盾,促进校园和谐。以上三个方面缺一不可,共同构成高校民主管理的完整内容。

高校民主管理的意义:第一,高校民主管理是我国社会主义民主建设的重要组成部分,民主是社会主义的根本目的。高校作为知识分子,尤其是高层次知识分子的集中地,识辨能力和民主意识强。高校的民主党派、教代会和工会等组织比较健全,其他群众团体运行也较规范,民主管理基础好。高校的人才优势、时代敏感性、知识前沿性,以及教育的服务功能和特征,决定了高校肩负为社会培育民主意识、探索民主道路和培养民主建设所需人才的责任,要求高校在社会主义民主建设中起示范作用。第二,高校民主管理是建立现代大学内部管理体制的要求。现代化的高等学校管理,必须按科学规律办事;用现代科学技术和管理理念进行管理,在管理中运用科学方法。在现代管理中,科学管理与民主管理是相辅相成的。民主管理主要解决人的思想情绪问题,科学管理主要解决工作效率问题,把民主管理与科学管理结合起来,就能创造出管理的最佳水平与效果。民主管理作为学校管理的重要制度,是校长进行科学管理的重要保证,是对校长负责制的丰富和补充。第三,实现民主管理是调动广大教职工的积极性和创造性的根本途径。民主管理的本质在于保证广大师生员工的知情权、建议权、决策权、监督权,让他们在参加学校管理的实践中体会和认识自己的主人翁地位,激发他们为教育事业献身的精神和高度的自觉性。实践证明,民主管理既是贯彻落实依法治校方针的根本要求,又是确保维护教职工合法权益的重要手段,同时也是激励教职工关心学校改革与发展的主要动力。

二、民主管理在现代大学制度中的地位

(一)民主管理是现代大学制度的精神实质

现代大学制度来源于西方,可以溯源自 16 世纪的牛津和剑桥的大学自治,奠定于 1810 年洪堡主政下的柏林大学的学术与教学相结合的自由理念。按照洪堡的理解,大学应当是学者与学生共同探求真理的场所,所以不存在单纯的教学,也不存在单纯的科研,两者是合二为一的。洪堡还为柏林大学建立了"教学自由"和"学习自由"基本原则。洪堡认为大学的主要职能不是传授知识,而是追求真理。在大学里,学术研究、教师和学生学习都应当是自由的,教师的学术研究、教师的教学都是自由决定的,不应当受到外在的干扰。洪堡为柏林大学奠定的学术自由、民主管理、学术与教学相结合等思想,成为现代大学制度思想的滥觞。在现代大学的发展沿革中,围绕大学职责的认识在不断发展,大学制度形式也在发生变化,但大学精神实质却始终未发生偏离,这就是大学自治、学术自由、民主管理,这些思想一直是现代大学精神的本质体现。"民主""自由"的大学精神,决定了现代大学制度必然是民主管理的制度。

(二)民主管理是现代大学制度的组成部分

现代大学制度的精神实质具有相对稳定性,但其具体的制度表现却可以根据国情、时代背景,以及校情而发生变迁。中国是共产党领导的社会主义国家,中国国情决定了中国现代大学制度必然有自己的特色。《中华人民共和国高等教育法》第三十九条规定:国家兴办高等学校实行中国共产党高等学校基层委员会领导下的校长负责制党委统一领导学校工作,支持校长独立负责地行使职权。第四十一条规定:高等学校的校长全面负责本学校的教学、科学研究和其

他行政管理工作。这都从法律上对高等学校的领导体制,高等学校党委会、校长和学术委员会的职责和权力进行了具体的规定,实际上已明确了我国现代大学制度建设的核心是"党委领导、校长负责、教授治学、民主管理"的领导体制与管理模式。党委领导是指党委作为学校改革发展稳定的领导核心和政治核心,在学校组织系统中处于决策层,是决策中心。校长负责是指校长在党委领导下发挥行政领导作用,独立负责地行使行政管理职权,校长是学校行政系统的指挥中心和管理中心,在学校组织系统中处于执行层,是执行中心。教授治学是指有一定权威、声望的学者对高校学科、学术、学风、教学的影响、控制和支配。民主管理是指尊重师生员工作为主人翁的地位和作为权利主体的合法权益,为其实现依法、民主参与学校管理的权利提供必要的保障。"党委领导、校长负责、教授治学、民主管理"是一个完整统一的科学体系。在这个管理制度中,"民主管理"是现代大学制度建设的重要组成部分,是现代大学管理的基本模式。

(三)民主管理是现代大学制度的重要根基

民主管理作为大学制度形式,可以追溯到具有悠久历史的教授治校传统。教授治校的理念流传至今,为世界各国大学所接受,并建立了相应的制度形式。但教授治校仅仅是民主管理的一个表现,民主管理比教授治校的内涵更加丰富和深刻。从管理的主体讲,教授治校是教授、学者掌握高深知识及学科,而这些高深知识及学科又控制着大学。民主管理是所有师生员工都有参与大学内部公共事务管理的权利,而不是只有取得教授资格的人才能成为管理的主体。从管理的范围看,教授治校通常限定在重大学术事务范围,并非所有的学校事务都是教授管理的范围。民主管理不仅包括对学校内部事务的管理,也包括对学术事务、学术活动的管理,甚至在大学行政组织内部也实行民主管理。从管理的作用看,教授治校强调在学科、学风建设,师资管理,教学科研方面充分尊重专家教授的意见和建议,强调学术权力与行政权力相互协作、分工、制约、统一,这有利于避免高校管理行政化的倾向。民主管理通过教职工的参与和监督,架起了决策与实施、权力机构与教职工联系的桥梁和纽带,为高校发展提供了一套行之有效的自我约束、自我管理和监督的机制。在我国高校"党委领导、校长负责、教授治学、民主管理"的体制中,"民主管理"是"党委领导、校长负责、教授治学"的出发点,也是"党委领导、校长负责、教授治学"的落脚点,是我国现代大学制度的重要根基。

三、现代大学制度下民主管理存在的问题

(一)民主管理意识不到位

一方面,高校管理者民主管理意识淡薄。一些高校管理者对民主管理认识不到位,认为高校管理只是高校领导的责任,教职工参与管理是多余的,教职工参与学校管理会影响学校行政系统的工作效率。一些高校管理者对实行民主管理心存顾虑,担心教职工参与管理多了,会削弱他们的管理权力,会影响党委领导下的校长负责制的实行。一些高校管理者习惯于自上而下的行政命令式的管理模式,在制定政策、出台重大决策过程中,忽视教职工的知情权、参与权。或者只是在形式上发扬民主,不是在实质上实行民主。

另一方面,由于我国高校民主管理工作起步较晚,教职工民主管理意识普遍不强,特别是一些高校管理者忽视教职工的民主权利,教师被动地接受管理者的管理,严重地伤害了教职工民主管理的积极性和热情。一些高校教职工对于自己在管理中的权利和义务认识不够,缺乏对学校重大事务积极参与的主人翁意识。有的囿于眼前利益,忙于教学和科研,不关心民主管理;有的缺乏全局意识和长远眼光,没有将学校发展与自己的切身利益挂钩,消极参与民主管理;有的囿于自身利益,不愿或不敢提出不同意见,放弃自己民主管理的权利。

(二)民主管理制度不健全

我国相关法律法规规定了教职工有参与学校管理的权利,但由于高校民主管理制度和机制不健全,导致了教职工的民主管理权利得不到保障。如在决策参与方面,在高校重大行政与学术政策的制订与实施过程中,普遍缺乏对广大教师的态度、意见与建议的征询制度。在民主监督方面,由于校务公开制度不健全,以及缺少相应的运行机制和监督机制,导致教职工的民主监督管理的权利落实不彻底。在教代会作用方面,缺乏对教代会组织形式做出稳定、长效的制度安排,教代会形式走过场,教代会制度的法律法规有待完善。在行政权力与学术权力关系方面,行政权力与学术权力混为一体,缺乏对行政权和学术权之间的关系进行明确规定的制度安排。在学生参与管理方面,作为大学教育服务对象的学生的民主权利在大学的现行制度中并没有得到充分的实现,学生在高校运行过程中只是一个被动管理的角色,等等。由于制度不健全,教职工和学生的民主权利很大程度上还停留在纸面上。

(三)民主管理空间受挤压

长期以来形成的行政权力绝对控制的办学和管理理念没有得到根本的改变,政治领导权和行政权在高校内部权力架构中处于主导地位,教职工的民主管理权处于边缘化状态。过于强调行政权力尤其是行政职务的作用,一些职能部门出现了角色错位,将服务职能置换为权力行为。学校重大事务的决策权掌握在学校主要领导手里,教职工行使民主管理权在与学校内部的政治领导权、行政权产生冲突时,因为受到政治领导权、行政权的抵制而难以发挥作用。民主管理基本形式的教代会依附于政治领导权和行政权,成为政治领导权和行政权的附属物。行政权力凌驾于学术权力之上,行政权力侵犯甚至取代学术权力的情形时有发生。行政权力的泛化,导致以学术委员会、教授委员会等机构为代表的学术群体对于学术事务的自治与自主,学术群体对于行政事务的参与和监督无法实现,"教授治学"和"民主管理"变成空话。虽然高校在加强教职工代表大会制度建设,扩大高校民主管理权,推进学术自由、教授治学等方面做了很大努力,但在缺少对政治领导权和行政权有效监督和约束的情况下,其制度效用大打折扣。

(四)民主管理形式走过场

作为高校民主管理主要形式的教代会质量和效果不尽如人意,存在流于形式的现象。有的高校的重大决策没经过教代会讨论,直接由学校领导决策。一些高校的重大问题提交给教代会讨论,往往只是走过场,实际最终决策权在学校领导手里。虽然教代会程序比较规范,但教代会的议题不是很准确、务实性不是很强,会议内容老套、形式比较单调,对教代会代表和教职工的吸引力不强。教代会的代表结构不合理,在高校教代会代表中,领导干部占比过大,一线教师职工占比过小,导致教职工意愿和诉求不能真正表达。教代会职权落实不够,在教代会四项职权中,第一项职权,即听取和审议学校工作报告普遍行使得较好。第二、三项职权,即审议通过权和审议决定权(主要涉及学校基本规章制度的制定和同教职工切身利益相关的生活福利事项)落实得差一些。第四项职权,即民主评议干部,由于种种原因,在许多学校没有开展。多数高校对于教代会作用认识不到位,认为教代会可有可无。高校工会是教职工的群众组织,具有维护教职工民主管理权的义务,但工会组织对行政的依赖性过大,民主管理和民主监督职能难以发挥。

四、现代大学制度下民主管理的实现途径

(一)正确处理党委领导校长负责与民主管理的关系

高校党委处于高校领导结构的中心地位,党委领导是否科学直接关系到高校民主管理的效果。高校党委要转变和改进领导方式,为民主管理和民主建设提供助力。党委要保障教职工的民主管理权力,支持工会、教代会等机构开展日常民主管理工作,解决民主管理在制度建设上的问题,指导民主管理机构正确行使职权,协调好民主管理机构与行政的关系。校长是高校的行政管理权力中心,但民主管理与行政管理之间是相互依存、相互制约的关系,行政权力只有建立在充分发扬民主的基础上才能得到广大教职工的拥护和支持,从而产生真正的权威。高校行政权力要尊重教职工的民主权利,定期向教代会报告工作,落实和答复教职工代表的提案和建议。要依靠民主管理集思广益、群策群力办好学校。教代会等民主管理机构要支持校长行使行政管理权,维护校长的领导权威,动员组织教职工贯彻行政决策,团结凝聚教职工维持学校改革发展和稳定的大局。行政权力要有效地保障学术权力的发挥,要建立健全学术组织机构,发挥各种学术委员会的作用,有效平衡当前高校学术权力与行政权力失衡的现象。

(二)提高教代会作为高校民主管理基本形式的实效性

要加强教代会制度建设。我国《高等学校教职工代表大会暂行条例》已实施二十多年,一些内容已不适合高等教育迅速发展的需要。《中华人民共和国教育法》《中华人民共和国高等教育法》《中华人民共和国教师法》等法律关于教代会的规定均为原则性的,缺乏可操作性。因此,应根据新的形势发展需要,对教代会的相关法规进行修订,推动教代会向更高层次和更有实效性的方向发展。要优化教代会代表结构,提高代表的素质。教代会要体现广泛的代表性,要有各方面、各层次的代表,特别是要保证一线教职工代表比例。要加强代表的学习培训,增强代表的责任感和使命感,提高代表的政策法规水平和参政议政能力。要建立教代会代表定期向所在单位教职工述职的制度,使代表接受教职工监督。要全面落实教代会的各项职权,凡属学校重大发展问题、改革方案、规章制度和涉及教职工切身利益的重大事项,都必须提交教代会审议通过或决定。要建立教代会对学校行政工作的质询制度;建立教代会执委会听取学校工作情况通报、讨论通过有关议案制度;建立教代会代表巡视、调研制度,加强代表对学校工作

的了解与监督。高校党委要加强对教代会的领导,落实教代会职权,支持教代会依法独立自主地开展工作,发挥教代会在学校民主管理中的作用。

(三)推进校务公开,调动教职工民主管理的积极性

校务公开是实现民主管理的重要途径,要进一步深入推行校务公开制度。一要加强校务公开的规范化和制度化建设。在校务公开过程中,必须制定科学的方法和制度来规范行为,最大限度地发挥校务公开的作用。二要坚持全面、真实、便民原则。除涉及保密事项和个人隐私需要予以保护外,均应如实公开。要将教职工关心的问题作为校务公开的重点,不回避、不搞形式主义,认真落实教职工的知情权。应抓住办事权限公开,办事依据公开,办事纪律公开,办事过程公开,办事标准公开,办事结果公开等校务公开的关键环节,做到政策公开、过程公开、结果公开。三要注意公开的经常性和信息的时效性。校务公开应保持经常性,而不能只限于一时一事。除了教代会、工代会、党代会这样以界别、年度为限的公开形式外,学校还应通过新闻发布会、校园网络、校报等方式,让基层组织和全校师生员工及时了解到学校的重大信息。要把握信息的时效性,做到信息公开及时化。四要建立校务公开工作监督机制。高校应成立校务公开监督机构,对校务公开状况进行检查和评估,监督有关部门有效落实校务公开工作,并在教代会上通报。同时,应建立校务公开责任制度,对于不公开、假公开、搞形式主义侵犯教职工民主权利和合法权益的行为,要根据不同情况,给予不同程度的处理。教育管理部门应将校务公开工作列入高校主要领导干部考核范畴。

(四)提升大学生在高校民主管理中的参与度

大学生是高校建设发展的中坚力量,也是高校管理的主人。高校民主管理,要发挥学生的主人翁作用。在管理制度的设计上,要体现以学生为中心的原则,突出学生的主体地位,保障学生的民主权利。学校在制定规章制度,进行校园建设,规划学校发展时,应尽可能地广泛征求和听取广大大学生的意见。凡涉及学生切身利益的事情,如选拔学生干部、评优评先、助学贷款、奖学金评定、确定新党员发展对象等,要向学生公开,接受学生监督。要建立学生与学校间的沟通机制,让学生对学校各个方面的事务提出自己的意见建议,提升学生在高校管理过程中的参与度。要设计一些学生诉求反映的通道,让学生对课程设置、教学质量、考试考查、学风建设等提出建议,促进学校教育教学质量的提高,营造良好的校风学风。要充分利用学校办公自动化系统,建立管理信息平台,把学校的重大决策等发布在信息平台上,让学生可以随时了解学校的情况,了解学校领导的决

策,学生可以通过电子邮件向学校的领导提出自己的意见,发表自己的见解。学代会作为学校最大的学生组织,要代表学生参与学校的管理和监督工作,维护学生的合法利益。学代会要与教代会加强合作、相互交流、相互促进,共同推进高校民主管理工作的开展。

(五)发挥工会在高校民主管理中的职能作用

工会是高校教职工代表大会的工作机构,组织教职工参与民主管理和民主监督是工会的重要职能之一。高校工会要切实履行自己的职责,依照法律赋予的权利,通过教代会这个民主管理的基本形式,调动教职工参政议政积极性。在教代会闭会期间,工会要积极组织教职工参与日常的民主管理活动,督促检查教代会决议、决定和代表提案的落实情况,协调处理教代会闭会期间属于教代会职权范围内的学校重大问题的决策与管理问题。工会主要领导参加校院党政工联席会议,便于了解学校各方面的重大事项,同时也便于将教职工的意见和建议及时反映给党政领导,从而代表教职工参与源头决策。同时,通过开展交流、协商、对话等活动,反映教职工的意见和要求,达到维护教职工利益的目的。工会要以《劳动法》《教师法》为依据,确保教职工基本的劳动权利和人身权利不受侵犯。对严重侵犯教职工合法权利的现象和教职工关心的热点、难点问题,工会要大力呼吁和反映情况,采取有力措施,为教职工办实事、好事,以充分显示工会组织存在的价值。工会还要优化工会干部的职称、学历结构,加强工会干部学习培训,着力提高工会干部的履职能力,从而更好地组织教职工参与学校民主管理工作。

参考文献

[1] 何晓芳,周秀华.现代大学制度框架下高等学校民主管理的理念与机制研究[J].黑龙江高教管理,2010(9).

[2] 叶学良,余少心.试论目前高校民主管理中的障碍及其克服[J].泸州医学院学报,1989(5).

[3] 张斌,蒋渊.现代大学制度架构下高校民主管理[J].中国劳动关系学院学报,2007(5).

[4] 姜晴,徐远火.现代大学制度视野下高校民主管理[J].经营管理者,2011(10).

民主治理视域下的现代大学制度研究

——兼论民主治理与现代大学制度的关系

宋桂全[①]

【摘　要】民主治理建设有助于现代大学制度的建立。同时,现代大学制度的建立和良性运作,将有效地促进高校民主治理进程。二者相辅相成,良性循环运转。工会是高校民主治理的具体组织者和现代大学制度的重要建设者,将在高校民主治理和建设现代大学制度过程中发挥积极作用。

【关键词】民主治理;现代大学制度;工会

一、民主治理与现代大学制度的内涵

"民主"一词来源于古希腊 ,由 demos(人民)和 kratia(权威或统治)组成,其原意是指"人民的统治"或"多数人的统治"。从广义上来讲,民主体现为一种生活和管理方式。美国政治哲学家科恩(Robert S. Cohen)认为,民主是一种社会管理体制,在该体制中社会成员大体上能直接或间接地参与,或可以参与影响全体成员的决策。无论是广义上的民主,还是狭义上的民主,都体现出一种最为核心的价值取向,即民主是对于"平等参与,共同决策"精神的提倡与弘扬,这既是民主的本质,也是民主思想的精髓。[1]高校的民主治理,是高校广大教职工依法行使民主权利,实行民主选举、民主参与、民主决策和民主监督,积极参与学校治理的过程。高校的民主治理内容主要包括四个方面:一是教职工依法在一定范围内选举部门主要负责人;二是以一定方式直接参与对学校重大事务的决策与管理;三是以各种方式对学校工作实施群众性监督;四是在民主治理过程中,表达自身利益诉求和维护教职工合法权益。[2]

现代大学制度是一个在实践中内涵不断得到丰富和发展的动态概念,目前

---

①　宋桂全,杭州师范大学政治与社会学院教师。

学界并没有一个统一而确切的界定。在教育部制订的《2003—2007 年教育振兴行动计划》(以下简称《行动计划》)中，第九部分(加强制度创新和依法治教)第三十四条明确提出："深化学校内部管理体制改革，探索建立现代学校制度。"这是国家级政策文件首次对现代学校制度概念的认定。学界对这一问题的关注则始于 20 世纪 90 年代中后期，尤其是 2003 年以来，相关研究更是日趋深入。综合多数研究成果，对现代大学制度定义的共同点是在政治意义上强调构建新型政校关系，经济层面上突出学校法人制度建设，在内部治理上强调民主治校。显见的是，其中仿造现代企业制度的痕迹较重。[3]现代大学制度，是现代学校制度建设框架下的一个重要组成部分。《行动计划》中将其表述为："高等学校要坚持和完善党委领导下的校长负责制，推进依法办学、民主治校、科学决策，健全学校的领导管理体制和民主监督机制。"《国家中长期教育改革和发展规划纲要(2010—2020 年)》中，对建设现代大学制度进行了专门论述，并将"完善中国特色现代大学制度"列为一项重要内容，主要是"完善治理结构、加强章程建设、扩大社会合作、推进专业评价"。结合学界研究成果，我们可以将现代大学制度的基本特征界定为"法律框架下的自主办学、党委领导下的校长负责制、民主程序下的科学管理、自由学术下的教授治学"[4]，民主治理是其题中应有之义。

二、民主治理是现代大学制度建设的重要内容

民主治理是现代大学制度建设的重要组成部分，是现代大学治理的基本模式。现代学校制度的实质就是民主治理制度，科学合理的管理体制必须体现民主精神。

(一)民主治理是构建现代大学制度的坚强基石

现代大学制度的精神实质是"民主"与"自由"。"自由"是基本价值，"民主"是服务于基本价值的手段，但同时也是检验自由程度的标志。现代大学制度的要素包括"大学自治、学术自由、教授治学、通才教育、学生自治"等，要素固多，民主治理则是其共同的基石。大学自治，即大学拥有办学自主权。就宏观管理层面而言，现代大学民主制度是在政府的宏观调控下，入学面向社会依法自土办学，实行民主治理，意即"大学自治"；教师对学校事务的参与和管理权，是现代大学的基本管理制度，即"教授治学"。就微观管理层面而言，现代大学民主制度就是通过制度建构确定大学行政权力与学术权力的关系，以充分体现大学学术组

织的基本属性,实施"教授治校"或"教授治学"式的内部民主治理。我国高校构建现代大学制度的可行治理模式,应是以"教授治学"为基础的党委领导下的校长负责制,或称为"党委治党、教授治学、校长治校"模式。[5]大学的学术自由,可扩展为三个自由:研究自由、教学自由、学习自由。对学生而言是学习自由,对教师而言则是研究自由和教学自由。大学学术自由作为思想自由的一种特殊形式,与整个社会的民主自由环境休戚相关。正如学者金耀基所言:"学术自由是与社会的一般自由不能截然分开的,当一个社会失去了自由时,学术自由是毫无保障的。只有在一个民主法制社会,学术自由才有发展的机会。"[6]通才教育实际上是大学实行的教学模式,亦称自由教育。学生在高等教育中,要全面学习自然科学、社会科学和人文科学,重要的是培养学生面对生活和生命的人格。潘光旦认为,"从教育的立场看,唯有一个民主的政治环境,才能孕育出真正自由、通达的教育"[7]。学生自治是高校管理非常重要的准则,是指高校学生行使校园主人权利,通过相应的学生组织,对一定范围内的学生事务参与管理、决策和监督的制度。它是大学生实施民主治理、进行自我教育的实践活动。[8]

(二)民主治理是建设现代学校制度的坚实保障

有中国特色的现代大学制度的建设需要一系列制度、体制的保障,如党委领导下的校长负责制、教授委员会制度、教代会与学代会制度、校务公开制度,以及民主决策机制、审议与咨询机制、监督与制约机制,等等。归根结底,这些制度、机制,都是现代大学制度框架下民主治理理念的具体呈现形式。党委领导下的校长负责制,充分贯彻了党的民主集中制原则,是建立现代大学制度、推进高校民主治理进程的重要保证。教授委员会是践行"教授治学"的学术管理机构,它是促进学术权力、行政权力、政治权力三权分立制衡,构建和谐民主治理体制的需要。教代会是教职工群体行使民主治理的基本形式和权力结构。建立健全教代会制度的重点,是进一步明确和落实教代会的职权,以确实保障教职工民主参与、民主决策和民主监督工作的实效性。与教代会相应的学代会要以学生为主体,代表学生参与学校的管理和监督工作,维护学生的合法权益。它与教代会在合作交流的基础上相互促进,整体推进高校民主治理工作的开展。校务公开的核心是透明和公开,本质问题在于监督。它是在高校管理工作中依靠教职工办学,实现决策民主化、科学化的重要举措,是推进高校民主治理的根本要求。从机制建设上来说,民主决策机制,是为了推进高校民主治理而制订的一系列直接相关措施;审议与咨询机制,是保证决策科学化和民主化的必要举措;监督与制约机制,则是防止高校权力不走向异化,保障民主参与和民主决策实效性的必备要件。[9]

三、现代大学制度的建立运作能够促进民主治理进程

一方面,民主治理建设有助于现代大学制度的建立;另一方面,现代大学制度的建立和良性运作,将有效地促进高校民主治理进程。二者相辅相成,良性循环运转。"民主的政治环境"不止能孕育出"真正自由、通达的教育",同时,"从政治的立场看,只有自由通达的教育,才能造就民主宽容的政治制度"。[10]

(一)现代大学制度的建立有助于高校民主治理各项职权的落实

高校民主治理是学校师生行使民主权利的过程,涉及知情权、选举权、参与权、表达权、决策权、监督权等。现代大学制度的建立,有助于这些职权的落实。首先,现代大学制度要求建立健全校务公开制度,通过政务公开、财务公开、党务公开和其他事务公开等形式,保证师生的知情权。其次,选举权是民主的本质内涵,是高校民主治理活动的核心。没有选举权,所谓的民主治理就只是一句空话。现代大学制度下,校长职业化和公开招聘民主选举、中层干部民主推荐竞争上岗等成为常态,一切师生的选举权将得以落到实处。再次,参与权是民主治理的关键。师生能够有效地表达自己的意志,将自己的意志体现为学校公共政策,就必须通过有效的平台和途径参与到公共生活中去。现代大学制度的建立,使之具有了制度保障。又次,表达权是指公民有权依照法律表达自己的独立意志。就高校而言,表达权既是学术自由的前提,又是监督学校管理和形成科学决策的需要。现代大学制度对保障师生的表达权提出了更高要求。另外,决策权是高校民主治理的关键。现代大学制度要求建立和完善教授委员会、教代会、学代会等机构,对学校重大事务进行审决,师生的决策权借此得以保证。最后,监督权是指师生有监督学校机构及其工作人员的公务活动的权利,它主要包括五项内容,即批评权、建议权、申诉权、控告权、检举权。没有有效的监督,就无法保障民主参与和民主决策的实效性,民主治理也就无从落实。现代大学制度对保障师生的监督权做出了明确要求。

(二)现代大学制度的建立有助于推进高校民主治理的探索创新

民主治理是现代大学制度建设的重要内容和衡量标杆,现代大学制度的建成,必将推进高校民主治理的探索创新。

首先,坚持高校民主治理,依法治校是前提。民主是法制的基础,法制是民

主的保障,法制以法律形式确认了高校实行民主治理的诉求。依法治校,不仅是依据《中华人民共和国教育法》《中华人民共和国教师法》《高等教育法》,还包括当前阶段的《国家中长期教育改革和发展规划纲要》等。而且,我们还可以在国家法律法规框架内,通过民主的形式,制定符合自身实际的"高校宪法"(章程),据此以指导学校发展。与之相配套的是,可以制定学校听证制度、师生申诉条例等具有民主法制特色的系列管理制度,依法治校,民主治理。其次,坚持高校民主治理,制度创新是动力。现代大学制度的建设是一项长期而艰巨的任务,随着民主化进程的深入,高校民主治理也会遇到一些新情况、新问题,需要我们坚持制度创新,与时俱进解决问题。如为将监督落到实处,实施"中层干部公开述职答询制度";为避免民主提议流于形式,实施"提案回复制度";以及为保障师生话语权而推出的"重大事项听证制度",等等。再次,坚持高校民主治理,校务公开是关键。随着现代学校制度建设的深入,对校务公开提出了新的、更高的要求,包括以下方面:内容上更为宽泛,从重大事务延展到日常工作;形式上更为多样,从校园公开栏扩大到网站、邮箱;时间上更为灵活紧凑,从学期、学年固定发展到每月、每周随时发布;程序上更为科学,从粗放式转化到精细型;范围上进一步扩大,从校内师生延伸到家长、社会。最后,坚持高校民主治理,民主文化建设是保证。要从根本上促进高校民主治理工作的顺利开展,加强高校自身的民主文化建设尤为重要。通过创新途径,在高校形成浓厚的民主文化氛围。力争民主治理全覆盖,将校务公开延伸至教学、科研和党团工作中去,提升师生主人翁意识和民主治理积极性。通过教学上的课堂民主、学术上的百家争鸣、干部选拔上的"公推直选"、党代会代表提案制等举措,让民主之花在校园绽放。[11]

四、发挥工会在高校民主治理和建设现代大学制度中的积极作用

《中华人民共和国工会法》(以下简称《工会法》)对我国工会的职能进行了详细的规定,结合高校的具体情况来看,高校工会应该具有"维护、建设、参与、教育"等职能。[12]这决定了工会在推进高校民主治理和建设现代大学制度中的重要地位。

(一)工会是高校民主治理的具体组织者

我国《工会法》规定,"工会依照法律规定,通过职工代表大会或者其他形式

组织职工参与本单位的民主决策、民主治理和民主监督"。据此,高校工会应该承担起高校民主治理的具体组织者的职能。高校民主治理的基本载体是教职工代表大会和工会会员代表大会(简称教代会和工代,即"双代会")。教代会是学校管理体制的重要组成部分,是学校内部民主治理的基本形式和基本制度,是教职工依法行使民主治理权力的机构。工会是教代会的组织者、参加者,又是教代会的日常工作机构,承担着"双代会"的筹备和组织、检查和监督决议执行、协助完成各项工作等任务。工会工作应该与教代会制度建设紧密结合,以更好地发挥工会在高校民主治理中的作用。具体体现为:在教代会召开之前,科学制订提案征集和实施办法,广泛听取民意,公开征集提案,精心组织,周密安排,保证会议质量;教代会召开期间,在参与学校有关政策、规定的制定和讨论过程中,充分反映教职工的意见和诉求,保障和维护广大教职工的合法权益;教代会闭会期间,积极组织教职工参与日常的民主治理活动,督促检查教代会决议和代表提案的落实情况,也包括协调处理教代会闭会期间属于教代会职权范围内的学校重大问题的决策与管理等。工会工作的关键,就是形成以工会为核心的一套健全完善的教代会组织体系和民主治理工作网络。[13]

(二)工会是现代大学制度的重要建设者

建设现代大学制度是一项系统工程,需要全员参与。工会以其自身的职责定位和担当的法律角色,将在其中发挥重要作用。如前所述,高校工会的职责定位包括"维护、建设、参与、教育"等;至于其法律角色定位,则可归结为"独立的社会团体法人"。工会在建设现代大学制度中的重要作用主要体现为以下方面:一是顺应现代大学的规范性,参与现代大学的建章立制。作为社团法人的高校工会,以其法定主体地位的独立性和教职工利益的代表者,以平等身份参与到高校规章制度的制定中,担当起反映教职工意愿和维护其合法权益的职能角色。二是顺应现代大学的人文性,为现代大学营造和谐的校园气氛。作为独立社团法人的高校工会与学校行政管理部门,密切配合,同心协力,将现代大学思想观念、道德标准等内容融合到管理的各个环节,实现师德教育与制度管理的科学结合,他律与自律的结合,增强学校依法治校、教师依法执教的自觉性。三是顺应现代大学的学术性,积极服务于教学科研。高校工会主要通过教代会与教授委员会,紧密围绕现代大学的中心工作——教学与科研,积极主动地服务于人才培养和学术研究。四是顺应现代大学的开放性,推动校务公开。作为社会团体法人的高校工会,以其法定地位的独立性和组织的保障性,可以发挥信息广泛、成员众多、有专门时间保障的优势,排除干扰因素,引领教职工有组织地参与到校务工作中,成为推动校务公开的重要力量。[14]

参考文献

[1][2][9][13]何晓芳,周秀华.现代大学制度框架下高等学校民主治理的理念与机制研究[J].黑龙江高教研究,2010(9).

[3]陆丽,苏力.现代学校制度问题研究综述[J].煤炭高等教育,2009(1).

[4]胡志范.论现代大学制度及特征[J].黑龙江教育(高教研究与评估),2007(9).

[5]刘庆生,王小明,丁俊玲,等.构建"教授治学"的现代大学民主制度[EB/OL].(2013-05-30)[2016-07-18].http://www.wangxiao.cn/lunwen/28921036840.html.

[6]孔垂谦.论大学学术自由的制度根基[J].江苏高教,2003(2).

[7][10]潘光旦.潘光旦文集:第五卷[M].北京:北京大学出版社,1997.

[8]吴琼.民主化视野下的高校学生自治制度研究[D].武汉:湖北大学,2009.

[11]吕向东.探索民主治理新途径,建设现代学校新制度[J].学校党建与思想教育,2012(8).

[12]阎武.从《工会法》看高校工会职能及法律角色[J].哈尔滨职业技术学院学报,2010(4).

[14]于兆波,张江洲.高校工会与现代大学制度[J].北京政法职业学院学报,2007(3).

转型期高校工会参政议政的路径研究

徐小明①

【摘　要】当前,我国正处在一个社会经济发生深刻变化的社会转型时期,如何针对这一形势,认真探讨高校工会工作的新思路,探索新时期高校工会参政议政的路径,是值得我们认真思考的问题。针对当前高校工会工作面临的新情况和新特点,结合高校教育改革的实际情况,文章认为多方面拓宽高校工会参政议政的路径,切实履行高校工会职能,是转型期高校工会服务好高校工作大局的重要内容。

【关键词】转型期;高校工会;参政议政;路径

改革开放引发并持续推动着中国社会的转型。社会转型就是构成社会的诸要素,如政治、经济、文化、价值体系在不同的社会形态之间发生的质变或同一社会形态内部发生的部分质变或量变过程。[1]既往学者对社会转型的研究表明,社会转型主要包括三个层面的含义:一是指体制转型,即从计划经济体制向市场经济体制的转变。二是指社会形态变迁,即中国社会从传统社会向现代社会的变化,其中包括从农业社会向工业社会、从伦理社会向民主法制社会、从封闭性社会向开放性社会转变的社会变迁,以及人民由臣民转向公民的变迁和发展。三是指发展模式的转型,即由单一的、粗放的发展向科学发展的转型。我国当前的社会转型正是社会主义内部经济、政治、文化结构等诸要素分化重组、递升跃迁的历史运动,是整个社会由僵滞走向变革、由封闭走向开放、由落后走向文明的现代化过程。无论是哪种社会转型,其内容都包括利益调整、体制机制转轨和社会结构转换。在社会转型时期,人们的思维方式、行为方式、生活方式、相互关系和价值体系都会发生明显的变化,呈现出鲜明的特点。

新时期的社会转型使得普通公民在满足温饱之后,民主意识也逐渐增强,并

---

①　徐小明,杭州师范大学政治与社会学院副院长、教授。

开始通过分工使日益精细的社团组织参与到社会生活之中。"集团政治已成为当代中国政治决策机制演进的基本走向之一。这一走向给代表和维护广大劳动者利益的工会提供了广阔的舞台,但同时也对工会组织的参政议政能力提出了挑战。"[2]同其他行业工会一样,高校工会具有维护、参与、建设、教育四项基本职能。维护职能是高校工会的源头和根本,履行其他职能又是实现维护职能的行之有效的方法和途径。然而从某种意义上说,没有参与职能作用的发挥,其他职能事实上只能是一句空话。随着我国高等教育的改革和发展,高校实现了历史性跨越,在各方面的建设上得到了巨大发展,办学规模不断扩大,教育水平显著提高。"高校的工会工作所具有的维权协调、民主参与、教育引导、氛围导向和桥梁纽带作用,在高校改革、发展与稳定等工作中越发重要。"[3]"在向新世纪跨越的形势下,进一步认识和探索高校工会履行参与职能的客观必然性和有效途径,有利于更好地发挥工会联结党和教职工群众的桥梁和纽带作用,有利于大大提高工会在学校管理中的民主参与、民主监督水平。"[4]

一、高校工会参政议政的必然性、现实性

首先,这是由工会的性质决定的。《中国工会章程》总则中规定:"中国工会是中国共产党领导的职工自愿结合的工人阶级群众组织,是党联系职工群众的桥梁和纽带,是国家政权的重要支柱,是会员和职工利益的代表。"《中华人民共和国工会法》第二条规定:"工会是职工自愿结合的工人阶级的群众组织。"这就科学地概括了中国工会的基本属性,即鲜明的阶级性和广泛的群众性。在社会主义市场经济条件下,劳动仍然是人们谋生的手段,包括教职工在内的工人所处的社会环境也仍然存在着不少损害职工具体利益的因素,需要职工群众自己的组织——工会代表来参与和维护;也就是说,在社会主义条件下工会仍有其存在的客观基础。高校工会也不例外。高校工会在协调教职工群众利益关系方面具有特别意义。

马克思、恩格斯在经典著作中就工人阶级参加管理和分配的科学理论的阐述说明了工会工作的重要性。列宁依据俄国革命实际,从工会在无产阶级专政体系中的地位和任务的角度出发论证了工会参政议政的必要性。他说:"工会就它在无产阶级专政体系中的地位来说,是站在……如果可以这样说的话……党和国家政权之间的。"然而也要注意,"工会参与职能不是在工会产生之初就有的职能,而是在社会主义条件下所具有的一项新职能,是工会其他职能在更高层次

上的一种表现,是社会主义政治制度和民主建设的需要"[5]。这提醒我们要用历史的、发展的眼光看待工会组织,把握时代特点,便于抓住事物的主要矛盾。

其次,工会参政议政是我国经济体制改革和政治体制改革的客观要求。在中国社会各方面发生深刻变化的历史时期,要求我们抓住机遇,破除旧观念对生产力发展的束缚,大胆改革,锐意创新,从历史的大局出发,缩小贫富差距,打破现有利益格局,变革生产关系中不适应生产力发展的环节和方面。这样既能广泛调动包括知识分子、技术人员等新时代的工人阶级在内的广大人民群众的热情,遵从了大多数人民的意愿,也因此有助于实现社会主义目的,体现社会主义的本质。作为实施科教兴国战略、赶超世界先进水平的生力军,高校虽然在改革开放30多年来为我国的高等教育做出了长足的贡献,但是依然无法满足社会需求和现代化建设的需要,在社会效益、教学质量、创新能力等方面较发达国家还有一定的差距。因此,"各学校为了在竞争中立于不败之地,必须深化校内的各项改革。在学校实行内部改革等诸多项改革中,工会工作显的十分重要"[6]。

二、高校工会参政议政的重要性

第一,工会参政议政有利于政府重大决策的民主化与科学化。我们党要密切同人民群众的联系,领导人民前进,首要的问题是必须保证决策正确、执行有效。这就要求决策的民主化和科学化。为此,必须广泛听取各方面的意见,反复比较、鉴别和论证。工会参政议政,为各级政府广泛听取职工群众意见开辟了有组织有纪律有领导的渠道,是建设和完善社会主义民主的重要措施。

第二,工会参政议政有利于促进涉及职工利益的问题及时妥善地解决。我们的政府从根本上讲是代表包括职工群众在内的全体人民的总体利益的,但是总体利益同具体利益之间也有可能产生某些矛盾,在社会主义条件下,职工群众有着和其他社会利益群体不同的具体利益。腐败现象和官僚主义也可能构成对职工利益的侵犯。正如列宁所说:"我们的国家是带有官僚主义弊病的国家。我们不得不把这个不幸的——我应当怎么说呢?——帽子,加在它的头上。这就是过渡的实际情况。试问,在实际形成的这样一个国家里,难道工会没有什么可以保护的吗?能够没有工会来保护组织起来的全体无产阶级的物质利益和精神利益吗?"[7]从一般意义上说,职工群众正是为着维护自己的切身利益而参加工会的。工会是职工利益的维护者。工会参政议政有利于表达和维护职工群众的具体利益,从而促进涉及职工利益的问题及时妥善解决,有利于协调社会矛盾。

第三,工会参政议政有利于调动职工群众的社会主义积极性。马克思主义认为历史活动是群众的事业,生机勃勃的社会主义是由人民群众自己创立的。工会代表职工群众参政议政,是工人阶级领导作用的体现,是人民当家做主的体现,必将激发和调动职工群众的积极性、创造性,促进经济的发展,维护政治和社会的稳定。

第四,工会参政议政,及时反映职工群众的呼声,听取它们对政府的意见和建议,有利于我们的党和政府加强廉政建设,克服党内和政府内的消极腐败现象,从而改善党群关系,保证我们的事业立于不败之地。

三、转型期高校工会在参政议政中面临的新形势与新问题

作为教职工自愿结合的群众组织,高校工会首要的最基本职能就是要代表和维护广大教职工的合法权益。自新中国成立以来,高校工会在维护广大教职工权益、协调各方利益关系、协助校园管理等方面,发挥了不可替代的作用。但是随着社会主义市场经济的建立和推进,以及高等教育体制和高校管理体制的深刻变革,我国高校在教职工的培养、选聘、任用、考核和管理等方面都发生了显著的变化。然而高校工会作为代表和维护广大教职工的群众组织,在应对内外部环境剧变的情况下,却始终不能跳出“福利工会”和“退休工会”的窠臼,在实际工作中也并未真正受到领导和广大教职工的重视。由于存在着一系列问题,虽然肩负着教职工合法权益的代表者和维护者的神圣职责,但高校工会很多时候不能够代表、维护和帮助教职工争取到应有的权益,甚至有时会持貌似“中立”的态度,充当“说客”角色。这种“老好人”的做法看似公允,实则与工会建立的目的背道而驰,也辜负了广大教职工对工会组织的期望。在遇到困难时,他们不再把解决问题的希望寄托于工会,在某些情况下甚至会避开这个所谓的群众组织,另寻其他途径进行解决。如何重塑高校工会的形象、找准自己的定位、切实发挥高校工会应有的作用、代表和维护好广大教职工的权益成为目前亟待解决的课题。随着高校改革进程的加快,各种各样的问题也随之出现。工会的发展在新的形势下面临着挑战,具体归纳起来有如下几个方面。

(一)工会参政议政的复杂性增强

高校人员的构成越来越多元,既有高学历的教师和行政队伍,也有大量的人事代理、合同制人员。不同的人员有着不同的特点和利益诉求,需要统筹兼顾。

高校的分配和利益关系改革调整,必然涉及诸多人员的切身利益,需要工会协调处理。学校发展的根本利益和教职工个人利益之间冲突的化解和统一,需要工会做大量细致有效的工作。也就是说,工会的工作内容很多、对象很广、重要性很强。随着学校各项事业的不断推进,工会的工作也会越来越细致复杂。

(二)工会参政议政的职能有弱化的倾向

工会本来是教职工之家,然而,却因为很多现实的问题,工会的职能在不断地弱化。这就导致工会的凝聚力、向心力也随之减弱。原因是多方面的。从工会的角度来看,存在着有些高校工会维权不够有力,参政议政不够到位,工作上普遍存在"等、靠、应付了事"的现象。此外,工会给人感觉好像只是开展文体活动、给职工分发福利、假期组织教职工外出参观学习的机构。从教职工的角度来看,很多教职工对工会的职能、角色和地位认识不足,参与热情不高;还有相当一部分职工将大量的时间和精力投入到自己的科研和教学工作中,无心顾及工会开展的工作;还有一部分教职工缺乏主人翁意识,对于工会提供的参政议政的权利漠不关心或消极对待。从学校的角度来看,不排除有部分学校对工会的工作不重视或轻视其重要性的情况,或是对工会支持力度不够,尤其是对基层工会的支持力度缺乏,继而削弱工会在教职工中的影响力。以上诸多因素的综合作用,致使当下工会工作开展的难度加大。

(三)教代会制度有待进一步完善

教代会是工会参政议政的重要途径,也是广大教职工参与民主管理的重要途径。当前,很多学校校级教代会制度的发展较为完善,但也暴露出一些问题:很多高校教代会代表由各级领导和中层干部组成,教代会一定程度上成为领导干部的"一言堂",很多一线教师无法发出自己的声音。教代会的议题务虚不务实,提案的落实情况缺乏有效的监督。此外,由于学校教职工人数及院系数的增多,校级的教代会制度有待进一步的延伸,使得更多的教职工有一个有效的权益诉求渠道,院系的二级教代会就是一个很好的、合乎实际的尝试。

四、转型期高校工会参政议政的路径

与其他行业工会相比,高校工会因其领域、环境、对象等的不同自有其特点,主要表现为以下几点。

(一)行业领域特点

中国共产党领导下的中国教育工会是教职工自愿结合的最广泛的工人阶级群众组织,同时也是中华全国总工会下属的最早建立且人数较多的产业工会。高校工会是教育工会的基层组织。教育事业特别是高等教育在我国社会主义现代化建设与实现中华民族伟大复兴的过程中具有重要的战略地位和特殊作用,尤其是广大教职工的劳动对象和任务、工作环境、目的、手段和素质都不同于从事物质生产的产业工人,他们从事的是精神文化的生产和传播,要紧紧围绕培育人才和科研任务为中心来开展工作。

(二)高校工会组织特点

作为联系党与群众的桥梁和纽带,高校工会在促进高校发展,推动教育改革中发挥着举足轻重的作用。它身受同级党组织和上级工会的双重领导,是党和群众的"传动带"。

(三)工作对象的特点

高校工会主体是广大高校教职员工,与其他行业相比,他们普遍学历高、文化修养高、民主意识强、社会影响也大。这一特点既有利于更好地开展工会工作,也对工作提出了更高要求。根据高校工会的特点,我们认为转型期高校工会参政议政,首先必须自觉地贯彻执行党的基本路线和方针政策,坚持工会民主管理的正确的政治方向。当前,要围绕实现政治、经济和社会的稳定,深化改革,扩大开放这一主题,表达和反映教职工意愿,集中群众的智慧和力量,帮助党政领导改进工作,把党委和行政的决策变成广大教职员工的行动。其次,要学会运用唯物辩证法,正确处理工会参政议政、民主管理中的矛盾。在进行民主管理工作中,经常遇到领导和群众、局部与全局、眼前利益与长远利益的矛盾,只有善于运用马克思主义哲学原理,正确处理这些矛盾,才能抓住根本,把握方向,找到解决问题的办法,从而增强工会民主管理的原则性、系统性、预见性和创造性。当前,在建设社会主义市场经济体制,新旧体制转换并轨,经济利益大调整的转折时期,工会的民主管理更为重要,参政议政的职能更加突出。工会不光要主动参政议政,还应善于参政议政。参政议政的路径畅通是参政议政的前提和重要保证,笔者认为工会应从如下几方面拓宽参政议政的渠道和路径。

1.通过建立健全的制度参政议政

要积极推动校园民主氛围的营造,积极推动校务公开和重大改革和重要决策的听证制度。通过全体教职工代表大会审议学校重大决策,讨论有关教职工生活福利等的重大问题,评议、监督、选举学校领导干部;高校工会领导同志参加同级校党委的重要会议,参与制定政策及规章制度,确保工会地位和维护职工合法权益;加强对基层工会的支持力度,提高基层工会的积极性以及政策上给予基层工会更大的空间和权力。

2.通过教代会参政议政

应完善教代会的各项制度。需完善的制度包括代表的选举制度,尽可能扩大代表的覆盖面,教代会提案的提交、落实监督制度。设立专人长期负责各类提案以及建议的收集,将提案送达相关部门并监督提案的落实情况。尤其是教职工较多的学校,校级教代会应指导建立院系的二级教代会制度。这有助于推进高校基层民主建设及学校民主管理,有助于增强教职员工的主人翁意识,有助于院系各种管理的进一步规范和制度化。[8]要积极探索教代会民主评议机制,不断扩大教职工民主监督的参与面。重大改革方案的出台、重大人事的变动等都要主动征求教职员工的意见,促进决策的科学化、民主化。

3.通过协调关系参政议政

工会要建立劳动和工作关系争议协调机构和制度,敢于和善于运用法律武器、党的政策和相关法规来协调关系、消除摩擦、化解矛盾,达到既维护教职工的利益,又促进和谐学校的建设。

4.通过搭建平台参政议政

一是搭建知情平台。完善协商通报制度,拓宽知情出力渠道。工会应定期召开由教职工代表参加的协商会、通报会,广泛征求意见。二是搭建展示平台。积极探索参政议政成果反馈的形式和渠道,以举办论坛、座谈会等形式,集中展示广大教职工的合理化意见建议,对事关学校发展的意见建议和调研报告汇集成册,呈报校领导,然后批转相关部门落实相关意见和建议。三是搭建议政平台。工会应每季度举行一次座谈会,由工会领导班子成员和教代会代表人士参加,并根据座谈会内容邀请校党委、行政领导和相关部门负责人出席,广泛开展合理化建议活动,积极为学校发展出谋献策。四是搭建直通平台。高校工会应明确自身定位,重视信息反馈,建立工会意见建议"专报"制度,建立建言献策直通车,及时向学校党政领导反映情况,为党政领导提供决策依据。五是搭建宣传平台。充分发挥工会网站、简报等载体,反映广大教职工参政议政动态、刊登校情民意,通过工会相关渠道加大对各教职工参政议政情况的宣传报道力度,扩大社会影响。

5. 通过活动参政议政

工会以活动为突破点,策划常态化互动载体,发挥参政议政先进典型的示范作用。围绕学校中心任务和阶段性目标,设计推出一系列主题实践活动,引导广大群众广泛参与到学校的各项建设中去,共享共建。

6. 通过民主监督参政议政

要切实搞好校务公开工作,工会配合学校纪委、行政等部门完善校务公开制度,保证扩大广大教职工依法行使知情权、参与权、选举权和监督权等权利,增加工作透明度,减少误解,增进了解,化解矛盾,保障参政议政渠道的畅通。

7. 通过网络参政议政

在信息化时代,作为联系教职工最广泛、最密切的群众性组织的工会应顺应时代潮流,充分利用现代的网络办公条件,以校园网络系统为依托,提高办公效率和办公自动化水平,同时高校工会成员不但要掌握电子邮件、即时传信(IM)等传统网络互动平台的应用,也要掌握维基、微博、社会交往系统(SNS)等Web2.0 的应用,不仅要有自己的网站,而且还要在网站上开通 Web2.0 的应用。在新阵地高效快捷地用网络技术构建学校与教职工感情沟通的桥梁,实现信息收集、校务公开、提案等高校工会工作的网络化、透明化、公开化、民主化。

参考文献

[1] 王永进,邬泽天.我国当前社会转型的主要特征[J].社会科学家,2004(6).

[2] 洪凯.关于工会参政议政问题的思考[N].工人日报,2001-07-25.

[3] 张友民.关于做好新时期高校工会工作的思考[J].工会论坛(山东省工会管理干部学院学报),2009(1).

[4] 曲端端.新形势下高校工会的参与职能[J].发展论坛,1999(6).

[5] 蔡伟.论转型期我国工会组织的职能[D].长春:吉林大学,2005,

[6] 刘志和,商奎.浅论新时期高校工会工作[J].河北农业大学学报,2002(4).

[7] 列宁.列宁选集:第4卷[M].北京:人民出版社,1962.

[8] 宋作臣.二级教代会制度在高校民主管理中的作用研究[J].工会论坛(山东省工会管理干部学院学报),2009(5).

充分发挥职代会在推进高校管理体系和管理能力过程中的重要作用研究

黎青平[①]

【摘　要】职代会是高校民主管理的基本形式,发挥职代会的作用,对推动高校民主管理方面有重要意义。从实际来讲,如何更好地发挥职代会作用,是推进高校管理体系和管理能力过程中一个迫切需要解决的问题。

【关键词】民主管理;职代会;对策

高校职代会是大学民主管理的重要形式,是我国现代大学制度的基本制度之一。在推进高校管理体系和管理能力过程中,职代会有着不可取代的重要作用。本文从民主管理角度,对如何发挥职代会在推进高校管理体系和管理能力过程中的重要作用进行探讨。

一、民主管理在高校管理制度中的地位

(一)民主管理是现代大学制度的基本特征

现代大学制度的基本精神,起源于 16 世纪牛津和剑桥的大学自治。西方大学尽管经历了多种社会变革,但其精神内核,如学术自由、大学自治、民主管理、兼容并包等始终保持稳定。西方大学在内部管理上实行的是大学自治制度,主要有三种模式:一种是以美国为代表的董事会领导下的校长负责制,董事会由校外利益集团代表组成,决定大学管理的大政方针,校长决策学校内部的一切事务,校长和教师评议会具体负责学术管理事务和其他方面的工作。第二种是以德、英、法等国为代表的以代表校内外各方意志的权力机构领导下的校长负责制。在这种负责制下,大学的理事会是大学最高管理机构,由大学教师、学生和

---

①　黎青平,杭州师范大学原党委副书记,马克思主义学院院长、教授。

其他大学代表、地方教育当局代表以及社会各界代表组成,它授权校务委员会行使日常决策权。第三种是以日本、瑞典为代表的由政府任命的校长负责制,在这种负责制下校长由教师评议会或学校教授会提名,由政府任命,主持学校的行政管理事务,大学自治是现代大学制度在西方大学管理上的体现。

中国是社会主义国家,大学管理制度与西方大学有很大不同,但民主管理仍然是中国高校的管理制度。中国高校实行的是"党委领导、校长负责、教授治学、民主管理"的领导体制与管理模式。党委领导是指党委作为学校改革发展稳定的领导核心和政治核心,在学校组织系统中处于决策层,是决策中心。校长负责是指校长在党委领导下发挥行政领导作用,独立负责地行使行政管理职权,在学校组织系统中处于执行层,是执行中心。教授治学是指有一定权威、声望的学者对高校学科、学术、学风、教学的影响、控制和支配作用。民主管理是指尊重师生员工作为主人翁的地位和作为权利主体的合法权益,为其实现依法、民主参与学校管理的权利提供必要的保障。《中华人民共和国高等教育法》(以下简称《高教法》)第十一条规定,"高等学校应当面向社会,依法自主办学,实行民主管理"。可见,民主管理是国家法律规定的中国大学的重要制度。

(二)民主管理是我国高校管理的薄弱环节

民主管理是我国高校管理制度的重要内容,同时也是高校管理中的薄弱环节,主要存在以下问题。一是民主管理意识不到位。一些高校管理者民主管理意识淡薄,认为管理是领导的事情,教职工参与管理是多余的。一些人对实行民主管理心存顾虑,担心教职工参与管理多了,会影响学校管理效率,影响党委领导下的校长负责制的实行。一些高校管理者习惯于自上而下的行政命令式的管理模式,忽视教职工的民主权利,教师被动地接受管理者的管理,严重地伤害了教职工民主管理的积极性和热情。二是民主管理权力边缘化。长期以来形成的行政权力绝对控制的办学和管理的状况没有根本改变,政治领导权和行政权在高校内部权力架构中处于主导地位,教职工的民主管理权处于边缘化状态。学校重大事务的决策权掌握在学校党政领导手里,教职工行使民主管理权在与学校内部的政治领导权、行政领导权发生冲突时,因受到行政权的抵制难以发挥作用。三是民主管理制度不健全。我国相关法律法规规定了教职工有参与学校管理的权利。但因为制度不完善,很多权利得不到保障。如在参与决策方面,高校在重大行政与学术政策的制定与实施过程中,缺乏对于广大教师的态度、意见与建议的征询制度。在民主监督方面,由于校务公开制度不健全,以及缺少相应的运行机制和监督机制,导致教职工民主监督管理的权利落实不彻底。在学术管理方面,缺乏对行政权和学术权之间关系明确规定的制度安排,行政权力与学术权力混为一体。在管理主体方面,作为教育服务对象的大学生的民主权利在现行制度中并没有得到充分的实现,学生在高校运行过程中只是一个被动管理的角色。四是民主管理形式走过场。高校民主管理职代会的现实作用不大。有的重大决策不经过教代会讨论,直接由学校领导决定。一些重大问题实际上已经定了,提交职代会只是走形式。职代会的代表结构不合理,领导干部占比过大,一线教师职工占比过小,教职工意愿和诉求不能真正表达。职代会会议内容老套,形式比较单调,对教职工的吸引力不强。职代会职权落实不到位,民主评议干部的职权,在许多学校没有落实。工会对行政的依赖性过大,民主管理和监督职能难以发挥。

(三)民主管理对推进高校管理的重要意义

首先,加强民主管理是建立现代大学制度的需要。现代大学制度奠定于1810年洪堡主政下的柏林大学,基本理念是学术自由、大学自治、民主管理。民主管理是现代大学管理制度的基本要求和特征。综观大学发展历史,大凡建立了现代大学制度的大学,无不是实行了民主管理的大学。我国高校正在积极推进现代大学制度,加强民主管理对建立现代大学制度有着重要意义。另外,在我国高校四位一体的领导制度中,民主管理是其中的重要组成部分,民主管理不到位,四位一体高校领导制度就不可能建立。其次,加强民主管理是提高我国高校管理科学化水平的需要。现代化的高校管理,必须按科学规律办事,用现代科学技术和管理理念进行管理,在管理中运用科学方法。科学管理与民主管理是相辅相成的。民主管理主要解决人的思想情绪问题,科学管理主要解决工作效率问题,把民主管理与科学管理结合起来,就能创造出管理的最佳水平与效果。最后,加强民主管理是发挥高校管理主体的广大教职工积极性的保证。教职工是大学管理的主体,大学民主管理的本质在于保证广大师生员工的知情权、建议权、决策权、监督权,让他们在参加学校管理的实践中体会和认识自己的主人翁地位,激发他们参与学校事务管理的积极性。没有教职工的积极参与,大学民主管理不可能实现。总之,推进高校管理体系和管理能力必须加强民主管理。

二、职代会是我国高校民主管理的基本制度

(一)职代会是高校民主管理的基本形式

如何实行民主管理?不同国家采取的形式和做法有所不同。西方大学普遍

采取的是大学自治模式,但自治的具体形式在不同的国家也不尽相同。中国高校民主管理制度与西方不同,民主管理的基本形式是教职工代表大会。我国《高等学校教职工代表大会暂行条例》第二条规定:"高等学校教职工代表大会是教职工群众行使民主权利,民主管理学校的重要形式"。为什么我国高校以教职工代表大会作为民主管理基本形式呢?

第一,它是由我国社会主义性质决定的。我国是人民当家做主的社会主义国家。人民通过民主选举产生自己的代表,组成人民代表大会,行使当家做主管理国家的权力,各级人民代表大会都对人民负责、受人民监督。人们当家做主在高校就是要通过职工代表大会或者其他形式,组织职工参与高校的民主决策、民主管理和民主监督。我国《高教法》第四十三条明确规定:"高等学校通过以教师为主体的教职工代表大会等组织形式,依法保障教职工参与民主管理和监督,维护教职工合法权益。"中共中央《关于教育体制改革的决定》也指出:"要建立和健全以教师为主体的教职工代表大会制度,加强民主管理和民主监督。"

第二,它是由我国大学管理制度决定的。西方大学管理制度中,特别强调教授,尤其是资深教授及教授会、学术委员会等大学社团组织在高校民主管理中的重要作用。我国大学管理制度也要求发挥教授在学术方面的作用,我国大学管理制度中的教授治学就是这个含义。但除了教授治学的制度,我国大学管理制度还包括民主管理制度,虽然教授治学也是民主管理的内容,但民主管理内容更广泛,包括对学校内部事务的管理,也包括对学术事务、学术活动的民主管理,甚至在大学行政组织内部也实行民主管理。由于民主管理被确定为大学管理的重要制度,自然就需要有体现民主管理的具体形式,这种具体形式就是教职工代表大会。

第三,它是由教代会的特点决定的。高校民主管理有多种形式,如学术委员会、教学委员会、女工委员会、青年学者协会、工会等,但教代会具备的特点以及民主的深度和广度是其他民主管理机构和民主监督形式所无法比拟的:教代会代表来自学校各个层面,其中60%以上应为教师代表,同时还包括了学校的行政、教辅、后勤、外聘员工等各个层面的教职工代表,可以说教代会是我国大学里具有最广泛代表性的民主管理机构。教代会与工会有着紧密联系,但二者的性质不一样。工会是教职工自愿参加而结成的一个社会团体,是一个组织实体,而职代会则是全体教职工以职代会形式行使民主管理权的一种制度形式。工会不是学校领导体制的组成部分,而职代会则属于学校管理体制的重要组成部分,在推进高校民主管理方面职代会有着工会无法比拟的重要作用。

(二)职代会对推进高校管理和发展的作用

高校职代会的作用与它的职能有关。那么高校职代会的职能有哪些呢？根据《学校教职工代表大会规定》第七条规定,高校教职工代表大会的职权有八项:第一,听取学校章程草案的制定和修订情况报告,提出修改意见和建议;第二,听取学校发展规划、教职工队伍建设、教育教学改革、校园建设以及其他重大改革和重大问题解决方案的报告,提出意见和建议;第三,听取学校年度工作、财务工作、工会工作报告以及其他专项工作报告,提出意见和建议;第四,讨论通过学校提出的与教职工利益直接相关的福利、校内分配实施方案以及相应的教职工聘任、考核、奖惩办法;第五,审议学校上一届(次)教职工代表大会提案的办理情况报告;第六,按照有关工作规定和安排评议学校领导干部;第七,通过多种方式对学校工作提出意见和建议,监督学校章程、规章制度和决策的落实,提出整改意见和建议;第八,讨论法律法规规章规定的以及学校与学校工会商定的其他事项。

落实职代会的上述职能,对推动高校民主管理方面有着十分重要的作用。一是有利于落实教职工的主人翁地位。教职工是学校的主人,但要真正发挥主人作用需要在具体制度上得到保证。《学校教职工代表大会规定》就是解决这一问题的制度保证。《学校教职工代表大会规定》明确规定了职代会的八项职能,落实这八项职能,有利于激发广大教职工参与学校各项事务的积极性,做到"说主人话,献主人策,出主人力,当主人家",真正成为学校的主人。二是有利于实现学校决策的科学性、正当性。教职工参加学校重大问题的决策,包括发展规划、教师队伍建设等重大方案的制定,讨论决定涉及教职工切身利益的重大事项。有利于最大限度地集中群众智慧,群策群力,实现决策的民主化、科学化。同时职代会讨论学校重大决策的过程,也是一个宣传动员群众、形成统一意志的过程,有利于保证决策的顺利实施。三是有利于维护教职工的合法权益。维护广大教职工的切身利益是职代会的天职。根据《学校教职工代表大会规定》,一些与教职工切身利益紧密相关的问题,要由职代会讨论决定,这样可以大大增强其合理性、公正性和透明度,有利于维护教职工的利益,减轻管理部门的压力和工作负担,推进教职工的自我管理。四是有利于强化学校的监督机制。职代会通过多种方式对学校工作提出意见和建议,监督学校章程、规章制度和决策的落实,提出整改意见和建议,这对学校工作能起到很好的监督作用。职代会按照有关工作规定和安排评议学校领导干部,对学校各级领导干部可以进行表扬、批评、评议、推荐,必要时可以建议上级机关予以嘉奖、晋升,或予以处分、免职,这对干部能起到很大的监督作用,有利于促进各级干部改进作风、提高素质和廉洁自律。五是有利于和谐校园建设。教代会是党与广大教职工群众联系的纽带,是教职工相互联系的平台。依靠教代会制度,有利于建立平等融洽的上下级关系,调节校内的人际关系,解决教职工之间产生的矛盾,打造和谐的教职工队伍,创造和谐的校园文化,推动学校安定团结和和谐校园的建设。

三、发挥职代会对推进高校民主管理的作用

(一)提高对职代会作用的认识

当今的高等学校管理,民主是发展前进的重要前提。职代会作为学校民主管理、民主监督的重要制度,对于学校的民主管理具有重要意义。学校领导必须充分认识职代会的意义,高度重视教代会的作用,自觉遵守和执行法律文件规定的高校职代会的各项职权,通过推进民主管理促进学校教育、教学的改革和发展。学校党委要加强教职工代表大会的领导,将职代会列入议事日程,纳入年度工作计划,定期听取和研究工作情况,帮助解决实际问题,重视教职工代表大会人事安排,协调教职工代表大会与学校行政的关系,为教职工代表大会依法履行职权创造良好条件。高校行政权力要大力支持职代会工作,通过代表列席校长办公会、代表听证会、校长定期听取代表意见等方式,建立健全学校行政与职代会代表的沟通协调机制。要加大对职代会和工会经费支持,要为职代会代表提供时间保障。要尊重职代会的民主权利,定期向职代会报告工作,落实和答复教职工代表的提案和建议。要依靠民主管理集思广益,群策群力办好学校。

(二)建立教代会职权的保障机制

《学校教职工代表大会规定》规定了职代会的职权,落实这些职权需要具体制度保障。首先,要建立职代会规范体系,要健全职代会的组织制度、议事制度、提案征集和处理制度,建立职代会各专门工作委员会,把职代会各项职责规定具体化,使职代会的运行程序具有可操作性,使学校民主管理工作有法可依、有章可循。其次,加强职代会制度建设,保证职代会职权的落实。通过建立必要的规章制度,强化依法办事的意识,克服和避免教代会运行过程中的随意性、不稳定性和形式主义倾向。凡涉及学校改革、建设、发展的规划、方案必须提交职代会讨论审议,与教职工切身利益密切相关的重要举措和基本规章制度必须经职代会讨论通过。要积极稳妥地开展民主评议干部工作,按照职代会民主评议领导

干部的原则、内容、范围等,建立教代会民主评议领导干部的常规机制,并将组织部门对干部的考核与职代会对干部的民主评议区别开来。第三,要建立重大事项向职代会预告的机制,使职代会代表有充分的时间征求教职工的意见和建议,并就相关议题相互交流。要严格遵守教代会各项民主程序,尤其是在表决程序上,要积极推行无记名投票制。职代会要根据高校内部管理体制改革的新变化,研究当前教职工利益诉求的新特点,建立健全教职工利益的表达、维护、协调与监督机制,切实维护好教职工的合法权益和根本利益,依法保证教职工对学校重大决策的知情权、参与权和监督权。

(三)优化职代会代表结构提高代表素质

职代会代表的素质和参政水平决定职代会的质量。为此,首先要把好代表的入选关。在职代会代表组成方面,要体现多层次、多方位,要有广泛的代表性。从目前情况来看,要注意增加一线教师的代表比例。一般说来,在职代会代表中,一线教师的比例应达到70%以上。在以教师为主体的前提下,也要考虑职工、干部的代表性,施行老中青三阶段结合的方案,使职代会具有活力并能够反映各个层面的教职工对学校工作的意见、建议及要求。职代会代表不仅要有广泛性,也要具有较高的政治觉悟,是民主管理中有参政议政能力、作风正派、公正公道、敢为群众说话、愿为群众办事的人。在具备这些条件的情况下,可以推行教代会代表竞选制,让参政议政和民主监督能力较强并能真正代表群众利益的教职工担任职代会代表,使代表真正成为广大教职工的代言人。要加强代表的学习培训,增强代表全心全意为教职工服务的思想,增强当好代表的责任感和使命感。要提高代表的政策法规水平和参政议政水平,提高代表联系群众、表达民意、维护权益的能力。要建立职代会代表定期向所在单位教职工述职的制度,使代表接受教职工监督。

(四)要建立职代会制度的长效机制

抓好日常民主管理工作,职代会常设机构执委会在教代会闭会期间要履行相应的职能,职代会常设主席团在职代会闭会期间要履行相应的职能。要建立执委会例会制,听取学校工作情况通报,讨论通过有关议案。建立职代会对学校行政工作的质询制度,即由职代会主席团定期组织代表或专门委员会对学校某方面工作或某部门工作的完成情况、主要成效、存在问题与改进措施提出质询,并由有关行政负责人进行回答或说明。要建立职代会专门委员会工作制度。职代会应依照高校日常工作及民主管理过程的特点建立若干个专门委员会,如"提案工作委员会""教学科研工作委员会""生活福利工作委员会""民主管理工作委员会"等,在教代会闭会期间,各专门委员会要履行教代会的相关职能。建立健全职代会各专门委员会的工作制度。要有计划、有活动、有总结、有考核并定期向常设主席团报告工作情况。要根据各专门工作委员会的工作职能,尽可能推选具有相应专业知识的专家担任各专门工作委员会的成员,使专业工作委员会的组成专家化、高层次化。要建立职代会代表调研、巡视制度。职代会代表要加强对学校各部门与院系日常工作的了解与监督,并密切与广大教职工的联系。要创新职代会提案工作制度,包括建立健全代表提案常年制、提案处理答复责任制、提案落实督办制和优秀提案与办案人员评选奖励制等。

(五)加强二级职代会建设

高校一般实行校院两级管理体制,二级学院有较大的自主管理权。教职工的利益不但与整个学校管理相关联,而且与自己所在的二级学院的管理也直接相关联。特别是随着学校内部管理体制的不断深入发展,学院一级组织管理自主权逐步扩大,具有不同程度的人、财、物和办学自主权。因此,建立与之相适应的民主管理制度十分必要。二级学院的民主管理搞得好不好,不但影响着本学院的改革发展和稳定和谐,而且也影响全校的改革发展与稳定和谐。二级职代会制度作为高校职代会制度的延伸与拓展,以其更加接近教职工工作内容,更加关乎教职工切身利益而倍受关注。加强二级职代会制度建设,有利于加强本级党组织、行政组织和教职工的联系,增强党政领导的民主意识和教职工的民主参与意识,也有利于落实工会民主管理、民主监督的职能,对学校民主管理有主要的推动作用。

(六)推进阳光校务是基础

校务公开制度是实现民主管理的重要途径。校务公开工作应从以下四个方面加以完善。

1.加强校务公开的规范化和制度化建设

规范化和制度化是开展校务公开工作的保障。在校务公开过程中,必须制定科学的方法和制度来规范行为,最大限度地发挥校务公开的作用。

2.要坚持全面、真实、便民原则

除涉及保密事项和个人隐私需要予以保护外,均应如实公开。公开的内容应包括:学校的发展规划和建设、师资队伍建设、招生就业情况、财务收支情况、基本建设招投标、大宗物资采购、领导廉洁自律情况、教师职称评定、评优评先、

工资调整、奖金分配制度等。从程序上来讲,校务公开应抓住六个关键环节:一是办事权限公开,二是办事依据公开,三是办事纪律公开,四是办事过程公开,五是办事标准公开,六是办事结果公开。做到政策公开、过程公开、结果公开。

3.时间上的经常性

把握信息的时效性。校务公开应保持经常性,而不能只限于一时一事。除了教代会、工代会、党代会这样以界别、年度为限的公开形式外,学校还应通过新闻发布会、校园网络、校报等方式,让基层组织和全校师生员工及时了解到学校的重大信息,把握信息的时效性。

4.要建立校务公开工作监督机制

应成立校务公开监督机构,对校务公开状况进行检查和评估,监督有关部门有效落实校务公开工作,并在教代会上通报。同时,应建立校务公开责任制度,对于不公开、假公开、搞形式主义侵犯教职工民主权利和合法权益的行为,要根据不同情况给予不同程度的处理。充分利用学校办公自动化程序,建立管理信息的平台,使学校的重大决策等都发布在网页上,让教职工和学生随时可以看到学校的动向,他们可以通过电子邮件向学校的领导提出自己的见解,实现教职工、学生为学校的建设和发展献计献策的目标。

参考文献

[1] 赵兰芳,吴新再.国外高校民主管理经验对加强我国高校教代会建设的启示[J].学校党建与思想教育,2013(19).

[2] 姜世波,马荣庆,赵希文.关于高校民主管理和教代会形势的思考[J].山东医科大学学报(社会科学版),1992(1).

[3] 张华润.浅谈发挥教代会在高校民主管理中的作用[J].吉林广播电视大学学报,1995(21).

[4] 赵兰芳,吴新再.探讨现代大学制度下高校教代会闭会期间的工作机制[J].成都中医药大学学报,2012(4).

加强高校二级教代会建设的思考

傅国光^①

【摘　要】二级教代会制度是现代高校加强二级管理民主政治建设的新形式,是保障教职工基本权利和顺应现代高校管理模式的必然要求。高校各级党政领导要充分重视二级教代会建设,全面落实四项职能,健全制度,规范流程。与此同时,二级教代会也要把握好"度"的原则,从而更好地依法保障教职工参与民主管理和监督,完善现代大学制度,促进高校依法治校。

【关键词】二级教代会;民主管理;路径;度

现代大学制度下,教代会作为教职工参与高校民主管理和监督的基本形式,是高校管理体制的重要组成部分,在高校的教育管理及改革发展中发挥着重要作用。随着高校内部管理体制改革的深化,二级学院管理权限不断增大,二级教代会制度也就成了新形势下高校加强二级管理民主政治建设的一种新形式。它的建立对于全面落实科学发展观,推进基层民主政治建设,保障教职工合法权益,构建和谐校园,促进高校的改革和发展都具有重要意义。

一、加强二级教代会建设的必要性

高等学校办学规模的扩张是二级管理模式孕育的结果,重要的指标体现在学校一般的人、财、物权力进行了下放。但下放不等于撒手,更需要规范,必须要有一套行之有效的办法来约束二级学院的行为。目前,高校最常见的做法就是建立二级教代会制度。

首先,二级教代会建设是高校推进民主政治建设的必然要求。我国的政体是人民代表大会制度,这是我国人民民主专政最适宜的政权组织形式,是宪法所

---

①　傅国光,杭州师范大学钱江学院工会主席、讲师。

赋予的。对于一所高校来说,人民代表大会就是教代会。我国《中华人民共和国教育法》明确规定,教代会是教职工参与学校管理,进行民主监督的基本形式,也是在教育系统中认真贯彻落实党全心全意依靠工人阶级的根本指导方针的重要途径。作为校院两级管理的高校,二级学院的民主政治建设是学校民主政治建设的基础,而二级教代会制度则体现为二级学院民主政治的基本形式。故加强二级教代会建设,建立健全二级教代会制度,是高校确保广大教职工民主参与管理,保障教职工合法权益,全面落实科学发展观,实现依法治校的根本保证。

其次,二级教代会建设是保障教职工合法权益的有效载体。我国《中华人民共和国高等教育法》和《中华人民共和国教师法》均明确规定,以教师为主体的教代会是依法保障教职工参与民主管理和监督,维护教职工合法权益的组织形式,教职工有权对学校教育、教学、管理、改革等工作提出意见和建议。教育部32号令也规定,教代会代表在教代会上享有知情权、选举权、被选举权、审议权和表决权,应提出提案并对提案办理情况进行询问和监督;就学校工作向校领导及有关机构反映意见和要求。这些权利的赋予,作为高校二级管理模式的民主组织形式,二级教代会同样享有法律保障。

最后,二级教代会建设是高校深化内部管理体制改革,构建民主管理网络体系建设的需要。随着高校办学规模的不断扩大,一级管理模式已不再适应学校直接管理的需求。大多数高校逐步实行二级目标管理,将管理重心下移,发挥二级学院的工作能动性和实效性。与此同时,为了规范二级学院的办学,监督二级学院正确行使权力,必须要靠法治来加以约束,二级教代会制度就是大家最常见的做法。这是高校深化内部管理体制改革,推进民主管理的客观现实,是高校保障广大教职工参与民主管理,行使民主权利的基本渠道,也是今后一段时期高校民主政治建设和依法治校工作向纵深发展的必然趋势。

二、加强二级教代会建设的有效路径

虽然目前各高校大多建立了二级教代会,但是这些高校多半均未按照教代会的制度要求来完整执行,或多或少存在一些问题。这些问题不解决,二级管理很难规范推进,很容易导致腐败现象的滋生,从而引发更加严重的后果。故加强二级教代会建设的路径是否有效、全面,直接影响高校办学的民主政治建设和规范化进程,影响高等教育事业的健康发展。

首先,党政领导重视。二级教代会是高校基层民主政治建设的具体表现,是教职工参与民主管理的有效载体。教育部 32 号令明确规定,教职工代表大会在中国共产党学校基层组织的领导下开展工作。因此,二级学院党组织要加强对二级教代会的领导,要定期研究教代会工作,抓好教代会经常化、制度化建设。另一方面,二级学院行政领导也要认识到只有大力支持教代会建设,保障教职工依法行使民主权力,维护教职工合法权益,才能赢得广大教职工的理解和支持,才能更好地推进学院各项事业的改革和发展。与此同时,二级学院行政领导还要进一步强化民主意识,要定期向二级教代会报告工作,在重大问题和重大决策上坚持递交教代会讨论与审议,要认真听取和吸收教职工代表的意见和建议,要在时间、人力、物力和财力上为教职工提供有利条件,把工会主要负责人列入党政联席会议成员等。当然,二级教代会代表也要提高自身素质,加强学习,强化意识,提高认识,以主人翁精神切实履行好代表职责。

其次,落实四项职能。审议建议权、审议通过权、审议决定权和评议监督权是教代会的四项职能。我国《中华人民共和国高等教育法》《中华人民共和国工会法》《中华人民共和国教师法》均对教代会(职代会)依法享有以上职能做了具体阐述。二级教代会是学校教代会的延伸和扩展,同样具备以上四项职能。但是,目前还是有一些高校的二级学院未能很好地贯彻落实,如随意削减会议议程,压缩会议时间,使教代会流于形式;向二级教代会报告财务工作情况遮遮掩掩,避重就轻;领导班子民主意识淡薄,涉及教职工切身利益的重要方案只在班子会议上商量一下就定了,不递交教代会审议通过;有些二级学院在教代会上不开展民主评议领导干部工作,把评议监督权停留在口头上;甚至有些二级学院连续几年都不召开教代会等。这些问题在高校二级学院(甚至有些高校)中是比较普遍存在的。杭州师范大学在这方面工作中做得比较好,如杭师大钱江学院在 2013 年 12 月推行的新一轮人事制度改革过程中,《关于内部管理体制改革的指导意见》《岗位设置与聘用管理实施办法(试行)》以无记名投票 96% 和 92% 的赞成票在教代会上高票通过。为什么这么难的制度能在教代会上高票通过?不是因为钱江学院的教职工素质较其他高校的高,也不是这些制度普惠全体教职工,甚至还有些高级职称教师和中层干部的待遇还要降下来。原因主要在于这些方案的推行契合学院发展的要求,且政策合理、流程规范,所以教职工才拥护。具体做法是:这些方案的草案先经过教代会主席团层面、教授代表层面、机关中层干部代表层面、分院党政负责人层面及一般管理人员代表层面等五个层面展开座谈和研讨,形成初稿,将初稿挂网上及下发全体教职工征求意见,提出的意见再通过三上三下征求有关部门、二级分院的意见,形成二稿、三稿、四稿,甚至五稿,个别单位有不理解的方面,学院主要领导还专程下基层解释,通过"晒方案""征意见""讲说明"后,再递交教代会全体代表会前预审议(即将制订的方案逐条进行审议,同意的打"√",反对的打"×",可对方案某条意见存在的问题一目了然)。其实,有些学校推行的改革方案在教代会上通不过,不是因为这个方案本身存在问题,而是因为方案中某条意见触犯了某些代表的利益,从而导致投票时代表们投反对票。现在,通过逐条预审议,也是征求教代会代表意见的一项补充措施,预审议的结果可以直观反映方案中的问题,以至于能在会前及时修改、弥补,预防方案在教代会上出现通不过的现象。因此,在今年5月的学校中层干部考核中,钱江学院领导班子在民主评议方面获得了教职工的一致好评。

再次,健全制度,规范流程。民主建设离不开制度的保障,制度不健全,二级教代会的程序就得不到规范,就会出现形式化、走过场等现象,从而挫伤教职工的积极性。因此,高校必须建立起一套行之有效的办法来指导二级教代会的工作。如建立《二级教代会实施细则》《院务公开实施办法》《党政工联席会议制度》等来规范二级教代会的职权范围、组织形式及运行程序,从而进一步确立二级教代会在高校管理工作中的重要地位。另一方面,规范工作流程也是落实各项制度的保障。特别要注意的是,二级学院是否定期召开教代会(一年至少召开一次,涉及重大事项可临时召开);是否按照有关制度要求和程序选举教代会代表;是否成立专门委员会或工作小组;是否围绕学院中心工作确定中心议题,行政一把手做工作报告;是否有详尽的财务工作报告;学院重大决策、重大问题是否提交教代会讨论审议;涉及分配制度、教学改革等教职工切身利益的事项是否通过无记名票决;在会中是否安排教代会代表充分的集中讨论时间;是否建立教代会档案和材料的归档和管理等。规范以上工作流程,对于完善二级教代会制度,确保教职工民主参与管理,推进学校民主政治建设起着至关重要的作用。

最后,强化自身建设。要解决现代大学制度下二级教代会的自身建设问题,必须重点解决好思想、组织、作风、干部队伍等四项工作。二级教代会要坚持党的领导,以党的教育事业为己任,把实现中国梦作为教育的追求,完善组织运行机制,增强组织活力,强化干部队伍建设,选优选强工会干部队伍,搞好培养与培训,按照"照镜子、正衣冠、洗洗澡、治治病"的总要求强化工会干部的作风建设,使教职工真正感受到工会组织是最可信的"教工之家",工会干部是最可信赖的"娘家人"。

三、加强二级教代会建设需要把握好几个度

随着现代大学制度改革的不断深入,完善和创新二级教代会制度势在必行。然而,作为由教职工代表所组成的教代会也好,作为教代会闭会期间行使职权的工会也好,既要接受党的领导,又要得到行政的支持,还要维护教职工的权益,获得教职工的认可和好评,这并非是一件易事,必须把握好"度"的关系。

一是参与不干预。一方面,二级教代会按照法律和有关章程规定参与二级学院的民主管理,要进一步扩大宣传,统一认识,加强对二级教代会代表主人翁意识的培养,加强参政议政素质和能力的培养,不断提高代表的民主管理能力。二级教代会代表也要尊重和信任各级领导,支持和维护领导的工作。教代会代表要以大局为重,个人利益服从集体利益,正确行使权力,做到参与管理但不干预管理。另一方面,二级教代会是二级学院单位民主政治建设的基本形式,党政领导也要充分支持二级教代会的工作,两者缺一不可。

二是到位不越位。二级教代会是在同级党组织的直接领导下独立开展工作的,与行政是相互依赖、相互合作、支持和被支持、监督和被监督的关系。教代会代表要在党组织的领导下,根据教代会赋予的权利履行职责和义务,对涉及广大教职工最关心、最直接、最现实的利益问题要敢说敢争,要注意培养与行政的共识,形成合力,共同维护教职工的合法权益,促进二级学院乃至学校的改革和发展。做到党组织的政治领导、行政的决策指挥、教代会的民主参与三者和谐统一,通力合作,到位而不越位。

三是维权不添乱。既讲全面又讲重点是二级教代会维权的核心所在。讲全面就是要维护学院、学校的整体利益,要围绕中心,服务大局。讲重点就是二级学院、学校在改革过程中的实际问题是否得到了有效解决,教职工的整体利益是否受到侵害。维权不是对着干,而是要把改革过程中不合理的措施挑出来,不适合的制度改过来,不完善的方案全面起来,使改革成果能切实改善办学环境,切实解决教职工最关心、最直接、最现实的利益问题,解决教职工最困难、最操心、最忧虑的实际问题。要预防"名维权,实添乱"的现象,更不可因个人利益或私人恩怨拉帮结派、以偏概全、无理要求,无故阻挠改革的推行;否则,最终遭殃的是无辜的学生和教职工。

参考文献

[1] 金桥.教育工会主席工作手册[M].北京:新世界出版社,2004.

[2] 李建国.中国工会第十六次全国代表大会上的报告[R].2013-10-18.

[3] 新华社.习近平同中华全国总工会新一届领导班子集体谈话[EB].2013-10-23.

[4] 楼成礼.现代大学制度下高校工会工作探索与思考[C].杭州:浙江大学出版社,2013.

[5] 杨志贵.高校二级教代会建设存在的问题及对策[J].工会论坛(山东省工会管理干部学院学报),2008(3).

[6] 孙梅,肖作义,刘俊锁.加强和完善高校二级教代会建设的思考[J].内蒙古科技与经济,2003(5).

[7] 居南生,李永金.大学学院层级教代会建设研究与实践[J].安徽工业大学学报,2007(3).

教职工思想
业务素质提升篇

全员育人与高校师德建设研究

余龙进[①]

【摘　要】大学是培养高素质人才的基地和摇篮,必须牢牢把握各个育人环节,实现全员育人、全过程育人、全方位育人。教师是这一使命的具体实施者,当前高校师德建设存在的问题不容忽视,应探究其原因,寻找良策。

【关键词】全员;育人;高校;师德

高校的基本社会职能有四项:教学(培养社会需要的人才,即育人)、科学研究、社会服务和文化传承。教学(育人)是大学的首要职能,大学教师是这一使命的具体实施者,而要使大学生成长为具有高尚思想品质和良好道德修养,掌握现代化建设所需的丰富知识和扎实本领的德智体美全面发展的社会主义建设者和接班人,教师必须具备高尚的师德。因此,加强师德建设,不断提高教师的思想素质,是高校全员育人的重要环节。

一、当前高校师德建设存在的主要问题

(一)重学术,轻教学

学术研究是高校教师的生命线,但只重视学术科研势必导致高校办学目标的偏离。当前我国高校普遍存在教师把主要精力放在学术研究和学科建设上,而相对忽视教学(育人)问题,其实,教学(育人)才是大学的首要职能。由于科研工作质量考核体系相对比较细化完善,而且科研工作回报快、收益高,又直接与教师个人的职称晋升、工作业绩考核和各类人才评审等紧密联系,导致许多教师在教书育人方面精力投入不足,直接影响到教学质量;同时由于对教师职业的角

---

① 余龙进,杭州师范大学马克思主义学院执行院长兼党总支书记、教授。

色认知还不够清晰,没有真正体会到教师这一职业的神圣感,不少教师未能履行教师"传道、授业、解惑"的职责,认为自己的职责就是给学生传授专业技术知识,对学生的思想道德教育不闻不问,甚至对少数学习有困难的学生冷漠视之,影响了师生关系的融洽。更有少部分教师在名利驱使下丧失了学术研究者应有的科学精神,不能恪守学术研究的基本规范,出现了急功近利、弄虚作假等不良的学术失范现象。

(二)重视个人利益,计较个人得失

随着社会主义市场经济的深入发展,高校教师的思想观念、政治经济生活、利益结构、生活方式、行为方式以及相应的心理状态等发生了较为深刻的变化。部分教师越来越重功利和实惠,他们关注自身生存状态,重视眼前的物质追求,忽视了对更高价值目标的追求。许多年轻教师受西方文化和价值观念的深刻影响,过于强调个人价值的实现和个人利益的追求,不能很好地把握个体价值与社会价值之间的利益取舍,也不能正确对待科研、晋升和生活中暂时遇到的困难,在价值行为的选择上有时甚至缺乏必要的社会责任感和道德底线。少部分教师以较为功利的思想对待工作,过于讲求实惠,对学校、学院的公益服务性工作等采取"多一事不如少一事的态度";有些教师不安于自己的工作岗位,热衷于从事第二职业,仅仅把本职工作看作一种职业和谋生的手段,本末倒置,备课不够认真,辅导不够及时,教学内容陈旧、简单,影响教学质量。

(三)压力激增,没有安全感

面对生存与竞争的压力,以及社会现实与文化期待之间的巨大落差,高校教师往往要独自承担来自科研、教学、生活、人际,以及进修、晋升、发展等多方面的压力,加之高校教师本身都有高学历、高抱负,精神上处于社会顶层,承载着来自家庭和社会等更多的关注和期待,致使这些压力又被成倍放大。近年来,高校教师出现职业倦怠或心理问题的比例明显增加,在这些心理问题中又以科研和晋升压力、人际交往障碍、年轻教师组建小家庭经济负担沉重、师生关系不和谐甚至矛盾激化等为主。少数教师的心理承受能力偏弱,不能采取正确的方法分析矛盾,缓解压力,而是通过某种非理性的方式,随意向学校或其他教师发泄不满。个别教师缺乏自律意识,采取直接在课堂上向学生发牢骚的方式排解压力。高校教师的心理问题不容易被他人或自身所觉察,负性情绪积聚到一定程度一旦爆发时,将直接损害个人身心健康与校园和谐稳定。

(四)敬业精神不强,师表意识弱化

在市场经济负面效应的影响下,部分教师过分看重实现个人价值和利益,重

视科研、轻视教学。有的拜金主义严重,热衷于第二职业,无心钻研教学,备课不认真,教案缺乏新内容,几年甚至十几年都使用同一本教案。还有的缺乏求实的科学精神,急功近利,学术浮躁,甚至不惜弄虚作假,抄袭、剽窃他人成果,严重地败坏了高校教师的形象。教师应是学生的楷模,教师的一言一行对学生都会产生潜移默化的影响。所以教师要为人师表,以身立教。然而在高校中,有些教师对自己要求不严,上课自由散漫,接听手机,有的甚至随意旷课、调课、卖课;有的教师在学生面前仪表不整,举止不雅;还有的教师治学不严,送"感情分""礼物分",甚至有意泄露考题。

(五)缺乏认同,没有归属感

人的全面发展尤其是人性的丰盈,才是教育的真正价值所在。高校教师劳动本是充满了创造、灵性和个体魅力的智力劳动,是教师生命实践的重要组成部分,对教师具有个体生命意义。然而受高等教育科技主义和功利主义影响,高校组织管理目标正与教师群体发展目标产生较大的背离。在当前高校科层制管理体系中,以量化考核为主要手段的奖惩性评估成为教师头上的紧箍咒。单一的科研、教学等量化指标直接与教师聘任、晋升、加薪挂钩,缺乏人文关怀,导致许多教师为评估而评估,为了各项任务的达标而疲于奔命,始终处于一种应付和焦虑状态,始终感觉个体是不自由的,是缺乏幸福和成就体验的。长此以往,初任教师时的饱满热情与神圣的使命感被消磨殆尽,职业倦怠感相伴而生,工作满意程度降低,对学校的认同感降低,并引发厌教心理,情感冷漠、疏离等症状,使教育教学、科研等工作沦为机械地操持和算计。

二、高校师德建设存在问题的原因分析

高校师德建设存在的问题是客观的,也是普遍的,究其原因是多方面的,但是通过分析,我们认为最主要的原因有以下几个方面。

(一)师德建设定位太高,认识上存在偏差

目前高校师德建设目标定位太高,过度重视目标的整体划一性,即用一个标准、一种规范去要求所有教师,忽视了大学教师在师德上存在的差异性,没有做到因"层"制宜。事实上,教师的职业道德无论在教育境界层次、教育理解层次,还是在从业态度层次以及爱生层次上都不可能是完全整齐划一的。如果我们在师德建设上过分地追求整体的划一性,就会脱离高校教师的思想实际。所以,高校的师德建设一定要充分考虑教师的思想实际,分层次逐步推进。比如要做一名好教师,必须首先做一名好公民;爱学生,必须首先要求教师理解学生、尊重学生;爱岗敬业首先要求教师具有岗位意识;等等。只有在这个基础上,师德建设才可能进一步地向更高层次发展。

首先,高校的各级组织和领导对师德建设的认识不到位,明显存在一手硬一手软的现象,这就是重视教学、科研工作,轻视教师的师德建设。其次,高校教师的认识不到位,多数教师认为只有业务过硬才是真本事。所以在教师中也存在着重智育、轻道德,重学历、轻素质的现象。最后是在人才的培养、使用和评优方面,出现了对人才价值取向和判断标准上的偏差,重业务、轻思想品德,重科研、轻教学。

(二)管理不够到位

首先,在师德建设方面的机构不健全。多数高校没有师德建设工作机构,主管部门不够明确。有的甚至没有明确主管的校领导,职责不清,责任不明。其次,规章制度不健全,作为国家没有一部高校教师师德建设的具体规范。高校的师德建设制度也不健全,有的甚至连一部教师职业道德规范也没有。有的学校虽然有规范,但其内容笼统、抽象、千篇一律,缺乏具体的规定,可操作性差。至于师德建设的工作制度、评价制度、监督制度更是不配套,使师德建设无章可依。最后是管理不规范,未建立起师德建设的网络体系,重提倡、轻管理,重宣传、轻效果,靠一般性号召,靠教师的自觉性,工作的推进带有突击性,随意性强,缺乏经常性和持续性。

(三)师德教育活动不到位

一是各高校开展师德建设的教育活动少。根据我们对某大学教师的调查,62.8%的教师很少参加师德及"三育人"方面的报告会、交流会、研讨会;19.4%的教师从未参加过这类活动,而经常参加的只占17.8%。二是教育活动的内容不够丰富多彩。有的高校虽然开展了相关内容的活动,但内容单调、空洞,形式单一,方法落后,跟不上时代的步伐,创新度不够,缺乏吸引力,教师感到枯燥乏味,参与的积极性不高。三是发挥师德先进的典型示范作用不够。不重视对师德建设及"三育人"方面涌现出来的先进个人和集体的宣传和表彰。学校在人才的晋级和使用上,看重教学、科研的成果,轻视师德方面的荣誉称号,部分教师也认为在教学和科研方面取得成果是硬的,在师德建设方面的成果是软的,含金量低。在高校内部没有形成师德建设的良好氛围,某大学21.8%的教师对自己是否愿意被评为师德及"三育人"先进"抱着无所谓的态度",4％的人明确回答"不愿意"。

(四)师德建设的时代特色不明显,创新度不够

师德建设是意识形态建设,属于上层建筑领域,而上层建筑又由经济基础所决定。虽然我们已经建立起比较健全的社会主义市场经济体制,但是师德建设的基本内容、基本要求和工作模式,仍然有计划经济时代的影子,创新度不够。在工作的方式和方法上,与时代不合拍,几十年一贯制,传统的思想观念在人们的头脑中还根深蒂固,有些方面甚至还没有走出一千多年前的"传道、授业、解惑"的境界。师德建设的目标要求过于理想化,期望值过高,超越了高校教师思想的实际承受水平。

(五)师德建设的理念不到位

师德建设也要与时俱进,随时代的变化而发展,理念也要不断提升。现阶段高校师德建设的理念还比较陈旧,不适应时代的要求,以人为本的思想没有得到全面体现。在学生层面上,以学生为主体的新的教育理念没有建立起来,教师还做不到因材施教,也不能发展学生的个性,学生全面成才、全面发展的良好氛围没有形成,不少高校仍然没有走出应试教育的阴影。在教师层面上,对主体的要求是教师要无私奉献,最典型的表现就是"蜡烛论",要求教师要"燃烧自己,照亮别人"。讲教师无私奉献的多,讲培养发展的少;对教师管理限制的多,关心照顾的少。就连教师们对此也有相同的看法,比如某大学有6.22％的教师认为师德标兵应该是心中只有学生,37.26％的人认为师德标兵应该既关心学生也关心老师,53.65％的人认为师德标兵在关心学生和老师的同时也要关心自己。可见有近一半的教师认为师德标兵只能关心别人,不应该关心自己。其实教师不仅应该关心别人,而且也应该关心自己,发展自己,实现自己的人生目标。"蜡烛论"毕竟是一个时代的产物,有其局限性,"传道、授业、解惑"也不能涵盖新时代师德建设的全部内容。

三、全员育人是高校师德建设的重要保证

育人的保障本身就是一个复杂的系统工程,涵盖面广、内容多。保障机制有利于增强高校全员育人工作推进的针对性、实效性和完整性。根据《中华人民共和国教师法》《中华人民共和国高等教育法》及《教育部关于进一步加强和改进师

德建设的意见》等法规文件要求,制定符合学校实际的教师道德规范和行为准则,进一步研究和制定师德建设各项激励机制,将教师个人的师德修为与其职称晋升、岗位聘任、个人发展等科学地融合,形成由学校统一领导规划,各职能部门齐抓共管,各学院、学科积极应对、主动参与、狠抓落实的师德建设工作的生动格局。

(一)建立和完善师德建设的长效机制

师德建设是高校的永恒主题,应该从落实科学发展观,落实科教兴国和可持续发展的战略高度来认识它,构建高校师德建设的长效机制。一要健全和完善师德建设的规章制度,如《"三育人"条例》《教师职业道德规范》《教师守则》《教师联系学生制度》《教师职业道德培训制度》《"三育人"及师德先进个人、先进集体评选和表彰办法》《领导干部听课制度》等,使师德建设工作有章可依、有法可循,不断地向制度化、规范化、标准化的方向迈进,这是构建师德建设长效机制的制度保障。二要建立健全高校师德建设的工作机构,加强领导和组织,健全师德建设的工作网络体系,明确具体工作部门和相关部门的工作职责,这是构建师德建设长效机制的组织保障。三要建立和完善师德建设评价考核制度,准确判定、衡量师德水平和师德建设的绩效,重视学生对教师教学水平、教学效果和教学态度的评价,研究制定完善的师德建设评价指标体系。完善评估考核制度,重视评估考核的结果使用。师德考核不合格的,当年不能参与评奖、晋升职称,严重者将取消教师资格,实行师德一票否决制,这是构建师德建设长效机制的工作保障。四要大力加强宣传工作,发挥典型的示范作用。学校应经常组织开展师德和"三育人"先进个人、先进集体的评选和表彰活动,开展师德建设方面的报告会、经验交流会,宣传在师德建设和"三育人"工作中做出成绩的个人和集体,唱响主旋律,弘扬崇尚进取的奋斗精神,充满激情的创新风格,精益求精的敬业态度。

(二)以办人民满意的高等教育为宗旨,做好高校全员育人的思想保障

高等教育承担着培养高级专门人才、发展科学技术文化、促进现代化建设的重大任务。实现高校全员育人,思想保障是基础。不管是教师、管理干部还是后勤职员,都要充分树立全员育人的理念,将高等教育工作的神圣性和使命感,将对人才培养的重要作用贯穿到工作的始末点滴中,用自己的专业技能、工作态度和敬业精神去影响学生,实现教书育人、管理育人和服务育人。只有这样,才可能将全员育人的理念落实到高校工作的各个环节中去,才可能办真正意义上的

人民满意的高等教育。

(三)坚持以人为本的思想,努力构建和谐校园环境

以人为本是新时代师德建设理念的崭新提升,提倡以人为本的师德,就是提倡回归教育的本源,提倡重新回归到人的教育。以人为本的师德,其价值取向体现了关怀、发展学生为本和关怀、发展教师为本的"人"本原则,前者包含了新的全面的学生发展观,后者体现着关怀教师的幸福生存和终身发展。那么,在具体工作中,不仅要关爱学生,重视学生的全面发展,而且要重视对教师的培养,关心教师的发展,使教师在教学和科研中不断增长自己的才干,充实提高自己,实现自己的奋斗目标和人生价值,教师既要"照亮别人",也不能"毁灭自己",这就是新形势下师德建设的新理念。另外,在管理工作中要体现人文关怀,进行人性化的管理,管理者要面向基层、面向教师,为教师在教学、科研等环节提供优质的服务,不断改善教师的工作和生活条件,解除他们的后顾之忧,提高他们的工资和福利待遇水平,组织教师参与学校的民主管理与监督,最大限度地调动他们的工作积极性,以实际行动努力构建和谐的校园环境。

(四)以加强人才队伍建设为重点,健全高校全员育人的队伍保障

人才队伍建设是高等学校提高育人水平和能力的关键,教职员工是学校育人的主体。按照工作的职责分工,可以将育人队伍分为教师队伍、管理队伍和服务队伍。我们要以教师为主,管理和后勤为辅的立体式管理、全方位培养学生。这就需要一方面加强师德师风建设,确保教师课堂教学的神圣性和严肃性;另一方面要合理引进人才,做好管理人员的职业生涯规划,加强教职员工的业务和素质培训,不断提高他们的政治素质和业务素质。

(五)创建优良的师德建设环境

重要的是构建全员职业道德建设环境。师德建设是一项系统工程,不可能孤立地进行,要与周围的职业道德环境相协调。所以高校的师德建设必须与全校师生员工的道德建设同步推进。我们在某大学的调查中发现,80.41%的教师对管理干部的职业道德不满意,42.83%的教师认为学校官僚主义和形式主义严重。所以,高校在开展师德建设的过程中,一定要狠抓干部的思想道德和工作作风建设,严格按照党的群众路线,以教育实践活动中"为民、务实、清廉"的要求去做,集中解决形式主义、官僚主义、享乐主义和奢靡之风这"四风"问题。把面向基层、服务群众,坚持原则、秉公办事作为干部的行为准则。各级领导干部要坚持理论学习,坚持全心全意为人民服务的宗旨,做全校师生员工的表率和榜样。

后勤、图书馆等窗口单位,要制定各种岗位责任制,在职工中开展"承诺服务""挂牌服务""微笑服务"等活动。只有这样,才能构建学校全员职业道德建设的环境,促进师德建设的良性发展。其次,要创建良好的学术道德环境。高校是学术的殿堂,而学术又是一个社会文明进步的重要标志,学术文化是整个文化的精髓。列宁曾经说过:"真理倒退半步,就会变成谬误。"但是,在高校也存在着学术造假的现象。据我们对某大学的调查,16.72%的教师认为学术造假在学校中普遍存在,44.05%的认为局部存在,只有4.88%的教师认为在学校不存在学术造假现象。所以创建良好的学术道德环境对促进高校师德建设是十分重要的。一要有严格的管理制度,靠制度来约束人,违反学术道德的要严加惩处,决不手软。二要调整有关的政策,在人才的培养、考核以及使用上,注重文章和著作的质量,淡化数量。对科研成果的考核,不追求短期效益。三要搭建学术文化的建设平台,经常邀请国内外学者来学校做学术交流,组建各种学术社团,举办各种论坛、讲座、学术研讨会,办好学术刊物,鼓励学术辩论,大力弘扬教师严谨的治学态度和求实的学风,积极引导学生崇尚科学、追求真理。

(六)大力开展形式多样的师德建设实践活动

一是高校的各级组织要把师德建设作为师资队伍建设的重要内容,纳入校园文化建设活动之中,经常组织教师开展丰富多彩的师德建设文化活动。比如,定期对教师进行职业道德培训,开展讲课竞赛、教学观摩,实行教师定点联系学生班级的制度,组织教学检查与评比,组织各种师德研讨会、报告会和演讲会,开展师德主题征文竞赛和主题论坛,开展师德先进个人与师德标兵的评选活动。在大学生中开展"评比我最尊敬的老师"的活动,大力表彰在教书育人和师德建设活动中涌现出来的先进个人和先进集体。把师德教育与典型示范结合起来。二是广大教师也要自觉地参加师德建设的实践活动,认真学习邓小平理论和"三个代表"重要思想,坚持党的教育方针,热爱党的高等教育事业,教书育人,为人师表,履行自己的神圣职责,在育人活动的实践中不断加强自身的道德修养,把自律和他律有机地结合起来,以自己的实际行动影响和感染学生,做学生的榜样和楷模。

全员育人保障机制是高校全员、全过程、全方位育人的现实需要。"育人"不仅是知识技能的传授,更包含了思想品德的养成、体力和智力的提升等。教育人、培养人、发展人,培养和造就德才兼备的人,是"育人"的出发点和落脚点。培养德才兼备的人才是国家的要求,更是经济社会发展的现实需要。从这个意义上来说,高校作为培养高素质人才的基地和摇篮,必须牢牢把握各个育人环节,实现全员育人、全过程育人、全方位育人。在校的大学生人数在不断增加,四年的大学学习生活包括入学教育、军训、课堂教学、社团活动、考试、实习(实践)、求职(考研)等环节,涉及课堂、实验室、图书馆、宿舍、食堂等诸多方面;随着教育水平的不断提高,高校已由传统的教书育人拓展为教书育人、管理育人和服务育人,涵盖了学生学习、生活、身心等各个方面。育人对象不同,育人形式不同,其方法、手段、评价标准亦不相同。在学生个体存在差异、步调不一致的情况下,面对高校学生人数多、教学任务重、涵盖内容广的现状,必然要求通过全员、全过程、全方位育人得到切切实实的保障,以加强育人的针对性和时效性。

育人为本既是高等教育的根本目的,也是高校师德建设的终极使命。教师所承担的特殊角色及其工作是教育道德性的具体体现,教师的"传道、授业、解惑"对学生的心灵成长具有最为广泛、持久而深刻的影响。高校教师不仅是学生的榜样,也是社会公众的榜样。高校的师德建设不仅是高等学校全员职业道德建设的重要内容,也是我国社会主义道德建设的重要组成部分,高校的师德建设对公民的道德建设具有十分重要的引导和示范作用。所以高校的各级党组织要高度重视,认真对待,在新的形势下,不断提升师德建设的理念,与时俱进,开拓创新,提出新举措,找出新对策,不断解决新形势下高校师德建设出现的新问题,保证师德建设健康有序的发展。

参考文献

[1] 胡锦涛.在全国优秀教师代表座谈会上重要讲话[N].人民日报,2007-09-01(1).

[2] 李春秋.高等学校教师职业道德修养[M].北京:北京师范大学出版社,2000.

[3] 董宝良.陶行知教育论著选[M].北京:人民教育出版社,1991.

[4] 石振保.加强高校师德建设的若干思考[J].中国高教研究,2007(8).

[5] 雷占荣,等.高等学校师德建设的问题分析与对策建议[J].理论导刊,2006(7).

[6] 陈潮光.构建高校师德建设长效机制的理论与实践[J].现代高教信息,2008(5).

教师教育:精神的事业

严从根①　马苗苗②

【摘　要】教育和教师教育都应成为一项精神事业。为了使教师教育成为名副其实的精神事业,培养"掌握精神引领艺术的'优雅知识人'"而非"教育专家"应成为教师教育的最终目标,"自由生活能力"而非"专业劳动能力"的培养应成为教师教育的主要内容,让读书成为生活的主要基调则应成为教师教育的主要方式。

【关键词】教师教育;精神;知识人;自由生活能力

教师教育日益受到重视。由于国家重视、政策支持,各个层面的教师教育学会开始成立,资金配套日益充足,专业培训和专业研究机构开始增多,专业教材开始涌现,专业化培训人才也越来越多,培训方式和手段也越发专业。教师教育专业化方面的发展一片"繁荣"。问题是这种"专业化"方面的"繁荣"是不是我们所需要的"繁荣"? 我们到底需要什么样的教师教育?

一、教育梦和教师教育梦

"梦想"是现今中国最流行的词汇之一。中国作为一个国家有"中国梦","中国人"作为个人也有"中国人的中国梦"。梦想俨然泛滥,不过,深究起来,我们都会发现,很多中国人的"中国梦"实际上都是一种"美国梦"——无非是像美国人一样富裕、拥有个人权利和自由。"一战"以后,美国就已经非常富裕了,那个时候,这个地方就成为很多梦想发财、梦想成功、梦想自由的人所向往的国度。不过特蕾莎修女是一个例外。特蕾莎修女被誉为"加尔各答的天使",竭力服侍贫

---

①　严从根,杭州师范大学教育学院副教授。
②　马苗苗,杭州师范大学教育学院研究生。

困中的最贫苦者,1979 年获得诺贝尔奖,现在被誉为世界上最有影响力的三位诺贝尔奖获得者之一(其他为马丁·路德金和爱因斯坦)。20 世纪 80 年代,当特蕾莎修女路过美国的时候,感叹道:"那是一个世界上最贫穷的地方。"

我们都知道特蕾莎所说的"贫穷"是指精神的贫乏。其实,很多伟大的美国人都意识到美国的精神问题。永恒主义和施特劳斯学派不仅共同意识到美国的精神贫穷问题,还开出了共同的药方:用教育来拯救人们的灵魂。

何谓教育? 为什么通过教育能够拯救人们的灵魂?

教育不是培训(但是我们的教育往往沦为培训)。培训的主要目的在于使人有知识和技能,解决人们的功利需求问题;教育则旨在通过知识和技能的传授对人的精神实施影响,旨在解决人的精神问题。教育归根结底是对人的精神实施有意识的影响的活动。

教育也不是教唆(但是我们的教育偶尔也沦为教唆)。教唆虽然对人的精神实施有意识的影响,但没人认为教唆是教育,因为这种影响并非使人向善。教育本身蕴含有使人向善的意思,不能使人向善的有意识的活动都不能被称为教育。[1]

教育归根结底是一项有意识地使人灵魂向善的事业,它是一项道德的事业,一项精神的事业。恰如雅斯贝尔斯(Karl Theodor Jaspers)所说,知识技能传递和理智训练只是手段不是目的,教育的最终目的是使个体的灵魂从个体性走向总体性,从低处走向高处,"教育是人的灵魂的教育,而非理智知识和认识的堆积"[2]。教育的目标其实非常远大,它不仅要使学生灵魂向善,它还"试图让接触它的每个人,老师以及学生,比现在更好",它还要放眼全球,"它尽力让这个世界变成一个更好的地方",让后一代人比前一代人过得更好。[3]正因为教育是一项伟大的精神事业,所以为了解决精神贫乏的时代问题,永恒主义学派和施特劳斯学派才开出了共同的药方:教育不能因为功利的诱惑,异化为满足物欲的"下贱侍女",教育需要从培训和教唆中走出,回归本真,拯救人们的灵魂。[4]在现今中国,在这个越来越多的中国人愿意卑躬屈膝成为物欲症奴隶的时代,让我国教育回归本真显得尤为迫切和必要。

教师教育不仅是教育的一种,它还以培养教育者为目标。因此它理应成为一项精神的事业:既然教育旨在有意识地引领人走向精神高地,培养教师的教师教育自然也应有意识地引领教师走向精神高地,并且应致力于帮助教师掌握精神引领的艺术。这是我们应该秉承的教师教育梦。恰如杜威(John Dewey)所说,最重要的并不是帮助教师获得知识传授的技巧,而是帮助教师充分理解他们工作的性质,使他们更有效、更灵活地去追求教育的理想,实现教育的精神内涵。[5]

二、教师教育目标:掌握精神引领艺术的"优雅知识人"

通过人生修炼和顿悟,通过教育的引导和化育,通过社会人士或媒介的引导,通过宗教的指引,个体都有可能化育自己的自然习性,摆脱自然欲望的羁绊而成为精神的追求者。但是教育同其他精神指引或化育的途径有着本质的区别。尽管有的时候也要强调情感,但理性至上是教育的永恒原则,教育中的情感激发最终也是为了让个体更好地学习知识,学习思考,最终变得理性,并运用理性去追求人生的意义和过精神的生活。[6]换言之,教育之所以能够把人培养成为精神追求者,最根本和最主要的途径就是知识的传授及其理性的熏陶。[7]

如果要通过知识传授及其理性熏陶把学生培养成为精神追求者,教师必须掌握知识传授和理性熏陶所需要的教育知识和教育技能,成为教育专家。但是教师不能仅仅成为专家,教师必须运用自己的理性,超越专家的视野成为"知识人"(intellectuals)。因为纯粹的"专家没有灵魂"[8],只有知识人才有灵魂。

一般来说,"专家"都是有理性、有知识的人,但却不一定是"知识人";"知识人"很可能是"专家",但又不同于"专家"。"知识人"即"intellectuals","intellectuals"在我国经常被翻译为"知识分子",但是笔者倾向于把其翻译为"知识人"。之所以不用"知识分子"这个词,是因为汉语中的"知识分子"与英文"intellectuals"的内涵和外延都不一样。在中国语境中,受过中学后教育的人都被称为"知识分子"。我们这里所说的"intellectuals"或"知识人"并不是指拥有一定知识的人,即便是拥有中学后教育的人也不能称为知识人。有人通过词源分析指出,"intellectuals"来自俄文"интеллигенция",它原初的意思是指接受过一定教育,能够站在世界的边缘,以良心和真理自居,来反思我们的世界和人生,并致力于追求梦想的人,他们来自社会各个阶层,他们是"一种思想体系上的而非职业和经济上的群体"[9]。因此,没有超出专业视野,以良心来看待世界和人生的科学家、医生、律师、厨师都不能称为知识人,他们只可以称为专家。恰如,爱因斯坦之所以被认为是知识人,不是因为他对物理学诸多领域的杰出研究,而是因为他"对哲学的思考,对社会的评议,对法西斯的愤怒"[10]。

教师之所以要成为超越专业视野的知识人,是因为纯粹专家的兴趣始终限于职业范围之内,他们不可能超越个人利益考虑,他们不具有"摆脱眼前经验的能力",他们不具有"走出当前实际事物的欲望",因而他们不可能具有"一种献身于超越专业或本职工作的整个价值的精神"。[11]

教师之所以要成为知识人,更是因为知识人是拥有美善梦想的人。知识人的梦想不同于专家的梦想,知识人的梦想是超越专业之外的,专家的梦想却只囿于专业之内。因此知识人的梦想里有人、有社会、有世界,专家的梦想里却只有专业知识和专业目标。知识人的梦想也不同于大众的梦想,知识人的梦想并不是个人利益的最大化,甚至不是个人的自我实现,也不是个人的幸福,而是个人福祉和共同体福祉的整体增进。因此,学富五车,只想着自己福祉的隐士可能并不能称为知识人(严格意义上来说),他们可能是"真人",是高僧,但不是知识人。因为拥有美善梦想,所以知识人是追求精神生活的人。尤其可贵的是,知识人不是凭借权力也不是凭借资本去追求精神生活的,他们是运用理性和知识去追求他们所欲想的精神生活的。在知识人的眼里,理性和知识的分量远胜于权力和资本。看重权力和注重资本的人永远都无法过上真正意义上的知识人的生活,他们也无法体会到亚里士多德所说的沉思是人世间最高贵的幸福的内涵。知识人不一定是贵族,可能并不富裕,也无权力,但他们具有贵族精神。他们一旦成为教师,可以通过传授富有精神意义的知识直接影响学生,也可以通过自己的榜样和精神魅力间接影响学生,最终帮助学生成为注重精神追求的人。

不过,教师教育所要培养的知识人却不能仅仅是上述意义上的知识人。并不是每个知识人都适合当教师,适合当教师的知识人只是知识人中的一部分人。知识人都有自己的理想和追求,他们很有可能把自己的理想和精神追求强加给别人,这样的知识人实际上不适合当教师。把自己的理想和追求强加给学生,轻则引起学生反感,重则导致精神强制。无论动机多么善良和崇高,强制的精神教育本身就是一种奴役,奴役会泯灭学生运用自己的理性进行思考的勇气,泯灭学生精神追求的自主性。奴役的精神教育实质上是在进行洗脑,它无论如何也培养不出自由自觉地进行精神追求的个人。

教师教育所要培养的知识人只能是这样的优雅知识人:他们尽管有自己的精神追求,他们在论坛、报纸、杂志、网络等公共领域会勇于阐述自己的精神主张,批判其他主张,但是他们不会在课堂上灌输自己的精神理解和主张;他们会在教育教学中呈现各种精神追求,并帮助学生理解这些不同精神追求的意义和价值,帮助学生澄清自己的价值观,挖掘自己的精神世界,并引导和鼓励他们去体悟、去理性选择、去践行适合他们每个人的精神追求,当然这并不意味着适合当教师的知识人就是价值澄清学派(Values Clarification)所倡导的教育者。价值澄清学派认为教育者应该坚守价值中立,放弃价值指引和精神引导,致力于帮助学生进行价值抉择。[12]这些教育者实际上不能称为"教育者",他们放弃了有意识的精神引导,他们可能会使学生认为价值世界无是非对错之分,精神境界无高低贵贱之分。我们认为,在个人信仰和崇高的精神抉择方面,适合当教师的知识人需要保持中立,致力于帮助学生澄清自己的精神追求,并选择适合自己的精神追求,但在非崇高的底线伦理方面,他们需要拒绝价值中立,认可价值共识,认识到"人是目的而非手段",他们需要反对道德上的是非不分、反对拜物教、反对工具主义、反对消费主义……

这样的知识人实际上就是具有自我权利意识和尊重他人权利意识的现代公民,不过,他们又不完全等同于现代意义上的普通公民。现代普通公民过于强调个人权利,强调价值中立,不注重精神追求,更不会引领他人进行精神追求。这里所说的适合当教师的优雅的知识人却非常注重精神意义的追求,也注重对学生进行精神引领,但是却不强制学生追随他的精神信仰。这种知识人既具有现代人所具有的权利意识,又具有古代人的贵族精神,他们是具有贵族精神的现代知识人,他们是优雅的知识人:他们会像古典政治哲人一样,拥有渊博的知识、一流的品位、高贵的精神,同时他们也像现代社会的好公民一样,他们正派而又正义;他们反对物质主义,倡导精神追求,但是他们不会认为他们的精神追求才是唯一正确的精神追求;他们认为所有的精神追求都值得提倡,需要批判的只是不尊重他人权利和精神追求的人和事,以及消费主义和拜物教;他们反对低俗、庸俗和世俗,但是不会采用"道德绑架"的方式强迫学生追求高尚生活;他们反对强制,强调理性说服,他们不会只注重教育结果的有效性而不注重教育过程的正当性,更不会冲动到为了目的不择手段。优雅不仅是他们的外表,更是他们的内心。他们可能不成功,也不荣耀,可能还有点"土气",甚至可能沦落为阿伦特(Hannah Arendt)所说的贱民(pariah people)[13],但一旦你走进他们的内心,你就会发现那种优雅、审慎是如此高贵和芬芳。

三、教师教育的内容:"自由生活能力" 而非"专业劳动能力"

优雅本质上是一种自由生活的能力:面对"自然生活""自身的精神生活",以及"人与人相处的社会生活"都能够自由应对。通过掌握知识、提高自身的劳动能力,个体可以做到自由地应对自然,摆脱对自然的依赖,甚至能够由此摆脱对他人的物质依赖和人身依附;通过提升自己的精神自由能力,个体最终可以有效反思,乃至消解自己的精神困境;通过对政治生活的正派而又正义的理解和积极参与,掌握社会生活自由相处的能力,个体最终可以做到自由对待他人和社会。由此可知,过上优雅的生活,个体需要具有三个方面的能力,即"劳动的能力,精神自由的能力,过公平正义政治生活的能力"[14]。

为了帮助教师获得专业劳动能力,教师教育需要帮助教师获得各种知识,特别是专业的学科知识,当然更重要的是帮助教师能够活学活用这些知识,养成良好的做事习惯。因此,在培养教师具有劳动能力的教师教育中,各类知识的传授固然重要,但是最重要的是能力的培养。这种能力并不仅仅是一般的发现问题、分析问题、解决问题的能力的培养,也非简单的迁移运用能力的培养,而是从事教育教学活动所需要的美善行为习惯的培养。[15]

劳动能力的培养尽管是非常重要的,但并不是最重要的。实践告诉我们,拥有精深的专业知识、一流的教育技巧,却不具有精神追求的教师只能培养出考试的机器,不能培养出富有思想和精神追求的学生;拥有卓越的精神追求,不具有一流教育教学技巧的教师却有可能培养出富有思想和精神追求的学生,他们比前一种教师更具有人格魅力和精神影响。教师要成为优雅的知识人,成为精神的存在者,最重要的还是要依靠精神生活,依靠有意义的精神追求。因此,劳动能力的培养,一般知识、特别是专业知识的传授,及其相应做事习惯的培养只能是基础性的,它不应成为教师教育的主要内容,更不应成为教师教育的最终目的,教师教育的主要内容应是精神自由能力的培养和过公平正义政治生活能力的培养。遗憾的是,专业学科知识及其教育教学知识的传授恰恰成为我国现今教师教育的主要内容,甚至成为全部。

培养教师具有精神自由能力的教师教育旨在帮助教师能够不受权威和社会偏见的束缚,也不受一切习俗常规的束缚,追求自己的梦想,并在精神的世界里遨游和畅想,享受一份属于自己的内心自由。这种自由并不是幻想的自由,而是在认识世界的基础之上,在改造或融入客观世界中享有的一种理性自由。为了帮助教师具有这种理性自由,科学地认识世界,科学地改造或融入世界,科学教育及科学精神教育就显得非常必要。科学精神教育是科学教育的内核。科学精神的内核则是求真,为了求真个体必须具有不断反思、勤于思考的习惯和勇气。正因为此,对教师实施的科学教育,重点并不是帮助教师获得多少知识,也不在于帮助教师运用这些知识(但这并不意味着科学知识的获得不重要),而是培养教师获得追求真理的热情,拥有求真务实的态度,具有为学术而学术、为科学而科学的献身精神。教师需要具有的这种理性自由也不是按照自己的工具理性，不分是非对错肆意妄为的自由，而是根据自己的良心考量和是非判断而进行的价值理性追寻。为了帮助教师能够在良心考量和是非判断的基础之上进行价值理性思考和精神追求，追寻人生的意义，教师教育还应对教师实施人文精神教育，最终目的在于帮助教师能够依据这些精神，时常站在世界的边缘，依据自己的良心去探索世界，去打量世界，去反思世界，去追求崇高人性的生活。

为了帮助教师具有过公平正义政治生活的能力，教师教育尤其需要加强现代人文精神教育。不同的时代，人文精神的内涵都不一样。现代不同于古代的一个重要特点是国家不再属于某个人或某些人，而是属于所有公民。相应地，现代性文明的实质就是个人具有现代公民精神及品质，具有现代性的主体意识：勇于当自己的主人；不过他们意识到每个人都有自己的尊严和追求，每个人都是自己的主人。因此，他们不会把自己的观念和精神偏好强加在别人的身上；在私人领域尊重各自的精神追求，在公共领域按照协商达成的共识行事。只有当教师具有这种人文精神，他们才可能把学生当作主体，他们才会摒弃灌输和精神奴役，从而才有可能在"我—你"的关系中，通过蕴含精神的交往帮助学生成长。

四、教师教育的重要途径：在读书中生活

柏拉图（Plato）认为，只有在伦理的生活中才能培养出具有伦理精神的人。[16]亚里士多德（Aristotle）认为，只有在健全法律的城邦生活中，人才能成为守法的人。[17]黑格尔（Georg Wilhelm Friedrich Hegel）认为，只有在良好法律的国家生活中，才能培养出优秀的公民。[18]这些哲人的认识实际上告诉我们，美善生活才是最好的教育。"过什么生活，便是受什么教育，过乱七八糟的生活，便是受乱七八糟的教育。"[19]因此，最有效的教师教育不是专家培训，不是相互观摩，而是一种美善的生活教育。

自由生活能力是具有贵族精神的知识人的能力，这种能力的培养需要依靠理性生活和高贵精神生活的熏陶。在生活中亲近具有理性和贵族精神的知识人，向他们学习和共处自然是非常重要的。问题是谁有资格充当这种优雅的知识人呢？在教师的现实生活中，也许有一些人有资格，但非常少。有的时候，我们特别需要警惕那些自称为知识人的人，其实，他们往往根本算不上知识人，至多只是"有一些知识的人"，即便有一些是知识人，但是他们往往又不是我们所需要的具有贵族精神的优雅知识人。但是这并不意味着，教师教育无法帮助教师

在生活中普遍接触具有贵族精神的优雅知识人。值得庆幸的是,那些伟大的知识人把他们伟大的心灵融入他们的书籍中。通过研读这些伟大心灵留下的伟大的书,不仅可以获取知识,锻炼自己的理性,还可以修身养性。[20] "通过读书,我们可以陶冶自己的高尚情操,培育自己的高尚人格,孕育自己的高尚品位;通过读书,我们可以看破人世间的很多事情,使自己达成一种与天地游、同古今心的人生境界。"[21] 其实,那些具有贵族精神的知识人之所以具有优雅的能力、高贵的气质,都源自他们把读书当作一种生活,一种存在的方式,一种情趣,一种生命的寄托。联合国教科文组织就充分意识到读书对人精神生活的重要影响,并把4月23日作为世界读书日,希望这一决定能使读书最终成为每个人的生活习惯,提升每个人的精神境界。因此,最有效的精神意义上的教师教育是帮助教师过上读书的生活:让读书成为他们生活的主要基调。

在现今这个轻视阅读的时代,让读书成为教师生活的主要基调具有尤为重要的意义。这个时代的中国人喜欢实效和触手可及的利益,不喜欢深沉,不喜欢玩概念,不喜欢形而上学,喜欢直接获得答案,喜欢一目了然的答案,不喜欢思考获得的答案,也不喜欢别人通过理论推理给予的答案,尤其不喜欢经典,无心沉思,也不屑于沉思,喜欢的是轻轻松松的阅读,任何经典都有待商榷,任何经典都可以恶搞。在这样的时代,教师带头读书学习,不仅是一种责任,更是一种道义要求。只有当教师喜好读书,把读书当成生活的习惯和主要的乐趣,教师才有可能成为真正意义上的知识人,淡淡的书香才有可能成为打开教师心灵枷锁的钥匙。也只有如此,与教师朝夕相处的学生才能获得一种精神的品位和优雅。

当然,教师所要读的书不能只是大众读物、小小说,更不能只是微博,甚至不能只是一般专家所写的专业书籍,而应是"伟大心灵留下的伟大的书"[22],诸如柏拉图、亚里士多德留下的书,像孔子、孟子留下的书,像康德、黑格尔、杜威留下的书,像鲁迅、胡适、陶行知留下的书……

当然,普通教师一开始可能并不具有阅读这些书籍的能力,也可能没有持之以恒阅读书籍的毅力,甚至还不屑一顾。不过正是因为困难的存在,我们的教师教育才任重而道远。何况,方向找到了找对了,教师教育途径和行动的探寻也不会太难。

当然,为了帮助教师内化和活化这些经典,教师教育可以鼓励不同的理解,并鼓励准教师或教师要鲜活地把他们的理解融会到各种学科教学以及其他教育活动中去,但必须反复提醒教师们注意:可以向学生诠释不同的经典理解,但不可强制学生去认可自己的理解,更不可强迫学生追求自己认可的精神生活;在强调遵循价值共识的基础之上，鼓励学生有不同的精神追求。

参考文献

[1] 陈桂生.普通教育学纲要[M].上海:华东师范大学出版社,2009.

[2] 雅斯贝尔斯.什么是教育[M].邹进,译.北京:生活•读书•新知三联书店,1991.

[3][6] 菲利普•W.杰克森.什么是教育[M].吴春雷,马林梅,译.上海:华东师范大学出版社,2000.

[4][20] 严从根.在正当与有效之间——社会转型期的道德教育[D].南京:南京师范大学,2011.

[5] 于书娟.试论杜威的教师教育思想[J].教师教育研究,2007(6).

[7] 彼得斯.教育与受过教育的人[C]//王承绪,赵详麟.西方现代教育论著选.王承绪,译.北京:人民教育出版社,2001.

[8] 韦伯.新教伦理与资本主义精神[M].康乐,简惠美,译.桂林:广西师范大学出版社,2006.

[9] 尤西林.阐释并守护世界意义的人——人文知识分子的起源与使命[M].郑州:河南人民出版社,1996.

[10] 赵宝煦.知识分子与社会发展[M].北京:华夏出版社,2003.

[11] 刘易斯•科赛.理念人——一项社会学的考察[M].郭方,等,译.北京:中央编译出版社,2001.

[12] 路易斯•拉思斯[M].谭松贤,译.杭州:浙江教育出版社,2003.

[13] ARENDT H. The Jew as Pariah: Jewish Identity and Politics in the Modern Age[M]. New York: Grove press, 1978.

[14] 高兆明.自由、教育、生活——我们需要什么样的教育[J].吉首大学学报(社会科学版),2013(5).

[15][18] 黑格尔.法哲学原理[M].范扬,张企泰,译.北京:商务印书馆,1982.

[16] 伽达默尔.伽达默尔论柏拉图[M].余纪元,译.北京:光明日报出版社,1992.

[17] 亚里士多德.尼各马可伦理学[M].廖申白,译.北京:商务印书馆,2003.

[18] 华中师范学院教育科学研究所.陶行知全集:第2卷[M].长沙:湖南教育出版社,1984.

[19] 钱文忠.钱文忠漫谈人生[M].武汉:长江文艺出版社,2013.

[20] L.施特劳斯.什么是自由教育?[M]//刘小枫,陈少明.古典传统与自由教育[M].一行,译.北京:华夏出版社,2005.

高校教工岗位培训刍议

毛小平[①]

【摘　要】随着国家加强国民素质教育的重大举措的实施,高校招生规模的不断扩大,教工队伍的不断扩大,必然导致高校教工队伍的整体素质的降低,因此对高校教工进行岗位培训是十分重要的。通过对当前高校教工岗位培训的现状,分析其重要的现实意义以及存在的问题,最后阐述应该从哪些方面加强教工的岗位培训。

【关键词】高校教工;岗位培训

随着社会的进步,科学技术不断进步,新知识和新技术不断出现,知识更新成为现代教育必须面对的问题,"一次性教育"已不能适应时代发展的需要。终身教育逐渐成为当代教育的主题,成为绝大多数国家教育改革的指导思想。很多高校的教工往往有这样一种感觉:自己的知识不够用,在面对很多新情况时往往是心有余而力不足。因此,教工必须不断提高教学和科研的创新能力,提高自己的科学文化素养,提高自己的思想道德修养,从而顺应时代发展的潮流。

一、目前高校教工岗位培训的现状

当前我国高校教工岗位培训既有学历培训需求,又有非学历培训需求。学历培训主要是教工本人希望能够提高自己的学历,包括攻读在职硕士、在职博士,或者定向委培硕士、博士等,希望在学历上能够更上一个台阶。而非学历培训主要包括对科学文化知识的更新,对学科发展新理论、新成果的掌握和运用,学术科学研究能力的训练与提高,教育观念、教学思想的转变更新,教育教学技能和技巧的掌握及职业道德修养与政治思想素质的提升等。因此,教工作为培

---

① 毛小平,杭州师范大学工会原常务副主席、下沙校区管委会办公室主任。

训的个体,他的培训需求十分突出。但是就像政府中官员有官阶之分一样,教工也有职称之分,而中级职称以下的年轻教职工,由于教学工作任务繁重,每天忙于应付教学、工作,没有时间参加培训学习,其培训需求难以得到充分满足,加上部分管理工作不到位、培训方式不恰当、培训内容欠先进、指导教师的水平不高等方面的原因,教工接受培训的实际效果与其期望效果之间也存在较大差距,他们的培训需求实际上并没有被完全满足。另外,当前高校教工培训存在诸多问题:在培训观念上,缺少"师本"的观念;在培训形式上,形式单一,难以引起教工的兴趣;在培训内容上,固守成规,枯燥乏味;在培训目的上,目的不明确,追求片面性,功利性强;等等,这些问题使得高校在进行教职工岗位培训的时候往往事倍功半。

二、高校教工岗位培训存在的重要的现实意义

(一)高校教工培训的必要性

教师是"人类灵魂的工程师",对教师最基本的要求就是要会教书,能教好书,上好课。但随着国家加强国民素质教育的重大举措的实施,各大高校招生规模不断扩大,教工队伍也随之扩大。许多非师范专业毕业的学生也进入了教师行列,由于没有接受过专业的师范教育,对这些跨行择业的大学毕业生而言,工作后面临的第一个问题就是如何转换角色,尽快适应教师这一神圣的职业。对于这些教师来说,在教学过程中,虽然有着很高的工作热情和积极性、较深的专业知识,但却普遍缺乏实际教学理论、技能和技巧,不能很好地完成"传道、授业、解惑"的职业要求,不能立即熟练地开展教学工作,教学水平较低。因此给这些教工进行培训,能有效地弥补非师范生的教学专业知识,陶冶职业情操,培养爱岗敬业、严谨治学的良好师德,能帮助他们尽快适应新角色,胜任自己的教学工作。

(二)岗位培训是提高教工素质的重要途径

随着我国教师地位及待遇的不断提升,教师已经成为人人羡慕的职业,越来越多的毕业生加入了教工的队伍,有师范专业的毕业生,也有非师范专业的毕业生。这从一定程度上有利于教师结构的优化,有利于调整和补充短缺学科的教师队伍,也在一定程度上打破了"教师专业"的垄断,遏制体制内部的近亲关系,为教育事业注入新鲜活力。对于现如今的教工来说,那种仅仅凭借一纸文凭而

打发漫漫教学生涯的时代,已经一去不复返了。每一位教工都应该认识到作为21世纪合格的教工必须具备的素质和能力,但是现如今的教工队伍,就像我前面说的那样,由师范专业和非师范专业的毕业生组成,那就必然导致了教工整体素质的下降。因此,要加强对教工的岗位培训来提高他们的自身素质,促进他们的全面发展。在这过程中,广大教工应该充分认识到自身存在的不足,消除抵制参加培训,觉得自己不参加培训学习照样可以上讲台教学的片面认识,要明确只有参加相应的培训才能使自己在各方面逐渐走向成熟,才能适应当前社会的发展、科学文化的不断更新,才能在教学中掌握灵活的方法,以认真的态度、新颖的教学方法、广博的知识树立良好的信念和高尚的师德,使自己乐观向上,有所作为。通过培训进一步加深理解和实践学校的办学理念,并将个人的发展与学校的发展统一起来,在学校的发展中实现自身价值,为学校的建设与发展构建一支结构优化、富有高素质的教工队伍。

(三)岗位培训是保证教工与时俱进的重要途径

随着社会的发展,科学技术不断发展,科学文化知识也在不断地更新,社会、学校对于教工的要求也在不断地提高,但不可避免的是很多教工在教学中仍然存在一些不可忽视的问题。如在知识结构方面,知识更新速度慢;在教学方面,存在着理论与实际脱节的问题,缺乏理论在实践中运用的探讨,对学生思维动态的把握不够,一味地采取灌输式的方法,不注重培养学生的学习兴趣和思维能力;而在教学手段和方式上,墨守成规,没有结合教学特征和时代特征来进行教学,忽视现代化的教学方式,仍固守传统的方式,影响教学成果。而现代教育要求为学生提供更新的思维方式、更多的教育资源和更丰富的教育内容,那就要求教工必须掌握必要的教学技能与现代化的教育技术,提高教育教学水平。而学校应根据实际情况,加强对教工的培训。通过培训,教工的实践能力和综合素质得到提高,帮助教工更新教学理念、优化知识结构,以及形成自己的教学风格和特点,逐步实现教工由单一的教学技能向综合能力提升的转变。同时通过网络请教知名专家、学者,获取自己最需要的知识信息,把学到的知识优化成自己的成果。

三、高校教工岗位培训存在的问题

(一)培训目的不明确、功利性强

目前有些高校对教工培训工作重视不够,对培训的认识出现了偏差,认为教工参加岗位培训只是为了应付考试,只是为了拿到合格证书的观念在深深影响着受训教工和培训工作的管理者,而多数教工参加岗位培训也不是为了提高自己的教学水平和科研水平,而是迫于职称评定、职务晋升的需要,参加培训的功利色彩越来越浓。这种功利性的观念使得教工岗位培训活动失去了其应有的意义,多了应付性,少了创新意识。

(二)培训方式和培训类型单一

目前高校的教师培训主要以考研、考博居多,主要以提高学历层次、拓宽本学科知识面、提高科研能力为目的。对于这种培训,在当前这样一种重学术、重科研的环境下,教工即使自己投入培训经费也仍然积极参加。然而,对于一位教师来说,学术科研并不是主要的,教学才是最重要的,一位懂教学、会教学、善于教学的教师才能说是一位真正的教师。因此,高校教工培训的主要目的或者目标不应该是学历、学术,而应该是教学,但是重学历培训、轻非学历培训,重学术培训、轻教学培训的问题在现今的教工培训中比较突出。

(三)培训内容和形式单一,难以激发教工的兴趣

很多高校在教工岗位培训的课程设置上存在着很大的问题,往往使得培训变成了应试教育,因此课程内容偏重理论,枯燥乏味,教工参与的积极性不高,而很多高校要通过考勤来保证上课的人数,培训变成了硬性规定,不但不能激发教工主动学习的兴趣,反而成了负担,达不到应有的效果。另外,目前高校的教工培训基本以课堂授课为主,还有一些以学习交流会的形式进行,在教学形式上还比较单一。

(四)岗位培训模式不能适应教工培训的要求

长期以来,我国教工岗位培训模式以满足多数人统一培训的要求而设计,讲究培训规模和效益,但这样的设计和安排忽视了教工多样化、个性化的需求,同时也束缚了培训模式多样化的发展。而且培训方式和内容都是根据政府部门的要求设定,使得教工缺少自主性,不能体现不同学校、不同学科、不同职务的教师的实际需要和差异性。

四、对改进当前高校教职工培训的建议

(一)更新培训理念

完善教工培训工作,首先要解决的就是理念问题,要让培训的管理部门、管

理者、授课教师明确培训是什么，明确对受训教工的要求是什么，希望他们通过这样一个培训得到什么样的结果，了解哪些方面的知识，而不是把教职工当作机器来灌输，把培训作为一种负担来背负，一个任务来完成。而作为教工，同样要明确培训是什么，培训并不只是为了应付考试，不只是为了拿到合格证书，也不只是为了职称的评定、职务的晋升，而是为了提高自己的教学水平和科研水平，提高自身的科学文化素质和思想道德修养，促进自身的全面发展，为未来的职业发展建立良好的基础。

（二）制定合理的人力资源配置计划，建立有目的、有计划的可持续培训计划

所谓人力资源的配置，就是管理者根据人力资源的特点和专长将其安排在合适位置上，使其极大程度地发挥作用和潜能。首先，高校应针对自身的情况制订出合理的人力资源开发计划，做好合适的人才引进、补充和培训工作，把合适的人才安排在适当的岗位上。其次，要设计有计划、有目的的可持续发展计划。人力资源培训是一项长期性的工作，直接影响教工个人的学习、工作和学校教育教学工作的正常运转，需要制订合理的培训方案，明确培训需求和个体需要。各高校要加强政策引导，促使教工重视非学历培训，通过制定政策将高校教工的培训要求由过分追求学历培训引导到注重非学历培训上来。在多种培训形式并举的前提下，勿忘提高教工学术、教育教学水平这一培训的根本目的，防止因过分重视学历培训而弱化非学历培训。现代高校从提高人才培养质量的角度出发，实施全面的素质教育，这就要求教工不仅要学术水平高、学识面广，而且还必须具备较强的教学能力，娴熟地掌握先进的现代化教育技术和手段。而这些能力的提高靠教师的学历教育是不可能达到的，必须依靠教工的非学历培训和科研实践才能实现。随着高学历人员不断进入高校教工队伍，在教育行政部门倡导的"教师培训重点由学历补偿教育向知识更新、提高学术水平和教学能力转变"战略的引导下，培训的重点开始转向掌握本学科前沿理论、提高科研能力、掌握教育教学的技能和技巧、学习现代教育理论这些方面。知识性的培训项目将成为教工培训的终身需求，学术性的培训和教学性的培训将持之以恒地发展下去。

（三）培训内容点面结合，从理论到实践

笔者认为，高校新教工岗位培训至少应包括以下几个方面的内容：第一是校情校史教育，通过培训帮助他们了解学校的历史、改革发展与现状，增强对学校的认同感、归属感、责任感。第二是业务技能教育，在补充相关教育、教学理论的

基础上,安排教学方法、课件制作、学生沟通等方面的专题讲座。第三是职业素养和职业道德教育,通过职业礼仪、学术道德规范、信息安全等某些专题的培训。在课程设置上应更注重实践性,可以通过问卷调查的方式,了解教工的培训需求,看看他们最需要了解和掌握哪些方面的内容,在此基础上对课程的设置进行改进,这样在培训中才能引起教工的共鸣。

(四)创新培训模式,激发教工的学习兴趣

首先,高校应根据教工不同的培训目标将教工分成若干组,通过有针对性的培训课程设置,充分体现培训教学目标,或者建立适应教工培训的若干平台,以激发教工的学习兴趣。如由政府主管教育的部门出面,在国家重点科研院所、重点高校设立高校教工培训基地,国家给予一定的经费支持,并对基地的运行、管理、效益等进行定期评估。其次,设立专门的教工培训信息机构,实时提供教工培训的内容,教工关于培训的态度、想法等最新信息,为教工培训提供信息支撑。如利用我国现有的高校教工培训网络体系,将那些可以作为教工培训学习内容的信息传递给广大教师。再次,探索创建灵活多样的培训形式,适应各类教工的不同需求。如利用互联网开展网上培训,充分挖掘校内教工资源,开展校内培训,引进国外先进的培训理念等。然后,对参加培训的新教工的培训教学目标应立足于帮其适应岗位要求并使其学会承担教育教学工作。最后,针对新教工的特点,还可以组织一些自助餐会或拓展活动,在活动中增进彼此之间的了解和联系,为以后工作的合作互助打下基础。

参考文献

[1] 陈莉,郭卫华.对高校教师队伍培训问题的思考[J].陕西教育学院学报,2005,21(2).

[2] 戚万学.高等教育学[M].济南:山东人民出版社,2005.

[3] 周丽新.对高校师资培训问题的思考[J].长春工业大学学报(高教研究版),2005,26(2).

[4] 黎挥文,曾凤玲,陈先哲.浅论高校教师培训内容和方法的革新[J].华南师范大学学报,2005,26(2).

[5] 廖惠芝.美国大学教师培训培养的经验与思考[J].理工高教研究,2003(4).

高校工会开展职工思想政治教育工作的创新机制研究

王光银[①]

【摘　要】近些年,高校工会在加强和改进职工思想政治教育工作上有了逐步的提高,但仍旧存在短板,部分高校工会在理念和方法上显得过于简单和陈旧落后,直接导致高校工会思想政治教育工作效果不理想,也间接导致部分高校教职工出现理想信念缺失、道德缺失等问题。笔者认为在当前形势下要实现高校工会职工思想政治教育工作的创新,需要实现思想政治教育工作的主体创新、载体创新以及环境创新。

【关键词】高校工会;职工;思想政治教育;创新机制

21世纪初,九届人大常委会根据新时代的新特点、新形势和新需要,重新修订颁布了新《中华人民共和国工会法》(以下简称《工会法》)。在新《工会法》的指导下,高校工会作为一支高学历、高素质的队伍,近些年在维护职工权益,参与管理、组织、教育等职能上进行了不断的开拓创新,特别是在教育职能上进行了大胆的实践和创新,例如在教职工业务水平的教育培训上有了质的飞越。但是我们注意到,高校工会在开展教职工思想政治教育的内容和实践上依然存在短板,在理念和方法上显得过于单板简单和陈旧落后,直接导致工会的职工思想政治教育工作效果不理想,甚至也间接导致部分高校教职工出现理想信念缺失、道德缺失等情况,这些情况在高校师生群体中产生了恶劣的影响。因而,研究当前高校工会在职工思想政治教育方面的创新机制是摆在我们面前的一个重要课题。这既是对新《中华人民共和国劳工法》中要求"教育职工不断提高思想道德、技术业务和科学文化素质,建设有理想、有道德、有文化、有纪律的职工队伍"[1]的法规的良好贯彻,又是对高校工会自身提出的新要求和新期望。"创新教育是一种超越了以往传统教育的新的教育形式。"[2]笔者认为,在当前要实现职工思想政

---

① 王光银,杭州师范大学政治与社会学院教授。

治教育工作机制的创新,主要是要着力于实现高校工会职工思想政治教育的主体创新、载体创新、环境创新。高校工会只有将这三个方面作为一个有机整体来加以完善,才能最终促成高校工会职工思想政治教育工作创新机制有效运转。

一、加强和改进职工思想政治工作的主体创新

当前大多数高校工会在开展职工思想政治教育工作时,仍陷在传统思想政治教育所倡导的主客体关系的陈旧观念中,过分强调培训者、活动组织者和工会以及工会领导等思想政治教育者的主体性,忽视了那些接受培训、参与活动的教职工的主体性。这种传统的思想政治教育观念势必会使得工会教职工成为一个被动接收的客体和知识接收的"器具",这必然会导致教职工产生思想和行为上的压抑和钳制,从而引发教职工思想观念的叛逆,最后收到与思想政治工作相悖的结果。因而这样的思想政治教育工作开展方式不会真正渗透到教职工的精神世界,不利于教职工理想信念的培养。在当前无论是思想政治教育学界还是在思想政治教育工作一线,学者和有丰富经验的思想政治工作人员都主张要在思想政治教育工作的主客体上进行创新,倡导现代思想政治教育的主体互动关系。因而,笔者认为在当前可以将现代思想政治教育主客体关系这一先进的理论和实践成果运用到高校工会的职工思想政治教育过程当中去。

第一,建立一种平等的高校工会职工思想政治教育主客体关系。一方面,高校工会要努力做到去行政化。高校工会有一定的组织架构和管理体系,例如杭州师范大学设有双代会、教代会执行委员会、工会委员会及二级学院工会和直属单位工会等组织架构,且各个工会下面又设有工会主席及工会委员等管理职位。如此严密的组织架构,虽然保证了工会组织的有效运转,但难免会出现一些问题,例如会出现以行政化命令的形式来下达和开展职工思想政治教育工作的情况。要知道,工会的性质就是工人阶级的群众性组织,过度的行政化模式不利于形成一种平等和谐的工会组织氛围,在开展思想政治教育工作中建立一种平等的思想政治教育工作主客体关系更是无从谈起。另一方面,高校工会职工思想政治教育活动的组织者要正确看待自身定位。例如,各个二级学院的工会主席,在组织和开展活动时要意识到自身的角色主要是服务者,其次才是管理者,所以要以一种服务的态度与参加思想政治教育活动的高校教职工处理好关系,在保持主客体双方之间人格尊严平等的前提下,开展工会思想政治教育工作。

第二,建立一种互动的高校工会职工思想政治教育主客体关系。由于受传

统思想政治教育模式的影响,工会在开展思想政治教育的活动和培训中,思想政治教育者主要侧重于单向灌输,参与活动和接受培训的教职工往往成为被动的接受者,在整个思想政治教育的过程中双方的互动性不够强。例如,一些高校的工会通过采取定期组织会议的方式,简单地播放和传阅上级宣传部门下发的与意识形态方面相关的教育视频和文件。这种通过单纯播放视频和读稿的方式,使得高校教职工往往陷入消极被动的境地,很难表达个人的意见和观点。要知道,绝大多数高校教职工作为一个高学历、高知识的个体,具有很强的独立意识和价值观。这种粗放的教育培养模式,阻断了教职工表达自我见解的双向互动通道,最终必定会招致很多教职工的反感和厌恶,甚至由于反感这种教育培养模式而逐渐成为厌恶教育培养本身的内容。

第三,建立一种"多元主体"的高校工会职工思想政治教育模式。"思想政治教育需要细致地分析,巧妙地应对各种情况和问题。思想政治教育是帮助人、引导人的活动,是教育者与受教育者双向互动的过程。"[3]在过去的工会职工思想政治教育的实践过程当中,在对待哪一方为思想政治教育主体的问题上经常会出现非此即彼、矫枉过正的错误,即不是以高校工会中思想政治教育者为主体,而是以受教育者的高校教职工为主体,而且过分侧重主体某一方。但是在现代思想政治教育的实践过程中,最科学的方法是建立"多元主体"的思想政治教育模式。当前,思想政治教育理论学界有部分学者认为,"思想政治教育的主体性是由思想政治教育者的主体性、受教育者的主体性和思想政治教育活动的主体性有机构成的复杂整体。"[4]笔者认为可以将这种先进的思想政治教育理念运用到高校工会职工思想政治教育工作中,充分发掘和尊重高校工会职工思想政治教育者、受教育者以及整个活动的主体性,实现高校工会职工思想政治教育的主客体关系的创新。

二、推进马克思主义理论教育的载体创新

在传统思想政治教育理论中,一般是把开会、谈话、理论教育等传统载体作为整个思想政治教育过程的中介来达到思想政治教育的效果。当前,高校工会主要也是采用这种传统的思想政治教育载体来开展和实施教职工思想政治教育工作的。虽然这些载体在过去乃至现在一直发挥着极为重要的中介作用,但是随着时代的发展,在新时期和新情况下,必须要求思想政治教育的理论工作者和实践工作者在载体上实现创新。目前,在思想政治教育学界,有部分权威学者就

提出将思想政治教育现代载体引入思想政治教育工作的实践当中，这对当前高校工会在开展职工思想政治的教育工作提供了积极的启示。

一方面，把文化载体运用到高校工会的职工思想政治教育实践中去。文化载体的类型很多，有家庭文化、校园文化、社团文化，但这里的"文化载体"仅是指高校工会文化。高校工会文化能够使得思想政治教育的理论和内容潜移默化地影响和熏陶高校教职工，提高他们内心的认同感。这就要求高校工会的组织者和管理者在日常的机构运行和规章制度的完善中不断地把文化建设作为高校工会建设的一个重要有机组成部分并将其结合到其他工作当中去，充分借势文化载体的现代载体作用。

另一方面，将活动载体有机运用到高校思想政治教育的过程中去。高校工会应当将一些具有趣味和思想的活动赋予一定的思想政治教育信息，再通过这些活动将思想政治教育的理论和价值观正确地感染高校工会的每一个教职工，实现思想政治教育的"寓教于乐"。这就要求高校工会应当依据教职工的兴趣爱好组织开展一系列趣味性和思想性兼具的活动，在组织和开展的基础上可以进一步组建一系列工会活动社团，通过各类工会活动社团来实现工会开展活动的稳定化、制度化、针对化和专业化。笔者了解到，此类工会活动社团在当前的部分高校已经开展和组建起来，例如杭州师范大学的工会创建了一系列诸如合唱团、教工民乐团、书画协会、太极拳俱乐部等活动社团。笔者认为，这些举措做得相当有必要和有意义，但在组建成社团后需要进一步思考如何将思想政治教育的信息有效融入社团的活动中去。

三、实现马克思主义理论教育的环境创新

"思想政治教育的顺利开展和增强教育的有效性存在着一个生态环境的问题，生态环境的含义是十分丰富的，它是指一切对思想政治教育活动开展及其效果产生各种影响的内外部因素之间关系及结构的总和。"[5]工会氛围作为一种与教职工密切相关，具有潜移默化作用的外部环境，在整个思想政治教育的创新机制构建中起着"润物细无声"的作用。营造良好的、富有创新意义的氛围对于实现高校工会职工思想政治教育的创新起着至关重要的作用。

(一)营造工会职工自我教育的良好氛围

环境对人的行为和思维起着潜移默化的作用。高校工会应站在教职工自我

学习和教育的角度审视环境对于工会职能思想政治教育工作的作用,好好利用把握环境的特殊教育功能,以此为出发点营造富有自主学习气息的风气。高校工会应该通过茶话会、杂志报纸、科研等多角度、多层次、多平台的方式营造自主学习的风气,让教职工在优良的校风中潜移默化地理解思想政治教育,接受思想政治教育,支持思想政治教育,在自我教育的良好环境触碰中获得思想政治教育的启迪。

(二)创造思想政治教育的民主环境

民主是个好东西,而对于思想政治教育来说更具有特殊意义和功能。只有在民主的环境中,思想和创新灵感才能得到真正自由的碰撞和激发,高校教职工的精神世界才会真正受到思想政治教育的震撼和熏陶。由于受苏联模式和国家集权体制的影响,现在高校当中过度行政化管理的特征还是较为明显,在这种管理体系下,高校教职工的创造性被压抑,积极性被抑制,教学成了权力的附庸,成了追求名利的工具化器具,甚至有少部分人思想和行为受权力的浸染而畸形发展,人生观价值观扭曲,从而崇尚权力成了很多教职工的通病,谄媚厚黑成了他们的必修课。在此种环境的熏洗下,高校工会思想政治教育很难使得高校教职工成为一个有理想、有道德、有纪律的人,反之思想政治教育的内容会变成他们作为一个精致的利己主义者的工具。这些现象不论从当前还是今后都是高校工会思想政治教育的一大障碍。因此,当前的着手点就是逐渐改变过度行政化管理的模式,在承认行政管理一定意义上合理的情况下,逐步去除不必要的行政管理。

(三)设立高校工会思想政治教育创新激励机制

高校工会可以立足于本校实际情况,在工会内部财政允许或者可以得到学校及社会支持的情况下设立工会思想政治教育创新基金,以鼓励和扶持有创新思维和能力的工会成员在克服物质条件困难的情况下全身心地投入到工会教职工思想政治教育的创新研究工作中。通过创新激励机制营造出一派工会重视和鼓励思想政治教育创新的风气,不仅使得从事这方面科研教学的教师更加具有积极性和战斗力,获得与其所从事工作的重要性所匹配的尊重和地位,这一方面是表现在物质回报上获得的尊重;另一方面也是最重要的在精神上给予的满足和鼓励,在当前,大大小小高校都在纷纷重视自然科学,忽视社会科学的大背景下,不少高校的马克思主义理论科研和教育工作者处于一种相对卑微的境地,这也是笔者所提出的设立马克思主义理论教育教学的创新激励机制的初衷所在。

参考文献

[1] 中华人民共和国工会法　中国工会章程[M].北京:中国法制出版社,2013.

[2] 尚云龙.脱颖而出——创新教育论[M].长沙:湖南大学出版社,2000.

[3] 陈万柏.思想政治教育艺术简论[J].思想教育研究,2010(5).

[4] 张耀灿,郑永廷,吴潜涛,等.现代思想政治教育学[M].北京:人民出版社,2006.

[5] 邱柏生.要重视研究思想政治教育的生态环境[J].学校党建与思想政治教育,2014(5).

高校工会协助青年教师实现职业价值的探索与思考

李俊洁[①]

【摘　要】作为高校教师中的青年群体,高校青年教师是青年中知识层次最高的群体,是社会发展进步最富热情、活力和创造力的推动力量。但同时,在以权力、财富为核心的衡量体系中,他们处境尴尬,面临着来自社会方方面面的巨大压力。作为教职工自己的群众性组织,高校工会在创建和谐校园中发挥着其他组织无法替代的重要作用,也应采取更积极的举措,协助青年教师实现他们的职业价值。为此,高校工会应结合高校发展实际,把握时代特征,准确定位自身角色,积极拓展工作路径,为推动青年教师的发展做出积极贡献。

【关键词】高校工会;青年教师;职业价值

改革开放三十余年来,中国的高等教育发展迅速,现代化、国际化程度日益深入,高校教师的地位也日渐提高。与此同时,高校教师特别是高校青年的职业发展也面临巨大的挑战,其中尤以职业生存压力和职业价值实现方面的问题最为突出。这些问题若处理不当,将可能成为制约青年教师实现学术追求,提升业务能力的瓶颈,从而影响高等教育下一个三十年的发展。

关于高校青年教师面临的职业压力与困惑,主要集中反映在以下几个方面。

一、生存压力

作为青年中知识层次最高的群体,大多数高校青年教师在如愿取得大学教职后,首先面对的就是期望值与现实的落差:与其他青年精英群体相比,高校青年教师在社会中的地位略显尴尬,曾经以"士"领衔的"士农工商"概念在现今时代早已瓦解,尤其是在实际收入方面更显得相对弱势。高校薪酬与职称、职务挂

---

① 李俊洁,杭州师范大学人文学院讲师。

钩,青年教师普遍资历浅、职务低,收入在高校教师中处于底层,又适逢婚龄、育龄,生活开支和资金缺口都比较大。有的面临因学业而耽搁的情感婚姻问题,有的要买房供房,有的则需要赡养老人。按照廉思《中国高校青年教师调查报告》的调查结果,2010 年,受访青年教师的年工资收入在 4 万—5 万元区间的占到36.4%,其次为 5 万—6 万元和 3 万—4 万元的区间,比例分别为 22.2% 和19.2%。[1]从这一调查数据可以看到,青年教师的年工资收入普遍偏低,生活与生存压力大。

二、教学与科研压力

与此同时,青年教师往往承担着繁重的教学任务,在学术科研方面又难以出头,可以说在生活与事业两方面压力都很大。青年教师的职业发展,主要与论文发表和课题项目的获得挂钩,但现有学术评审机制并不向青年教师倾斜,而是更青睐学术大腕和精英,想要获得重大课题,或者在核心乃至权威期刊独立署名发表文章,对青年教师来说非常困难。另外,青年教师有强烈的自我提升需求,包括参加学术活动、在国内外著名高校访学进修等,这些关系到青年教师长期的职业发展,也直接影响教学质量。但这些活动需要经费支持,若不能争取到独立的课题经费,青年教师往往需要完成课题负责人交给的工作来获得科研经费,无论这些工作对自己的发展是否有帮助,而且这些工作又会占据大量的时间和精力。还有些老师则选择成为上课机器,或者是从事商业化的写作与兼职,几乎完全脱离本职,更不用说全身心投入到教学与科研中去了。

三、如何明确治学方向,坚守学术道德

当今时代,以学历为代表的制度性文化资本与经济资本、社会资本乃至社会地位的关系正在发生复杂的变化,面对教育界不良的"潜规则"与浮躁的学术风气,面对理想与现实的差距,传统与现实的交锋,青年教师往往陷入坚守还是从流的困惑。作为知识分子精神的传承者,他们承上启下,正在影响国家和民族的今天与未来,他们的困惑与选择也将塑造中国大学乃至大学生的精神文化。简单地批判市场与商品,并不见得能标识知识分子的独立风骨,大多数时候亦不过是跟随学术时尚,制造学术市场所追捧的学术垃圾,并非真正经过认真而独立的

思考。不媚俗也不逐流,找准和明确自己的治学方向,作为自己终身学术生涯的立身之本,对青年教师来说绝非易事。

要解决这些问题,牵涉到复杂而庞大的体系网络。但我想,作为维护教师利益、代表教师上下联系沟通的组织,高校工会毫无疑问能在其中发挥自己独特而重要的作用,帮助青年教师缓解身心压力,解决实际问题,从而协助青年教师实现职业价值,促进和谐的校园文化建设。高校工会能够发挥的作用,主要表现在以下几个方面。

(一)青年教师在各种管理制度中争取特别通道

高校工会应积极为青年教师争取条件,改善薪酬与生活待遇,保持工资的稳定增长。呼吁学校和上级部门建立公平合理的评价体系,为青年教师提供更多的学术资源,给青年教师生存和发展提供可以发芽的"种子",以及更多成长和锻炼的机会,避免青年教师在各种非学术竞争中面临不平等的局面。在各种评先评优机制中特别制定40岁以下青年骨干教师选拔机制和管理办法,重点扶持一些有发展潜力的优秀青年教师。

(二)变被动管理为主动服务,解决好青年教师们的后顾之忧

在引进了这些青年人才后,高校要"加大情感激励力度,要热情支持人才的工作,真诚关心他们的生活,努力用真挚热忱的感情关爱人才,使人才与学校共同成长"[2]。针对青年教师们的"择偶难""住房难"等问题,可利用工会的优势组织一些单身青年的联谊活动,团购买房活动,主动为他们牵线搭桥,节约成本。工会也可以通过组织丰富多彩的教师文体活动、学术沙龙和教师传帮带等活动,促进青年教师与老教师之间的交流,帮助青年教师更好地适应新的工作环境,实现新老互动,凝聚起强有力的学术团队,增强他们的学术归属感。建立法律、心理等工作站,为青年教师提供相关援助服务。对于一些青年教师难以兼顾工作与家庭的实际困难,也可联系学校后勤部门等,推出一些收费合理的有偿服务。还可以设立扶助基金,为有特殊困难的青年教职工提供必要的帮助。

(三)搭建青年教师与学校管理部门之间沟通的桥梁通道

高校管理向民主化、专业化、平等化、去官僚化、人性化等发展是高校行政改革不可避免的趋势。在这一过程中,高校工会要主动发挥积极作用,创造性地搭建一些让青年教师能与管理部门、校领导实现平等对话与交流的平台,如主题座谈会、校长对话日、意见与建议收集反馈的舆情信箱、公共微博与微信平台等。促进考核和职评体系向更科学、更合理、更公正的方向发展,采用更为弹性的管

理制度和方法,如"代表性学术成果"评价制、"同行评议制"等,延长对高校青年教师的考核与时间评估周期,允许其用较长的时间推出精品力作,成就"学术大师"。同时,也要督促相关管理部门实现更阳光化、更透明化的运作,协助完善全校教职工对管理部门权力的监督和制约机制。

(四)弘扬学术正气,倡导师德师风

高校工会要通过举办优秀教师,特别是师德师风方面的优秀教师的评选等活动,多渠道大力宣传先进典型,加大对有师德风范的教师的奖励力度。结合校史的宣传,特别是校史中名师大家的宣传,打造学校的学术品牌,鼓励师生们薪火相传,延续和发扬优良的学术传统和师德精神。让德高望重的老教师与青年教师结对子,通过言传身教,延续良好的学术传统。严厉打击学术腐败,减轻青年教师的科研压力,通过组织举办读书会、学术沙龙、专家讲座等活动,营造浓厚的学术氛围,促进教师间的交流砥砺。

青年教师群体是高校工会工作中应给予密切关注的重要群体,他们代表着学校的未来,社会的未来。在现有的社会环境与工作环境下,高校工会应继续结合实际,积极探索协助青年教师实现职业价值的有效方法与举措,从而帮助他们更有自信地看待自己的职业,激活他们的创造力与想象力,更好地发挥知识的力量,担负起学者与教师的责任,承继先人,启迪来者,引领时代的进步。

参考文献

[1] 廉思.工蜂——大学青年教师生存实录[M].北京:中信出版社,2012.

[2] 林军,王昆,郑燕.市场经济条件下高校师资建设创新发展应实现的三个转变[J].长春工业大学学报,2012(3).

高校工会在思想政治理论课教学教改中的作用

——基于教师教育的视角

周　玲①

【摘　要】思想政治理论课是学生思想政治教育的主渠道,是社会主义高校的本质特征之一,思想政治理论课的教学质量如何、有没有实效性,关键在于教师。教育工会应调动广大思想政治理论课教师积极投身教学教改,实现工会"动员和组织职工积极参加建设和改革,努力促进经济、政治、文化和社会建设"[1]的基本任务,使教育工会的工作真正与高校教学教改相结合,发挥工会工作的优势,以促进思想政治理论课教学教改的顺利进行。

【关键词】工会;教学教改;作用

　　根据中共中央《关于进一步加强和改进大学生思想政治教育的意见》(中发〔2004〕16号)及国家教育部关于高校思想政治理论课程建设及改革的有关精神,如何加强思想政治理论课教学改革,提高该课的可接受性、科学性和有效性,正是广大高校目前所努力探索、积极思考的课题。多年的教育实践表明,培养政治素质过硬、全面发展的合格人才,要靠教育者的教学行为和道德行为相结合,因为教师的理想信念、敬业态度、为人处世、道德情操、文化知识等都会对学生产生直接或潜移默化的影响。由此可见,教学教改的成败关键在于广大教师。而广大教师又是教育工会的重要会员,早在1987年5月29日《中共中央关于改进和加强高等学校思想政治工作的决定》(中发〔1987〕18号)就明确指出"要发挥教育工会的积极作用,认真开好教职工代表大会,努力创造民主、团结、活跃的气氛,使广大教师职工心情舒畅地为社会主义教育事业做出贡献"[2]。1993年8月国家教委规定"要充分发挥工会、共青团、民主党派等组织的作用,做好教育改革和发展中的思想工作"[3]。因此,重视教育工会在高校思想政治理论课教学教

---

　　①　周玲,杭州师范大学马克思主义学院教授。

改中的作用,实际上就是要突出研究教育工会对于如何调动广大思想政治理论课教师参与教学改革的积极性,从而保证思想政治理论课的教育教学和科研等活动有条不紊、高效率地进行,本文试着提出一点肤浅的看法。

一、高校工会可以督促思想政治理论课 教师提高师德修养水平

教师的道德素质如何,直接关系到我国科教兴国战略的实施,关系到21世纪我国教育事业的改革与发展。尤其是思想政治理论课教师的言行必须高度自律,在政治上与党中央保持一致,有扎实的马克思主义理论基础和一定的思想政治教育经验,献身思想理论教育事业的决心,即使细微之处也应表现出"为人师表"的风范。思想政治理论课教师师德师风如何,直接关系到该课教学的实效性,教育工会应充分认识到这一问题,依照工会章程有序地开展工作。

第一,加强思想政治理论课教师的政治教育,提高教师的政治素养。思想政治理论课教师必须坚持正确的政治方向,热爱马克思主义理论教育事业,具有良好的思想品德,有扎实的马克思主义理论基础。要做好思想政治理论课教师工作,就必须首先教育教师热爱马克思主义理论教育事业、忠诚教育事业。《中华人民共和国工会法》总则第七条规定,"工会教育职工不断提高思想道德、技术业务和科学文化素质,建设有理想、有道德、有文化、有纪律的职工队伍"。《中国工会章程》第二十八条工会基层委员会的基本任务第五条规定"对职工进行思想政治教育"。可见,工会要教育广大思想政治理论课教师树立正确的世界观、人生观和价值观,增强教师的政治理论修养,提高政治辨别力。要坚持并不断改进政治学习制度,学习内容应紧密结合教师思想实际和教书育人的工作实际,力求实效。作为一名思想政治理论课教师,尤其需要过硬的政治素质,因为他们是落实以德治国方略,推进素质教育的主要实施者,是学生增长知识和思想进步的指导者和引路人,是实现科教兴国战略的生力军。如果没有崇高的理想和为祖国教育事业无私奉献的敬业精神,是不能担当培养人才、造就人才的重任的。在当代,思想政治理论课教师只有从根本上掌握有中国特色社会主义理论的精神实质,才能站得高、看得远,才能较大地提高自己的思想政治觉悟和师德修养,树立较强的事业心和社会责任感。随着教育的改革和发展,素质教育的全面推进,教育工会应站在对社会、对学生负责的高度,重视教师的思想政治教育工作,使教师成为新世纪的优秀教师,除了学识渊博、教学得法之外,还应有更高的追求,这

就是以育人为理想,以塑造人的美好心灵为己任。

第二,加强教师人格魅力教育,培养敬业精神。学校工会要教育教师忠于人民的教育事业,实践党的教育方针,敬业爱生,恪守学术道德,崇尚科学民主,具有法治精神,以自己的高尚品德和人格力量教育和感染学生。因为在教育中,一切教学活动的要求都基于教师的人格,师德的魅力主要从人格特征中显示出来,历代教育家提出的"为人师表""以身作则""循循善诱""诲人不倦""躬行实践"等,既是师德的规范,又是教师良好人格的品格特征的体现。在学生心目中,教师是社会的规范、道德的化身、人类的楷模、父母的替身。教师的人格魅力来源于对事业的忠诚,他们不是仅仅把教书看成谋生的手段,而是毫无私心杂念地投身其中,以教书育人为崇高的职责,并能从中享受到人生的乐趣。实践告诉我们,要想做一名成功的思想政治理论课教师,必须首先培养一种充满美好的人格魅力,这种人格魅力实际上就是教师的敬业精神。工会可以为新教师上岗举行宣誓仪式,培养职业神圣感和使命感。新教师上岗后,指定德才兼备的教师带教,并把师德教育作为重点。同时,对具有潜力的中青年教师,要在政治和业务上给予更多的关心帮助,通过党员发展工作和骨干教师梯队建设,让他们尽快脱颖而出,成为教书育人的骨干;开展丰富多彩的教书育人的主题活动,通过组织召开教书育人交流会,表彰先进,宣传师德优秀的典型事迹等活动,使广大教师自我教育、自加压力。

第三,加强和改进师德师风建设的评价机制和监督机制。工会、共青团等其他职能部门组织各司其职,形成师德建设的工作合力,完善师德评价机制。根据《中华人民共和国教师法》《高等教育法》对教师职业道德的明确要求,制订科学、有效、可行的师德建设工作条例、师德建设实施细则、教师教学工作规范、教师学术道德规范等规定,明确教师的岗位职责及具体要求,建立师德考核指标体系,并将其标准量化,通过学院、系、教师、学生的不同权重打分,给予综合评价,将评价结果存入本人档案,作为教师聘任、晋升、晋级、培养、流动等方面的重要依据,引导教师自觉履行。同时,工会应积极参与建立师德师风监督机制。督促学校成立由各部门主要负责人参加的师德建设工作小组,负责师德的调查研究、检查评估和其他师德教育活动的规划、组织落实以及会同有关部门做好教师的职业理想、职业道德、职业纪律教育。还应成立师德建设督导小组,主要了解教师的思想、工作和生活状况,将师德问题同解决教师的实际困难结合起来。同时还可以充分利用现代信息资源。建立"师德监督网站",鼓励学生对教师师德进行评价,教师之间互相评价,从而督促教师更新思想观念,完善道德修养。

二、高校工会应该大力营造有利于思想政治教育
教学的良好氛围和人才成长环境

良好的校园舆论氛围是教师成长的重要外部条件,对教师顺利开展教研工作具有显著的催化作用。《中国工会章程》第二十八条关于工会基层委员会的基本任务也明确讲到工会要"开展健康的文化体育活动。办好工会文化、教育、体育事业","努力创造民主、团结、活跃的气氛,使广大教师职工心情舒畅地为社会主义教育事业做出贡献"。这就要求工会充分利用各种宣传阵地和手段,创新活动载体,坚持不懈地努力创造尊重知识、尊重人才、尊重劳动、尊重创造的人才成长环境。创造条件使广大教师有用武之地,少后顾之忧,充分发挥他们的积极性和创造性,推动思想政治理论课教学教改取得事半功倍的效果。

第一,督促学校采取切实有效的措施,对理论课教师和理论课教学工作给以多方面的政策倾斜。《中华人民共和国工会法》第一章总则第五条规定,"工会通过各种途径和形式,参与管理国家事务、管理经济和文化事业、管理社会事务"。可见,参与管理学校教学教改工作是工会的基本权利。首先,工会要督促学校主管部门按照国家教委、人事部联合下发的《关于高等学校继续做好教师职务评聘工作的意见》(教人〔1991〕20 号)及国家教委职称改革工作领导小组《关于高等学校马克思主义理论课(公共课)教师职务任职资格考核和评审工作的补充意见》(〔87〕教职称字 058 号)的有关精神,单独设立马克思主义理论课(公共课)学科评议组,认真做好思想政治理论课教师的职务晋升工作,使这一工作有利于促进教师理论联系实际,积极进行教学改革和科学研究,做到既教书又育人。其次,要保证马列教研室组织各项教学活动、订购教学需要的图书资料、教师培训进修、开展科研活动以及参加社会调查所需的费用。考虑到思想政治理论课教学工作的特点,在教师编制上应给予充分的保证。在校内课时酬金分配等问题上,要保证理论课教师的待遇不低于或略高于校内其他任课教师的平均水平。及时向思想政治理论课教师传达党和国家的有关文件和政策,在阅读有关文件资料方面提供便利。最后,工会要协同学校有关部门建立表彰制度,有效促进激励机制的良性循环,增强思想政治理论课教师队伍的事业心和使命感,并使他们的工作得到社会的高度尊重。对在师德建设和教书育人中成绩显著的思想政治理论课教师,不仅要及时地给予精神上和物质上的奖励,而且在教师职务评聘晋升、进修和中青年骨干教师选拔等方面优先考虑。对思想政治理论课教师担任

班主任、政治辅导员等工作要积极鼓励和大力支持,并给予相应的教学工作量补贴。

第二,充分发挥党员的模范带头作用。2008年中宣部和教育部联合下发文件,要求进一步加强高等学校思想政治理论课教师队伍建设,实行教师任职资格准入制度。文件明确规定:新任思想政治理论课教师原则上应是中国共产党党员,在事关政治原则、政治立场和政治方向问题上不能与党中央保持一致的,不得从事思想政治理论课教学。但由于历史原因,思想政治理论课教师队伍中出现了党员、民主党派与无党派人士长期共同存在的现象。经过严格的教育培训,应该说大多数民主党派与无党派教师都能认清自己的教育角色,在政治思想上能与党中央保持高度的一致,有的光荣地成为一名中国共产党党员,但也不排除个别教师只是把从事思想政治理论课教学作为自己生存的平台而已。鉴于思想政治理论课教师队伍的特殊要求,广大党员教师和入党积极分子理应成为学校思想政治教育的骨干。工会要充分认识到这一点,号召广大思想政治理论课党员教师踊跃参加学校的各项育人活动,在学校各种教学改革方面充分发挥先锋模范作用,影响和带动广大教职员工坚定信心、共促发展、共建和谐校园。紧紧围绕促进教育改革平稳推进的目标,立足本职岗位,创建党员先锋岗,争创一流业绩,在教书育人中多做贡献。耐心细致地做好在教学改革、科学研究、日常生活中遇到困难的教职员工的思想工作,帮助他们提高教学技能和科学研究水平,积极化解在教学改革中出现的利益矛盾纠纷。把基层党组织、党员领导干部、党员在思想政治教育中的表现情况,作为党员干部评价、任用和奖惩的重要依据。树立正确舆论导向,营造学先进、比先进、赶先进的浓厚氛围。

第三,努力为青年理论课教师成长成才创造条件。新来的青年教师工作时间不长,从事思想政治教育工作的经验不足,又缺少教师职业道德的学习和教育,这是青年教师自身发展的一个薄弱环节。另一方面,青年教师具有扎实的学科专业背景,上进心强,具有强烈的实现自身价值、得到承认肯定的愿望,对竞争机制适应性强,易于被激励。因此,高校工会要充分关注青年思想政治理论课教师的成长成才,在培养过程中要综合考核其教学、科研、教书育人三方面成绩和思想道德的实际状况,多渠道地为青年教师的发展创造条件。如:宣传历史上优秀教师的事迹;组织青年教师走出去参观、访问,让青年教师直接接受生动的教育;树立生活中的学习榜样,选出模范教师的典范,用他们教书育人的高尚品德和甘为人梯默默奉献的蜡烛精神教育、影响、规范青年教师;大力倡导新老教师的"传帮带"活动,使青年教师从老教师身上学到精湛的师能、高尚的师德;对青年教师中的优秀者,在出国学习、职称晋升等方面给予优先;通过这些教育培训活动,使青年教师学有方向,赶有目标,有力促进青年教师对思想政治理论课性质及在高等教育中的重要地位的认识,提高其甘愿从事思想政治理论课教学的自觉性。可以预想,这些举措将充分激发青年教师的主观能动性,有效促成激励机制的良性循环,使青年教师有清晰的奖励预期,同时又面对明确的规制办法,从而促进青年教师积极投身到思想政治理论课的教学教改工作中。

三、高校工会有责任帮助思想政治理论课教师
切实解决工作和生活中的实际困难

《中华人民共和国工会法》总则第六条规定,"工会必须密切联系职工,听取和反映职工的意见和要求,关心职工的生活,帮助职工解决困难,全心全意为职工服务"。从目前状况看,从事思想政治理论课教育教学的教师工龄少则五六年,多则三十多年,这些教师长期扎根在思想政治教育第一线,为党的教育事业默默无闻地耕耘着,为我国高等教育事业的跨越发展做出了不可磨灭的贡献。但是因为思想政治理论课是一门校级公共课,长期以来存在教师不足、教学工作量过大的情况,导致思想政治理论课教师在学历结构、职称比例、学科专业构成、生活状况等方面都不如其他学科专业的教师。因此工会应展开充分摸底调查,采取切实措施帮助思想政治理论课教师解决工作和生活中的实际困难。

第一,参与做好思想政治理论课教师的职业培训、进修工作,着力提高业务水平。21世纪信息技术对教育的影响将是不可估量的,它不仅带来教育形式和学习的重大变化,更重要的是对教育的思想、观念、模式、内容和方法产生深刻的影响。教师要成为追求真才实学的榜样,不能满足于已有的知识水平,而要坚持继续学习,坚持终身受教育,努力使自己具备可持续发展的能力。因此重视教师业务素质的提高,使教师适应现代教育发展,同样是教育工会的基本任务之一。《中国工会章程》第二十八条工会基层委员会的基本任务第五条规定,"鼓励支持职工学习文化科学技术和管理知识",使教师了解其他学科的发展动态,掌握现代教育技术,适应信息化教育带来的教学方法和教学手段的变革。同时,《中华人民共和国工会法》第一章总则第五条规定,"工会通过各种途径和形式,参与管理国家事务、管理经济和文化事业、管理社会事务"。这些规定落到实处,就是要求工会认真参与到制订思想政治理论课教师培养的长远规划中,采取切实措施,有目标、分层次地不断提高教师队伍的素质,培养一支政治素质良好、道德品

质高尚、业务精、教学质量过硬的教师队伍。其次,参与建立相应的培训体制,明确培养计划和方案,鼓励中青年教师采取脱产进修、在职培训、挂职锻炼、国内外学术交流等形式,提高学历层次和业务水平,形成多层次、多渠道的培训格局。最后,参与建立和完善思想政治理论课教育教学的保障机制。确保所需的各项经费落到实处,并把思想政治理论课作为重点课程加以建设,纳入高等学校党建工作和思想政治教育工作评估体系。

第二,鼓励和支持思想政治理论课教师围绕教学开展科学研究,提高科研水平。早在 1991 年 8 月国家教育委员会强调"各级教育主管部门、高等学校要组织和支持教师开展科研"[4]。根据教学工作和提高教师业务素质的需要,工会应配合科研部门引导教师在从事科学研究的过程中,严格遵守《中华人民共和国著作权法》《中华人民共和国专利法》,中国科协颁布的《科技工作者科学道德规范(试行)》等国家有关法律、法规、社会公德及学术道德规范。以严谨的科学态度和勇于创新的求实精神,树立理论联系实际的良好学风,研究教学中的疑难问题,调查和分析学生的思想状况,研究教学规律和教学方法;重视学科建设,学科建设是加强和改进思想政治理论课的基础,也是理论课教师学术研究的依托,理论课教师根据自己的学科背景开展马克思主义各个学科的基本理论,包括马克思主义中国化、思想政治教育、中国特色社会主义建设中提出的重大理论和实际问题等研究,并为思想政治理论课教师的科研工作提供必要的条件和经费。

第三,密切关心思想政治理论课女教师的生活,帮助她们解决实际困难。2011 年我国大学评价和排名领域专家武书连经过 3 个月的数据采集,全面分析 1984—2009 年连续 26 年我国普通高校女教师学术地位的变化过程,得出结论:"1984 年我国高校女教师人数只占教师总人数的 26.19%;2009 年,这一比例提高到 45.96%。其中女教师初级和无职称比例已占 50%以上,中级职称没有显著差距,副高职称有 15.80%的差距,正高职称差距最大,为 48.64%。"[5] 显然,随着时间的推进,我国高校男女教师地位平等也在不断推进;不过,我国高校女性教师正高职称比例仍然较低,特别是从事思想政治理论课教师中女教师尤其多,可具有正高职称的却少得可怜。如:浙江某高校思想政治理论课教师共有 35 人,女教师占 18 人,女教授只有 2 人。长期以来思想政治理论课教师课时量都超负荷,大多数教师平均周课时在 14 节以上,不少教师在 20 节以上,对于女性教师来说,不仅在家要承担 80%的家庭事务,在校要和男性教师一样承担超负荷的课时量,而且各个学校对她们的教学科研考核向来一视同仁,从来没有考虑性别差异,她们的压力不逊于男教师。可见,对待女教师,工会要按照《中国工会章程》第二十八条规定的"维护女职工的特殊利益,同歧视、虐待、摧残、迫害女职工的现象做斗争"的要求,充分结合女教师的心理生理特点,考虑到高校女教师的心理,有着比较复杂的社会文化原因与女性自身的心理因素,从现实的高等教育的竞争环境出发,根据困难大得多帮助,困难小的少帮助,坚持公开、公平、公正的原则,有针对性地提出相应的对策,帮助思想政治理论课女教师解决工作、生活中的实际困难,保护女教师在高等教育发展过程中的特殊利益。

参考文献

[1] 中华人民共和国工会法　中国工会章程[M].北京:中国法制出版社,2013.

[2] 教育部社会科学司.普通高校思想政治理论课文献选编 1949—2008[M].北京:中国人民大学出版社,2008.

[3] 中共中央组织部,中共中央宣传部,国家教委.关于新形势下加强和改进高等学校党的建设和思想政治工作的若干意见[EB/OL].(1993-08-13)[2016-04-23]. http://dx.nwsuaf.edu.cn/dxgz/gzzd/71696.htm.

[4] 国家教育委员会.国家教委关于加强和改进高等学校马克思主义理论教育的若干意见[EB/OL].(1991-08-03)[2016-04-23]. http://www.chinalawedu.com/news/1200/22598/22615/22801/2006/3/ma93604241461213600214154-0.htm.

[5] 武书连.中国985工程大学研究生导师性别排行榜.(2011-09-27)[2016-04-28]. http://www.edu.cn/shi_fan_news_409/20110927/t20110927_688783.shtml.

培育高校青年教师职业精神的调查报告

徐　敏[①]

【摘　要】高校青年教师是学校的未来和希望。由于主客观方面的原因,目前高校青年教师的职业精神现状还存在一些值得关注的问题。高校应当紧紧围绕立德树人的根本任务,重视对青年教师职业精神的培养,努力造就一支具有学为人师、行为世范、默默耕耘、无私奉献的高尚职业精神的青年教师队伍。

【关键词】青年教师;职业精神;高校

高校青年教师是学校的未来和希望,青年教师的快速成长和进步对深化高等教育改革有着至关重要的作用,是学校实现可持续发展的关键所在。高校青年教师具有学历层次高、视野开阔、思维活跃等特点,充满活力、富有创造力和激情,愿意接受新思想新观念,敢于尝试新方法新事物,在教书育人的同时,自身也处在快速成长的阶段。但由于工作时间短,职业责任没有完全明确,职业规范尚未内化,职业技能有待提高,也很容易受外界不良因素的影响。因此,高校应当紧紧围绕立德树人的根本任务,重视对青年教师职业精神的培养,把深化教育改革落到实处。

大学教师职业精神是指与教师职业活动紧密联系、具有教师职业特征的一种精神传统、职业意识、思维活动和一般心理状态,是对实现自我的自觉超越,它由教师的职业理想、职业态度、职业责任、职业技能、职业情感、职业道德、职业协作、职业作风等方面组成。职业精神是高校青年教师奉献于教育事业的根本动力,职业精神的培养也有利于青年教师自身发展和教师队伍的建设。

---

①　徐敏,杭州师范大学马克思主义学院副教授。

一、高校青年教师的职业精神现状

为了能更好地了解当前高校青年教师的职业精神现状,2014 年 7 月,我们对杭州师范大学、浙江工商大学、浙江大学城市学院、杭州师范大学钱江学院等高校进行了"高校青年教师职业精神"的问卷调查。调查对象是各高校 35 周岁以下的青年教师。共发放调查问卷 220 份,回收有效问卷 208 份,回收率为 94.54%。通过对数据的统计分析,当前高校青年教师的职业精神现状主要表现在以下几个方面。

(一)职业道德基本良好,职业信念相对淡漠

在调查中我们发现,青年教师基本具备良好的师风师德,有一定的敬业精神。青年教师中能做到"教风端正,对学生负责,一视同仁"的有 42.86%;"教风严谨,坚持教育公正,因材施教"的有 26.53%;"能够完成教学任务,公平地对待学生"的有 24.49%;"对教学内容不深究,对学生不太关心"的有 6.12%。

从事教师工作的原因依次为:教师职业教书育人、受人尊敬(32.65%),教师职业可以充分发挥自身能力(16.33%),教师职业的假期、工资等福利好(14.29%),当时选择了师范专业(12.24%),教师职业具有挑战性,让人富有激情(10.20%),教师职业稳定没有失业的担忧(8.16%),等等。可见,部分教师选择教师职业并非主要从个人理想、性格能力、自我抱负出发,而主要是从社会地位、职业特征、薪酬福利等方面考虑。当入职之后,随着工作压力的增大,职业技能的欠缺,社会地位的下降和经济报酬与期望值不符,职业幸福感和成就感就会降低,使部分教师开始怀疑和否认自己从事的职业,慢慢地不再抱着教师是一个神圣职业的信念来工作,并不把教育事业的发展作为自己职业追求的理想,在对待教学和科研工作时态度消极,敷衍了事。

(二)职业压力增大,职业倦怠现象严重

随着社会的发展和工作年龄的增长,青年教师不仅面临着繁重的工作任务和科研任务,还面临着经济压力、住房压力、子女教育压力、继续深造和晋升压力等各种现实问题。有 69.07%的青年教师认为当前工作薪酬与付出劳动不成比例,在经济上感觉窘迫;有 71.32%的青年教师认为科研考核目标任务太重;有 78.54%的青年教师认为各种评比太多,考核内容和模式僵化;有 77.91%的青年教师认为学校管理对教师教学教改约束太多;有 48.45%的教师认为学校各

种形式主义活动和检查让人疲于应付；有 56.09％的教师认为教师工作岗位竞争激烈；有 60.96％的教师认为职称评定晋升难度升高。虽然有 79.38％的青年教师能尽量做到"工作即使发生不愉快的事，我也能快速调节好自己的情绪"，但 34.04％的教师"每天下班时会感到精疲力竭"，还有 31.2％的教师在工作中经常会有挫折感。对教育工作激情减退，不愿意或者没有足够的时间去更新专业知识，教学考评模式与管理制度约束了教师教改创新的积极性，职业倦怠现象日趋严重。

（三）职业认同度降低，缺乏奉献精神

随着现代社会的发展变化，经济体制的转型，多元化价值理念的冲击，教师社会地位有所降低，导致教师职业认同度降低。有 36.73％的青年教师认为教师职业社会地位较高，受学生家长和学生的尊敬；有 30.61％的教师认为地位一般，跟其他行业差不多；还有 22.45％的教师认为教师社会地位并不高，还不如公务员、商人等行业。

在对待学生方面，虽然大多数教师能做到不同程度地关心学生，但主动性和奉献精神不足。能够做到"每隔一段时间都会主动关心一下学生，提供需要的帮助"的占 31.59％；"不主动关心学生是否遇到学习困难，但学生要求帮助时不拒绝"的占 27.15％；"经常主动关心帮助学生解决困难，及时引导学生做学问"的占 25.37％；"对学生是否有困难不太关心，不怎么能提供帮助"的占 11.85％。部分教师内心变得浮躁功利，无法全身心投入工作，职业情感变得淡薄，缺乏奉献精神，与学生之间存在着疏离感，不愿意花时间去关心学生，上课也只是为了完成教学任务。为缓解经济压力，不少教师利用空余时间去校外兼职，甚至有跳槽的打算，等等。

（四）职业技能欠缺，职业成就感不强

据本次调查，有 79.21％的青年教师自信自己能够或者基本能够胜任本职工作，但还需要不断努力提高各方面素质能力。青年教师认为目前迫切需要改变提高的方面依次为：教学技能的提高（42.86％），收入的增加（36.73％），科研能力的提升（8.16％），学历层次的提升（6.12％），专业素养的发展（4.08％），教育教学管理的改善甚至参与（2.04％），等等。又有近 6 成的青年教师认为"工作过程中最看重的是知识的掌握和技能的提高，而不是成绩的好坏"。近 8 成的青年教师认为教学经验的不断增长会使自身自信心不断增加。

青年教师也渴望能够体验成就感，实现自身价值。有 78.72％的教师认为

"当我的工作成绩比过去有所提高的时候,哪怕成绩比不上别人,我也会体验到成功感"。有 74.46% 的教师认为"评价自己的工作是否进步主要是把现在的成绩和自己过去的成绩相比较"。但他们实际职业成就感不高,有 40.82% 的教师认为期望值大于现实中的成就感,有 34.69% 的教师认为期望值与现实中成就感差不多。

青年教师普遍希望学校形成一套行之有效的绩效考核体系,为他们提供良好的升职进修渠道,给他们更大的发展平台。有 7 成教师肯定单位重视教师的职业发展规划,并提供相应的培训,还有 8 成以上的教师认为学院领导经常鼓励教师争取学习和发展的机会。有 9 成多青年教师希望能够得到有丰富教学经验的老教师的指导。有 8 成教师希望能够形成科研团队协作攻关。

二、影响青年教师职业精神的主要因素

(一)社会环境的干扰

当前改革步入攻坚期和深水区,由于社会监管体制中的漏洞,权钱交易、以权谋私等现象屡禁不绝,客观上给高校青年教师的价值选择带来负面影响。此外,在当前社会转型的大背景下,贫富差距的拉大,社会道德的滑坡,各种思想观念互相撞击,享乐主义、拜金主义、个人主义等不良风气冲击着社会道德规范,给青年教师造成了思想干扰,他们的价值观趋向多维态势。少数高校青年教师由于是非辨别能力不强,容易导致盲从心理,理想信念淡漠,内心浮躁,无法全身心投入工作,职业情感变得淡薄,缺乏奉献精神,职业责任感降低。

(二)工作生活的压力

高校青年教师主要由 80 后构成,他们在改革开放的时代环境中成长、求学并加入高等院校师资队伍行列。青年教师除了要担任繁重的教学、科研、进修等工作任务,还要面对成家立业、抚养子女、赡养老人等生活压力,也要面对购房还贷、维持生计等经济压力。而且有些学院也常常将一些行政杂事、学生管理辅导等额外工作压在青年教师身上,使青年教师的工作时间拉长,压力负担更重。工作与生活的双重压力,挤压了青年教师提升技能、潜心科研的时间,消耗了大量的精力,青年教师无法兼顾好家庭和工作,产生挫败感,是造成职业倦怠的重要原因。

(三)教育管理机制的弊端

由于教育体制与教学管理机制的不完善,学校对教师重使用、轻培训,重素质、轻政治,重业务能力的提高、轻职业道德的培养,以及没有建立起行之有效的对青年教师的评价、考核、激励机制等。为了优化教师队伍,提高教育质量,我国实施了教师资格制度和教师职务聘任制,并根据录取学生数来不断调整专业布局和师生比例,这些举措加剧了教师面临的竞争压力,增加了教师的心理负担和工作压力,使不少教师长期处于紧张焦虑之中,这种不良的心理状态会极大地影响教师的工作热情和效果,容易降低职业自信和造成成就感低等心理和行为问题。学校教学科研管理也越来越细,并没有给教师宽松的教学改革环境,不断地评估和考评,要统一教学进度、授课方式、学生考评、考试方式方法等环节,避免教师像机器一样重复履行固定量化的程序。这种缺乏灵活性、自主性和创造性的工作方式和机制必然影响教师的工作积极性和职业态度,进而导致职业倦怠,也使职业创新能力受到束缚和压制。

(四)教育考核评价的导向

当前,无论是政府部门还是社会和家长,对学校教育的评价以教育质量为主要依据,对教师的评价仍然偏重于教师的教学能力、教学水平和教学成绩,导致了相当一部分教师只注重业务学习和专业水平的提高,轻视思想政治理论和职业道德修养。学校的行政部门日趋庞杂细分,各部门掌控不同的资源和权利,各自为政,下达各项指标和任务,要求填写或撰写各种表格和总结,综合管理一线教师,青年教师疲于应付各类考核指标和任务,对青年教师特别是青年博士教师下达的绩效指标不断加码,包括本科生教学、研究生指导、发表高质量论文、主持高级别课题、到校经费、获奖成果等。教科研繁重的任务和高指标,使青年教师超时工作成为常态,不少教师身体已处于亚健康状态。

(五)利益分配的驱使

虽说教师的待遇不断提高,但实际上仍不尽如人意。城市生活物价上涨等现实问题困扰着教师的生活,付出与回报不成正比,以及不同学校、不同学科教师实际收入的差距等,都严重地影响了他们对事业的追求和对工作的责任心。另外,青年教师因为职称低、薪酬低,收入有限,与从事其他行业的同龄人相比,他们在赡养父母、教育子女、购买住房等方面的压力很大,为缓解城市物价上涨的生活压力,青年教师会尽已所能想办法在教学工作之外寻求生财之道,这些因素严重影响了青年教师的职业信念和职业态度,影响着高校青年教师队伍的长期稳定。

三、高校培养青年教师职业精神的有效途径

（一）注重实施价值引领，提振教师职业理想

带头践行社会主义核心价值观，是教师不可推卸的社会责任。这种践行，不仅仅体现在学高为师的授业解惑，更体现为身正为范的力量，还体现为立德树人、教书育人的点滴。青年教师只有自身理想信念坚定，才能坚持正确的育人方向，言传身教，教出理想远大、信仰坚定的学生，牢固树立中国特色社会主义理想信念。面对改革开放和发展社会主义市场经济条件下思想意识多元多样多变的新特点，对青年教师进行深入的社会主义核心价值观培育显得尤为迫切。学校党委要注重实施价值引领，强化理论宣传教育。以社会主义核心价值观引领青年教师树立正确的世界观、人生观和价值观，客观分析和判断国际新动向和社会新思想，加深对党的重要论断的学习领会，高校要坚持以人为本的原则，并结合青年教师的特点开展有针对性的教育活动，除了采取报告会、研讨会、讲座等方式外，可以将理论教育与社会实践相结合，提升理论的吸引力和感染力。要进一步健全青年教师社会主义核心价值体系的教育学习制度，根据青年教师的思想特点，制定教育学习制度，并与教书育人、服务育人的工作职责结合起来，使教育活动更加规范化、科学化；要坚持师德为上的理念，不断完善青年教师的职业道德规范，将青年教师的社会主义核心价值观培育融入师德师风的建设中去，如健全青年教师任职准入制度，将师德表现作为晋升、考核、聘用、奖惩的首要内容，实行师德"一票否决制"，形成师德师风建设的长效机制；要做好分类指导的工作，对专业课青年教师和管理岗位的青年教师、普通青年教师和党员青年教师进行分类指导，同时发挥党员青年教师的模范带头作用，带动青年教师践行社会主义核心价值观，坚定理想信念，保持良好道德情操，做时代先锋、社会楷模。通过价值引领，坚定职业理想，提振职业精神，从而为社会主义高等教育事业做出贡献。

（二）减轻工作压力，激发教师职业热情

高校要以人为本，关注青年教师工作、学习与生活中合理的利益诉求，注重为教师办实事，切实改善青年教师待遇，关心教师健康，维护教师权益，优化培育环境。在工作中，高校要为青年教师创造更多锻炼和展示自己的机会，适量减少

对青年教师教学科研的考评任务,管理部门也要加强服务意识,精简教研管理工作流程,减少给教师带来的不必要的重复烦琐的工作;在学习中,要注重从培养、培训两方面保证教师队伍既有畅通的补充渠道,同时又有继续学习进修的上升通道;在学术研究中,要给青年教师创造良好的学术氛围,提供与名家交流的机会;在生活中,要多给青年教师关注和爱护,帮助他们解决生活中的困难,解答思想上的困惑。高校各级部门要进一步转变作风,更好地服务教师,不断改善青年教师的生活条件和工作环境,帮助解决教学、科研、生活中的实际困难,减少他们的后顾之忧;同时青年教师自身也要及时调适身心,自我减负,平衡工作与生活的关系。只有多管齐下,才能使青年教师激发职业热情,真正地乐于奉献、扎根讲台、全心育人。

(三)实现技能增长,增强教师职业成就感

教师技能是教师最重要的专业素质,也是培养高质量人才的最主要的因素。对于进入发展期的青年教师,必须建立职前技能培训、入职技能辅导、在职技能提高一体化的教师职业技能培训体系。这种培训体系的构建能加快青年教师技能增长,增强教师的职业自信和职业成就感。学校教育管理者要注重为青年教师搭建展示平台,提供培训机会,帮助教师实现自我价值。可以通过教育讲坛、成立青年名师工作室、评选优秀教师班主任、举办青年教师基本功的"比武"活动、召开教育教学成果展示会等多种方式,为青年教师提供锻炼自我、提升教学技能、积极展示自我的良好平台。通过研修培训、学术交流、项目资助等方式,完善青年教师队伍的培养、培训和激励机制,为教师特别是青年教师打开通往外部的窗口,积极提供专业培训和外出学习、观摩名师课堂、与名师对话的机会,学习和研究先进的教育理念。要适应瞬息万变的形势,还要走出校门,主动融入社会中去。随着职业技能的不断增长和教学经验的不断积累,必然能增强青年教师的职业信心和成就感。

(四)协作共进,投身教育创新实践

"问渠那得清如许? 为有源头活水来",教师的职业特点决定了他们是改革创新意识的源头活水。学校聘请师德高尚、经验丰富的优秀教师担任青年教师的指导老师,实行青年教师培养导师制,充分发挥高级教师、骨干教师对青年教师的传、帮、带作用,从思想进步到业务成长进行指导。也要注重评价体系中教师创造性工作成效的权重、导向、奖励,使之形成青年教师争创新的氛围。青年教师作为改革创新的生力军,必须牢固树立终身学习的理念,不断了解国内外教

育新动态,研究教育、研究学生、研究课堂,从教育理念更新到教学方法改革,积极探索和创新富有成效的教育教学方法。青年教师要有开放的意识,以开阔的视野和胸襟,主动聚合校内外的各种资源和力量,拓展教育格局;要主动与其他教师沟通交流,自觉树立大局观念与整体观念,自觉树立团结协作意识。青年教师是教育事业发展的重要基础和有生力量,努力建设一支具有学为人师、行为世范、默默耕耘、无私奉献的高尚职业精神的青年教师队伍,这是办好人民满意教育的关键,也是深化我国高等教育改革的重要内容。

关于高校青年教师思想、工作及
发展状况的相关分析

王光银[①]

【摘　要】青年教师是高校教师队伍的重要组成部分,是推动高等教育事业科学发展、办好人民满意高等教育的重要力量。近几年,青年教师在高校教师队伍中的比例不断升高,他们逐步成为高等教育的主力军。本文结合对杭州师范大学现阶段高校青年教师思想、工作及发展状况的调查分析,针对目前我国高校青年教师各方面存在的问题进行深入探究,并提出一些具有可行性、针对性的策略。

【关键词】高校;青年教师;相关分析

一、高校青年教师的地位以及现状

青年教师一般是指 35 周岁以下的教师,中共教育部党组 2013 年 12 号文件《关于加强和改进高校青年教师思想政治工作的若干意见》中指出:"青年教师是高校教师队伍的重要组成部分,是推动高等教育事业科学发展、办好人民满意高等教育的重要力量。青年教师与学生年龄接近,与学生接触较多,对学生的思想行为影响更直接,他们的思想政治素质和道德情操对学生的健康成长具有重要的示范引导作用。加强和改进高校青年教师思想政治工作,对于全面贯彻党的教育方针、确保高校坚持社会主义办学方向、培养德智体美全面发展的社会主义建设者和接班人,具有重大而深远的意义。"随着高等教育办学规模的迅速扩大,师资力量需求随之变大。据教育部人事司统计,1998 年全国高校专任教师为40.73 万人,2005 年上升为 96.58 万人,2006 年全国高校 30 岁以下教师比例超过 30%,40 岁以下教师超过 2/3,2010 年高校专任教师已达到 134.31 万人,30岁以下的 33.64 万人,占 24.3%,31 岁至 40 岁的 50.69 万人,占 37.7%。可以

---

① 王光银,杭州师范大学政治与社会学院教授。

看到,青年教师在高校教师队伍中所占比例大幅提升,是学校教学、科研的重要力量,渐渐成为高校教育中的主力骨干,并不断充实着高校教育的后备军,是影响高校能否持续发展的重要因素。能够正确认识这一群体的思想、工作及发展现状,并据此建立合理、完善的激励机制,是促进青年教师健康发展的关键所在。

二、高校青年教师目前存在的问题及情况分析

高校教师队伍的年轻化进程中,其高学历化也十分明显。这些青年教师普遍学历较高,且具备深厚的学术背景,这些人在高校中所占比重伴随着年轻化进程不断加大。以杭州师范大学为例,2013 年我校教职工 2346 人,其中专任教师1328 人,40 岁以下的青年教师人数逐年增加。然而据调查,我国高校青年教师普遍面临着巨大的压力,他们不仅承担着培养人才的教学任务,还承担着相当的学术科研任务,此外职称评定、岗位考核、科研申报、学术成果发表、生活负担、职业发展等问题复杂交错在一起,使得青年教师普遍幸福感缺失。以下将结合杭州师范大学的情况,分析几方面与其相关的问题。

(一)思想政治素质有待进一步提升

中共教育部党组《关于加强和改进高校青年教师思想政治工作的若干意见》中也指出:"当前,高校青年教师主体积极健康向上,拥护党的领导,对坚持和发展中国特色社会主义充满信心,热爱教书育人事业,关心关爱学生,为高等教育事业发展做出重要贡献。同时也应看到,少数青年教师政治信仰迷茫、理想信念模糊、职业情感与职业道德淡化、服务意识不强,个别教师言行失范、不能为人师表;一些地方和高校对青年教师思想政治工作重视不够、工作方法不多、工作针对性和实效性不强。"提高青年教师的思想政治素质不能指望一蹴而就,而要将其视为一个循序渐进的过程。作为高学历的青年教师,其在基本思想政治素质上已有一定基础,然而在政治的敏感与判断力上仍有待提高。当他们面临当前社会上出现的新问题、新矛盾和新情况时,不能立足于政治高度,以科学方法进行分析判断,反而仅就表面现象或局部个别现象得出片面认识,看不到这些相关问题实际上是社会变革中历史、现实等多方面众缘和合而成的。同时,由于受到来自当前高校管理体制的限制,其教育体制改革也面临着较大的阻力,改革力度难以加大,不利于完善师德评价、考核、激励机制的管理,不利于形成平等良好的竞争环境,不利于鼓舞青年教师的工作热情与积极性,对青年教师思想政治教育

工作造成了一定困难。为了深入学习和贯彻党的十八大精神,我们必须重视理想信念教育,"切实把加强青年教师思想政治工作摆到更加突出的位置,进一步增强工作的主动性、积极性和创造性,通过政治上主动引导、专业上着力培养、生活上热情关心,促进广大青年教师坚定理想信念、练就过硬本领、勇于创新创造、矢志艰苦奋斗、锤炼高尚品格,全面提高思想政治素质和业务能力"。

(二)薪酬待遇有待进一步提高

高校教师的工资、津贴是由国家和地方政府财政拨款的,目前各高校对这部分的改革力度逐渐加强,已普遍形成了三种岗位工资模式:以职位为中心的薪酬模式、以能力为中心的薪酬模式和以业绩为中心的薪酬模式。杭州师范大学目前实行基础性绩效工资与奖励性绩效工资相结合的薪酬模式,与教师绩效挂钩的岗位津贴逐渐成为教师可变薪酬的重要组成部分,也成为教师工资中相对固定的主要收入。相比其他地区同类高校,杭师大青年教师工资待遇以及福利水平并不低,但就现今杭州地区生活成本而言,其生活负担仍然不轻,生活质量往往难以得到保证。以住房为例,浙江地区,尤其是杭州的房价,在全国都位居前列。高涨的房价使得不少青年教职工无力购买普通商品住房,其购房愿望变得遥不可及。与此同时,其自身条件又不符合经济适用住房及廉租住房准入标准,而公共租赁住房政策由于实施时间较短,仍处于不断完善中,短时间内享受该政策也有一定困难。因而,这部分青年教职工就成了住房的"夹心层"。一定的物质生活水平是获取职业幸福感的基础,然而,虽如前文所述,青年教师普遍学历较高,且具备深厚的学术背景,但在科研、教学方面,他们仍是新人。科研方面,他们尽管有着良好的功底,受过正规的学科训练,硕士、博士学习期间也积累了一定的相关经验,但他们往往很难争取到各级各类项目,因而难以获得较高的奖励性绩效工资。教学方面,拥有新理念、新思想的青年教师们往往善于调动课堂气氛以及学生热情,但是作为新人,其课时费往往不高。整体而言,其薪酬待遇仍然需要加以关注。

(三)岗位培养发展与晋升制度有待完善

弗雷德里克·赫茨伯格(Frederick Herzberg)在其"双因素理论"中指出,"影响职工工作积极性的因素可分为两类:保健因素和激励因素。企业的政策、行政管理、工资发放、劳动保护、工作监督以及各种人事关系处理等被称为保健因素,它们的改善能够消除职工的不满,但不能使职工感到满意并激发起职工的积极性。而像工作表现机会、工作本身的乐趣、工作上的成就感、对未来发展的期望、职务上的责任感等因素被称为激励因素"。为激励青年教师,保障青年教师的健康发展,杭州师范大学根据"双因素理论"以及马斯洛的"需要层次理论",加强青年教师队伍建设,努力完善岗位培养与晋升制度,尽力为青年教师提供一个良好的发展环境。譬如,杭州师范大学根据杭州市人民政府"青蓝计划"(鼓励和扶持高校教师/专家团队式创业)的有关精神,鼓励学校教职工,尤其是青年教师创办科技企业和研发机构,专职或兼职从事成果转化和高新技术产业化;学校专设"产学研"专项基金,资助相应教职工,尤其是青年教师,资助他们在校科技园注册创办科技企业,将科技成果产业化;同时,学校组织教职工进修培训,帮助青年教师进行学位进修、专项研修以及专项岗前培训;并且,学校还通过组织例如青年教师教学设计大赛等各种方式提升青年教师的教学能力和综合素质。

关于晋升制度主要依据的是教师教学任务的完成情况、科研成果的多少、发表论文的篇数及层次、科研项目的多少等量化指标来对教师进行评价。以职称评定为例:"按学校规定,要想评副教授,至少需要 1 部专著、3 篇中国人文社会科学引文索引或全国中文核心期刊等收录的论文,同时须承担省部级及以上教学科研项目 2 项,其中主持纵向项目(含国家各部委及省级政府正式委托项目)1项,或主持到校经费 20 万元(理工科)、10 万元(人文社科)的横向项目。"量化考核标准固然有其合理性,但其关注点失重于教师教学和科研的数字成果,导致不少青年教师疲于应付教学任务,忙于论文写作,急于申请科研项目,而作为教师根本,其自身的教学、科研的水平和能力并未得到明显提高。对于刚刚步入高校岗位的青年教师来说,这种评价和晋升制度的影响尤为深重,对青年教师的积极性造成客观上的压制,阻碍其更好地发展。另一方面,这也让很多青年教师对其职业望而却步,引发职业迷茫、恐惧心理和职业倦怠,甚至于引发心理疾病。此外,作为青年教工队伍中的重要组成部分,高校辅导员群体限于岗位培养晋升制度,长年奋斗在学工一线,职业进步空间狭窄,其中不少人选择了跳槽或是转岗调岗,一定程度上造成了人才流失。面对这种现象,如何完善晋升制度,是当前需要探究摸索的一个重要问题。

(四)职业规划与职业专业化发展有待重视

所谓的教师职业专业化,是指教师这个专门的职业需要通过严格的培养和训练,不断持续地学习,不断深入地实践,从而获得并保持专门的知识和特别的技能,在思想意识、文化知识、专业技能上得到不断的提高与发展,进而成为一名优秀的专业教育工作者的过程。概括来说,教师的专业化是在始终保持与时俱进的状态下,努力达到一种教学水平和能力的更高境界,实现知识与技术的完美结合,并能在教学实践中不断得到检验的过程。

青年教师的专业化是教师职业专业化发展的关键环节。高校青年教师专业化发展是世界教师教育的发展趋势与潮流,是中国高等教育大众化改革的需求与方向,是教育实践的呼唤与教育理论的回应。我国高等教育在高校教师专业化方面,与教育现代化对教师提出的要求以及教师职业对从业人员提出的要求尚有一定的落差。以杭州师范大学为例,我校的部分青年教师虽然拥有硕士研究生、博士及以上学历,但对于职业发展却没有一个完整清晰的规划和目标,对于职业专业化发展缺乏深刻认识,难以完成自身角色转变,无法促进自身教学、科研水平的提高。因此,做好高校教师尤其是青年教师专业化发展研究工作,有利于为高校教师争取专业的地位与权利,有利于促进青年教师集体向上流动,有利于增强青年教师教学知识技能,提高教育教学的水平。

(五)社会认同与幸福感有待进一步加强

上海师范大学教育学院院长陈永明教授指出,教师的职业幸福感大致来源于三个方面:第一是有良好的文化和学术基础,第二是对从事的教学或者科研没有太多的障碍,第三是有一个体现自我价值、实现自我追求的空间。他说,教师,尤其是大学教师,被要求引领社会精神领域的发展和进步。这个群体对于社会发展的支持在于——应当有先进的思想和理念,应当对社会的善与恶有一个明确的价值曲线,应当是社会精神生活的开拓者和领路人。正因为如此,他们的幸福感与一般的幸福感是不同的,就如同马斯洛的"需求层次理论",一个知识分子追求的目标应该是一种价值体现的幸福感。高校青年教师是教师中比较优秀的一部分,他们的幸福感来自物质生活的不断满足,精神文化生活上的收获和享受,教学成功时得到的成就感和个人荣誉、社会认同等。

三、相关对策及可行性路径分析

第一,必须坚持以科学发展观为指导,切实加强青年教师思想教育。当前形势下,部分青年教师政治信仰不坚定,对其本职工作缺乏一定的道德情感,违背"学为人师,行为世范"的要求。而部分地方和高校在相关方面缺乏重视,在工作方法上少有建树,缺乏针对性及时效性。对此,我们首先应当在思想政治素质上加强对青年教师的培养,在政治理论上加强对青年教师的培训,在马列主义、毛泽东思想、中国特色社会主义理论体系教育上深入对青年教师的工作开展;进一步增强对中国特色社会主义的理论认同、政治认同、情感认同,坚定道路自信、理论自信、制度自信,自觉践行社会主义核心价值体系,坚持正确的政治方向;进一步加强中国梦的宣传教育,对于中国梦的精神实质,要组织青年教师深入学习领会,汇聚力量,力图中国梦的实现。其次,要因时制宜,结合国际国内形势发展变化、党和国家重大政策措施的出台,宣传我国各项事业的新进展新成就,分析经济社会发展面临的机遇和挑战,讲解中央和上级党委的决策部署,帮助青年教师准确了解国情,正确把握形势。就青年教师们所关心的热点、难点问题进行正面引导解答,深度增进共识。最后,要丰富政治理论学习方式。有效借助高校学科和人才优势,发挥相关研究建设的作用,健全其学习制度,通过多种形式的有效学习,例如使学习日益信息化,使其与时代的契合性得到大大加强。

第二,健全以岗位和绩效为基础的薪酬制度。绩效薪酬的实质是教师个人或其团队绩效决定其薪酬水平。在这种制度下,高校根据"教师的工作成果是否对学校有贡献""其工作期间文化价值观念上的表现是否切合学校办学理念",以及"其行为是否有助于实现学校战略目标"等支付薪酬。绩效薪酬与岗位薪酬各有所重。岗位薪酬侧重于保障其基本收入,而绩效薪酬则更凸显激励作用。只有当教师的工作绩效得到公正评价并获得相应报酬时,教师才能同时获得在公平、成就上的体现。随着岗位津贴制热潮在全国高校中的蔓延,岗位津贴这一受到工作绩效影响的收入逐渐成为教师工资中相对固定的主要收入,该制度的实行大力增强了教师的工作绩效。

第三,制定青年教师发展规划,完善培训机制与晋升制度。《关于加强高等学校青年教师队伍建设的意见》中,明确肯定了青年教师的地位以及加强高等学校青年教师队伍建设的重大意义,即"高等学校青年教师是高校教师队伍的重要力量,关系着高校发展的未来,关系着人才培养的未来,关系着教育事业的未来"。在青年教师发展规划中,高校与青年教师实现了共同发展的双赢。它既促使青年教师全方位反思其自身职业生涯发展,也促使其将自身置于高校发展的奔腾大潮中,使其清醒地认识到时势、使命。因此,高校既要根据青年教师的职业发展规律,引导其看清自身,也要引导其看清其所处的具体时空环境。要不断完善相关的配套制度,高度重视人才的战略作用,重视能力建设,将"用""养"有机结合起来,提供足够的资金支持和时间保障,大力加强教师培训。对于高校教师的培训工作,不仅要在理念上进行转变,将培训制度的主体由学校转为教师,还要在层次上进行转变,要将教育体制的核心由基础性培训和学历补偿教育转向能力建设。此外,相应的"传、帮、带"制度对于广大青年教师的发展也是必要的。与此同时,系统组织起"传、帮、带"制度,也有助于推动青年教师尽快适应环境,实现角色转变,步入工作正轨。而在实际操作过程中,青年教师自身则可以通过观摩、学习、自我反省、与导师合作研究等方式学习导师的经验,言传身教,加快实现角色转换。

第四,建立和谐的人际关系,尊重青年教师个性发展,创立交流平台,满足青年教师希望得到尊重的需要。作为刚刚参加工作的青年,他们较为注意来自他人的评价,渴望得到来自他人的尊重。作为高校管理层,一方面要努力建造校内良好的关系气氛,恰如其分地调节好校园中的人际关系,使上下有序,使同事友爱、互信互助,形成良好合作的氛围;坚持公开、公平、公正,以关爱、呵护、激励青年教师为出发点,科学、规范、合理合法地制定相应的管理制度。另一方面,要给青年教师提供适当的政治民主参与机会。人对民主的要求往往随着受教育程度的提高而增强。教育程度越高的人,其参与政治的热情也就越高。青年教师是高校教师队伍中充满朝气的新生力量;也是高校教学科研工作中最积极、最活跃的有生力量,是学校赖以生存和发展的基础。他们具有很强的政治参与意识和要求,希望共同参与学校的管理,共同分配学校资源。

因此,对于一些政治业务素质好的年轻教师,学校要培养其走向各级领导干部岗位。在学校教代会代表中,要加大青年教师的比重,为他们参政议政和维权提供渠道。要充分发挥工会和共青团在维护青年教师权益方面的作用。各级领导要主动做青年教师的朋友,热情爱护和严格要求相结合。学校在各种决策中要多方面倾听他们的意见。要让青年教师的主人翁意识得到体现,要让其体会到学校的现今和未来离不开青年教师的聪明智慧。除了学校管理者需采取积极措施外,青年教师自身的调适也极为重要。首先,在认知上进行调节。青年教师应当认识到大环境不会轻易为个人而变,迅速地改变更是不简单。青年教师自身能做的就是改变能够改变的,对于不能在短期内改变的外界环境,自身应当做好各种准备,等待环境的改变,或者先学会去适应,然后在适应的基础上去改变外界环境。同时青年教师应当建立合理的期望值,过高的期望容易受到挫折,合理的期望可以增强工作的成就感。其次,学会情绪疏导。合理释放不良情绪或转移不良情绪,做自己感兴趣的事。要以积极的态度去对待事物,以积极的心态去思考问题。发挥自己多视角、多维度的想象力,看到事物积极的一面,从不利因素中搜寻令人信服的积极因素,调动自己的乐观情绪,从而战胜消极情绪。最后,青年教师个人应该坚持不懈地学习,追求专业上的进步。只有拥有深厚的文化底蕴、扎实的专业基础,熟悉学科前沿的发展,青年教师才有战胜生活、工作挫折,迎接未来无边挑战的决心与信心。

参考文献

[1] 夏露,李宇凯,蒋红池.关于当前我国高校青年教师发展问题的几点思考[J].兰州教育学院学报,2012(8).

[2] 陈煜,范成训.用科学发展观指导高校青年教师成长[J].江苏教育学院学报,2010(12).

[3] 王春燕.高校青年教师发展需要层次分析与调试[J].闽南师范大学学报(哲学社会科学版),2007,21(4).

[4] 吴庆华,郭丽君.从培训走向发展:青年教师培养的转变[J].高等教育工程研究,2013(4).

[5] 蔡晓武,廖传景.高校青年教师职业倦怠与工作生活质量的相关研究[J].重庆高教研究,2013(3).

教职工的
合法权益维护篇

教师权利的法律法规研究

——从公立高校教师权利法律救济的视角

陈永强[①]

【摘　要】近年来,侵犯教师权利的案件频频发生。虽然《中华人民共和国教师法》(以下简称《教师法》)等法律明确规定了教师的各项权利,但由于教师的法律地位不甚明确,加上行政申诉等权利救济制度运行不畅,导致教师权利得不到真正的保障。故而,应在现有的制度基础上,进一步明确教师的法律地位,不断健全行政申诉制度,完善人事争议仲裁制度,确立司法救济制度和引入听证制度、集体谈判制度,共同构筑保障教师权利的法律救济体系。

【关键词】教师权利;公立学校;法律救济;教师法律地位

一、引　言

近几年来,教师与学校、教师与教育行政主管部门以及教师与学生之间的纠纷呈逐年增多的态势,侵犯教师权益的案件亦频繁发生。从下文来自上海市的一则案例,或许能发现问题的严重性和紧迫性。

冯老师是上海某大学引进的国外留学人员,自 2004 年 3 月 1 日起在该大学负责教学和科研工作,分别签订了两次聘用合同,聘期至 2007 年 2 月 28 日和 2007 年 4 月 25 日。冯老师因要求该大学补签合同并补发工资向上海市人事争议仲裁委员会申请仲裁,仲裁庭经实体审查于 2007 年 7 月 9 日做出裁决。冯老师对裁决结果不服,向上海市徐汇区人民法院起诉,徐汇区法院于 2007 年 8 月 1 日以冯老师与该大学之间的纠纷应依《教师法》规定向教育行政部门申诉,不属人民法院受理范围为由裁定驳回其起诉,上海一中院亦于 2007 年 8 月 23 日做出维持原裁定的终审裁定。随后,冯老师根据《教师法》《国家教委关于〈中华

---

① 陈永强,中国计量大学法学院教授。

人民共和国教师法〉若干问题的实施意见》的规定向上海市教委提起申诉。上海市教委经调查于2007年12月4日做出《教师申诉处理决定书》。冯老师不服，在向上海市人民政府申诉复核未被受理后向市政府申请行政复议，市政府于2008年12月23日做出维持原《教师申诉处理决定书》的复议决定。冯老师对《教师申诉处理决定书》仍不服，遂向上海市黄浦区人民法院起诉，将上海市教委告上法庭，要求撤销其中处理的教师职务问题、住房问题和小儿子的随迁问题。法院经审查认为，冯老师的诉请事项不属于人民法院行政诉讼受案范围，依法裁定驳回其起诉。

从冯老师的经历来看，当教师的权利遭受损害时，现行的各种权利救济制度，如行政申诉、人事仲裁等，并没有起到保护教师权利的作用。当前，随着教育体制改革的不断发展，教师与学校之间的各种纠纷，例如聘任纠纷、职称评定纠纷、知识产权纠纷等逐渐显现。教师作为弱势的一方，其权利经常受到侵害。在此背景下，完善教师权利救济机制对妥善处理纠纷、化解矛盾就显得尤为重要。那么，如何保证行政申诉、人事仲裁等救济制度顺畅地运行，教师和学校之间的纠纷应否纳入司法救济的范围，这些都是需要解决的问题。同时，鉴于教师来源的多样性，如教师可分为公立学校教师、民办学校教师，又可分为高校教师、中学教师、小学教师和幼儿园教师，教师的来源不同，其权利救济方式、适用的法律也不一样。如文中无特别说明，本文研究的主题应是公立高校教师权利的法律救济问题。

二、教师的法律地位

在中国的传统文化中，不同时代的学者或思想家，从不同的角度对教师的内涵进行了阐释。唐代的韩愈认为：师者，所以传道授业解惑也。侧重于教师所承担的任务和发挥的社会功能。教育家陶行知认为，教师应最注重以人教人，注重以身作则，强调的是教师的道德力量。以上观点主要是基于教育学的视角对教师概念的界定。从法律角度看，对教师的地位进行合理的定位，则具有重要的价值，因为这关乎教师权利义务的设计、立法的完善、权益被侵害时的救济、劳动关系的处理等一系列重要问题。关于教师的法律地位，不同的国家其看法不尽相同。我国法律没有明确界定教师的地位，但理论界有四种不同的学说。

(一)公务员说

公务员说认为，教师的主要职责是完成国家交付的教学任务，教师的这一职务行为具有浓厚的公法色彩。[1] 在当前情况下，国家对学校的管理，尤其是公立学校的管理仍然沿用了计划经济体制下的模式。学校在教师的选用、人事管理、人员辞退等方面不完全享有自主权，特别是公立学校的教师任命，依然要受到定编定岗的限制。

(二)雇员说

雇员说认为，学校和教师之间是一种基于劳动合同而形成的雇佣关系。雇员说的主要依据是《教师法》第十七条和《中华人民共和国教育法》(以下简称《教育法》)第三十四条。其中《教师法》第十七条规定："学校和其他教育机构应当逐步实行教师聘任制。教师的聘任应当遵循双方地位平等的原则，由学校和教师签订聘任合同，明确规定双方的权利、义务和责任。实施教师聘任制的步骤、办法由国务院教育行政部门规定。"从该条规定来看，学校和教师的法律地位平等，二者之间签订聘任合同，由合同约定双方的权利和义务。此时，教师和一般雇员没有区别。可以看出，雇员说坚持了私法的调整思路。

(三)公务雇员说

公务雇员说认为，教师具有公务员和雇员的双重属性。例如，在契约至上的美国，公立学校的教师和政府公务员都被称为"政府受雇人"。而公立学校和教师的关系，并非只是纯粹的契约关系；除此之外，还要受到宪法关系、行政法律关系的约束。这是因为教育本身具有公益性质，也正是这样，教师与学校之间形成了一定的公务关系。否则，如果将教师视为一般意义上的普通劳动者，则有悖于教育的公益属性。由此，涉及契约关系时，适用私法的调整方法；涉及行政法律关系时，适用公务员的权利救济途径。

(四)专业人员说

专业人员说认为，教师既不是公务员，也不是学校的雇员，而是从事教学活动的专业人员。1996 年联合国教科文组织通过的《关于教师地位的建议》指出，教师的工作应被视为专业性职业，教师理所应当为专业人员。我国《教师法》也持这种看法，其第三条将教师界定为"履行教育教学职责的专业人员"。

三、《教师法》和教师的权利

(一)学校和教师之间的法律关系

在学理上，法律关系是指主体之间的权利义务关系，由主体、客体和内容三要素组成。由此,学校与教师之间的法律关系,主要指两者之间的权利义务关系。其主体是指学校与教师,内容是学校与教师的权利和义务,客体是教育教学及管理行为。从世界范围来看,英、美两国规定教师是公务雇员,即公务员兼雇员身份。而在法国和德国,公立学校的教师由政府任用,教师属于国家公务员;日本把公立高校的教师作为教育公务员来看待,并制定了专门的《教育公务员特别法》。在 2000 年日本国立大学独立法人化以来,国立大学具有公法人地位,与其教师之间形成了公法契约关系。

在我国,学校和教师之间的法律关系经历了一个变化的过程。新中国成立后,学校被界定为事业单位,教师被纳入国家干部系列。国家对学校实行严格的管理,从而使学校实际上成为依附于教育行政管理部门的附属机构。在教师任命方面,相关行政机构可单方面做出决定。而教师一旦被任命,就成为国家的一名干部,此时,教师与国家构成典型的行政隶属关系。所以说,任命制下教师的法律地位应是国家工作人员。从 20 世纪 80 年代中期开始,我国开始进行教育体制改革,逐步扩大学校的办学自主权。1993 年《中国教育改革和发展纲要》指出:"要按照政事分开的原则,通过立法,明确高等学校的权利和义务,使高等学校真正成为面向社会自主办学的法人实体。要在招生、专业调整、机构设置、干部任免、经费使用、职称评定、工资分配和国际合作交流等方面,分不同情况,进一步扩大高等学校的办学自主权。"1993 年的《教师法》首次确立了教师聘任制,在学校与教师的法律关系上,引入了聘任合同法律关系。

这种情况下,在对学校与教师二者之间关系的理解上,就变得较为复杂。对此,目前存在四种观点:其一,民事法律关系。该观点认为,学校虽然对教师拥有管理的权力,但学校毕竟不是行政主体。所以,学校和教师之间的关系不构成行政法意义上的行政法律关系,而只能是民事法律关系。其二,公法合同关系。学者马怀德认为,应将学校界定为公务法人,学校不是普通民事主体,也不是国家行政机关,而是承担公共职能、追求公共事业的公务法人,学校与其成员之间的关系不同于普通的民事关系,在理论上仍属于特别权力关系。[2]其三,劳动合同关系。劳动合同关系说认为,在实行教师聘任制的情况下,学校和教师订立的聘任合同,实质上属于劳动合同的范畴,应纳入劳动法的调整范围。所以说,学校与教师的关系,本质上是雇佣劳动关系,可适用劳动法。其四,特殊的法律关系。此观点认为,学校与教师之间不是典型的行政法律关系,也并非典型纯粹的民事法律关系,而是一种介于行政法律关系和民事法律关系之间的特殊法律关系。

(二)教师的权利

教师既是普通公民，又是专门从事教学活动的教育工作者。因此，可从普通公民和教育工作者两个方面来界定教师的权利。在法律层面上，一方面，教师作为一般公民而存在，故教师也就理所当然地享有每个公民依据宪法所享有的一切权利，即一般性的公民权利，这是教师享有的基本权利。依照我国宪法规定，教师享有的基本权利包括平等权、自由权、生存权、工作权、财产权、参政权、文化教育权、婚姻家庭权和一些特殊权利，如妇女权利等，这些权利又被称为公民权。另一方面，教师作为教育工作者，享有与教育相关的职业性权利，如教育教学权、科学研究权、学生管理权和进修权等。这些权利是专有的，是一般公民无法享有的、具有教师身份的专属性。《教师法》第七条以列举的方式规定了教师的职业性权利。

第一，教育教学自由权。教育教学活动是教师工作的最基本内容。因此，教育教学权是教师最基本的职业性权利。我国宪法条文中，没有教育自由权的规定，但《教师法》第七条第一款规定，教师有"进行教育教学活动，开展教育教学改革和实验"的权利。这实际上赋予了教师教育教学自由的权利。教师有权依据其所在学校的教学计划、教育工作量等具体要求，结合自身教学特点，自主地组织课堂教学；有权依照教学大纲的要求确定其教学内容、进度，不断完善教学内容；有权针对不同的教育教学对象，在教育教学的形式、方法、具体内容等方面进行改革和实验。[3]

第二，科学研究自由权。《教师法》第七条第二款规定，教师有"从事科学研究，学术交流，参加专业的学术团体，在学术活动中充分发表意见"的权利。教师有权进行科学研究、技术开展，撰写学术论文、著书立说；有权参加有关的学术交流活动，参加依法成立的学术团体，并有权在学术研究中发表自己的学术观点。同时，《中华人民共和国高等教育法》(以下简称《高等教育法》)第十条规定："国家依法保障高等学校中的科学研究、文学艺术创作和其他文化活动的自由。"对于我国高校教师而言，学术自由权多是强调教师有权发表个人学术观点，从事自主性研究。

第三，学生管理权。《教师法》第七条第三款规定，教师有"指导学生的学习和发展，评定学生的品行和学业成绩"的权利。教师既是教育者，也是管理者。教师对学生的管理，主要体现在教育教学的过程当中。教师不仅要向学生传授科学技术知识，还要关心学生的身心健康、思想进步以及生活情况等等，使学生能够在德、智、体方面得到全面发展。[4]而且，教师有权对学生错误或不当的行为和思想给予纠正,使其健康成长。

第四,获得报酬权。《教师法》第七条第四款规定,教师有"按时获取工资报酬,享受国家规定的福利待遇以及寒暑假期的带薪休假"的权利。该规定要求所在单位按时、足额地支付基本工资、职务工资、课时津贴、奖金等各项收入。生存是发展的前提,教师只有满足自身物质需求后才能从事教学和科研活动。作为一名教师,有权要求所在学校及其主管部门根据国家教育法律、教师聘任合同的规定按时足额地支付工资报酬;有权享受国家规定的福利待遇。这是教师的基本物质保障权利。

第五,民主管理权。《教师法》第七条第五款规定,教师有"对学校教育教学、管理工作和教育行政部门的工作提出意见和建议,通过教职工代表大会或者其他形式,参与学校的民主管理"的权利。此项权利是教师的一项基本职业性权利。教师既是教育者,又是管理者;既是学校的工作人员,又是学校的主人。学校以教师为主体,学校的任何工作都离不开教师的参与。故而,教师有权通过教职工代表大会、工会等组织及其他适当方式参与学校的民主管理,例如,讨论学校的改革、发展方案,听取校长的工作报告,探讨学校的师资队伍建设等重大事务,并提出建议和意见,等等。

第六,进修培训权。《教师法》第七条第六款规定,教师有"参加进修或者其他方式的培训"的权利。法律赋予教师进修培训的权利,既是当今时代的要求,也是教师的职业需要。当今世界,科技飞速发展,知识创新的速度越来越快,这就要求教师及时更新知识,不断提高自身素质。由此,学校、教育主管部门等机构应采取多种形式,开辟多种渠道,为教师的进修培训创造有利条件。

教师除享有以上实体性权利外,还有诸如申诉权、行政诉讼权等程序性权利。这些权利将在下文中论及。

有权利就有义务。教师的义务,除了作为普通公民应履行的义务外,还应承担专属于教师的职业性义务。《教师法》第八条列举了教师的义务,包括遵纪守法、教育教学、思想教育、尊重学生人格、保护学生合法权益和提高教学业务水平等义务。

四、现行法律体系下教师权利救济的困境

时至今日,我国已初步建立起教师权利的法律保障体系。在教师职业性权利的保护方面,制定了《教育法》《教师法》《高等教育法》《中华人民共和国义务教

育法》《中华人民共和国职业教育法》和《教育行政处罚暂行实施办法》等规范性法律文件。通过这些法律文件,确立了行政申诉制度,涉及了人事仲裁、行政诉讼等权利救济制度。以行政申诉制度为例,《教师法》第三十九条规定:"教师对学校或者其他教育机构侵犯其合法权益的,或者对学校或者其他教育机构作出的处理不服的,可以向教育行政部门提出申诉,教育行政部门应当在接到申诉的三十日内,作出处理。教师认为当地人民政府有关行政部门侵犯其根据本法规定享有的权利的,可以向同级人民政府或者上一级人民政府有关部门提出申诉,同级人民政府或者上一级人民政府有关部门应当作出处理。"该规定确立了法定申诉制度,具有行政法上的拘束力和执行力。此外,《民法》《刑法》《劳动法》等基本法律规范,在保护教师的人身权利、财产权利和精神权利等方面,起到了十分重要的作用。但不容忽视的是,无论在立法上,还是在现有制度的适用或执行上,还存在相当大的问题。

(一)立法上存在的问题

首先,在一些重要的问题上,法律规定不明确,如学校、教师的法律地位问题、学校和教师的关系问题等。由于其地位不明确,直接影响了法律的适用。在司法实践中,对学校与教师之间的纠纷是否适用行政复议和行政诉讼存在极大的争议。即使适用了行政复议或行政诉讼,但极有可能做出不利于教师的决定或判决。其次,规定过于原则化,缺乏可操作性。例如,《教育法》等法律概括性规定了"国家保护教师或高等学校教师的合法权益",《教师法》第七条详细列举了教师的 6 项权利,但关于法律如何保护这些权利,教师的权利遭受侵害时怎样应对,法律规定是阙如的。这在客观上造成了教师权利救济的障碍,其结果是弱化了对教师权利的保护。再次,立法层次低,法律体系不健全。我国已经建立起一个比较完整的教育法律体系,这为教育法治化奠定了基础。但到目前为止,教育法律数量很少,大量存在的是行政法规、其他规范性法律文件,甚至是非规范性法律文件。同时,法律遗留的空白很多,特别是有关中小学教师、幼儿园教师权利保障的规定还极不完善。最后,缺乏系统性、配套性和制度之间的衔接性,甚至有些法律规范之间存在冲突。

(二)教师权利救济制度的缺陷

第一,行政申诉制度很不完善。行政申诉是《教师法》唯一明确规定的教师权利救济制度,但对于行政申诉制度的法律性质,目前尚未有一致的认识。"一种观点认为,教师申诉只是非正式的救济形式,如同宪法中规定的公民申诉权。

一种观点认为,教师申诉实质上是一种行政系统内部的救济途径,与公务员的行政监察申诉一样,申诉处理结果由终局决定,不得提起行政复议或行政诉讼。还有观点认为,教师申诉制度本身属于行政复议。"[5]再者,教师法只对行政申诉制度做了概括性的规定,而对于其机构、适用范围、效力、具体程序规则以及能否与行政诉讼衔接等,这些都付之阙如。

第二,权利救济方式单一,制度之间缺乏衔接。《教师法》只明确规定了教师提起申诉的权利,却没有规定人事仲裁、行政诉讼的权利。这就意味着教师在提起申诉之后缺乏司法的支持,使得"申诉"实际上成为封闭性的行政救济方式。因此,在实践中,教师很难通过行政复议和诉讼的途径维护自己的权利。即使有些法律文件提到了人事仲裁、行政诉讼这两种权利救济途径,但由于该法律文件效力位阶很低或不属于正式的法律渊源,故在出现纠纷时不能得以适用。另一方面,人事仲裁和行政诉讼的受案范围不够明确,或者又由于其范围过窄,导致很多纠纷无法进入仲裁程序或诉讼程序,上文的案例说明了这个问题。再者,即使在个案中适用申诉、仲裁和诉讼等权利救济方式,它们之间也不能相互衔接,只会导致权利救济不力。

第三,权利救济缺乏程序保障。我国是成文法国家,有"重实体,轻程序"的倾向。虽然教师法等法律法规明确规定或提出要建立教师权利的保障制度,但对受理、审理、申诉、答辩、调查、处理等事项大都缺乏严格的程序性规定。由于这个原因,在实际的个案中,对教师提起的申诉、人事仲裁的处理往往显得草率、随意,甚至在处理过程中还掺杂有相关工作人员的个人情感和主观臆断。教师法律救济程序不健全,影响了权利救济制度的实效性,使教师的权利在遭到侵害后难以得到实质性的救济。

第四,教师聘任制度不完善。根据《教师法》和《高等教育法》的相关规定,学校应依法实施自治管理,实行聘任制。《高等教育法》第四十八条规定:"高等学校实行教师聘任制。教师以评定具备任职条件的,由高等学校按照教师职务的职责、条件和任期聘任。高等学校的教师聘任,应当遵循双方平等自愿的原则,由高等学校校长与受聘教师签订聘任合同。"然而,由于学校与教师的地位不对等,教师几乎不可能与校方进行平等的协商。教师一旦被解聘,其权利得不到任何保障。同时,在聘期届满后的续聘问题上,校方有完全的决定权。

五、教师权利救济制度的完善

无救济则无权利,完善教师权利的救济机制是维护教师合法权益的重要途径。由此,需要通过立法、司法、行政等方面健全相关制度。

(一)明确教师的法律地位

教师的法律地位是一个非常重要的问题,也是一个基础性问题,它直接关系到相关法律法规的适用。譬如,当教师与学校出现纠纷时,是受行政法律关系的调整,还是受民事法律关系的调整,是否适用人事仲裁、行政诉讼等法律救济方式,这些问题都与教师的法律地位有关。前文已论及,关于教师的法律地位,目前有公务员说、雇员说、公务雇员说和专业人员说四种观点。本文认为,公务雇员说比较合理。首先,《中华人民共和国公务员法》第二条规定:"公务员,是指依法履行公职、纳入国家行政编制、由国家财政负担工资福利的工作人员。"该条例显然把教师排除在公务员范围之外,因为教师从事的是教育教学活动,并非履行公职;而且,教师适用的是事业编制,并非行政编制,同时学校也不是行政机关。从这点来看,将教师群体简单界定为公务员并不准确。其次,也不能简单地将教师界定为雇员。自实施教师聘任制度以来,几乎所有的教师与其所在的学校之间签订了聘任合同。这种情况下,在教师与学校之间纯粹的行政法律关系之中,引入了合同法律关系。但是,学校与教师之间管理与被管理的关系还始终存在,而且,教师所从事的是一种带有公益性质的工作,有别于雇员普通的个人性质的劳动。所以,将教师定义为雇员不甚合理。至于专业人员说,并不是构成教师法律地位的明确表述。该说只是指出了教师地位所具有的专业性、社会性,这对于解决现实的相关法律纠纷并没有多少助益。

综上所述,与美国等国类似,将教师界定为公务雇员是较为合理的,也符合我国的实际情况。一方面,当前我国对教师的管理是参照公务员进行管理,包括管理方式、权利和义务安排、工作待遇等;另一方面,公务雇员说兼顾了教师劳动的社会公益性及其与学校关系的契约性。因此,涉及行政法律关系时,适用行政救济手段;涉及契约关系时,适用私法规制的方法。

(二)完善行政申诉制度

行政申诉制度是目前教师权利救济的主要途径。因此,进一步完善申诉制度就显得非常重要。第一,健全校内申诉制度。首先在校内设立专门的教师申诉委员会,将教育纠纷尽可能地在校内化解,校内化解不了的再向上级教育行政主管部门提出申诉。为此,可依托学校的工会、教职工代表大会建立申诉委员会。该委员会直接听取争议双方的意见和理由,进行必要的调查工作,然后根据多数人的意见形成处理结果,经学校管理机构批准后可以正式作为申诉处理结果。其次是将申诉制度具体化,如申诉委员会的人员构成及其比例、申诉的步骤和环节等。第二,完善校外行政申诉制度。校外行政申诉,是指教师向教育行政主管部门或人民政府提出申诉。依据《教师法》第三十九条规定,对校内的申诉结果不服时,教师有权向教育行政主管部门、相应的人民政府提起申诉。因此,教育行政主管部门要尽快建立专门的申诉机构,完善行政申诉的程序,引入回避制度等。具体来说,在个案的申诉中,要赋予当事人获得答辩书、举证和质证和延请律师等程序性权利。当申诉人与申诉机构的工作人员有利害关系时,申诉人有权要求其回避。

(三)构建人事争议仲裁制度

1995 年 8 月 28 日,国家教委发布的《关于开展加强教育执法及监督试点工作的意见》中明确提出要建立教育仲裁制度。目前,教师因辞职、辞退和履行聘任(聘用)合同发生的争议以及依法可以提起仲裁的人才流动争议和其他人事争议可以适用人事争议仲裁的有关规定,但是对于教师福利待遇、进修培训等并未建立相应的仲裁制度。仲裁不同于人民法院的诉讼,它是一种准司法制度,具有法律上的约束力。仲裁的优势在于程序简便、结案快、成本低,能给予当事人充分的自治权。因此,应建立专门的教育仲裁委员会,并将其作为教育行政主管部门的常设机构,并独立于司法机关。仲裁委员会的成员应由来自教育主管部门、学校和教师组织三方代表构成,他们应具备相应的法律知识和专业知识。仲裁委员会要有专门的规则,能高效地处理教师未能或不愿通过行政申诉解决的纠纷。除非有法定事由,人事争议仲裁一裁终局。此外,人事争议仲裁应实行回避制度,以保证仲裁结果的公平和公正。

人事争议仲裁和行政申诉是两种最基本的行政救济方式,但二者适用范围存在重叠。这就产生了一个问题,当教师权利受到侵害时,到底应选择哪一种救济方式。这实际上涉及人事仲裁和行政申诉两种救济方式的衔接问题。本文主张,以学校管理行为是否足以影响教师身份,或是否对教师有重大影响为标准,涉及教师身份变更、影响其任教之重大权益、构成重大影响之行政处分的高校管理行为,比如资格认定、职务聘任或聘用、职务升迁等具重大影响的惩戒处分、解聘(或不予续聘)等,一概归入行政法律关系,不适用人事仲裁,适用行政申诉→

行政复议→行政诉讼,或适用行政申诉→行政诉讼。除前述之外的学校一般管理措施,不涉及教师身份变更、不影响其任教之重大权益、不构成重大影响之行政处分的学校管理行为选择适用行政申诉→行政复核,或人事仲裁→民事诉讼。[6]

(四)确立司法救济制度

诉讼在教师权利的救济体系中占有重要的地位,是维护教师权利的最终途径,具有效力上的终局性。2000年《最高人民法院关于执行〈中华人民共和国行政诉讼法〉若干问题的解释》第一条规定:"公民、法人或者其他组织对具有国家行政职权的机关和组织及其工作人员的行政行为不服,依法提起诉讼的,属于人民法院行政诉讼的受案范围。"据此,学校的部分管理行为也被纳入了行政诉讼司法审查的范围。在司法实践中,行政诉讼已愈来愈成为教师维护其自身合法权益的法律救济途径。就理论而言,在德、日等大陆法系国家,学校内部行政行为不接受司法审查的理论逐渐遭到否定。进一步拓宽教师权利救济的途径,将其纳入司法调整的范围之内,既是必要的,又是可行的。当务之急就是要解决行政救济范围有限这个最大的难题,是否应该扩大行政诉讼受理学校与教师之间争议的范围,已不再具有深入探讨的必要,仅取决于制度设计者们的价值衡量或者利益博弈。[7]

(五)推进教师聘任制度建设

第一,引入集体谈判与集体合同制度。集体谈判又称集体订约,是以一名雇主、一些雇主或一个或数个雇主组织为一方,一个或数个工人组织为另一方,就有关劳动关系和就业条件进行协商,并以签订集体合同为目的,从而实现对劳动关系进行调整的过程。[8]在美国,教师聘任一般都包括两份合同,一份是由教师组织(教师工会)与地方学校董事会签订的集体合同,来构架教师聘任的一般条件;除了集体合同之外,每一位教师还有一份个人合同,在集体合同的基础之上更加具体详细地规定某个教师的权利和义务,由教师个人与学校董事会签订,只对个别教师有效。[9]

如前所述,在教师与学校订立聘任合同的过程中,教师处于弱者地位。故而,在实践中,教师的聘任由校长代表学校与受聘教师签订合同,这种教师以个人身份与校长签订聘任合同的做法,不利于保障教师的权利。在权利义务的安排上,校方可能利用自己的优势地位,使得双方的权利义务很不对等。所以,完全可以借鉴美国的做法,先由工会代表教师与学校进行集体谈判,在此基础上,再由教师与学校订立个人合同。集体合同并不等同于教师个体合同,也不能代替教师个体合同,两种不同的合同各自发挥着不同的作用和效力。对教师主要权益的保护依托于集体合同,同时可以用个体合同来填补细节。[10]

第二,规范聘任程序和解聘程序。虽然我国法律提出要实行教师聘任制,但目前教师聘任制度并没有发挥真正的作用,教师被解聘的情形并不多见。可以预见的是,随着我国教师任用制度改革的不断深入,教师被解聘的现象会越来越多。因此,进一步完善教师聘任制度势在必行。首先要规范教师聘任程序。为此,应遵循聘任合同订立的原则,如平等原则、自愿原则、合法原则等。在具体订立聘任合同时,学校应成立教师考核聘任小组或委员会,并将与合同有关的信息予以公布,如法律法规、政策、聘任条件、权利及义务和聘任程序等,增加招聘的透明度。其次要规范解聘程序。应明确解聘的法定事由,严格解聘的具体规则,包括提前通知、讨论、审批、复审等环节。同时,应建立解聘的预警机制和听证制度。

(六)引入听证制度

听证,是指权力主体在做出影响相对人权利义务的决定之前,给相对人提供发表意见、提出证据的机会,并对特定事项进行质证、辩驳的程序性法律制度。听证是公民参与公共决策与公共行政的一种途径,体现了社会的民主性。学校作为公务法人,其部分管理行为具有行政行为的性质,其制定或出台的相关规章制度或重大改革举措或重大具体管理行为又极有可能与教师的权益密切相关。因此,学校在制定与教师权益相关的规章制度,或出台重大措施时,应引入听证制度。这有利于实现教师的民主管理权利,保障教师的合法权益,避免矛盾积累,提高学校管理行为的可接受程度,形成约束学校行政权力的外在力量,增强高校管理的透明度。在具体实践中,学校以下的管理行为可适用听证制度:制定教师管理规章制度,出台与教师权益相关的重要改革举措,对教师实施重大管理行为,变更教师日常生活、学习与工作环境等。

六、结　语

当今世界,无论是大陆法系国家,还是英美法系国家,教师权利救济的范围都在不断扩大,给教师予以充分的保护,为现代法治发展的趋势。我国《教师法》是1993年制定的,距今已有20多年了。随着时代的发展,在不断深化教育体制改革的情况下,《教师法》已无法起到保护教师权利的作用。因此,修改《教师法》势在必行。一方面,进一步规范教师的权利和义务,明确教师的法律地位。另一方面,完善教师权利的救济制度和教师聘任制度,增加相关的程序性规定;引入新的制度,如集体合同、听证制度,以此切实保障和维护教师的权利。

参考文献

[1] 贺彦芳.我国教师的法律地位问题探讨[J].教育科学论坛,2010(2).

[2] 马怀德.公务法人问题研究[J].中国法学,2000(4).

[3] 唐海龙.论教师合法权益的保护[J].黑龙江高教研究,2010(11).

[4] 孔丹.高校教师权利与义务[J].科学风,2012(18).

[5] 伍艳.论高校聘任制下教师权益救济机制的构建[J].高教探索,2013(1).

[6][7] 刘永林.论我国高校教师权利救济机制的完善[J].郑州航空工业管理学院学报(社科版),2012(3).

[8] 陈爽.聘任制条件下高校教师权益保护的对策[J].黑龙江高教研究,2011(9).

[9][10] 王萌.聘任制条件下教师权益法律保护初探[J].知识经济,2009(18).

[11] 刘晓燕.上海教师接连状告市教委均未获支持[N].人民法院报,2010-01-11(3).

我国工会的法律地位以及对维权能力的影响

周红锵①

【摘　要】本文通过对我国《中华人民共和国工会法》的工会职责、权利、法律责任等的分析,认为我国的工会是具有私法人性质的公法人。由此,工会的职责围绕党的中心任务展开,维权成为服务于中心任务的一种手段。

【关键词】工会;社团法人;维权

调整我国工会法律关系的基本法是《中华人民共和国工会法》(下文简称《工会法》),1992 年 4 月 3 日正式制定实施,并于 2001 年经全国人民代表大会常务委员会进行了第一次修正。现行《工会法》第二条开宗明义地对工会做了界定:"工会是职工自愿结合的工人阶级的群众组织。中华全国总工会及其各工会组织代表职工的利益,依法维护职工的合法权益。"2003 年通过的《中国工会章程》进一步对工会进行了认定:"中国工会是中国共产党领导的职工自愿结合的工人阶级的群众组织,是党联系职工群众的桥梁和纽带,是国家政权的重要社会支柱,是会员和职工利益的代表。"从法律的规定可知,工会的基本职责是代表职工的利益并依法维护职工的合法权益。但是现实中工会的职责却与法律的规定大相径庭,这与工会的法律地位能否得到切实的认定和保障有重大的联系。

一、《工会法》与相关部门法的关系

改革开放以来,随着经济的发展和劳动关系出现的新情况,工会的职能不断加大,在国家的政治、经济和社会生活中也发挥越来越大的作用,工会立法、劳动立法工作逐步加强。传统的一种观点认为工会法属于劳动法的一个重要组成部分,另一种观点则认为工会法是宪法的相关法。我们可以从工会法调整的社会

---

① 周红锵,杭州师范大学马克思主义学院副教授。

关系以及法的适用范围和法律效力等几个方面来考察工会法的法律地位。

首先，从调整的社会关系来看，工会法既调整工会与政府、企事业单位之间的行政关系，也调整工会与政党、工会内部的关系，即工会法同时调整劳动关系与政治关系。《中华人民共和国劳动法》（以下简称《劳动法》）第二条规定："在中华人民共和国境内的企业、个体经济组织（以下统称用人单位）和与之形成劳动关系的劳动者，适用本法。国家机关、事业组织、社会团体和与之建立劳动合同关系的劳动者，依照本法执行。"即劳动法只调整劳动关系。

其次，从适用范围来看，《工会法》第三条规定："在中国境内的企业、事业单位、机关中以工资收入为主要生活来源的体力劳动者和脑力劳动者，不分民族、种族、性别、宗教信仰、教育程度，都有依法参加和组织工会的权利。"由此可见，工会法适用于一切以工资收入为主要生活来源的劳动者，适用于所有的企业事业单位、机关、社会团体及不具有法人资格的其他组织，而劳动法只调整劳动关系。国家机关、事业单位、社会团体和只有与之建立劳动合同关系的劳动者才由劳动法调整，国家机关、事业单位和社会团体的其他工作人员则实行或参照公务员制度。由此，我们可以看出工会法的适用范围远远大于劳动法的适用范围。

第三，从法律效力上来看，《工会法》由全国人民代表大会审议通过，是一部基本法。而《劳动法》由全国人代表大会常务委员会审议通过，属于具有基本法性质的普通法律。显然，《工会法》的法律效力高于《劳动法》，它与《劳动法》之间不存在"子法"与"母法"的关系。

二、工会的法律地位

法律地位是法律主体享受权利和承担义务的资格。工会从其产生之日起，并没有当然地获得独立法人资格，不具有独立的法律地位。"工会法人"的概念产生于 19 世纪末 20 世纪初，当时的西方各国并不承认工会的法人地位，一般只把工会组织认定为民法上的合伙。随着经济的发展和社会的进步，工会组织的作用日益突出，现在各国的工会立法基本上都承认工会组织具有独立法人的地位。

我国在 1992 年《工会法》出台以前，工会立法并没有关于工会组织法人资格的相关规定。随着我国市场经济体制改革的不断推进，随着《中华人民共和国民法通则》对法人制度的明确规定，1992 年《工会法》第十四条明确规定："中华全国总工会、地方总工会、产业工会具有社会团体法人资格。基层工会组织具备民法通则规定的法人条件的，依法取得社会团体法人资格。"至此，工会取得独立法人资格,从法律上讲,工会与其他民事主体一样,具有民事权利能力和民事行为能力,依法独立享有民事权利和承担民事义务。工会履行其维护职工合法权益的基本职责有赖于工会的独立法人资格。但是同时《工会法》第十一条又规定:"基层工会、地方各级总工会、全国或者地方产业工会组织的建立,必须报上一级工会批准。上级工会可以派员帮助和指导企业职工组建工会,任何单位和个人不得阻挠。"

我国《工会法》规定工会是社团法人,是属于私法人的一种,传统民法理论根据社团设立的目的将社团法人分为营利法人和公益法人。营利法人以营利为目的,为营利而行为,并且将所得利益分配给社员;公益法人以从事公益事业为目的。但是工会并非二者必居其一,而是处于一种中间状态,按照社团法人目前的分类,无法将工会归于其一,此问题可留待民法典制定时解决。依笔者之见,我们可以从传统民法理论对公法人和私法人的分类方法中确定我国工会是具有私法人性质的公法人。

我国工会的私法人性质主要在于工会的主要活动范围均与劳动关系相关。从工会设立的目的来看,工会维护的是劳动者的合法权益,以及用人单位与劳动者之间的公平和公正;从工会的调整方法来看,工会一贯采取集体协商、谈判等方式来解决纠纷;从工会的权利性质来看,工会享有的权利一定意义上都是可以放弃的,属于私法性质的权利,与公法权利的强制性不同;从工会的活动范围来看,工会主要从事的都是经济领域的活动。由此分析,我国的工会具有私法人的性质。

但是我国工会同时具有公法人的本质,主要表现体现在以下几个方面。第一,国家通过立法确定了工会的政治地位,《工会法》第一条规定:"为保障工会在国家政治、经济和社会生活中的地位,确定工会的权利与义务,发挥工会在社会主义现代化建设事业中的作用,根据宪法,制定本法。"第二,国家通过立法规定了工会参与国家各项事务的权利,《工会法》第五条规定:"工会组织和教育职工依照宪法和法律的规定行使民主权利,发挥国家主人翁的作用,通过各种途径和形式,参与管理国家事务、管理经济和文化事业、管理社会事务;协助人民政府开展工作,维护工人阶级领导的、以工农联盟为基础的人民民主专政的社会主义国家政权。"第三,国家通过立法赋予了工会参与立法过程的职责,《工会法》第三十三条规定:"国家机关在组织起草或者修改直接涉及职工切身利益的法律、法规、规章时,应当听取工会意见。县级以上各级人民政府制定国民经济和社会发展计划,对涉及职工利益的重大问题,应当听取同级工会的意见。县级以上各级人民政府及其有关部门研究制定劳动就业、工资、劳动安全卫生、社会保险等涉及职工切身利益的政策、措施时,应当吸收同级工会参加研究,听取工会意见。"从上述分析可知,虽然我国工会有私法人的特征,但从本质上来看,《工会法》赋予工会的几大核心权利是其他社团法人所不享有的,我国立法上承认工会享有私法人所没有的公权力,就是直接认定了工会公法人的性质。从这个意义上讲,我国的工会是具有私法人性质的公法人。

三、工会的法律地位对其维权能力的影响

厘清工会的法律地位以后,我们可以清晰地看到工会的基本职责——维权为何在法律规定和现实生活中会出现差异。工会的公法人本质,使得工会以维护公共权力和利益为根本目的,新中国成立伊始,工会的中心任务即被确定,即工会服务于党的中心任务,围绕党的中心任务开展工作。2001年修订《工会法》时的背景之一依然是把"维权"当作工会服务于党的中心任务的一种手段。

我国的《工会法》虽然从法律意义上赋予了工会社团法人的资格,但是因为受同级党委和上级工会的双重领导,使得工会不可能获得其他社团法人那样的真正独立性,因此在维权这个基本职责上也体现出其局限性。同时,《工会法》本身对工会的"维权"职责又进行了几个方面的限定。第一个方面:《工会法》第六条规定,"维护职工合法权益是工会的基本职责。工会在维护全国人民总体利益的同时,代表和维护职工的合法权益"。工会工作者通常把这个规定称为"两个维护"。"两个维护"的提法似乎是在告诉我们一个信息:工会"维护全国人民总体利益"是比"代表和维护职工的合法权益"更为重要的职责。当然,这与其公法人的本质相符。第二个方面:2001年修订的《工会法》虽然增加了专门的"法律责任"一章,但是对工会本身的法律责任却没有详细的规定。从《工会法》第四十九条到第五十五条,规定的是工会的诉权,工会工作人员违反《工会法》损害职工或工会权益而应承担的法律责任,工会组织以外的有关主体(如用人单位)违反《工会法》而应承担的法律责任,而对工会本身的法律责任却只字未提。当工会组织不代表、不维护职工的合法权益时,工会不需要承担任何法律责任;或者说,工会组织本身不用对会员承担任何法律上的义务。

当然,对于劳动者权益的维护,我国的《劳动法》《劳动合同法》等法律法规做了更为详尽细致的规定。但是,《劳动法》《劳动合同法》等法律法规只着眼于对个体劳动者的保护,某种程度上削弱了劳动者的集体力量。但是自上而下的层级管理,服务大局,全面考虑劳动者和用人单位利益的设计,也有助于社会的和谐。

新时期高校工会维权的法律制度研究

——以劳动权为视角

周红锵①

【摘　要】高校工会是以知识分子为主体的教职工群众自愿结合的工会基层组织,维护教职工的合法权益是高校工会的基本职责。本文从劳动权的角度展开对高校工会维权的探讨。劳动权有个别劳权和集体劳权之分,集体劳权是工会维权的权利基础。因此,工会维权职能的改善和强化很重要的方面就是不断完善集体劳权,推动法律对于集体劳权的具体规定。同时,工会私法人地位的确立也是工会维权职能实现的前提。

【关键词】工会;维权;劳动权

我国《中华人民共和国工会法》(以下简称《工会法》)规定:"工会是职工自愿结合的工人阶级的群众组织。中华全国总工会及其各工会组织代表职工的利益,依法维护职工的合法权益。"可见工会的基本职责是维护职工的合法权益,《工会法》在其第六条也做了具体规定。高校工会是以知识分子为主体的教职工群众自愿结合的工会基层组织。因此,维护教职工的合法权益理所当然地成为高校工会组织的基本职责。本文试图从教职工的劳动权入手来探讨高校工会的维权职能。

一、劳动权及其发展

劳动权的产生源于工人运动。19世纪中后期,随着产业革命的发展,工人面对越来越严酷的工作环境,工时长而工资没保障,工作条件差又缺乏劳动保障。为争取自身劳动权益,提高劳动待遇,工人们团结起来组织工会与资本家开

---

① 周红锵,杭州师范大学马克思主义学院副教授。

展斗争以谋取劳动权。当时,在劳资矛盾和斗争尖锐的背景下,资本主义国家逐渐开始关注劳动、福利等问题,并通过立法承认劳动者享有劳动权。1919 年颁布的《魏玛宪法》最先规定了劳动权,其第一百六十三条规定德国人民应有机会从事经济劳动,若人民无相当劳动机会时,国家应筹划其必需生活。从 20 世纪开始,劳动权成为各国普遍认可的基本权利,被多数国家明确规定于宪法之中,成为一项宪法性权利。劳动本是生存的基本需要,其转化为宪法权利的过程恰恰印证了耶林说过的话:"为权利而斗争是权利人对自己的义务。主张自己的生存是一切生物的最高法则。"

劳动权即劳动者权利,简称劳权,是指法律所规定的处在现代劳动关系中的劳动者在履行劳动义务的同时享有与劳动有关的社会权利的总称。[1]《世界人权宣言》第二十三条对工作权(劳动权)做了具体规定:"(一)人人有权工作、自由选择职业、享受公正和合适的工作条件并享受免于失业的保障。(二)人人有同工同酬的权利,不受任何歧视。(三)每一个工作的人,有权享受公正和合适的报酬,保证使他本人和家属有一个符合人的尊严的生活条件,必要时并辅以其他方式的社会保障。(四)人人有为维护其利益而组织和参加工会的权利。"随后出现的《经济、社会及文化权利国际公约》第三部分的第六、七、八条则更加全面详细地规定了工作权,成为保护劳动权最为重要的国际公约。公约的第七条通过承认人人有权享有公正和良好的工作条件,尤其是享有安全的工作条件,明确引申了工作权的个人内涵。第八条通过阐明人人有权组织工会和参加所选择的工会,工会有权自由进行工作,则阐述了工作权利的集体内涵。从公约的规定来看,劳权包括个别劳权和集体劳权,个别劳权由劳动者个人享有并自主行使权利,集体劳权则由劳动者集体享有并由工会来行使。作为工会维权的权利基础,传统意义上的集体劳权主要有三个方面,即团结权、集体谈判权和集体争议行动权。"二战"后,在民主主义思潮的影响下,民主参与权成为集体劳动权的又一重要内容。[2]

劳动权是一项综合性的权利,内涵丰富,涉及各项与劳动有关的社会权利。当然,劳动权作为社会权是需要通过国家权力积极作为才能获得的,宪法上的劳动权对应着国家义务,即确保劳动权行使的逐步实现。一方面,国家要通过各种法律途径尊重和保护公民的劳动权;另一方面,国家负有使劳动权得以实现的义务。一是促进义务,即为全面实现劳动权积极采取行动保障公民就业的资源与提高劳动就业能力,以促进劳动就业,帮助公民获得工作机会。二是提供义务,即当公民因无法控制的原因不能靠自身手段获得工作时,为其提供失业救济或最低生存保障。[3]

二、工会维权的基础及我国法律对劳动权的规定

我国《工会法》第三条规定在中国境内的企业、事业单位，机关中以工资收入为主要生活来源的体力劳动者和脑力劳动者，不分民族、种族、性别、职业、宗教信仰、教育程度，都有依法参加和组织工会的权利。根据《工会法》《中国工会章程》规定，工会有四项职能：第一，维护职工群众的合法利益及民主权利；第二，动员组织职工参加建设改革，完成经济社会发展任务；第三，代表和组织职工参与管理国家及社会事务，参与企业、事业单位和机关的民主管理；第四，引导和教育职工提高自身思想和文化技术素质。这四项职能可以归纳为维护职能、建设职能、参与职能、教育职能等社会管理职能。其中，工会的基本职责是维护职能，即维护职工的基本权益。工会作为职工自愿结合的群众性组织，其维权基础来自何方？如前所述，劳动权有个别劳权和集体劳权之分，职工个人通过加入工会将自己的部分个别劳权让渡给工会组织，即构成集体劳权。集体劳权构成工会维权的权利基础。但是在我国现行法律中对个别劳权的规定以及调整较为详尽，但对集体劳权的规定有所缺失，从而使得工会维权的权利基础缺乏坚实的法律保障。这种缺失主要体现在以下几个方面。

首先，集体劳权没有入宪。我国《宪法》第四十二条第一款规定了中国公民有劳动的权利和义务。同时在明确公民享有劳动权的基础上围绕个别劳动权做出了更多原则性的规定，如规定了劳动保护权、获得劳动报酬和福利权，职业培训权，社会保险、社会救济权，妇女平等就业、同工同酬权。但是集体劳动权特别是团结权、集体谈判权、集体争议行动权等劳动三权，《宪法》却未予规定，而只是在第十六条、第十七条规定了国有企业、集体企业的民主管理制度。与之相应，我国 2001 年在加入《经济、社会及文化权利国际公约》时，对该公约做出了保留。对第八条第一款（甲）项，即"人人有权组织工会和参加他所选择的工会"的团结权条款，将依据《宪法》《工会法》《劳动法》等法律的有关规定办理。但是，却未对第八条第一款（丁）项，即"有权罢工，但应按照各个国家的法律行使此项权利"的规定发表保留性声明。这也为集体劳权中的集体争议行动权入宪留了余地。在 ILO（国际劳工组织）制定的反映劳工基本权利的八项核心劳工标准公约中，中国批准了禁止童工劳动、消除就业和职业歧视等四项，但同样未批准关于团结权、集体谈判权的《结社自由和保障组织权利公约》（第 87 号公约）《组织权利和

集体谈判权利公约》（第 98 号公约）。

其次，法律对劳动权的规定欠缺集体调整。自从 1994 年《中华人民共和国劳动法》（以下简称《劳动法》）出台以来，围绕劳动关系出台了一系列具体的法律法规和地方性标准。《劳动法》第三条第一款规定："劳动者享有平等就业和选择职业的权利、取得劳动报酬的权利、休息休假的权利、获得劳动安全卫生保护的权利、接受职业技能培训的权利、享受社会保险和福利的权利、提请劳动争议处理的权利以及法律规定的其他劳动权利。"相对于宪法上的原则性规定，《劳动法》对劳动者的个别劳动权做出了更加详细系统的规定。同时还密集出台了一系列配套法律法规，如《中华人民共和国劳动合同法》（以下简称《劳动合同法》）、《中华人民共和国劳动争议调解仲裁法》（以下简称《劳动争议调解仲裁法》）等，以及地方政府制定了关于最低工资、社会保险等的地方化标准。从这些法律法规来看，国家更为注重的是对个别劳动权的调整。虽然在《劳动法》《工会法》《劳动合同法》中都规定"劳动者有权依法参加和组织工会"，同时确立了集体合同制度，但无论以立法和赋权设置而言，还是从实践操作来看，我国的集体劳动权都严重缺乏根基，无法形成工会切实履行维权职能的实质性集体谈判机制。

具体到高校教职工的权益来看，现有的法律制度对教师劳动权的保护规定不明确。如以保护教师合法权益为主要目的的《中华人民共和国教师法》（以下简称《教师法》）在对教师权益的确认和保护上存在明显不足，对教师从业权的保障就没有规定。教师从业权是指教师不得因非法定事由和不符合法定的约定事由而被剥夺教师工作的权益。从业权是其他一切权力和利益的保障和基础。《教师法》第十六条规定了教师职务制度，并授权国务院规定具体办法。而《教师法》自 1994 年 1 月 1 日实施以来，国务院对教师职务制度一直没有出台具体的行政法规，从而使教师从业权不具有明确的法律保障基础。

三、完善我国劳动权法律制度和工会维权职能

如前所述，集体劳动权是工会维权的权利基础。那么对工会及高校工会来说，维权的保障是劳动权法律制度的不断完善。

第一，在法律中对集体劳动权做出具体规定。集体劳动权是个别劳动权实现的保障，是劳动者代表通过组织工会与资方进行集体协商从而实现劳资自治的劳动权利。我国《宪法》对个别劳动权做出了规定，理应对集体劳动权做相应规定。当然，在当前的情况下，如果修改宪法难度大，不易操作，也可以通过扩张

解释公民劳动权的方法将集体劳动权写入宪法,即在宪法上规定,公民劳动权除就业权、获取劳动报酬权等个体劳动权外,还包括团结权、集体谈判权和集体争议行动权等集体劳动权。[3]至于具体的立法模式不妨借鉴英国消极立法的模式,尤其是对于集体争议行动权。集体争议行动立法模式有积极和消极两种。美国、日本、韩国等采取积极立法模式,即明确规定劳资集体争议行动权及其权利行使之保障;英国则采用消极立法模式,即未明确规定劳资集体争议行动权,但对符合一定条件的集体争议行动赋予法律责任豁免,消极地排除法院对于劳动者集体争议行动所设置的各种限制。因为我国长期以来都以个别劳动权的调整为主,所以对于集体争议行动权的规定宜采取消极立法以应对现实的需求。消极立法模式可以通过制定或修改某些法律或条例规章,如《工会法》《集体协商条例》《集体劳资争议处理法》等,以保障集体协商为立法之目的,对符合一定条件的劳动者集体争议行动予以法律责任豁免,实现一定权利之功能。现阶段法律责任豁免范围和条件不宜过宽和过松,应随着政府对集体争议行动处理经验的积累、劳资双方对集体争议行动理性认识的加强以及社会对集体行动的认可程度,逐步扩大法律豁免范围和放松法律责任豁免的条件。[4]

第二,完善劳动争议调解机制。按照《劳动争议调解仲裁法》第二条的规定,劳动争议主要有:因确认劳动关系发生的争议;因订立、履行、变更、解除和终止劳动合同发生的争议;因除名、辞退和辞职、离职发生的争议;因工作时间、休息休假、社会保险、福利、培训以及劳动保护发生的争议;因劳动报酬、工伤医疗费、经济补偿或者赔偿金等发生的争议;法律、法规规定的其他劳动争议等六项。高校的劳动争议随着高校聘用制度的出现而不断增多,高校工会可以按照《劳动争议调解仲裁法》的规定,组建由工会代表、教职工代表和单位代表组成的劳动争议调解委员会,调解教职工与学校之间的劳动争议。如果校内调解不成,则可由高校工会出面向上级工会或劳动仲裁部门提出请求,维护教职工合法权益不受侵犯。

第三,高校工会自治能力的强化和完善。集体劳动权是由劳动者集体享有并通过工会组织来具体行使的,因此工会人格和经济上的独立性就影响着工会对劳动者权益保护方面的作用的发挥。我国《工会法》第十四条规定:"中华全国总工会、地方总工会、产业工会具有社会团体法人资格;基层工会组织具有民法通则规定的法人条件的,依法取得社会团体法人资格。"按照此规定,工会当然地具有独立的法律人格,而且这也是工会充分发挥维权职能的前提条件。但是长期的发展现实是工会总被行政化,很难获得独立性。因此在维护职工合法权益方面显得力不从心。高校工会自治能力的强化,首先要"明确工会的私法人性质"[5],从而赋予其独立的法律地位。这样一来,其独立自由的空间和独立运作的权利将会大大增强,能够抵御来自政府、单位或行业组织与个人的干涉,切实地维护教职工的合法权益。

参考文献

[1][2]常凯.劳权论——当代中国劳动关系的法律调整研究[M].北京:中国劳动社会保障出版社,2004.

[3]郑贤君.社会基本权理论[M].北京:中国政法大学出版社,2011.

[4]李殉.集体劳动权入宪刍议[J].法制与社会,2009(2).

[5]侯玲玲.比较法视野下的劳动者集体争议行动之法律规制[J].法律科学,2013(4).

[6]许晓军,吴清军.对中国工会性质特征与核心职能的学术辨析[J].人文杂志,2011(5).

高校工会在建设和谐劳动关系中的作用分析

罗达勇[①]

【摘　要】和谐的劳动关系是构建和谐高校的重要基础,但近年来随着高校聘用教师制度的逐步完善和用人模式的多元化发展,高校劳动关系呈现类型多样化、运行市场化和利益扩大化等诸多特点,由此导致的劳动矛盾也不断增加,劳动关系越来越成为影响制约高校发展的重要因素。作为党联系劳动职工的桥梁和纽带的高校工会,在构建和谐的劳动关系中势必要发挥重要的作用。本文试从分析新时期高校劳动关系的新特点和新问题入手,分析高校工会为构建高校和谐的劳动关系所应起的作用。

【关键词】高校工会;和谐;劳动关系

一、引　言

工会是职工自愿结合的工人阶级的群众组织,根据《中华人民共和国工会法》第六条的规定,工会在维护全国人民总体利益的同时,维护职工的合法权益。高校工会作为工会属概念下的一个种概念,同样也担负着维护高校劳工特别是高校教师合法权益这一重要职责。但随着市场经济的发展,高校管理体制改革的不断深入和教师聘任制度的全面推行,高校劳动关系和利益关系正发生着重大的改变,原本工作重点放在高校员工的娱乐和福利方面的高校工会必须尽快实现工作重点的转移,建立新型工作机制,从而切实保障员工的合法权益。

---

①　罗达勇,杭州师范大学体育与健康学院教授。

二、高校劳动关系变化的背景

我国长期以来的高校用人制度具有鲜明的计划经济色彩,国家对高校的长期投入和管理,使得高校的用人机制明显不同于纯粹市场状态下的一般营利性公司企业,人事编制也主要以事业编制为主,具有较强的稳定性。而随着社会主义市场经济的确立和发展,高校这套旧的制度越来越显示其弊端性,表现在:①机构编制方面,校内管理机构设置过多、过杂,同时一些机构的设置不科学,层次偏多,缺乏活力;②用人制度方面,教师、干部职务终身制,非教学与非科研人员过多,缺乏必要的竞争机制;③校内分配制度方面,教职工尤其是教师待遇偏低,大锅饭,平均主义色彩较浓,差距很小,优劳优酬体现不够。

为了改变这种不适应社会经济发展的高校用人制度,推动高校的发展,国家积极推行高校聘任制。1993年《中华人民共和国教师法》(以下简称《教师法》)首先以法律的形式规定,"学校和其他教育机构应当逐步实行教师聘任制"。1995年《中华人民共和国教育法》(以下简称《教育法》)规定:"国家实行教师资格、职务聘任制度,通过考核、奖励、培养和培训,提高教师素质,加强教师队伍建设。"1998年《高等教育法》第四十八条规定,"高等学校实行教师聘任制"。至此,高校教师聘任制开始步入法制轨道。1999年教育部发布了《关于当前深化人事分配制度改革的若干意见》,高校劳动关系进一步明晰。通过十多年的努力,高校聘任制度逐步在高校中确立,从而逐步实现了我国高校用人制度的根本转变。

三、新时期高校劳动关系的新特点和新问题

由于高校教师聘任制的推行和确立,旧的由政府任命而产生高校教师的模式逐渐消失,代之以高校与教师之间通过合同聘任的形式,明确双方的权利和义务,形成任职契约关系的人事任用制度。这一制度使得原本没有用人自主权和择业自由权的高校与教师获得了双重解放,促进了人才的合理流动,增强了教职工的忧患意识,从而促进了教师整体素质的提高和教师资源的优化配置。对于高校的职工来说,这一制度使他们获得了真正法律意义上的劳动者的地位,从而也获得了以下权利:劳动权、报酬权、流动权、发展权、辞职权、合同解除权、财

产权等。而随着高校与教师原本僵硬的人事关系向自由的合同关系的转变,高校的劳动关系也发生了深刻的变化,并呈现出以下诸多新特点:

1. 劳动关系的利益多样性与一致性

聘任制的实施,使得教师择业权解放,教师有权选择是否继续担任高校教师和是否继续在本校担任高校教师,教师自我选择的增加势必使其利益在很多时候与高校相冲突,利益的多样性不利于高校与教师构建和谐的劳动关系,最后影响高校与教师自身的发展。当然,由于合同制的推行,教师的利益与高校的利益势必捆绑在一起,只有教师出色地完成自身工作,才能有利于高校的发展;而只有高校发展,教师自身的福利和待遇才能得到改善和提高。这使得双方利益具有一致性。

2. 劳动关系的平等性与不平等性

聘任制的实施,高校与教师之间从原本的行政关系转变为劳动关系,这种劳动关系以合同形式得以确认,作为用人机构的高校和作为劳动者的高校教师具有平等的双向选择权,从而使得高校劳动关系具有平等性。平等性是高校劳动关系的重要表现。但在实际中,劳动者分散的个体限制,使其往往处在弱势的一方,无法真正捍卫自身的合法权益,从而在事实上造成劳动关系的不平等,这种不平等性通常是劳动关系矛盾产生的根源。

3. 劳动关系的市场性

聘任制的实施,同时也使得高校与教师之间的劳动关系具有鲜明的市场性,打破了铁饭碗和平均主义大锅饭,在"能进能出、能上能下、能高能低"的市场机制作用下,实现教师人才的市场配置最优化。

4. 劳动关系的不稳定性

聘任制的实施,使得市场配置功能在高校劳动关系中发挥越来越重要的作用。劳动者为了追求更高的报酬、更好的工作环境和更和谐的人际关系,依靠自己的劳动技能和知识,在不同的区域、高校和不同的行业间流动,中断原来的劳动关系,建立新的劳动关系。各个高校也同样希望实现教师资源的优化配置,从而最大程度上推动高校的发展,这使得双方的劳动关系存在巨大的不稳定性。

高校劳动关系的这些新变化、新特点,一方面为高校人事关系注入了新的生机和活力,另一方面也给高校劳动关系的协调带来了前所未有的压力,产生了很多新的问题。

(1)高校劳动关系的不平等性和不稳定性,加上当前我国劳动市场供大于求的现实状况,使得作为劳动关系中劳动力提供者一方的教职工们很难真正维护自身的合法权益,而作为劳动力使用者的高校,也往往困扰于本校教职工的不稳定性,无法实现长效的教师资源配置安排和计划。(2)高校劳动关系的市场性,使得作为劳动关系双方的高校与教师之间的商业色彩越来越浓,弹性工资制度和激烈的竞争使得高校教师的压力成倍增加,不仅使高校教师长期处在亚健康的不良状态,"过劳死"事件时有发生,同时也使得其为完成绩效和指标不惜弄虚作假,败坏了高校的学术风气。(3)高校毕竟不是真正的企业,不可能完全按照企业的运行模式,随着高校行政化愈演愈烈,高校领导在教师职称评定、福利待遇等利益方面的权力较大,使得高校领导与教师间、教师与教师间的矛盾摩擦增多。

以上三大问题最后必将导致教师对高校的主人翁意识和归属感降低,从而降低了他们参与高校管理和发展规划设计的兴趣,进一步加剧高校与教师之间劳动关系的恶化,从而使原本可能实现的双赢多赢局面变成双输多输的局面。这既不利于教师自我价值和社会价值的实现,更不利于高校的长远发展,同时也严重影响了社会主义和谐社会的建设。

四、高校和谐劳动关系的要求

胡锦涛同志在 2010 年全国劳动模范和先进工作者表彰大会上指出:"要切实发展和谐劳动关系,建立健全劳动关系协调机制,完善劳动保护机制,让广大劳动群众实现体面劳动。"这是高校和谐劳动关系构建的总的要求。但是具体到实际工作中,高校和谐劳动关系的要求又有哪些呢? 笔者认为,高校和谐的劳动关系要求如下。

1. 和谐劳动关系应当是合同型的

《中华人民共和国劳动法》(以下简称《劳动法》)规定,"建立劳动关系应当订立书面劳动合同"。劳动合同一经双方当事人签订,即确立了劳动者与用人单位之间的劳动法律关系,他们之间的有关劳动权利义务通过书面形式确定下来,使之固定化、具体化,以此规范和约束劳动关系双方当事人的行为,并且通过劳动合同的履行,实现双方各自的权利。任何一方违约侵害另一方权益的,都要承担经济或法律责任。建立和谐劳动关系,必须全面实行劳动合同制度,加强劳动合同管理,不断提高劳动关系双方当事人的合同意识,依法签订并严格履行劳动合同,充分发挥劳动合同在调整劳动关系中的积极作用。

2.和谐劳动关系应当是法制型的

市场经济是法制经济,法律是调整劳动关系的基本手段,是规范人们行为的规则。在市场经济条件下,劳动关系在构成、运行、处理等方面应当实现法制化,法律原则、法律方式应当成为调整劳动关系的主要依据。我国已经颁布了一系列劳动法律法规,劳动法律体系基本形成,以《劳动法》为龙头建立了调整劳动关系各个方面的法律规范,在劳动关系运行的各个环节,基本做到了有法可依,这是建立和谐劳动关系的基本依据和保障。

3.和谐劳动关系应当是民主型的

民主化的劳动关系主要包括:(1)劳动关系三方协商机制。各级人民政府劳动行政部门应当会同同级工会和企业方面代表建立劳动关系三方协商机制,共同研究解决劳动关系方面的重大问题,共同参与劳动法律、法规、政策的制定与实施。(2)平等协商和集体合同制度。平等协商和集体合同制度是市场经济国家调整劳动关系最基本的法律制度,也是工会从整体上维护职工合法权益的基本手段。对于涉及职工劳动权益的问题,如工资、工时、劳动保护、社会保险、生活福利等,由工会代表职工与用人单位进行平等协商,签订集体合同,用以规范劳动关系双方的行为,体现了劳动关系的共同决定权,改变了劳动关系事务的处理由用人单位一方独占的局面,从而提升劳动者在劳动关系中的地位和权利。(3)职工民主管理制度。职工民主管理是指职工依法直接或间接参与管理所在单位的内部事务,其在协调劳动关系中的作用,主要表现为职工意志对用人单位意志的影响和制约,用人单位意志对职工意志的吸收和体现,从而使劳动关系建立在民主的基础上。我国民主管理的基本形式是职工代表大会,应当加强职代会制度建设,依法落实职代会职权,使职代会成为调整劳动关系的重要机制。

4.和谐劳动关系应当是救助型的

劳动关系双方由于价值取向的差异和看问题角度的不同,产生一些矛盾难以避免,关键在于有没有一套解决矛盾和化解冲突的有效机制。我们既要正视矛盾,又要努力去解决矛盾。劳动争议就是劳动关系矛盾的表现,劳动争议的一个重要特点,就是其影响范围比较大,看似简单的劳动争议,如果处理不好,就可能引发群体性事件,影响社会稳定。

五、高校工会在建设和谐劳动关系中应发挥的作用

胡锦涛同志在 2010 年全国劳动模范和先进工作者表彰大会上指出,工会应当"把维护职工群众具体利益同维护全国人民根本利益紧密结合起来,把服务职工、维护职工合法权益同组织职工、教育引导职工紧密结合起来,不断提高为职工群众服务的能力和水平"。作为工会一部分的高校工会是教职工利益的代表者和维护者,必须以维护教职工的利益作为自己的基本任务。教职工的权益得到了保护,就能进一步促进学校劳动关系的和谐与稳定。同时,高校工会是高校行政部门联系教职工的桥梁和纽带,它在构建高校和谐劳动关系中起着不可替代的作用。对高校来说,只有构建和谐的劳动关系,教职工的合法利益才能得到实现和维护,全校上下才能同心同力,共谋学校发展,共建和谐校园。我们应充分认识到工会在学校改革发展中的重要地位和作用,着力构建和谐的劳动关系,使教职工的权益得到充分的保障,调动教职工的积极性和主动性,促进学校各方面工作得到稳步协调的发展。根据高校新型劳动关系所存在的问题以及和谐劳动关系的要求,我们认为,高校工会应在以下方面发挥积极作用。

1. 加强依法维权意识,推动高校劳动关系的合同化和法制化

合同化是高校劳动关系最为重要的特征,聘任制以契约精神为基础,教职工和高校的权利和义务以合同的形式得以确立。但是由于教职工的个体性以及对合同制度和相关法律的不熟悉,在实际操作中,教职工或在签订合同时就吃了亏,或在维权时不懂得如何运用合同和法律规定,往往成为弱势的一方,最后受制于合法而不合理的合同约束,自身合法权益无法保障。作为教职工合法权益的保障组织,高校工会应自觉地担负起普及教职工相关劳动法规的知识的义务,并自觉地参与到教职工与高校签订合同的过程中,从源头上保证教职工合法权益的实现。同时高校工会应积极参与到高校劳动关系相关法律制度的研究、制定和实施过程中,为教职工权益的保障提供法律依据和制度保证。

2. 重视工会民主建设,实现高校劳动关系的民主化

高校工会是教职工自发结合的群众组织,它的正常、健康、有序的运行需要一整套民主制度的保障。只有高校工会内部的管理民主化,高校工会才能作为广大教职工合法权益的真正代表,参与到与高校及相关部门的交涉协调过程中去。加强职代会民主建设是高校工会刻不容缓的工作。

3.正视高校劳动矛盾,建立高校教职工合理利益的诉求机制

教职工和高校的根本利益是一致的,但在具体的利益分配上必然存在各种矛盾,随着聘任制度的推行,高校劳动关系的不稳定性增加,而高校行政化又使得高校利益分配存在诸多不合理之处,这又加剧了高校劳动矛盾的产生。高校工会不能做鸵鸟,对这些矛盾充耳不闻、视而不见,应该加快建立高校职工合理利益的诉求机制,用协商的方式妥善解决。

六、高校工会发挥作用的相关制度建设

高校工会应在高校和谐劳动关系中发挥主导作用,这需要一系列制度的保障。根据新时期高校劳动关系的特点和问题,结合高校和谐劳动关系的要求,笔者认为,高校工会应加强以下几个方面的制度建设。

1.积极建立教职工的学习培训制度

教职工的学习培训不应仅是关于教职工师德方面的培训,更应加强对教职工相关法律法规方面的学习和培训,这是高校工会由福利型工会向维权型工会转变的必然要求。工会组织教师学习《教师法》《教育法》《劳动法》《学校教职工代表大会规定》,增强教师的法律意识,使其懂得依法执教的重要性,也让教师懂得如何在教育教学活动中保障自身的利益,充分提高教师自觉维护自身权益的积极性。提高教职工的法律意识,也就是提高了工会本身依法维权的法律意识,也为高校工会的维权工作和民主管理提供了智力支持和思想保证。

2.积极完善教职工代表大会制度

教职工代表大会制度是高校工会发挥维权作用的主渠道。教代会制度是学校教职工行使民主权利、参与学校民主管理与民主监督的基本制度和组织形式,凡涉及教职工切身利益的事情都要提交教代会讨论通过,教代会的代表在民主管理活动中行使知情权、参与权、评议权。教代会制度建设的好坏直接决定了工会在构建和谐劳动关系中效能的发挥,因此必须不断完善教代会制度。工会是教代会的工作机构,承担教代会的筹备、召开以及会后提案的落实等相关工作。完善教职工代表大会制度应从两个方面进行,一是从教职工代表大会内部完善,增强教职工代表的参会水平和提案水平,完善相应的程序制度和管理制度;二是从教职工大会外部完善,不仅要关注校级的教职工代表大会的建设,还应重视院级即学校二级教学单位这样的基层教职工代表大会的建设,因为这些基层的教

职工代表大会对于教职工的权益关系意义重大。高校工会只有不断完善教职工代表大会制度，才能使自己的维权工作具有坚实的组织基础和群众基础。

3.积极建立教职工利益表达制度

工会维权有两种主要方式，一种是事后维权，或称被动维权，即事情发生后，由教职工自己来反映，工会经过调查研究，认为确实侵害了教职工的合法权益，然后再介入其中，协调各种关系，争取在较短的时间内合理地解决存在的问题，维护学校的安定团结，这种维权方式反应较慢，往往只能做到亡羊补牢，效果并不太好；另一种是事前维权，或称主动维权，即从源头就参与其中，凡涉及教职工利益的各项制度，在酝酿形成的过程中，即尚未正式出台前，高校工会要充分考虑和体现教职工的意愿和要求，主动召开各种座谈会、调研会，收集整理教职工的意见和建议，为改革决策提供参考，同时通过深入细致的思想政治工作，教育教职工正确对待改革中的利益再分配等问题，从而化解矛盾，减少冲突。这种维权方式因为从源头就开始参与，问题解决的效果较好。高校工会通过主动了解、反映和表达职工的诉求和意愿，从事后介入的被动维护到提前参与的主动维护，对于更好地维护教职工合法权益具有重要的意义。高校工会作为高校联系广大职工群众的桥梁和纽带，是下情上传、上情下达的重要渠道。工会应畅通诉求渠道，完善表达机制，努力实现主动维权；通过走下去、坐下来等方式主动掌握职工情况；同时可利用网络的迅速发展和快捷的优点，通过网络等便利渠道畅通教职工诉求渠道，使职工的呼声、建议和愿望有地方倾诉，有组织帮助解决，促进和谐校园的构建。同时，这样还能提高高校工会的维权效能，增强高校工会组织的吸引力、凝聚力和影响力。

4.积极建立教职工利益协调制度

在高校劳动关系中，不仅仅是教职工与高校之间存在利益冲突，教职工之间因为各种原因也存在大量的利益冲突，这些冲突与矛盾并不适合在教职工代表大会这样的全体会议中解决，而应该建立起一整套教职工之间的利益协调制度，如建立独立的教职工纠纷委员会，公正、公平、高效地予以解决，保障不同利益群体的合理合法利益。同时高校工会要经常深入到职工群众中去，了解困难职工、下岗失业人员和农民工等弱势群体的实际情况，积极向党委、政府提出解决困难的意见和建议。工会要积极参与解决有关困难职工问题的政策研究和制定，加强帮扶中心建设，尝试推行帮扶工作社会化运作，广泛吸引社会各方面力量参与困难职工帮扶救助工作，让职工共享改革发展成果。

5.积极建立教职工利益诉求制度

教职工与高校的利益存在根本的一致性,但我们也不能忽视他们之间利益不一致性的存在。这要求工会积极建立教职工的利益诉求制度。高校工会应积极承担高校和教职工个人之间其仲裁人的身份,如建立独立的劳动纠纷调解委员会,使教职工与高校有一个平等对话、平等协商的平台,公正、公平地解决相关的劳动纠纷,维护双方的合理合法权益,使得教职工与高校之间有一个通畅的诉求解决通道,而不是把矛盾掩盖起来,埋下矛盾爆发的隐患,酿成严重的群体性事件。

6.积极推动高校校务公开制度

校务公开使教职工对学校的发展前途、改革的目标、管理的方法、工作的程序进行了全面、深入的了解,全面调动了广大教职员的积极性,增强了广大教职工参与管理学校的意识,加强了学校的民主建设和廉政建设。高校工会应积极推动高校校务公开制度的实行和完善,增强高校教师对高校的主人翁意识和归属感。

七、结　语

随着高校聘任制的推行和其他相关用人制度的改革,高校劳动关系已发生根本性转变,新时期高校劳动关系产生的各种新特点和新问题对于建设和谐的劳动关系是一个严峻的挑战,这使得高校工会从福利型工会向维权型工会转变的必要性和紧迫性越发突出。而西方社会发展的历史经验和实践经验告诉我们,工会已经成为社会经济发展中不可缺少的力量。工会通过代表和维护职工的利益,促进社会公平、公正,让广大劳动者分享经济发展的成果。高校工会必须要有这样的责任感,自觉地参与到高校和谐劳动关系建设的环节中。

当然,我们也看到高校劳动关系虽然有了市场化的尝试和发展,但高校行政化依然是高校人事改革挥之不去的一个阴影,而高校并非企业而具有公益性质这一特点也使得高校人事制度的改革具有其他改革所没有的特殊性,同时轻法律、重领导与轻群众、重权力的不良思想和不正之风也严重妨碍着和谐劳动关系由形式变为现实。高校工会在建设和谐劳动关系中所起的作用无疑是重要的,但所面临的问题无疑也是众多的。只要在党的领导下,紧密联系广大教职工群众,一步一个脚印,踏踏实实地推行相关制度的建设,我们就有理由相信,高校工会必能在日后成为广大教职工权益最为坚强的保障,取得建设社会主义和谐劳动关系的伟大胜利。

参考文献

[1] 蓝寿荣,谢晓萍,赵丽.论工会在发展高等学校和谐劳动人事关系中的作用[J].科技创业月刊,2009(1).

[2] 王祝贵,侯霞.与时俱进、创新维权,构建和谐高校劳动关系[EB/OL].(2009-05-19)[2016-05-27]. http://gh.ahut.edu.cn/info/1190/2906.htm.

[3] 王志红.浅析高校工会在构建和谐劳动关系中的作用[J].中国工运,2007(10).

工会在集体劳动合同中的职能价值评价体系分析

孙红卫①

【摘　要】集体劳动合同是为了保障企事业单位和员工的合法权益不受侵害,构建和谐稳定的劳动关系必不可少的环节。工会的主要职能是维护员工的合法权益。工会要明确其在集体劳动合同中的职能,在如何履行集体劳动合同的职能上,以及在体现其集体劳动合同中的职能价值上尽责地发挥作用。

【关键词】工会;集体劳动合同;职能价值

《国际歌》中唱道:"是谁创造了人类世界？是我们劳动群众。"这是一条放之四海而皆准的真理。以企业(含实行企业化管理的事业单位和民办非企业单位)为例,劳动群众——员工从事着生产经营活动,支撑着所在企事业单位的生存和发展。可以这么说,员工是企事业单位物质文明和精神文明的创造者,员工的积极性和主动性发挥到何种程度,对企事业单位的竞争力和创新力起着决定作用。维护员工的合法权益是工会的主要职能,为了保障企事业单位和员工的合法权益不受侵害,构建和谐稳定的劳动关系,双方签订集体劳动合同是必不可少的环节,从签订合同到履行合同,工会自始至终在其中充分发挥组织作用。

一、工会在集体劳动合同中的职能

(一)平等协商职能

企事业单位在制定、修改、决定有关劳动报酬、工作时间、休息休假、劳动安全卫生、保险福利、职工培训、劳动纪律和劳动定额管理等直接和员工的切身利益相关的规章制度或者重大事项时,工会可以和企事业单位平等协商,并经职工

---

① 孙红卫,浙江工商大学杭州商学院法学分院副教授。

代表大会或者全体职工充分讨论;在规章制度和重大事项决定实施过程中,工会认为不适当处,可以向企业提出,通过双方协商予以修改完善。如企事业单位需要裁减人员 20 人以上,或者裁减不足 20 人但占员工总数 10% 以上的,工会可以在 30 天前听取企事业单位说明情况,并明确表明同意与否。企事业单位单方解除劳动合同,工会有权要求其事先告知理由,如果违反了法律、行政法规规定及劳动合同约定的,工会有权要求其纠正,直至其把处理结果书面通知给工会为止。

(二)教育职能

集体劳动合同由工会代表全体员工与企事业单位订立。合同一旦签订生效后,工会有责任教育员工自觉遵守企事业单位的各项规章制度和劳动纪律;爱护集体财产,保守单位秘密,爱岗敬业;认真履行合同,积极支持和参与单位改革,自觉执行经员工代表大会或全体大会审议通过的重大决策和决议,以企事业单位主人翁的姿态,立足本岗建功立业。

(三)监督职能

合同期内,企事业单位如违反集体合同、侵犯员工劳动权益,工会有权依法要求其承担责任;因履行集体劳动合同发生争议,经协商解决不成的,工会有权依法申请仲裁,提起诉讼,并且有权对企事业单位履行集体劳动合同的情况进行监督。企事业单位违反劳动法律、法规和集体劳动合同的,工会有权提出意见要求纠正;而员工申请仲裁、提起诉讼的,工会有责任依法给予支持和帮助。

二、工会如何履行在集体劳动合同中的职能

(一)通晓相关法律

集体劳动合同是根据《中华人民共和国劳动法》《中华人民共和国合同法》《中华人民共和国工会法》《集体合同规范》及相关的法律、法规,经协商一致才正式签订的合同,它对企事业单位全体员工具有法律约束力,工会要在集体劳动合同中尽职尽责,首要的是通晓相关法律法规。在此基础上,工会应当向员工宣传与集体劳动合同相关的法律法规,帮助员工了解合同文本的内容,从而增强员工履行劳动合同的义务意识和依法维权的自我保护意识。

(二)切实为员工维权

以人为本是构建和谐社会进程中不容忽视的一环。令人遗憾的是,在一些

企事业单位中,侵犯员工权益的行为依然存在,导致了企事业单位与员工关系的失衡。2011 年 7 月 18 日,富士康一名员工跳楼,年仅 21 岁。事实上,从 2010 年 1 月 23 日至同年 11 月 5 日,富士康连续发生 14 起跳楼事件!在签订集体劳动合同时,工会应该成为全体员工称职的代言人,要求企事业单位结合实际,建立安全生产的长效机制,依法履行安全生产管理,从而保障员工的生命安全与身体健康。2012 年 8 月 29 日,四川省攀枝花市发生矿难,45 名矿工蒙难,令人触目惊心!防患于未然十分重要,工会应切实会同企事业单位教育员工严格遵守各项生产规章制度及操作规程,教育和组织职工接受安全技术培训和管理,积极配合企事业单位监督劳动保护和安全卫生等方面的制度、规定、规程的执行情况。一旦发现企事业单位领导违章指挥,强令员工冒险作业,或者在生产过程中发现明显重大事故隐患、职业危害和危及员工生命安全情况时,工会有权提出解决建议,有权向企事业单位建议组织员工迅速撤离危险现场,并督促企事业单位及时做出处理决定。与此同时,工会应该综合运用各种方式,配合企事业单位对员工进行各项安全教育培训工作,提高职工的技术素质和安全意识,建立安全生产宣传教育制度,组织开展"安全生产月"和形式多样的安全生产宣传教育活动。

企事业单位欠薪是一个严重的社会问题。早在 2003 年,就有温家宝同志帮助民工讨薪一事。在企事业单位制定、调整工资分配制度,考核分配制度等涉及员工权益的方案及实施方案的过程中,工会应提出态度鲜明的意见。企事业单位因为生产经营困难确实无法按时支付工资的,应该向员工说明情况,并与工会协商一致后,才可以延期支付工资,但最长不能超过 30 日。企业如果超过 30 天仍无法支付工资,应该和工会协商解决;协商不成,可向劳动保障部门反映,或者向人民法院申请支付令。企事业单位在经济效益增长的情况下,按照工资分配办法,应逐年提高员工工资收入,并对生产经营骨干、急需人才、有突出贡献的员工予以倾斜,工资水平偏低的生产一线职工和技术工人的工资增长不得低于企业负责人工资增长幅度,逐步实现职工整体工资水平的提高。员工患病或者病休期间,当月实发的工资在扣除个人应缴纳的各项社会保险及住房公积金后,不得低于企业最低工资标准的 80%。在员工的工作时间上,依据《中华人民共和国劳动法》的规定,实行每天不超过 8 小时,平均每周不超过 40 小时的工作制;对于加班,企事业单位应与工会和员工本人协商后才可以进行,而且每天不超过 1 小时。如果确实有特殊原因需要延长加班时间,每天不能超过 3 小时,每月累计不得超过 36 小时,员工依法可以享受高于正常工资的加班加点工资。工会有权随时查阅企业加班情况的记录,并检查员工病休、加班工资的落实情况。对于超出法定时间并危害职工身心健康的加班,工会可以态度鲜明地代表员工向企业和上级主管部门反映。

除上述几大维权方式之外,集体劳动合同还涉及女职工与未成年工特殊保护、职业技能培训、劳动争议处理等方面的 13 个条款,工会皆有责任为员工维权。

三、工会在集体劳动合同中的职能价值

(一)有利于激发员工的工作热情和信心

集体劳动合同是社会责任管理体系涵盖的内容之一,它在追求利润最大化和对股东负责的同时,兼顾了员工的权益,所以能够吸引、留住优秀的员工。员工消除了后顾之忧,心情舒畅、干劲倍增,为在这个企业工作而自豪,心甘情愿把自己的智慧和汗水奉献给企事业单位。单位爱员工,员工回报单位,双方良好和谐的关系是企事业单位发展的宝贵的无形资源。

(二)有利于促进员工的全面发展

任何一个企事业单位,承担的社会责任中最核心的部分是员工责任,就是保证生产安全和员工职业健康,确保员工的合法权益得到实现。集体劳动合同蕴含着企事业单位对员工做出的承诺,包括能够得到良好的职业技能培训,促进员工的全面发展等。工作出色的员工能够得到奖励,一旦遇到不公平待遇,还有工会为员工讨回公道。

四、工会在集体劳动合同中的职能价值评价体系分析

(一)把员工评价集体劳动合同与评价工会职能相结合

由员工来评价工会在集体劳动合同中发挥的职能价值,是推进集体劳动合同不断完善、不断规范的有效机制,可以把评价工作作为工会系统开展各类评选表彰活动的参与依据,从而充分提高员工参与评价活动的积极性。

(二)把员工评价集体劳动合同与评价"职工之家"相结合

建设"职工之家"是工会工作的一个品牌,为推动工会整体工作的不断发展发挥了积极作用。在深化建设"职工之家"工作中,开展会员评议"职工之家"是

重点工作之一,工会可以充分利用这个载体,把员工评价集体劳动合同与评价"职工之家"结合起来,及时发现问题,及时加强指导,及时总结经验,获得双赢。

(三)把员工评价集体劳动合同与评价企业文化建设相结合

企业文化是企业在生产经营活动中所形成的经营理念、价值观、企业社会责任等的总和,是企业生存与发展的灵魂。良好的企业文化不仅能够促进员工投入工作,更有益于员工各方面的和谐发展,有助于树立企业的品牌形象,带来较好的经济和社会效益。把两个主题的评价结合起来,有利而无弊。

工会是企业员工维权的有力保障。新形势下,因地制宜加强工会在集体劳动合同中的职能价值评价体系建设,对于发挥工会的积极作用意义重大;通过平等协商集体劳动合同制度,协调劳动关系,维护员工劳动权益尤其重要,而成为员工可以信赖的代表,维护和保障劳动者合法权益是工会的天职!

高校工会工作中的激励与援助机制研究

李俊洁①

【摘　要】激励与援助是西方管理学中的两大概念,是在吸取多学科知识基础上形成的新思维、新理论和新方法。通过激励,来提升团队成员的士气与向心力,通过援助来为团队成员提供心理上和实际生活中的帮助与支持,两者相辅相成,共同促进和谐团队的形成。本文将激励与援助概念引入高校工会工作的实践,进而探讨在高校工会中建立激励与援助工作机制的可行性。

【关键词】高校工会;激励;援助

激励与援助可谓管理之一体两面,借由激励的力量强化团队成员对工作目标与组织的认同与向心力,进而提升组织有效的竞争力;借由援助的力量为陷入生活或心理困境的团队成员提供帮助和支持,维护他们的幸福健康,提升积极的团队成员氛围,增加他们在工作、家庭、社区中高效运作的能力。企业界如此,高校的管理同样也如此。高校工会作为以培养高层次人才为职业的教师为主体的教职工群众组织,作为党联系教职工群众的桥梁和纽带,服务教工、凝聚人心是其主要职责。在高校工会工作中建立起激励与援助机制,无疑能够更好地履行工会职能,使之更适应高校改革与发展的需要。

一、激励理论的具体内涵及其在高校工会工作中的运用

现代激励理论以人性化管理为主线,专门研究人的积极性产生与发展的规律及怎样激励人的积极性的规律。西方关于激励理论有多种不同角度的代表性阐述,包括马斯洛的"需求层次理论"、奥尔德弗的"ERG 理论"、赫茨伯格的"双因素理论"、麦克利兰的"成就需要理论"、强化论、挫折论、归因论、期望论、目标

---

① 李俊洁,杭州师范大学人文学院讲师。

设置论、公平论等。[1]本文试图从几种代表性理论出发,来讨论有关高校工会工作中激励机制的设计问题

(一)需要理论的启迪

马斯洛的需求层次理论、奥尔德弗的"ERG 理论"以及麦克利兰的"成就需要理论",从不同角度对个体的需要进行了分析。在马斯洛那里,人的需要被划分为生理需要、安全需要、爱与归属的需要、尊严的需要和自我实现的需要五个层次;在奥尔德弗那里,需要被划分为生存需要、相互关系需要和成长发展需要三个层次;在麦克利兰那里,需要被划分为权力需要、友谊需要和成就需要。在此基础上,赫茨伯格提出了"保健—激励理论"(又称双因素理论)。他通过研究发现,使人感到不满意的因素和使人感到满意的因素是不同的。由此他提出,激发人的动机的因素有两类:一类叫保健因素,就像良好的卫生条件能减少人们生病那样,起着防止员工对工作产生不满情绪的作用;另一类称为激励因素,能激发人做出积极的努力。保健因素常常与外部工作环境相关,如企业政策、行政管理、监督、工作条件、工资水平、地位、安全、各种人事关系处理等,而激励因素则常常与工作本身有关,如挑战性、成就感、责任感等。保健因素的满足能够消除员工的不满,但只有激励因素的满足,才能最大限度地调动员工的积极性,激发员工的工作热情。[2]将需要理论运用于高校工会工作开展的实践,具体可以有以下几方面的举措。

第一,充分发挥教师代表大会的作用,赋予其更多功能,使其作为一种民主制度在学校事务中得到应有的重视,而不只是搞形式、走过场。要进一步拓展教职工参与学校民主决策、民主管理、民主监督的渠道,扩大教职工对学校建设发展的知情权与参与权,增强他们的主人翁意识和责任感。

第二,重视和认真对待教工的不满意情绪,通过各种渠道和途径来听取教工的意见和建议,让牢骚、不满、怨恨等情绪在适当的场合得到发泄,并将其中合理的意见和建议及时向有关部门反映,给予教职工及时的反馈。建立争议调解组织,积极参与争议调解。

第三,在激励中展现更丰富的文化含量,突出高品位的精神需求的驱动。鼓励教职工发现更多专业与兴趣的结合点,发挥其特长,增强其教学科研自主性。除了开展传统意义上的文体活动外,要更多地开展与教师专业、职业能力相关的比赛、讲座、交流、考察等创新活动,以激发教职工的活力,提高教学科研积极性,促进其对教育教学事业发自内心的热爱。

第四,建立富有弹性的工会激励机制。一方面有完备的外在政策、制度、规

范的约束,另一方面也保持内在具体工作中的弹性、柔性、伸缩性,使工会工作既有理可依、有章可循,又以人为本、以情动人。

(二)组织行为理论的启迪

组织行为理论包括古典组织理论、行为分析组织理论、现代权变组织理论、现代系统组织理论等不同的发展分支,也涌现出众多的代表人物与观点。这里主要介绍巴纳德的组织理论以及卡斯特与罗森茨威支的现代系统组织理论。巴纳德认为,组织是"两人以上有意识的协作力量和活动的合作系统"[3],只有当职工理解命令的内容,相信它符合组织目标和个人利益,而且可能办到的情况下,才有"权威"的意义。绝大多数人温饱满足后,物质刺激对他们就没有多大的效果,其他刺激如权力与名誉、合适的工作条件、技艺受到重视、为他人服务理想的实现、企业事务的参与机会、与伙伴合作共事的兴趣等将更为重要。巴纳德还认为,采取适当刺激办法来鼓励职工的积极性是管理人员的首要任务。巴纳德很重视信息交流。他认为,社会的各级组织都是一个协作的系统,这些协作系统都包含三个要素:协作的意愿、共同的目标和信息交流。要发挥前两个要素的作用,必须以信息交流为基础。因此,提高管理效能的关键是维持良好的信息交流。以美国著名管理学家卡斯特和罗森茨威支为代表的系统学派认为:组织是社会系统的一部分,其本身又是一个系统。任何组织都可分为目标、技术、管理、结构、人际五个分系统。组织不但要与外部社会环境维持高度的适应关系,其内部的各个分系统之间也要保持高度的适应关系。组织不是固定不变的,而是需要经常进行适应性的调整或变革。

将组织行为理论运用于高校工会工作开展的实践,有以下几方面值得引起重视:

第一,充分重视激励的意义与作用,提升激励要素的品质,更注重非物质性激励,如目标激励等。工会要从改变教职工思想和态度入手去开展激励活动,在宣传远期与近期共同目标、鼓舞士气、凝聚人心上下更多功夫。

第二,不仅要重视特定的激励手段,如物质激励、职务晋升等,也要更重视日常工作中一般性的激励手段的运用。比如,让教职工通过工会更强烈地感受到良好的集体氛围和家庭般的温暖,通过工会参与学校的管理决策,高校应在具体的工会工作中注重尊重教职工的个人感受等。

第三,要较好地平衡各种激励手段,针对具体环境的变化综合运用各种激励手段来确保激励效果。同时,也要将激励与其他工作手段结合起来运用,不能一味地迷信激励的作用。

第四，要按照高等教育的发展规律、围绕学校发展的总体目标不断调整工会的具体职能，创新工作手段和方法，使外部的和谐与内在的和谐互相应和，形成良性循环。

二、员工援助计划与高校工会工作中援助机制的建立

员工援助计划(Employee Assistant Program)起源于美国，发展到今天已演变成一种企业福利方案。关于它的定义多种多样，可是它们都包含了一些共同的内容，如：为员工提供保密的个人评估、心理咨询和治疗服务，帮助员工解决家庭、法律、医疗和经济问题。援助计划主要是由专业人员对组织发起。资料显示，通过实行员工援助计划能给企业带来巨大的收益。[4]员工援助计划在国外非常普遍，国内则正在兴起。事实上，"援助"这个词本身就概括了工会工作的重要职能之一，员工援助计划的诸多内容对高校工会工作的开展有许多有益的启示，尤其是在全球化与现代化高度发展、高校改革不断深入的当前背景下。一方面，在现今的社会环境中，高校教师常被赋予较高的期望，作为高级知识分子，他们既有来自大众期待的社会压力，也有中国自古以来"知识分子"传统意义上的精神修养方面的压力。教师的工作压力不仅容易导致身心疾病，也可能影响师生间的互动，如何协助教师在工作压力中保持良好的身心状态，是工会提供援助的一项重要内容。另一方面，随着社会法律意识和维权意识的提高，教职工的民主权利意识和自我保护意识的增强，各种纠纷和争议也难免会增多，这就对工会维权职能的发挥提出更高的要求。为教工提供更好的法律援助与维权援助，是工会提供援助的另一项重要内容。借鉴国外员工援助计划的理念与开展情况，结合高校工会工作的特点，笔者认为高校工会工作中援助机制的建立可以从以下几个方面的工作来展开。

第一，在教工之家建立心理与法律援助工作室，设立专门的网页与热线。除了聘请专业人员担任咨询师外，高校工会也可利用高校特有的资源优势，如本身就有相应学院或专业的学校工会，可以邀请相关的专家学者担当顾问。在进行援助的过程中，尤其要注意隐私保护。除了为教职工提供咨询和指导外，也可以根据需要对教职工家属进行援助。通过专业人员的诊断和建议来帮助教职工及其家属解决问题，维护教职工的权益与心理健康，提高教学效率。组织专业讲座和培训，为教职工提供心理健康与法律知识等方面的教育培训。

第二，建立良好有序的维权体系，包括程序建设和制度建设，主动维权、依法

维权、科学维权，而不能只停留在调解层次。随着劳动人事制度改革的深化和教职工利益分配的进一步调整，不和谐之音乃至矛盾摩擦有不断扩大的趋势，小到教师间的邻里纠纷，大到集体上访、因心理压力过大自杀等。针对这些情况，高校工会组织必须建立一套有效的参与、预防、协调、处理的机制，通过思想政治工作，把劳动关系中的不和谐和矛盾解决在萌芽状态，维护教职工合法权益，从而维护学校的和谐稳定。

第三，发挥工会的桥梁纽带作用，将教职工反映的问题与学校相关部门及时沟通解决，积极协助党政部门为教职工排忧解难，切实维护和实现教职工的长远利益和具体利益。认真倾听和回应他们对办好学校与谋求自身权益的意见和呼声，及时向学校党政和有关部门反映他们的要求；并积极组织教职工更多地参与到学校的民主决策、管理和监督中去，努力形成教职工积极参与校务管理的局面，有效促进学校改革与发展。

第四，进一步提升工会工作人员自身的综合援助能力，在加强其思想和作风建设的同时，全面提高其素质和工作能力。系统的培训课程使工会工作者掌握管理学与心理学领域必要的知识与技能，以便为教职工提供更多人性化的服务，给予更多实际的帮助。同时，要使他们掌握好与教职工利益密切相关的法律法规，努力提高依法推进高校工会工作、依法维护教职工合法权益的水平和能力。

三、当前高校工会工作中激励与援助机制建立的难点分析

高校是高级知识分子、科研技术人才的云集之地，相应地对高校工会工作的开展也提出了特殊的要求。激励与援助机制在高校工会中建立，一方面有其优势所在，即它所服务的群体本身有较高的综合素质和维权意识；另一方面，高校工会工作的开展从机构设置到人员结构组成再到具体工作的开展却存在缺陷，给激励与援助机制的建立与工作的顺利开展造成困扰。

(一)高校工会机构设置与人员结构组成的缺陷

长期以来，我国高校工会组织是属于学校党委群众工作的一个职能部门，其机构设置从结构上限定了工会的人员配备、工作部署及安排必须服从于党委工作的统一部署与调动。这一方面把工会置于党委的统一领导下，工会工作获得巨大支持；另一方面，又会带来结构性的局限，工会工作容易失去独立性，容易造成工会在执行党委和行政领导意见与维护教职工利益时，处于被动和矛盾的境

地。同时作为群众组织在实施激励与援助时也缺乏权威性和约束力,很难将各职能部门组织动员起来,不利于激励与援助工作的真正落实。另一方面,不少高校工会在单位的地位、作用与《工会法》的要求不相符,工会干部年龄普遍偏大,学历、职称偏低,工会成为事实上的老弱病残"收容站"。在工会干部的选拔上也存在重政治素质而轻业务素质的现象,以至于选拔上来的干部热情有余而能力不足,学习与创新能力欠缺,无法有效地实施激励与援助。

(二)各项管理制度和监督制度还不够完善

部分高校工会,特别是校级工会的行政化,形成了工作过分依赖于党政领导的支撑作用,依赖于"发文件、下命令"等行政手段开展工作,而不善于运用法律和制度的手段开展工作。各项管理制度不完善,而仅仅依靠行政手段开展工作,必然会使工会组织无法发挥其应有作用。对学校校务公开内容的审定、对领导班子的民主评议、教代会的召开等教职工参与民主管理的基本程序的建立和健全,作为工会组织往往无权直接决定,也无法单独操作,那么工会激励与援助的效力也就无从发挥。另一方面,要重点解决好制度执行不力和缺乏必要监督的问题。否则即使管理制度较完善了,激励与援助机制建立起来了,教职工关注的热点问题依然得不到解决,教代会的民主决策、民主管理、民主监督的权利得不到全面落实,工会激励与援助工作的开展就会显得苍白无力。

综上所述,将激励与援助机制引入工会工作机制的建立和日常工作的开展,具有非常积极的意义,能够更有效地在新的变革条件下履行高校工会的职能,更好地服务教职工,促进校园的和谐稳定。但我们也应该看到,目前高校工会组织由于各种各样的原因,在建立激励与援助机制的过程中依然存在包括组织结构、监督制度、思维意识等方面的先天缺陷和障碍。如何解决这些问题,值得我们进一步思索和研究。

参考文献

[1] 李春方.激励理论研究[M].沈阳:辽宁大学出版社,2004:2.

[2] 赫茨伯格,等.赫茨伯格的双因素理论[M].张湛,译.北京:中国人民大学出版社,2009.

[3] 饭野春树.巴纳德组织理论研究[M].王利平,等,译.北京:生活·读书·新知三联书店,2004:58.

[4] 程延园.员工关系原理[M].上海:复旦大学出版社,2004:109.

发挥工会在校园
文化建设中的作用篇

充分发挥高校工会在校园文化
建设中的积极作用

赵春华①　曹倩慧②

【摘　要】面对高校内外环境的复杂和不确定,面对高校内涵提升、转型发展的需求,面对工会工作新的更高的要求,高校工会必须突破原有组织建设的运行空间、约束条件以及固有的视域和思维,正确认识和充分发挥工会在校园文化建设中的特殊作用。

【关键词】高校工会;校园文化;建设;积极作用

高校是重要的思想文化阵地,搞好校园文化建设对于全面贯彻党的教育方针,培养良好的校风、学风,优化育人环境,提高师生员工的思想道德水平和科学文化素质具有重要意义。进入新的时期,随着高校改革发展的不断深入,特别是在全球化、多元化、多样化的新时期,面对高校内外环境的复杂和不确定,面对高校内涵提升、转型发展的需求,面对工会工作新的更高的要求,高校工会必须突破原有组织建设的运行空间、约束条件以及固有的视域和思维,以校园文化建设为载体,充分发挥校园文化建设在工会工作中的积极作用,将工会建设与校园文化建设并举相依,通过建设文化来凝聚力量和整合资源,实现扩大工会组织影响力、感召力与促进工会功能发挥创造有力、有利、有效的作用空间,促进工会的深化转型,为党的社会基础拓展、巩固建设强大的机制保障。

笔者深入浙江省在校园文化建设和工会工作中具有典型意义的高校,掌握了一定的素材,在综合进行文献查阅、座谈访谈、实地调查、实证分析的基础上,认真总结梳理,形成此调研报告。

---

① 赵春华,杭州师范大学马克思主义学院副教授。
② 曹倩慧,杭州师范大学马克思主义学院研究生。

一、新形势下校园文化建设在高校工会工作中的积极作用

校园文化，就是在学校育人环境中，以学生为主体，以教师为主导，以促进学生成长和提高全员文化素质及审美情操为目标，由全体师生员工在教学、科研、管理、生产、生活、娱乐等各个领域的相互作用中共同创造出来的一切物质和精神的成果。其中，文化活动是校园文化的重点，校园精神是校园文化的核心，文化环境是校园文化发展的条件。

我们应该充分注意和认识到，正是这样一种特殊的社会文化，在经济、社会、文化转型期间，它始终处于社会文化发展的前沿，集中体现了学校的精神和文化传统。它的职能是通过一定的物质环境和精神氛围，使生活在其中的每一个成员都有意无意地在思想观念、心理因素、行为准则、价值取向等方面与现实文化产生认同感，从而实现对人的精神、心灵和性格的塑造。高品位的校园文化，能提升学校的品位和声誉；高层次的校园文化，能提升学生的素质和能力。

习近平总书记在浙江工作时曾指出："文化的力量，或者我们称之为构成综合竞争力的文化软实力，总是'润物细无声'地融入经济力量、政治力量、社会力量之中，成为经济发展的'助推器'、政治文明的'导航灯'、社会和谐的'黏合剂'。"（《之江新语》第149页）校园文化建设对于高校的工会工作来说，正发挥出了这样的力量。校园文化以"润物细无声"的形式，融入高校的工会工作中，进而通过工会工作，既推动了高校的发展，又促进了工会工作。

想要充分发挥文化建设在高校工会工作中的积极作用，在工作中需要关注两点。一是建构良好的氛围。借助文化的"软力量"推进工会工作，将校园文化元素注入工会活动，通过各种生动活泼、行之有效的形式，采取"春风化雨，润物无声"的方法，使工会的工作目标、价值取向更容易被广大教职工认可和接受，使工会工作更加贴近实际、充满活力，更有亲和力和吸引力。二是用创新开放的理念去抓工会工作。用广大教职工都能接受的方式来抓工会工作，把"文化价值"有机地结合、影响、引领广大教职工的共同理想、基本价值观、作风、生活习惯和行为规范，最终使其变成他们的文化自觉。但是，要真正实现上述两点，最终实现用工会工作推进校园文化建设，依托工会成熟的工作体系和丰富的组织资源，让校园文化在学校、广大教职工中落地生根，有一个根本前提是充分认识与体会发挥校园文化建设在工会工作中积极作用的必要性。

（一）充分发挥校园文化建设在高校工会工作中的积极作用，是顺应高等教育改革发展方向，提高工会工作科学化水平的需要

科学是任何一个组织在推进制度建设时首先要考虑的目标，只有符合科学的规律，按照科学的思维、科学的方法，才能保证组织决策的正确性和民主性，才能保证组织制度建设的持久推进，而不是制度扭曲或者制度失灵。高校工会要生存发展必须寻求更科学、更系统、更完整的管理体系。从提高工会工作科学化水平看，科学化意味着对客观规律的尊重和服从，工会对民意的吸纳必须采取符合现代民意表达方式的渠道。在信息化和多元化日益发展的今天，高校工会的建设形态必须采取科学的手段和方法，保证对民意吸纳的正确性和完整性，保证民众的合理诉求能通过科学化的制度得到反映和整合，形成工会工作与校园文化的良好互动结构。

（二）充分发挥校园文化建设在高校工会工作中的积极作用，是建设中国特色现代大学制度，办好中国特色社会主义大学的需要

社会的巨大变革，高校环境和职工心态的变化，使得在传统体制下形成的管理理念、管理制度和管理方法不再管用，校园文化的优势和价值愈益凸显。校园文化所形成的文化力即智力、凝聚力、创造力等，已经成为高校的无形资产、"软实力"。随着现代高等教育制度的渐趋完善和校园文化建设的加强，必将为高校增进活力、加速发展创造良好的条件。同时，也为我们加强高校工会工作提供了新的契机和载体。从建立健全现代大学制度看，充分发挥校园文化建设在工会工作中的积极作用，是完善现代大学治理结构的题中应有之义，有利于遵循高等教育发展的规律，建立健全现代大学制度，推动现代大学管理模式创新发展。建设先进校园文化是高校工会的一项重要职责，有利于推动工会工作模式创新升级，从而形成中国特色的"工会工作＋校园文化＋现代大学管理制度"治理模式。从现代高等教育发展战略层面看，充分发挥文化建设在工会工作中的积极作用，是助推高校工会创新发展、科学发展的重要力量，有利于实现大学发展的可持续。

（三）充分发挥校园文化建设在高校工会工作中的积极作用，是贯彻落实党的群众路线方针政策、践行社会主义核心价值观的需要

群众路线是党的根本工作路线。中国共产党在长期革命和建设中形成了一切为了群众、一切依靠群众和从群众中来、到群众中去的群众路线。高校工会是党委领导下的教职工自愿结合的群众组织，是党联系教职工的桥梁和纽带，在协

调各方利益关系,促进依法治校和学校民主政治建设,营造良好的校园文化环境等方面,发挥着凝聚、教育、组织和维护教职工权益的作用。十八大报告提出,以服务群众、做群众工作为主要任务,加强基层服务型党组织建设。发挥文化建设的积极作用,是在新的社会环境中,贯彻落实党的十八大精神,把中共传统的政党优势资源之一的群众路线全面引入到高校工会工作的各个制度环节,改变传统工会工作的模式,使工会的管理方式、工作方式、活动方式等更加符合服务群众的要求。社会主义核心价值观,指在中国特色社会主义实践基础上,由国家凝练和建构并由国家公共权力普及推行的价值观念系统。它由一组价值观念有序构成,集中表现了中华民族和当代中国人的价值追求、价值理想、价值取向和价值规范,具有科学性、民主性、时代性、包容性和开放性,体现社会主义意识形态的本质。社会主义核心价值观,为高校文化建设提供思想保证、精神动力、智力支持和舆论氛围,充分发挥文化建设在工会工作中的积极作用,是践行社会主义核心价值观的深刻体现。

(四)充分发挥校园文化建设在高校工会工作中的积极作用,是应对日益变化复杂的内外环境,推动高校自身可持续发展的需要

良好的校园文化系统,有效的校园文化建设,必须有强有力的组织保障和严谨的制度体系。工会作为高校的一个重要组织,通过各种途径和形式参与管理校园事务、经济和文化事业,协助校党委开展工作。工会组织健全并发挥作用,必然会促进校园文化的整体进步,必然会促进广大教职工进行校园文化建设的积极性,必然会更好地引导和带领教职工进行校园文化建设。

从高等教育发展的大背景看,充分发挥文化建设的积极作用,是提高大学核心竞争力和"软实力"的动力源泉,有利于形成独特的发展优势。虽然高校的发展源于各种资源的整合与配置,但是随着高校的改革发展壮大,真正占主导地位和绝对具有决定意义的要素,既不仅仅是教学,也不仅仅是科研和服务,而是文化。在激荡汹涌的高等教育改革中,大学如何才能占据有利地位,有许多影响因素,但有一点是至关重要的,那就是各项工作与校园文化的深度融合,形成独特的文化优势,进一步引导广大教职工树立社会主义核心价值理念,增强自立自强意识、责任担当意识和学习创新意识,打造学校与教职员工共同体,为提升教育品质和创新发展能力提供强大动力,推动高校自身的可持续发展。

二、校园文化建设在高校工会工作中发挥积极作用的功能分析

校园文化作为一种精神存在，是长期办学实践所形成的一种历史积淀，它体现着大学的理念，体现着大学对人的价值和生存意义的关怀，同时又以价值观念和行为规范的形式约束着每个大学人的行为，显示着高校超强的育人功能和不同于其他机构的气质特征。校园文化的力量，深深地熔铸在高校的生命力、创造力和感召力之中，是一种不可或缺的软实力。校园文化具有以下功能：

(一)导向功能

在校园文化潜移默化的影响下，广大教职工和年轻的大学生能确立学习发展成才的正确目标，找到完善自己、服务社会的明确方向。校园文化会把高校的发展目标、校风教风学风、各种制度等深入到师生员工心中，促使他们把个人的事业心与高校发展的大目标及大环境融合起来，形成强大的精神动力，使教师爱岗敬业，教书育人；学生刻苦学习，立志成才。

(二)规范功能

校园文化对人的规范约束与制度的硬约束不同，它虽然也靠成文制度的硬性约束，但主要是靠不成文的风气、道德等软约束。这种"润物细无声"式的软约束由于减弱了硬约束对人心理的冲撞，能够产生更强大、更深刻、更持久的规范和约束效果，从而提高教育效果和管理水平，降低管理成本。

(三)激励功能

校园文化的核心内容是大学精神、优良风气、人文底蕴和文明修养。高校以育人为本的校风、敬业为乐的教风、成才为志的学风以及民主、法治的管理，共同形成了催人奋进的文化氛围，教职员工置身于这样的环境和氛围里，学习和工作热情会受到激发，从而促进人才培养质量的提高。

(三)辐射功能

校园文化被所有成员认同和接受之后，它就会形成巨大的向心力和凝聚力，从各方面把成员团结起来，从而促进学校的发展，并对同行和社会产生影响。优良的校园文化是构成高校办学实力的重要组成部分，对其他高校和社会组织可起到示范作用。不难看出，校园文化一旦形成就将渗透到高校的各个层面，对学

校改革与发展有着极其重要的作用。

三、新形势下充分发挥校园文化建设在高校工会工作中积极作用中存在的问题和对策措施

　　文化的独特魅力在于能够感召人、激励人、凝聚人。当前,先进校园文化已经成为高校核心竞争力的重要体现。先进文化需要引导,只有在共同的价值准则基础上才能产生正确的价值目标。通过实践和探索,高校工会在发挥校园文化建设中积极作用上取得了一定的成效,也涌现出一批具有代表意义的先进典型;但从现有情况看,仍然存在着四个方面的问题。一是没有摆正工会工作与校园文化建设的关系,两者融合度不高,校园文化建设与工会工作成为"两张皮"。二是两者的互促共进机制有待完善。有的自成体系,缺乏有效整合,造成资源浪费;有的结合不紧密,不能形成合力,放大效应不明显。三是对高校文化建设的规律把握还不够深。有的对校园文化的作用功能、建设路径等了解不深不透,造成思路不宽、办法不多,找不到与广大教职工精神需求和工会工作的结合点和着力点;有的停留在口号上,实践推动不力,教职工参与不广。四是工会工作引领、促进校园文化建设作用不够明显。站位不高,没有充分发挥工会工作的思想优势、组织优势和群众工作优势,政治引领作用不够突出,与打造中国特色社会主义现代校园文化不适应。针对以上问题,提出以下对策措施。

(一)准确把握校园文化建设和工会工作的关系,找准两者的结合点

　　校园文化与工会工作具有契合点,其对象相同、目标一致、方法相似,结合得好,能够整合力量、优势互补,更好地服务和融入现代大学管理,实现同频共振,推动高校科学发展、和谐发展。重点要做到四个"合":一是思想价值理念上融合。文化是内核、是灵魂,要将积极、向上的校园文化和高校工会工作根本的价值取向有机结合、深度融合起来。工会的服务和活动,都要弘扬社会主义核心价值观,传递积极人生追求、高尚思想境界和健康生活情趣,使校园文化内化于心、外化于行。要在工会工作中确立"文化优先"发展战略,坚持把上级党组织的精神和工作要求,融入工会工作中去,形成符合高校特点的管理理念。二是工作目标方法上结合。工会工作能为校园文化建设把方向、定基调、提高度。校园文化建设作为工会工作的内容、载体、路径、方法,能够更好地服务于高校发展,彰显工会工作的活力和动力。在工会工作中,要融入文化因子,吸收文化建设生动活

泼、贴近实际的元素和形式,使教育性与娱乐性、软力量与硬力量相结合,做到春风化雨、润物无声,便于广大教职工更好地接受。三是优势组织资源上整合。要发挥工会工作优势,依托高校工会组织动员全体教职员工带头参与校园文化建设,为校园文化建设贡献力量。鼓励学校各工会组织通过开展"金点子"竞赛等活动,积极向上级党组织和有关部门提出支持校园文化建设的意见建议,最大限度地争取支持。要结合校园文化的硬件建设,如文化展厅、文化长廊、文体活动室等,同步建立工会的活动宣传阵地,实现工会活动有场所、文化宣传有平台。四是凝聚团队力量上促合。要统筹推进工会组织开展校园文化建设工作,推进文化建设;同时,要强化党组织对工会工作的方向引领和活动引导。要加强工会工作在文化创意、品牌设计等方面活动的互动,努力使工会工作和校园文化建设目标一致、方向一致。

(二)努力通过联动形成合力,建立校园文化建设和工会工作互促共进的工作机制

从高校内部来看,要健全校园文化建设与工会工作互促共进的组织架构、管理制度、运行机制和工作保障。在组织架构上,由党组织牵头,统筹推进工会工作和校园文化建设,推行党群活动一体化;在管理制度上,坚持工会工作对校园文化建设的保障、推动,确保工会工作的正确发展方向;在运行机制上,做到工会工作与校园文化建设同部署、同落实、同考核;在工作保障上,高校工会要积极争取党委、广大教职工的支持,加大工作力度,做到工会工作和校园文化建设阵地共用、资源共享。

(三)科学遵循校园文化建设的内在规律,结合高校工会工作不断探索新内容新方式

发挥文化建设的积极作用,必须注重科学遵循校园文化建设的内在规律,结合高校工会工作不断探索新内容新方式。一是坚持以人为本,培育、总结、形成大学精神。高校工会要积极营造尊重人、理解人、关心人的良好环境,促进对高校核心价值理念和目标产生的认同,通过在校园内建立和谐的制度文化、行为文化、物质文化,使教职员工具有较强的认同感,凝练具有鲜明特质的校园文化精神,凝聚广大教职员工的力量。二是坚持传承发展,注重传统文化与现代文化融合。将自强不息、厚德载物、忧国忧民、以德化人、和谐持中等传统文化元素融入校园文化建设之中。三是坚持学用结合,大力建设学习型工会组织。坚持学习党的创新理论,保证校园文化建设的正确方向;深入发掘校园精神的丰富内涵,用师生易于接受的语言和形式,诠释校园精神的丰富内涵、基本精髓、文化传统和时代风貌,感受时代前进的步伐,加强校园精神的养成教育。四是坚持有效融入,丰富工会活动载体。引导和带领教职工积极投入到学校改革与发展各项事业中,大力开展师德师风建设,努力培养"四有"新人,促进职工爱岗敬业、钻研业务,形成良好的校风学风,保证教学、科研工作的顺利进行。在依法治校的基础上,大力推进民主办学。鼓励教职工积极参与学校管理,保证教职工的主人翁地位,实现领导决策科学化、民主化。通过丰富多彩、健康向上的文化娱乐活动,以及可参与、可享受的文化产品,满足教职工的精神文化需求。组织开展节庆晚会、各类体育赛事活动、演讲和征文活动、游园登山活动、创办职工之家、职工之声等,使教职员工经常性地进行文化活动。通过教工艺术团(如合唱团、戏剧团、舞蹈团)、教职工俱乐部、书画、集邮、乒乓球、网球、羽毛球、桥牌、棋牌、长跑协会等文化体育社团,紧跟社会形势,唱响时代主旋律。在党和国家重大的纪念日和学校的纪念活动中,通过校史展、邮展、书画展、文艺晚会和各项体育比赛等,使广大师生感受到校园文化的熏陶,丰富其校园文化生活。

高校工会是校园文化建设的一支重要力量。当前教工价值取向呈多元化趋势,高校应紧紧依靠工会组织,紧紧抓住"围绕中心,服务大局"的主线,充分发挥工会在校园文化建设中的特殊作用,正确认识高校工会在校园文化建设中的特殊地位,充分发挥密切联系群众的组织优势,努力营造一种和谐而充满生机的校园文化氛围,促进高校科学、健康、有序发展。

参考文献

[1] 郭民瑞,房绍坤,唐广良.民商法原理[M].北京:中国人民大学出版社,1999.

[2] 游正林.如何理解中国工会的"维权"职责[J].江苏社会科学,2012(6).

[3] 吴新叶,宋连青.风险社会下的工会维权:依法维权的挑战与应对[J].工会理论研究,2013(3).

[4] 李欢.工会维权新视角——从一份有关工会法实施情况的调查报告谈起[J].工会理论研究,2014(2).

高校工会推进先进校园文化和
教职工文化建设研究

柯丽敏[①]

【摘　要】论文借鉴沙因组织文化模型的三个层次以及党和国家领导人对先进文化概念的阐述,提出了先进校园文化和教职工文化的科学内涵。通过对500名高校学生和150名教师的调查,发现当前推进先进校园文化建设存在的问题。最后,结合高校工会的机构职责和角色定位,从物质、制度和价值观三个层面出发,提出了高校工会推进先进校园文化和教职工文化发展的对策。

【关键词】高校工会;先进文化;校园文化

随着社会主义市场经济改革向纵深推进,以及鱼龙混杂、良莠不齐的网络信息的侵袭,高校校园里出现了"功利主义""实用主义""拜金主义"等不良价值观,理想和信念在一定范围内和一定程度上沦丧,社会主义核心价值观在一定程度上被忽视。高校作为一个以育人为使命的组织,急需为师生营造一个健康向上的文化氛围,抵御消极、颓废文化对大学生的侵袭,引导学生树立科学的世界观、人生观、价值观,促进大学生综合素质的培养和综合能力的提高。这是高校党委系统、行政系统和群团系统的共同任务。高校工会作为群团系统的骨干力量,党领导下教职工自愿结合的群众组织,在先进校园文化建设中处于什么样的地位,担负什么样的责任、发挥什么样的角色优势、如何有效地开展工作?本文试图就此问题进行探讨。

---

①　柯丽敏,杭州师范大学阿里巴巴商学院副教授。

一、先进校园文化和教职工文化的内涵

(一)文化和校园文化

文化是人类社会历史发展的积淀与产物,是人类在社会实践过程中创造的物质和精神财富的总和。文化在时间上有古今文化之分,在性质上有先进与落后文化之分,在主体上有个人和组织文化之分。关于什么是一个组织的文化,沙因在其著作《企业文化与领导》中,将组织文化定义为:"由一些基本假设所构成的模式,这些假设是由某个团体在探索解决对外部环境的适应和内部的结合问题这一过程中所发现、创造和形成的。这个模式如果运行良好,可以认为是有效的。新成员在认识、思考和感受问题时必须掌握的正确方式。"进而其将组织文化分为三个层次:物质层、价值观和基本假设。物质层主要是指在组织中可看到的行为以及人们在面对不熟悉的文化时所感受到的一切现象,包括观察到的组织结构和组织过程等,如员工的工作环境、组织的名称和标识、组织的技术产品、员工的服装、与组织发展经历相关的故事、组织文化的传播网络等。物质层包含的意义、它们怎样相互联系及其深层模式则是由价值观决定的,它主要包括组织的目标、战略、质量意识、指导哲学等。基本假设是指组织成员潜意识的一些信仰、思想、感觉等。基本假设有可能与价值信仰不一致,但只有当价值信仰符合基本假设,组织文化才能最有效地被构建,并发挥最大的传播效能。

高校作为一个组织,教师、学生以及行政人员在长期的学习、工作和生活中形成了特有的精神氛围与物质环境。每个师生员工都浸润于其中,并且自觉或不自觉地参与这种精神氛围与物质环境的建造与变革,又自觉或不自觉地接受着这一氛围的陶冶和塑造。这种精神氛围与物质环境也就是高校文化,其组成要素是以师生关系和生生关系为主的校园文化和以师师关系为主的教职工文化。根据沙因对组织文化的定义,我们可把高校文化分为三个层面。第一层是物质文化,主要指大学校园的物质环境。物质文化属于校园文化的硬件,是看得见摸得着的东西。第二层是制度文化,主要指高校的各项校纪校规、道德规范、行为准则以及人际交往活动的各种方式,是校园文化的中间层次。第三层次是精神文化,这里主要指在高校校园文化中占主导地位的群体观念,它包括全校师生员工共同遵循的世界观、人生观、价值观、治学观等,主要表现为校风、教风和学风。校园精神文化建设是校园文化建设的核心内容。

(二)先进校园文化和教职工文化的内涵

文化现象自从在人类社会产生以来,都存在着先进和落后之分。什么样的文化才是先进的文化呢? 这里所说的"先进文化",正如江泽民同志指出的:"在当代中国发展先进文化,就是发展中国特色社会主义的文化,就是建设社会主义精神文明。"

先进文化是符合人类社会发展方向,体现社会生产力发展要求,代表社会成员最根本利益,反映时代发展的文化。先进文化本质上是代表人类社会发展趋势的文化,它必然会对现实社会的发展产生巨大的导向作用。先进文化具有的开放性与包容性、科学性与示范性,是引领大学文化向着科学、理想的方向发展的方向标。在中华民族振兴的今天,中国的大学比任何时候都更加需要这种理性的、自觉的先进文化意识,以先进文化的前进方向为发展方向,为文化精神提供价值支撑、行为规范和力量整合,先进文化应该成为大学文化建设努力追求的发展方向。

联合国教科文组织在《促进高等教育的变革与发展的政策性文件》中高瞻远瞩地提出了要建立"前瞻性大学"的新理念,要求大学不能只是单纯培养人才和发展知识为社会所用,而应当成为先进文化的传播者。西班牙政治家教育家奥尔特加·加塞特指出:"大学的任务在于向人类传播时代文化的全部内容,向人类清楚地展示当今个人生活必须得到阐明的巨大世界。"

大学因文化而产生,也以传递、创新文化而发展,大学的成长成熟,取决于大学内在文化精神的培养和形成。大学不仅是为社会培养高级人才的地方,而且是社会思想和文化的中心,其文化意识代表了社会的理性价值原则,凝聚了人类崇高的思想和精神,代表了先进文化发展方向。这是一种潜移默化的教育力量,兼具育人的功能,正如范守善提到的:"一个大学其实是一种氛围,一种文化。一个学生进入大学学到什么当然重要,但更重要的是受到一种熏陶、被浸泡成一种人才。"发展先进的大学文化有利于树立鲜明的、富有特色的校园形象,扩大影响力;有利于提升文化素质,净化和优化人文环境,形成凝聚力;有利于增强辐射力和吸引力,从而增强高校综合办学的竞争力。因此,大学文化在高校综合实力竞争中的地位和作用越来越突出。

结合先进文化的内涵,先进的校园文化和教职工文化应该具有以下特点:

(1)以人为本的教育理念。21世纪大学的教育理念到底是什么呢? 联合国教科文组织举行了首次世界高等教育大会,在大会上,来自世界各地著名大学的学者探讨了有关大学的教育理念,并发表了《21世纪的高等教育:展望和行动世界宣言》这一重要文章。文章中确立了三个核心概念,即高等教育的针对性、高等教育的质量和高等教育的国际化。在会上,各国学者们都一致认为以人为本的理念是高等教育中最基本、最核心的理念。因为,以人为本要求尊重教育上的平等权利,提供充分的全社会每个人接受更高级教育的机会,以满足人的主体性发展要求,促进高等教育的大众化和普及化。

(2)以社会主义核心价值体系为引领的价值观建设。社会主义核心价值体系的内涵在 2012 年 11 月 8 日中共十八大报告里有明确的阐释,即"三个倡导","倡导富强、民主、文明、和谐,倡导自由、平等、公正、法治,倡导爱国、敬业、诚信、友善,积极培育社会主义核心价值观",这是对社会主义核心价值观的确切概括。

(3)以学习、创新、求实为基础的行为和思维方式。校园文化建设要求形成一种积极的行为和思维方式,有的学者也称之为"校园精神"。先进校园文化精神可以归纳为"学习、创新和求实"。它作为师生共同理想信念的追求,共同行为规范和标准模式的综合体现,它所产生的凝聚力对高校坚持社会主义办学方向,全面实现教育理想和育人目标起着保障作用。可以说,"校园精神"是校园文化的灵魂。

(4)以优雅为基调的校园物质文化。校园物质文化是校园文化的物质载体,是校园文化发达程度的外部标志。比如,教学大楼的设计布局、校园雕塑的建造、校徽校歌的设计等。优雅的大学校园环境,会让大学生和教职员工看到校园环境时直观体会校园物质文化的内涵,得到一种精神满足和愉悦,从而与校园物质文化建立一种非功利的精神呼应关系,使自身的思想道德素养得到提高。

二、先进校园文化和教职工文化建设中存在的问题

为了更好地促进先进校园文化和教职工文化的发展,学校领导班子以加快发展为突破口,抓住办学资源不足这个制约学校发展的"瓶颈",下大力气,集中力量进行突破,以提高教学质量为主线,加快学科专业建设,全面实施教学质量工程,切实提高人才培养质量,使学校管理走上科学化、制度化轨道。但同时我们也应当看到学校在先进文化建设方面存在的不足和应当更加重视的方面。为了解学校在先进校园文化和教职工文化建设方面存在的不足,我们研究小组对本校 500 名学生和 150 名教师进行了调查,结果如下。

(一)学生对先进校园文化建设的参与度不够

对本校 500 名学生的抽样调查显示,被调查者中认为学生在先进校园文

建设中应该占主体地位的占 49.5％,仅有 9.7％和 4.1％的被调查者认为学生是先进校园文化建设的客体,说明广大学生希望积极参加到校园文化建设中。再进一步深入调查笔者发现,学生中从未对教学科研装置设施提过建议的占 84％,从未对校园环境建设提过建议的占 83％,从未对校园文化建设提过建议的占 85％。在被调查者中,认为学校举措能够在第一时间传达给学生的占 33％,认为不能的占 56％,还有 9.7％的学生认为无所谓。这种状况亟须改变,学生对学校的举措漠不关心,这对学校的发展很不利。

(二)各类先进校园文化建设活动吸引力和创新性有待提高

步入大学校园,映入眼帘的是贴满宣传栏和橱窗的海报,丰富多彩、形式多样的文体活动开展得如火如荼。时至今日,许多人一谈到校园文化言必称文体娱乐活动,将校园文化停留在一些浅层次文化的层面上,致使校园文化有了娱乐性而丢了教育性,忽视挖掘校园精神文化,也就谈不到构建先进校园文化了。对本校 500 名学生的抽样调查显示,在被问到"你业余时间喜欢参与哪些活动"的问题时,47.5％的大学生选择了"班级文化活动",其余依次为"寝室文化"(45.8％)、"社团文化"(45％)、"学校、院系和班级文化"(31.7％)、"老乡文化"(28.3％)。可见,大学生对校园文化是有需求的,但需要很好地给予引导,给予更多的资源支撑。例如,许多学生对目前大学的社团文化活动较不满意。在回答"你认为目前学生社团在哪些方面存在不足"的问题时,55.8％的大学生选择"活动吸引力不强",其余为"活动形式单一"(47.5％)、"社团管理松散"(47.5％)、"活动内容枯燥"(40.8％)、"说不清"(18.3％)。对于学校人文气息的态度,认为"好""较好"的分别占 11％和 31％,"一般"占 42％,"不好"占 13％。许多同学希望提高人文社科类各种讲座的数量和质量,注重发挥校内外知名学者的影响力。

(三)网络文化对大学生业余生活影响较大,违背社会主义核心价值观的低俗文化有一定的市场

大学生在回答"你每周业余时间上网时间"的问题时,以 5 小时/周为最多,占 39.2％,10 小时以上/周,占 9.2％。对于"你在校园媒体中获取信息的主要途径"这一问题,选择"互联网"的大学生最多,占 63.3％。由此可知,网络文化建设与管理刻不容缓。

（四）教师班主任工作主动性不强，投入不足，不利于高校建立和谐师生关系

在回答"您担任班主任的原因"这一问题时，选择"服从领导安排"的占67.2%，选择"为了增加工作量"的占14.5%，选择"为了评职称"的占5.5%，选择"本人志愿"的仅占12.9%。这表明，多数班主任任职并非主动而是被动，并非志愿而是"被迫"或受利益驱使。在回答"您对担任班主任的喜欢程度"问题时，选择"非常喜欢"或"喜欢"的占68.30%，选择"不大喜欢"或"非常不喜欢"的占31.7%。这表明，有三分之一左右的班主任对从事学生思想政治工作热情不高。这就很难保证这部分班主任在实际工作中能全身投入、克己奉公、出色地完成本职工作。进一步调查显示，在回答"您下学生宿舍的情况"问题时，选择"每月一次""每学期一次""每学年一次""极少"和"从来没有"的占回答此问题总数的94.6%，仅5.4%选择"每周一次"。这说明，当前班主任主动下学生宿舍与学生谈心已不多了。在回答"您班组织的活动，您参加的情况"问题时，选择"偶尔参加"和"从没参加"的占51.1%，选择"经常参加"的占48.9%。这表明，有一半多的班主任参与班级开展的活动不够积极。部分班主任对从事学生思想政治工作主动性不强、投入不足的现状，与教育部关于培养"德才兼备、乐于奉献、潜心教书育人、热爱大学生思想政治教育事业"的班主任队伍的要求相距甚远。

（五）教师对学生关心不够，重"教书"轻"育人"，不利于实现师生间的有效互动

在回答"您对学生的英语、计算机能力提高的关心程度"的问题时，选择"非常关心"和"关心"的共占64.3%，选择"一般"和"不大关心"的分别占32.4%和3.2%。在回答"您对学生的心理素质与自我调节能力提高的关心程度"的问题时，选择"非常关心"和"关心"的共占81.7%，选择"一般"和"不大关心"的分别占17.4%和0.9%。在回答"您对学生的诚信、礼貌等人文素养提高的关心程度"的问题时，选择"非常关心"和"关心"的共占82.1%，选择"一般"和"不大关心"的分别占17.0%和0.9%。在回答"您对学生的专业知识与能力提高的关心程度"的问题时，"非常关心"和"关心"的占79.9%，选择"一般"和"不大关心"的分别占19.3%和0.7%。数据表明，大约有两成教师对学生的进步不够关心，还有个别教师对学生漠不关心。教师本应以教书育人为天职，但现实中有部分教师背离了这一职责。深入调查显示，在回答"您的精力与时间主要用于……"问题的教师中，选择"育人工作"的占10.9%，选择"教学工作""科研工作"和"其他

工作"的共占 89.1％。只有一成多教师把主要精力投入到育人工作的事实,充分说明高校教师只"教书"不"育人"并非个别现象。这种现象,不利于师生间知识交流和情感沟通,也是学生对教师的工作缺乏认同感的一个重要原因。

(六)教师对学生的了解不深,评价不高,不利于建立平等互信的师生关系

调查显示,在回答"您认识您班的所有学生吗"这一问题时,选择"认识一半以上"和"认识一半以下"的共占 45.5％,选择"全部认识"的占 54.5％。这说明,有近半数班主任对所负责班级的学生还没法全部认识。这种情况下,班主任很难深入了解学生思想动态,很难获得学生的信任和友谊。学生与班主任的联系也缺乏主动。调查显示,教师对学生的评价不高。在回答"作为教师,您对学生礼貌的满意程度"的问题时,选择"非常满意"和"满意"的共占 79.2％,选择"不满意"和"非常不满意"的共占 20.8％。在回答"您对学生运用知识能力的满意程度"的问题时,选择"非常满意"和"满意"的共占 56.8％,选择"不满意"和"非常不满意"的共占 43.2％。在回答"您对学生学习主动性的满意程度"的问题时,选择"非常满意"和"满意"的共占 50.6％,选择"不满意"和"非常不满意"的共占 49.4％。在回答"您对学生创新精神的满意程度"的问题时,选择"非常满意"和"满意"的共占 46.3％,选择"不满意"和"非常不满意"的共占 53.7％。教师对学生了解不深、评价不高的事实,表明了高校构建平等、互信、和谐的师生关系还有很长的路要走。

(七)学生对教师的认可度低,满意率不高,不利于师生之间建立诚信、友善和平等的关系

调查显示,学生对教师的认可度较低。比如,在回答"您如何评价班主任/辅导员/公共基础课教师/专业课教师对您的启发与帮助"时,选择"一般"和"一点都没帮助"的分别占回答问题人数的 73.9％、68.9％、63.6％和 50.8％。这说明,过半学生认为教师对他的启发与帮助不大。在回答"您对班主任/辅导员/公共基础课教师/专业课教师的评价"的问题时,选择"一般"和"差"的分别占回答问题人数的 53.4％、56.7％、55.1％和 38.8％。进一步调查显示,学生对教师的满意度也不高。在回答"您对您的班主任/辅导员/公共基础课教师/专业课教师的满意程度"时,选择"不满意"和"非常不满意"的分别占 35.4％、36.6％、33.1％和 25.3％。由于学生对教师认可度低、满意度不高,学生有困难时不首先找教师也就顺理成章了。调查显示,在回答"如果您有苦恼,您首先找谁"时,

选择"教师"的仅仅占 5.6％，而选择"父母或亲戚""朋友"的分别占 16.9％和83.1％。学生有苦恼不找教师，教师就很难及时掌握他们的反常心理和行为，更谈不上准确预测和提前化解。而超过八成学生有苦恼时首先所找的是"朋友"（多数为学生的同龄人），但是，由于人生阅历尚浅和经验不足，这些"朋友"很难准确捕捉到突发事件发生前的信息，更难积极预防和有效避免不良后果的产生，给高校安全运行带来隐患。

三、高校工会的职责和定位

建设先进的高校文化有待高校党委系统、行政系统和群团系统的共同努力。党委系统的责任在于领导与组织，行政系统侧重于负责校园文化的管理和物质文化建设，群团系统的任务主要是开展各种校园文化活动。工会是群团系统的骨干力量，作为党领导下教职工自愿结合的群众组织，其职责和定位决定了工会在先进校园文化建设中应处于重要的主导地位，充当具体策划各种活动、落实学校有关文化建设的各种方针计划的行为实践者。

（一）高校工会作为组织机构的职责要求其成为先进校园文化建设的组织者

《中国工会章程》在总则中明确规定："中国工会是中国共产党领导的职工自愿结合的工人阶级群众组织，是党联系职工群众的桥梁和纽带，是国家政权的重要社会支柱，是会员和职工利益的代表。"并且，工会"以宪法为根本活动准则，按照《中华人民共和国工会法》和《中国工会章程》独立自主地开展工作，依法行使权利和履行义务"。这说明了工会具有参与学校管理活动的合法地位。同时，《工会法》第六条规定"……工会依照法律规定通过职工代表大会或者其他形式，组织职工参与本单位的民主决策、民主管理和民主监督"，并且《高等学校教职工代表大会暂行条例》第十八条明确了"学校工会委员会承担教代会工作机构的任务"。由此可见，组织教职工参与学校的民主管理、民主决策和民主监督是法律赋予工会的使命，工会有资格从源头上参与校园文化建设的发展规划讨论、活动方案设计、活动计划实施等。

（二）工会的教育职能要求其成为先进校园文化建设直接的引导者

《工会法》第七条规定：工会有责任和义务"教育职工不断提高思想道德、技术业务和科学文化素质，建设有理想、有道德、有文化、有纪律的职工队伍"。高校工会履行教育职能的传统方法主要有政治学习、报告会、参观访问、座谈讨论等。互联网的兴起和通信手段的更新,使工会工作摆脱了传统宣传方式的束缚,进入了一个多元化、网络化、信息化的工作领域。工会通过宣传栏、海报、网页、手机短信甚至微信、微博,宣传学校文化,给广大师生员工营造良好的文化氛围,建立正确而积极的文化舆论导向,引导教职员工正确认识和理解校园文化的丰富内涵。工会"宣传教育"的工作性质、工作职责以及工作条件,决定了其"文化引导"的独特优势。

(三)工会在文体工作中的参与度要求其成为先进校园文化建设直接的实践者

高校工会组织开展的教职工活动形式多样、丰富多彩,既有中华文化的传承如职业道德教育;又有强身健体的体育竞赛,愉悦情感的歌唱会、文娱演出和陶冶情操的书法、绘画、摄影作品展览;还有富有时代精神的人文讲坛、文化沙龙、教授论坛,融知识、娱乐、休闲为一体,使校园文化深入人心,规范了广大教职员工的语言和行为,同时也通过他们得到最大范围的传承和推广。

四、高校工会推动先进校园文化建设的举措

高校工会应认真研究学习先进校园文化和教职工文化的内涵和构成,结合自身在校园文化建设中的职责和优势,有目标、有步骤、有秩序地参与到先进校园文化和教职工文化建设中,并在参与中履行职能,发挥作用。总体来讲,高校工会在先进校园文化建设过程中应该从物质文化、制度文化和价值观三个方面找准切入点,实施合理措施,发挥重要作用。

(一)高校工会推动先进校园文化物质层建设的举措

(1)工会应发动全体师生参与确立特色鲜明、风格独特、品位高尚的文化标识活动。好的文化标志能够高度概括高校的形象,提升其文化品位,起到教育人、感染人的作用,从而推动先进文化建设。而让师生共同参与征集、设计和完成文化标识的过程就能达到深化学习的目的,自然而然地使这些文化标识深入人心。具体方面,如结合学校办学理念和办学特色,形成独具特色且易于识别的一系列符号,例如大学标准字、标准色、标准图形、名称等。并在日常生活中,规范应用以上符号,制作出校标、校徽、宣传标语,在办公用品、学校建筑、基础设施、师生参加活动时的服装等方面,做到视觉识别统一化,有助于更好地树立学

校自身形象,增强凝聚力,提升知名度。同时,充分利用广播站、校园网、校园电视台、记者站、校刊等传播载体,来达到文化传播的功能,营造正确的文化导向,提高大学生的精神修养。在确立文化标识时应注意两点:第一,确立一个持久的同时又反映学校主要特色的主基调,注意保持各标识之间的连贯和统一,并将它们体现在建筑物、学生服装、办公用品、出版物、校园环境等方面;第二,要将对学校的情感放入文化标识中,情感与美感相结合,引发师生的共鸣。还要充分体现文化寓意,使自然美和艺术美有机结合,建设造型庄重典雅、设施完善、布局合理的校园环境。让学校花草树木、建筑、雕塑具有更深的文化寓意,充分发挥校园物质文化育人的作用,这样才能给人留下深刻印象。

(2)工会应代表广大教职工参与校园重大设备购置招标活动,确保购置的设备和仪器"买有所值"和"买有所用",进一步保证校园物质文化建设的完整。

(3)工会应积极参与建设规划教职工活动中心,这有利于各类文化体育活动场馆、场所的运转。

(二)高校工会推动先进校园文化制度层建设的举措

(1)积极参与规范教代会、校务公开、干部民主评议等工作的程序。学校工会作为教职工代表大会的常设办事机构,在教代会制度化、规范化建设过程中,一定要严格按照有关条例和规章,规范教代会的工作程序,克服和纠正使教代会形同虚设的形式主义倾向,真正有效地发挥教代会在教学改革过程中的作用。工会应在教代会、校务公开以及干部民主评议中,充分发挥民主参与和民主监督的职能,倾听广大教职工合理意见,保证学校各项制度的规范化,各种决定的科学化和合理化,从而加强了校园制度文化建设。

(2)加强宣传,保证学生在第一时间掌握学校的相关信息,尤其是新的政策。在先进校园文化建设中,应该注重学生在建设中的主体地位,尤其注重加强学生与学校和教师的交流,使学生的意见得到发表,得到重视和采纳。通过创建校园论坛,提高学生的参与度,鼓励、支持和引导大学生的健康个性充分发展,调动大学生的主动性、创造性和积极性,使学生从心里爱上学校。

(3)着力疏通师生员工向上反映意见、表达诉求的渠道,广开言路,消除误会,减少矛盾,促使广大师生员工心情舒畅;要发挥共青团、学生会、学生社团等学生组织的桥梁纽带作用,畅通联系渠道,及时掌握学生的热点难点问题,及时采取措施,予以化解;要搞好学校布局,加大对校园绿化、美化、净化的管理,最大限度地确保教育资源满足师生员工全面发展的需要。

(三)高校工会推动先进校园文化价值观和行为模式建设的举措

(1)工会可以通过多种形式组织教工进行教育思想学习和教育观念讨论,在教职工中宣传办学目标、教育思想、教育观念和管理理念,带领广大教工解读校训、校风,促进校园精神的形成和传承。工会可以通过宣讲、座谈等多种形式在学校特殊时期(如学校搬迁或迎接评估等)让广大教职工了解学校发展的各个阶段所面临的任务,了解其在这些问题上的看法。在特殊时期,工会的这些工作会不断凝聚人心,并把教职工的注意力、兴奋点不断地引导到学校发展的整体目标上,让学校的办学目标成为全体教职工的共同理想。

(2)工会还可以通过举办摄影比赛、普通话比赛、外语培训等活动,促进教职工知识技能的交流;通过开展大合唱比赛、诗歌朗诵赛、拔河赛、各类球赛等丰富多彩的群体性文体活动,加强教职工之间的日常联系和沟通;通过组织节假日旅游活动,丰富教职工的业余生活;通过做好教职工的福利关怀工作,如看望病人、救济困难家庭等,给教职工以人文关怀,缓解工作压力,让教职工内心充满幸福感。

(3)通过开展"优秀班主任""三育人""学生良师益友""师德标兵"等教工先进的评选工作,营造争先向上的氛围,发挥各级各类先进人物的模范作用,激励教职员工立足岗位、教书育人,增强广大教职工的敬业度。引导教职工树立远大的理想、正确的价值观和行为方式。配合教务部门开展教学基本功竞赛和班主任基本功竞赛,鼓励广大教职工不断更新知识结构,掌握和运用新的教学技能,促进教职工整体素质的提高和竞争力的增强。结合教师职业特点,定期举办高水平的人文学术讲座,鼓励并创造机会使教职工参加人文社科类继续教育。

(4)通过举办培训班、个别谈话和集体活动,引导学生干部学习马克思主义理论知识,提高工作能力和综合素质,提高他们运用马克思主义理论开展大学生思想政治工作的能力,以及在建设和谐师生关系方面的能力;要指导学生干部开展各种有利于师生健康向上的文娱、体育、科技创新等校园文化活动,进一步扩充师生联系的载体,丰富师生联系的内容,促进师生的沟通和理解,提升彼此间的认可度和满意度;要通过学生干部心理集训活动,提高他们的安全防范意识,使他们及时掌握不稳定因素的苗头,及时与教师沟通,使安全隐患得到及时化解。

参考文献

[1] 王伟.高校工会在校园文化建设中的角色定位和作用力探析[J].中国劳动关系学院学报,2010(2):38-41.

[2] 翁礼成,高岳仑.高校和谐师生关系建设存在的问题与对策研究[J].教育导刊,2008(3):

30-32。

[3] 苏景强.工会在校园文化建设中的定位思考[J].中国劳动关系学院学报,2006(10):
    72-74。

[4] 李长真.大学文化与当代中国先进文化研究[D].华中师范大学博士论文,2006:29-31。

[5] 奥尔特加·加塞特.大学使命[M].杭州:浙江教育出版社,2001。

高校工会在创建平安和谐校园中的角色与路径研究

李俊洁①

【摘要】新形势下高校面临复杂而严峻的维稳形势,作为教职工自己的群众性组织,高校工会在创建平安和谐校园中发挥着其他组织无法替代的重要作用。高校工会应结合高校发展实际,把握时代特征,准确定位自身角色,积极拓展工作路径,为创建平安和谐校园做出积极贡献。

【关键词】高校工会;平安和谐校园;角色;路径

高校是思想、文化、科技资源的聚集地,是培养中国特色社会主义合格建设者和可靠接班人的重要阵地,高校的和谐稳定事关国家改革发展稳定的大局。大学精神的培育与高校师生政治道德素养的提升,是培养和造就大批社会主义合格建设者和可靠接班人的必然要求,也是实现中国梦的持续保障。当前,我国正处在改革的攻坚期、矛盾的凸显期,国内外形势错综复杂,各方面的利益摩擦比较多,人民内部矛盾呈多发态势,维护高校安全与稳定的任务也日益艰巨。作为党联系群众的桥梁和纽带,高校工会在维护教职工利益、协调党群关系、凝聚人心等方面发挥着不可替代的特殊作用。习近平总书记指出:"要切实维护好广大职工群众的合法权益。这是新形势下党和政府对工会工作的迫切要求,是广大职工群众对工会组织的热切期待。各级工会要把坚决贯彻中央的路线方针政策和各项工作部署,同创造性地做好新形势下的工会工作结合起来,全面履行职能,充分发挥工会组织在改革发展稳定中的重要作用。"[1]创建平安和谐校园,高校工会应明确自己的角色定位,准确研判变化的形势,发挥主动性与创新能力,积极探索行之有效的工作路径。

---

① 李俊洁,杭州师范大学人文学院讲师。

一、高校工会在创建平安和谐校园中的角色定位

党的十四届六中全会提出,我们所要建设的社会主义和谐社会,应该是"按照民主法治、公平正义、诚信友爱、充满活力、安定有序、人与自然和谐相处的总要求。以解决人民群众最关心、最直接、最现实的利益问题为重点,着力发展社会事业、促进社会公平正义、建设和谐文化、完善社会管理、增强社会创造活力,走共同富裕道路,推动社会建设与经济建设、政治建设、文化建设协调发展"[2]。随着我国经济社会的快速发展,所面临的国内外形势越来越复杂,民生需求日益高层次化,各种利益关系的调整导致社会不稳定因素增加,高校校园内师生心理精神类疾病发生频率越来越高,自杀、暴力犯罪事件等也呈上升趋势。所有这些新问题的出现,都对高校工会组织职责的履行和作用的发挥提出了新的要求,带来了新的挑战。高校工会想要更有针对性和创造性地开展工作,切实承担起创建平安和谐校园的职责与使命,就必须在新的时期与环境下,先明确自身的角色定位。

(一)高校工会是校党委联系广大教职工的桥梁与纽带

《中国工会章程》总则中规定:"中国工会是中国共产党领导的职工自愿结合的工人阶级群众组织,是党联系职工群众的桥梁和纽带,是国家政权的重要支柱,是会员和职工利益的代表。"[3]高校工会的性质与地位决定了它在维护校园和平稳定方面,具有义不容辞的责任。它作为校党委领导下的一个维护广大教职工合法权益的服务型组织,与教职工之间不存在管理与被管理的关系,因此比其他职能部门更能得到教职工的普遍信任。当教职工遇到各种各样的困难,自身权益受到侵犯时,第一时间会想到找工会解决,通过工会维护自己的正当权益。也因此,它在协助校党委凝聚人心,化解矛盾,构建和谐校园环境等方面,能够发挥其他组织无法替代的特殊作用。校党委能够通过工会倾听到真实的民情民意,而工会也能够把教职工的意见建议及时汇报给校党委,以便改进工作。同时,工会工作时也要摆正自己的位置,要在校党委的领导下积极联系搭台,以服务者的姿态与其他相关部门合作开展工作,不能唱独角戏。

(二)高校工会是全校教职员工合法权益的自觉维护者与保障者

高校工会联系着广大的教职员工群体,是教职工利益的代表。维护和保障好广大教职工的合法权益,切实为教职工谋福利,排忧解难,扶危济困,是高校工

会应履行的职责。只有公平公正地维护好每一位教职工的合法权益,高校工会才能赢得教职工的支持与信任。民生是最大的维稳,一旦高校工会能够尽心尽责地去关心和关怀每一位教职工,及时发现问题,公平有效地帮助教职工解决问题,使他们没有后顾之忧,就能够得到广大教职工的拥护与信任,从而团结和吸引最广泛的教职工群体,为学校的发展与稳定做出积极贡献。

(三)高校工会代表教职工参与学校管理,是各项教务与行政工作的监督者

深入体察校情民情,代表教职工参政议政,监督好各项教务与行政工作,是高校工会另一项重要职能。高校的行政管理相比社会其他机构的管理而言,有其特殊性。作为高级知识分子的高校教师们,对于民主管理和教师自治有更高的诉求,太过机械死板的行政管理不适应高校发展的要求。工会教职工代表大会使得广大教职工能够行使知情权、表达权和监督权,及时发现与解决校园矛盾。作为教职工利益的代表,工会要履行好监督职能,必要时要能够代表教职工与校方乃至政府沟通协调,保障学校教学科研工作的良好运行,促进高校反腐倡廉工作的开展。

二、高校工会创建平安和谐校园中的有效路径

(一)完善各项制度建设

一要健全和完善教代会制度,进一步提高教代会在高校民主管理中的权威地位,明确教代会职权与学校其他权力机构间的关系,形成和谐的权力运行机制。教代会是高校民主管理最具权威性的机构,除了学校一级教代会之外,还要健全和完善好二级教代会制度,大力推进校务公开,确保各项制度在制订、实施过程中的公正、公开、合理合法,使教职工的知情权、审议权、通过权和评议监督权切实得到履行。

二要完善民主协商制度,畅通各类沟通渠道。随着教育改革的深入开展和岗位聘任制的实行,教职工的工作压力增大,各种利益矛盾的纠纷也更复杂化。和谐校园的建设,需要正确处理好学校大局、长远利益和教师个体、当前利益之间的关系,而民主协商和有效沟通是凝聚人心、达成共识的重要途径。作为党政和教职工之间联系沟通的桥梁,高校工会要及时架设、保证畅通、发挥作用,要以制度的方式,促进民主协商的实现;要及时向校方反映教职工的要求与呼声,向

教职工传达校方的决策与方针,代表教职工与校方协商关涉教职工切身利益的事项,实现学校领导与教职工代表之间零距离对话;引导教职工依法、理性地表达诉求,把无序纷争纳入到有序协商的轨道。

三要完善维权制度建设,全方位维护好教职工的合法权益。要在深入调研的基础上,根据教职工的权利实现现状和集中诉求修订维权制度,形成利益协调、诉求表达、矛盾调处和权益保障等功能完备且互相支持的制度体系,并确保制定的制度能真正有效地落到实处,发挥作用。要在制度中明确维权目标,协调和平衡好各方利益,推动和谐校园的建设。

(二)积极搭建上下沟通的平台

在信息网络高度发达的当下,工会一方面要发挥好传统沟通平台的作用,另一方面也要创新工作思路,积极利用热门的新媒体,搭建新平台。

首先,要以教代会为核心,以座谈会、对话会等为辅助,确保教职工在对学校的重大决策及涉及教职工切身利益的决策中,充分享有知情权、参与权、表达权和监督权。教职工的意见建议有渠道可以直接与校领导进行沟通,而校领导也可以借此了解教职工的心声,及时理顺关系,化解矛盾,促进团结。

其次,要建设好工会的网站,并延伸开设 QQ 群、微博、微信等平台,完善功能,提升质量,吸引广大教职工通过网站了解校情和相关法律法规,而工会也可以借此收集相关舆情,实现校务公开,及时联系沟通有关部门解决问题,并把解决情况反馈给教职工,为广大教职工办实事。同时,工会还要主动通过网络上各种平台,收集舆情,关注和了解广大教职工的诉求与对大事要事的真实看法,以便及时向校领导和相关部门传递信息,改进工作,解答疑惑,消除不满。

再次,要利用好工会报、宣传栏、报告会、宣讲团等平台,积极宣传学校的决策、工会的制度规则和维权相关内容,及时公开信息,通报情况。

(三)组织受教职工欢迎的兴趣社团和专业服务团队

作为教职工自己的组织,高校工会要让教职工有归属感,在繁忙的教学科研工作之余,要给教职工创设放松身心的条件。为此,组织各类有益身心的兴趣社团和活动,如各种文体协会、读书会、主题沙龙、健康讲座等应成为工会的自觉任务。通过这类团体的组建和各类竞赛的组织,引导教职工在陶冶情操、愉悦身心的基础上,树立正确的价值观,增强彼此间的交流与友谊,从而以更好的精神状态投入到学校的建设发展中去。同时,高校工会要加强对这些社团的管理,在宏观把握健康、积极、向上的总体风貌的基础上,聘请高水平的专家对社团进行专业指导,帮助社团把握方向,理清发展思路,加强专业建设。

高校工会还要做好服务工作,进一步提升服务的专业性和针对性,利用高校的专家资源,建立起能为教职工提供专业服务的团队,如法律顾问团队、心理健康辅导团队、危机救援团队等。

(四)推进"学习型"工会建设

全面建设小康社会要求显著提高全民族自主创新能力,面对不断发展的新形势,高校工会要加强学习,建成"学习型"工会,以不断适应新时代的要求和社会的发展。高校作为高新技术的培育地和高级知识分子的汇聚地,在学习和创新能力的培养上更要起好带头作用,发挥关键性的引领作用。为此,高校工会要在广大教职工中营造浓厚的学习探索风气、革新创造风气、求真务实风气,搭建专业沟通交流的平台,组织技能比武竞赛和主题论坛,使"创新智慧竞相迸发、创新能量充分释放、创新成果大量涌现"[4]。要在推进"学习型"工会的建设中全面提升教职工队伍整体素质,推动建设创新型国家和创新型高校。

总之,高校工会要在党的领导下,依靠校行政的支持,在维护教职工权益和调动教职工教学、科研积极性等方面充分发挥工会组织的特点和优势,推动形成教职工的利益协调、诉求表达、矛盾调处和权益保障机制,不断提升工会在创建平安和谐校园中发挥的作用,促进平安和谐校园建设。

参考文献

[1][4] 习近平在中国工会第十五次全国代表大会上的祝词[EB/OL].新华网,http://news.xinhuanet.com/newscenter/2008-10/17/content_10211292.htm.

[2] 新华社.中共中央关于构建社会主义和谐社会若干重大问题的决定[M].北京:人民出版社,2006.

[3] 中华全国总工会.工会组织工作实用手册[M].北京:中国工人出版社,2010.

新时期高校工会营造"尊重人才"气氛工作研究

黎青平①

【摘　要】人才强校战略,是高校的主要战略。高校工会作为学校的群众组织,在推进人才强校方面有不可替代的作用。针对目前高校工会在服务人才强校战略方面存在的问题,要积极探索高校工会做好服务人才工作的有效途径。

【关键词】高校工会;尊重人才;人才强校

人才是学校最重要的资源,在学校发展中起着基础性、战略性和决定性的作用。面对新的形势和任务,目前中国高校普遍把人才强校作为学校发展的重要战略提出,这是高校适应形势发展而做出的正确选择。高校实施人才强校战略,需要高校各部门单位齐心协力共同推进。高校工会作为学校的群众组织,在推进人才强校方面有不可替代的作用。高校工会如何为学校人才强校战略服务,是高校工会面临的新课题。

一、高校工会服务人才工作的重要性必要性

(一)实施人才强校是高校发展的必然选择

当今世界科学技术日新月异,知识经济方兴未艾,人力资源成为最重要的战略资源。国家之间竞争,归根到底是人才的竞争。谁掌握了先进人才,谁就占领了竞争的制高点。高校作为汇聚人才的高地和培养人才的基地,在国家人才强国战略中处于重要地位。《国家中长期人才发展规划纲要(2010—2020 年)》以"服务发展、人才优先、以用为本、创新机制、高端引领、整体开发"为目标,在重大

---

① 黎青平,杭州师范大学原党委副书记,马克思主义学院院长、教授。

人才工程中明确了十二项计划,这些计划中的绝大多数任务需要高校来承担和完成。高校要完成所承担的国家人才计划任务,建设一支高水平的人才队伍是关键。从高校自身发展来讲,人才是高校最重要的资源,是决定高校核心竞争力的关键。清华大学前校长梅贻琦认为:"大学者,非谓有大楼之谓也,有大师之谓也。"这充分说明了人才对于高校的极端重要性。大学之间的竞争,说到底是人才的竞争。目前中国高校与世界一流大学存在很大差距,主要就在于人才方面的差距。为此,《全国教育人才发展中长期规划(2010—2020 年)》提出,要把加强教育人才队伍建设作为更好地实施科教兴国战略和人才强国战略的重要基础性工程,作为推动教育事业科学发展的根本举措。高校只有把培养人才的队伍建设好,才能更好地承担起人才培养的历史使命,办好国家和人民都满意的高等教育;才能增强学校的核心竞争力,使自己在激烈竞争中处于不败之地。

(二)人才强校对高校工会提出新的要求

服务人才强校战略是由高校工会性质决定的。中国工会是在中国共产党领导下建立的群众组织,是党联系群众的桥梁和纽带。中国共产党创立工会的目的,是要以马克思主义的科学理论,指导工人运动和工会沿着正确的道路前进,实现工人阶级的根本利益和历史使命。工会的性质决定了它必须自觉接受党的领导,在政治上、思想上、行动上和党中央保持高度一致。人才强校是高校的根本战略,是党和国家人才强国战略在高校的落实,服从和服务人才强校战略,是高校工会的政治责任。服务人才强校战略是高校工会服务围绕中心服务大局的要求。作为党领导的群众组织,围绕中心、服务大局开展工作,是工会工作必须坚持的一条基本原则。工会作为群众组织,有自己的工作职责和内容,但工会工作必须紧紧围绕中心、服务大局,而不能离开中心和大局去推进工会工作。否则,工会工作就会成为无源之水、无本之木。工会工作围绕中心服务大局,工会的价值才能得到体现,工会的作用才能得到发挥,工会的地位才能得到提高。高校的中心工作是教书育人,教书育人的关键是人才,高校工会为人才强校战略服务,是工会围绕中心服务大局要求的体现。为人才强校战略服务是做好工会工作的保证。中心工作,就是重点工作、首要工作,中心工作就是主要矛盾。工会围绕中心工作,就等于抓住了工作的主要矛盾,而做好了中心工作,其他工作就会迎刃而解。

(三)工会工作对实施人才强校战略的作用

工会不是行政组织,它是群众团体,是党联系群众的桥梁纽带;工会和其他群众组织相比,是唯一最广泛地联系所有职工的组织。工会的职能和其他组织也不同,它具有建设、维护、参与、教育四大基本职能。工会这些特点,决定了高校工会在实施人才强校战略中具有独特的优势和作用。从桥梁纽带的特点讲,工会可以有效建立起学校层面与广大教职工的联系,既能迅速将学校政策传达到每个职工,又能最大限度地了解职工的需求,反馈学校政策执行的效果,在学校建立起较为顺畅的信息传输管理通道。从联系群众最广的特点讲,工会是最接地气的组织,是教职工最信任的组织。工会组织的这种特点,使工会在教职工中最具号召力、影响力和凝聚力。

高校工会,有利于形成广大教职工对学校人才强校战略及政策举措的共识,保证人才强校战略及政策举措的贯彻落实;有利于在全校范围内营造"尊重知识、尊重人才"的氛围,为实施人才强校战略创造良好环境。从工会职能讲,实施人才强校战略,关键要调动人才为学校发展做贡献的积极性创造性,要做到这一点,必须要维护人才的合法权益,解决人才工作生活中遇到的实际问题,关心人才的物质精神需求,为人才工作创造条件,等等。认真履行工会四大职能,就能较好解决人才环境各种问题,调动人才工作的积极性和创造性。总之,工会在营造"尊重人才"氛围,为人才提供周到服务,调动人才的积极性创造性方面有其他组织和单位不可替代的作用。

二、高校工会服务人才的主要任务

高校工会要为学校人才强校战略服务,但高校工会在为人才强校战略服务方面,与学校行政职能部门的服务在工作内容和方式等方面有很大不同。高校工会为人才强校战略服务,重点应当放在营造尊重人才发展的氛围,为人才创造良好环境上。从工会的职能出发,结合人才工作实际,高校工会在为人才强校战略服务主要应包括以下四个方面的内容。

(一)维护人才合法权益

维护职工的合法权益,是国家法律赋予工会组织的首要的基本职责。改革开放以来,我国的利益关系呈现出更加复杂的多样性,经济矛盾日趋上升,工会组织更应把维护职工的合法权益放在突出位置。高校工会要认真履行工会组织的基本职能,切实维护广大教职工合法权益。人才是教职工中最重要的部分,维护教职工的合法权益,必须把维护人才的合法权益放在重要位置。高校工会要按照工会法的要求,积极探索新形势下维护人才合法权益的新思路、新方法,要通过坚持完善职工代表大会制度,推进校务公开,认真听取和积极采纳人才对办好学校和维护自身权益方面的意见、呼声和要求,在促进学校改革发展过程中,切实维护好人才的合法权益。人才合法权益包括经济方面的权益,也包括工作方面的权益。高校工会要根据自己职能,利用合法合理的渠道,保证人才科研和教学所需资源的分配,以及各种教学科研活动的开展,为人才工作创造良好条件。工会在履行维护职能时,要坚持维护人才利益与维护整体(大局)利益、维护人才利益与维护广大教职工利益相统一,维护学校的稳定与团结。

(二)满足人才的实际需求

吸引和组织职工群众参加经济建设和改革,努力完成经济和社会发展任务是工会的职能。工会履行这个职能,要注意解决职工的实际困难,满足他们正当的需求。对人才更是这样。人才属于知识密集型群体,有不同层次不同方面需求,既有基本生活生存和安全的需求,也有情感、尊重自我发展、自我实现等高层次需求,涉及物质精神政治健康各个方面。高校工会为人才战略服务,要坚持"以人为本"原则,站在人才无小事的高度,改进工作作风,倾听人才呼声,了解人才需求,从物质精神上给人才以关心、爱护、理解、支持,使人才感受到工会教职工之家的温暖。要积极为人才做实事办好事解难事,既要帮助解决生活方面的问题,努力满足衣食住行医等方面的需要,又要关心帮助解决人才思想和精神层面上的问题,使他们身心健康、精神愉快。要尽最大的能力为教职工排忧解难,营造一个安定和睦的育人氛围,让人才全身心地投入到教书育人的各项工作中去。

(三)发挥人才在参政议政方面的作用

发挥职工群众参政议政作用,是工会的职能。人才是教职工中知识密集型群体,具有参政议政热情高、参政议政能力强的特点。高校工会要坚持民主管理、民主决策、民主监督原则,充分发挥人才参政议政作用。要动员组织人才围绕学校改革和发展,发现问题,研究问题,努力寻求解决问题的方法与途径,为学校改革发展建言献策、排忧解难。要创造条件,让人才参加有关机构和会议,通过调查研究以及基层职工代表大会等民主渠道,对涉及职工利益和学校发展的重大决策事项提出意见与建议。要认真落实好教代会各项职权,依照法律赋予的权利,通过教代会这个民主管理的基本形式,调动人才参政议政积极性,增强人才的民主监督民主管理的意识。

(四)营造尊重人才的氛围

工会具有帮助职工不断提高思想政治觉悟和文化素质的职能。高校工会履行这一职能,为人才强校战略服务,就是要加强广大教职工对人才重要性认识的教育,形成人才是学校最宝贵的资源、人才是提升学校核心竞争力的关键、人才是决定学校未来的根本的共识。要教育教职工正确看待人才,就要认识到"金无足赤,人无完人",每个人都既有长处、也有短处。人才也是这样,克服对人才求全责备、嫉贤妒能的思想。要教育教职工正确看待人才待遇,是因为学校最宝贵的资源人才,对学校发展意义最大,学校给人才一定的较高的待遇是必要的和值得的,应当克服平均主义思想。要充分利用学校的网页、报刊等各种渠道,大力宣传学校在引进人才、留住人才、培养人才、用好人才方面的发展战略、目标规划和政策措施,大力宣传学校为人才队伍创造的一流教学科研环境、鼓励创新宽容失败的舆论环境和彼此尊重和谐融洽的人文环境,大力宣传为学校发展做出突出贡献的人才的先进事迹,要宣传和开展"关爱专家、服务人才"活动,在全校形成尊重知识尊重人才的浓厚氛围,为人才发展和发挥作用创造良好的环境。同时,也要加强对人才的教育,培养人才为学校发展努力奉献的意识,教职工之间和谐相处的意识,做人做事、做学问与做人相统一的意识,在学校改革、发展中做先锋做表率的意识。

三、高校工会在服务人才方面存在的问题

随着高校人才强校战略的推进,高校工会围绕中心、服务大局,在服务人才方面做了不少工作。概括来说,一是发挥人才学术方面"传、帮、带"作用。一些学校开展青蓝计划,开展教授带青年教师活动,让人才的业务方面发挥作用。二是加强对人才宣传。利用校报、广播、橱窗、网页等各种媒体,制作文字和音像资料,对人才进行宣传、介绍,扩大人才的影响。三是为人才精神健康提供服务。不仅关心人才物质生活,也关心精神生活,组织和策划了健康有益、喜闻乐见的文体活动,更好地满足他们日益增长的精神文化需求。四是解决人才生活中遇到的实际困难。为引进的人才办理"海外高层次人才居住证",协调解决引进人才租房、购房、搬家落户、解决子女入学入托等问题。建立高端人才服务体系,为高端人才配备一对一服务人员,做好生活服务。五是开展人才的走访慰问活动。保持与高端人才的联系,了解他们的生活工作情况,解决他们的实际问题。举办中秋节高端人才座谈会,开展走访慰问人才等活动,送去对人才的关心。六是把人才作为评模评先的重点对象,加强人才在全国全省的影响力,提高他们的社会地位,激发他们的工作热情。但总体来讲,目前高校工会在人才的服务方面与人

才强校的要求还有很大差距。

一是服务人才的工作定位还不清晰。根据传统工会的理念,工会职责是维护全体教职工利益,工会不能为少数人服务,要为全体教职工服务。随着人才在高校发展中作用的凸显,要求工会在为教职工服务的理念方面要有突破,把为人才服务看作工会的重要工作职责。受制于原有的体制和惯性思维的影响,目前高校工会工作还不能全面地适应形势变化的要求。一方面,高校工会为适应高校人才强校战略,在人才服务方面开展了很多工作。另一方面,高校工会还没有把为人才服务作为自己的基本职责,担心对人才服务太多不符合工会为全体教职工服务的宗旨。在高校实施人才强校战略中,工会对自己的定位始终处于不清晰的状况。虽然工会也在开展对人才的服务,但这种服务往往是随意的、临时的,没有形成工作规范,没有完全把服务人才工作纳入工会的职责范围。这种工作现状不仅影响了高校工会在人才强校中有效发挥自身的优势,也使高校工会在学校工作中处于边缘化的境地。

二是有关服务人才的工作体制不顺。改革开放以来,高校内部发生了很大变化,其中用人制度也发生了很大变化。过去高校是用人制度,所有教师都是在编人员,都是事业编制。随着改革开放的深入,高校积极利用国内国外两种资源,努力发展自己的学科,从境外引进了大量的优秀教师,这些教师很多都是非编人员。一些高校按照"不求所有,但求所用"、相对稳定、合理流动、专兼结合、资源共享的原则,通过聘用外校兼职教师、面向企业和科研机构招聘优秀人才担任兼职教师、返聘高级专家、招聘外籍专家、在校研究生担任助研、助管等方式,建立丰富多样的用人机制,积极利用这些高端人才的特殊能力为自己的高校谋发展。这些按照弹性用人机制引进的人才,也基本是不在编制人员。人才没有进入学校编制,也就不能加入学校工会,不是学校工会会员,自然也不是学校工会的工作对象。这样,大量人才在学校工作,却又不在学校工会服务范围内,影响了工会为人才服务的覆盖面。

三是人才服务工作还不够深入。目前高校工会在服务人才强校战略方面做了很多工作,但这些工作大多还是停留表面服务上,比如组织人才开展业余活动,对人才进行慰问,解决人才生活中遇到的一些实际问题等。这些服务是必要的,但仅有这些服务是不够的。服务人才强校战略是一个大系统,它包括工作、生活、硬环境、软环境等方方面面。工会服务人才强校战略应该在更多的方面、更深的层次上下功夫。特别要结合工会的职能,发挥工会在创造人才发展环境、发挥人才作为学校改革发展的生力军方面的作用,拓展工会服务人才强校工作的广度和深度。

四、高校工会做好服务人才工作的对策

(一)统一思想认识

思想是行动的先导,只有思想认识到位,才能行动到位。统一思想认识,主要解决几个认识问题。一是对人才重要性的认识。要克服不重视人才的思想,形成学校发展关键在人才,没有高素质的人才就不可能有高水平的大学,人才是学校最根本最宝贵的资源,是学校竞争力的核心所在的共识,形成尊重人才尊重知识的良好氛围。二是工会服务人才必要性的认识。要克服人才工作与工会无关的思想,形成人才工作是学校中心工作,而工会作为学校的群众组织,必须围绕中心、服务大局,主动服务学校人才强校战略。服务人才强校战略是工会的分内事情,是工会的基本职责,绝不是与己无关的共识。三是对工会服务人才强校战略作用的认识。要克服工会在服务学校强校战略方面难有作为的思想,形成工会是群众组织,是党联系群众的纽带,工会联系群众最广,工会在服务人才工作方面可以发挥其他组织不可替代作用的共识。四是对服务人才与服务广大职工关系的认识。要克服服务人才与服务教职工矛盾的思想,形成工会要为全体教职工服务,人才是教职工最重要的部分,人才对学校发展至关重要,工会为人才服务对学校发展有利,工会为人才服务符合广大教职工的根本利益,为人才服务与为教职工服务并不矛盾的共识。

(二)深化工作内容

高校工会为人才服务不能把自己等同行政组织,越俎代庖,去做一些行政组织要做的事;同时,高校工会服务人才强校战略,也不能满足于慰问解困等表面层次服务,而要从多方面向更深层次推进。深化高校工会服务人才工作的内容,一要在维护人才权益方面深化。高校工会为人才服务的核心工作是关心人才的发展,要维护其合法的权利,尤其是其发展的权利。二要在发挥人才参政议政作用方面深化。要不断扩大民主,推进校务公开,让人才在学校事业发展中有更大的知情权、参与权和监督权,发挥人才参政议政作用。三要在满足人才需求方面深化。既要满足人才的物质需求,从生活上为人才办实事,也要满足人才精神需求。四要在加强思想教育方面深化。既开展对广大教职工教育,也对人才进行教育。深化高校工会服务人才工作的内容,要重视规范化、制度化建设,通过制度建设,形成工会为人才服务的机制。

(三)实行上下联动

学校工会在为人才战略服务中,要注意发挥二级工会的作用。因为人才战略服务是一个大系统,涵盖内容很多,涉及面很广。工会也是个大系统,由学校工会和大量的二级工会组成。二级工会涉及每个单位每个学院,充分发挥二级工会的作用,有助于形成全面有效的服务人才工作的网络。在二级工会中,机关工会是学校最大的二级工会。它包括的单位不仅多,而且都是学校的职能部门,是与人才直接打交道的部门。比如,财务部门涉及人才的财务报销,采购处涉及人才的购买设备,人事部门涉及人才团队的组建,科技部门涉及人才的课题项目的申报,人才办涉及人才的协调等。人事处在人才团队建设、人才引进、人员工资等方面问题,科技处在人才项目申请指导和服务方面,都与人才有很大关系。机关工会作用发挥得好,对人才环境建设意义重大。各学院的工会在人才环境建设中也有重要作用。因为人才作为学校教学科研工作骨干,主要落脚在学院,学院对人才服务如何,对调动人才积极性、创造性影响很大。要发挥二级学院工会的作用,让学院的老师都重视人才、关心人才,为人才工作生活创造好的条件,使人才与学院融为一体,使人才发挥应有价值。总之,只有上下联动,才能把人才环境建设好。

(四)创新服务机制

高校工会是高校教职工的组织,高校工会的工作对象是全体职工。人才是学校教师的一部分,是学校最重要的资源,人才强校是学校最重要的战略,工会为人才战略服务,必须解放思想、更新观念,把服务人才作为自己工作职责的重要内容,把为人才服务作为为教职工服务的重点。在高校,有很多一直在学校工作但没有加入工会的人才,包括一些境外人才,或者退休教授,其他一些长期在学校工作的教授等。对这些人,工会要解放思想,更新观念,积极争取特殊政策,让他们在自愿的前提下加入学校工会,以体现学校的关心,并为学校对他们全方位的服务创造组织保障。对于一些由于种种原因不能加入工会的人才,工会要收集这些人才的信息,建立专家人才库,把他们纳入工会的工作范围。要建立经费,为非编人才的服务提供经费保证,并安排专门人员服务于这个特殊群体,最大限度地保障他们的合法权利。总之,高校工会要解放思想,创新机制,扩大工作的覆盖面,为人才强校战略做出自己应有的贡献。

高校工会俱乐部在校园文化建设中的
作用及强化对策

童裳超[①]

【摘　要】校园文化建设是高校建设的重要组成部分,高校工会的教职工群众基础在校园文化建设中具有天然的优势,而高校工会俱乐部是工会开展校园文化建设的重要载体,应该不断加强高校工会俱乐部组织自身建设,抓好高校工会俱乐部队伍建设,加强工会俱乐部组织的能力建设,广泛开展健康向上的校园文化活动,树立特色品牌校园文化,促进校园文化的发展繁荣。

【关键词】高校工会;工会俱乐部;校园文化建设

胡锦涛同志在党的十八大报告中提出,要扎实推进社会主义文化强国建设。他指出:文化是民族的血脉,是人民的精神家园。全面建成小康社会,实现中华民族伟大复兴,必须推动社会主义文化大发展大繁荣,兴起社会主义文化建设新高潮,提高国家文化软实力,发挥文化引领风尚、教育人民、服务社会、推动发展的作用。要坚持贴近实际、贴近生活、贴近群众的原则。要开展群众性文化活动,开展全民阅读活动。要普及科学知识,弘扬科学精神,提高全民科学素养。要广泛开展全民健身运动,促进群众体育和竞技体育全面发展。校园文化是社会主义文化的重要组成部分,高校既承担着教书育人的职责,又承担着引领社会主义先进文化的使命。建设先进的和谐的校园文化,对于提高全民族文化素质,促进高校教育教学管理,激发教职工工作热情,营造学校教书育人的良好氛围有着重要意义。校园文化渗透于高校工作的方方面面,具有引导人、熏陶人、激励人、塑造人、振奋人的重要功能与作用,对高校的各项建设与发展具有重要的引领、示范、推动作用。因此,在当今形势下,高校必须高度重视校园文化建设,促进校园文化的大发展、大繁荣。高校工会由于有着广泛的教职工的群众基础等特点,应在校园文化建设中充分发挥自身具有的组织、引导、服务、教育的优势,

---

① 童裳超,杭州师范大学附属医院党委副书记、纪委书记。

在校园文化建设上多下功夫,在促进校园文化建设与发展中起到应有的重大作用。工会俱乐部则是新形势下工会开展各项工作的重要载体和抓手,理应在校园文化建设中起到应有的作用。

一、正确认识高校工会俱乐部在校园文化建设中的重要作用

工会的核心任务就是在高校履行"维护、建设、参与、教育"的职能,是党联系群众的桥梁与纽带。工会组织作为高校的重要组织之一,与教职工有着不可分割的天然联系,具有健全的组织体系、群众化的工作方式和良好的群众基础,可以最大限度地把教职工组织起来,充分发挥其巨大的号召力,把广大的教职工凝聚起来参与校园文化建设,使大学精神、价值观念、职业道德等深入人心。在校园文化建设中具有重要的责任、地位和作用,这一点毋庸置疑,大家的认识也是统一的。

而随着社会的发展变化,很多工作的开展和活动的组织都有了新的要求和新的变化,体现在工会开展形式多样、丰富多彩的各项活动上。同时,工作除了由二级工会承担以外,更多的是由工会俱乐部来组织来承担,以更好地进行不同特色、不同需求的活动和工作,所以作为工会开展的校园文化建设,工会俱乐部有着不可替代的作用,工会通过俱乐部可以更好地把广大教职工组织起来,参与到校园文化建设活动中,这更有利于凝心聚力,提升校园文化的品质;更好地丰富校园文化的形式渠道,可以根据不同人群、不同层次,组织开展不同形式的文化体育活动,使得整天忙于各条战线上的教职工有好的体魄和充足的精力投身到工作中去。高校工会俱乐部起到不断丰富广大教职工校园文化生活、凝聚人心、振奋精神的重要作用,这种作用也越来越多、越来越广泛地在校园文化建设中发挥巨大的带动作用。可以说,工会俱乐部越来越多地承担了工会组织开展的校园文化建设的责任。

二、高校工会俱乐部的现状

据了解,目前高校或多或少存在各种俱乐部,有偏重文体活动,也有结合学校教学科研工作开展以及各种休闲类的俱乐部组织。以在杭某高校工会为例,该工会现有俱乐部 27 个,涵盖了工会工作的各个方面,既有促进学校工会研究

工作开展的工会工作研究会,也有推动学校青年女教师成长的女教授联谊会,既有关爱女职工学习生活的"享、读"读书协会,也有关爱教工身体健康的舞蹈俱乐部;既有近几年屡屡在省市合唱中获奖的教工合唱团,也有刚刚成立的教工民乐团,还有深受广大教职工喜爱的有一定竞技要求的乒乓球、羽毛球、篮球、足球等传统俱乐部以及围棋、桥牌等文化底蕴深厚的社团俱乐部等。各类俱乐部积极组织开展各类群众性健身和学习活动,广泛吸收教职工加入到俱乐部中来,教职工的参与面广,积极性高,丰富了教职工的业余文化生活,发挥了凝聚力,培养了集体主义精神,增强了党群干群关系,提升了教职工的品质生活,烘托了校园文化氛围,是推动和谐校园的有效体现,也是团结民心、凝聚民意,构建和谐校园的重要形式,为学校的校园文化建设做出了积极贡献,发挥了重要作用。尽管如此,我们了解到工会俱乐部仍然存在一些不足。一是有的俱乐部的组织体系还不是很清晰,对俱乐部的认识上还有不同的想法,有些俱乐部的核心成员工作不到位。二是有些俱乐部组织的教职工的面还不够广,俱乐部会员的发展工作停滞不前,老龄化比较严重。三是有的俱乐部在工作开展上还停留在惯性思维上,创新活动不多,创新活力不够或者是新俱乐部在建章立制上步履蹒跚,没有明晰的工作计划和目标。四是有些俱乐部工作与教书育人工作相脱离,教职工活动和学生的文化生活结合还不够紧密。

三、强化高校俱乐部作用发挥的对策

一要提高认识,加强领导。俱乐部活动不是有些人理解中的简单的蹦蹦跳跳、唱唱闹闹,要看到俱乐部活动对于活跃教职工文化、提高教职工的综合素质、营造和谐校园文化氛围及促进校园文化建设所起的重要作用。首先,学校工会要充分认识俱乐部存在的重要意义,要切实加强对俱乐部的领导,以"有利于教职工个人发展,有利于推进学校工作,有利于促进和谐校园建设"为原则,逐步建立起教职工喜闻乐见的符合他们需求的"学习型""拓展型""健康型"等各类工会俱乐部组织,努力让每位教职工都能在俱乐部中找到符合自己要求和特点的、能够参与进去的俱乐部。其次,各类俱乐部都要认识到自己的俱乐部不是可有可无的工会工作的点缀,而是工会工作的重要组成部分,也是学校工作的一部分,对于促进校园文化建设具有不可替代的作用,俱乐部的核心成员更要认识和体会到自己的工作对学校的各项工作是正能量的传递,而不是业余时间的助兴之举。在俱乐部主任及秘书长等岗位上,一定要推选负责任、敢担当、乐奉献的教职工。俱乐部工作能不能开展、会不会开展、开展工作的影响力好坏,俱乐部的领头人影响重大。

二要健全组织,规范管理。目前来看多数高校工会俱乐部还是直接隶属学校工会直接领导,与各二级工会及职能部门处室关系不大,更不用说与学生社团俱乐部有何关联,但由于工会组织受编制人数限制以及学校中心工作的影响,靠工会组织来指导工作显然受限很多,有些力不从心。从实践来看,工会俱乐部的主要成员如果有强有力的处室或部门来支撑,工会俱乐部活动的开展就比较有成效和可持续性。所以工会组织要分类指导,积极探索俱乐部管理的新模式,作为俱乐部的娘家要积极为俱乐部找好婆家,一方面要准备好嫁妆(经费的支持),另一方面要落实好工作责任,将其挂靠的二级工会支持俱乐部工作作为考核指标,落实到年度小家建设的体系中,以更多的力量来支持工会俱乐部工作,扩大工会俱乐部的影响力,同时也为工会俱乐部规范开展活动提供人力和组织支持。同时也要积极探索与学生社团俱乐部紧密合作的途径,一方面,学生本身有干劲有冲劲,有活力有创新,可以弥补工会社团俱乐部的不足;另一方面,工会俱乐部的老师有经验,可以提高学生社团俱乐部的水平,可以营造师生互动共同创建校园文化的良好氛围。

三要抓好队伍,强化能力。工会干部队伍素质的高低决定着校园文化建设水平的高低。工会俱乐部骨干队伍素质的高低影响俱乐部工作的开展,同样影响校园文化建设的高低。一方面,工会组织要更多地培养、指导好俱乐部,尽量多地给各俱乐部提供实践的平台与机会,尤其是对新建俱乐部,在规范管理、经费支持、活动开展上理应扶一把、送一程。另一方面,要选好俱乐部的领头人和组织者,要把组织能力强、有责任心、愿意无私奉献的人选拔到俱乐部的领导层。在俱乐部活动中要注意多开展形式多样、有文化品位、能充分展示教职工风采的、教职工多数能参与的竞赛活动,不盲目追求规模、档次,不断丰富俱乐部活动形式和内容。同时要经常性地开展各俱乐部之间的交流活动,取长补短,推进工作。工会组织也要积极创造条件,争取高校相同或类似俱乐部之间的交流互访活动,他山之石可以攻玉,相互往来有利于提高俱乐部的活动水平和影响力。

四要提升内涵,树特立品。校园文化活动是高校工会发挥应有作用的重要途径与把手。因此,工会俱乐部要充分发挥动员群众、组织群众的优势,组织开展各种寓教于乐、健康有益、喜闻乐见、形式新颖多样的校园文化活动,以体现文化内涵、传播关爱声音、凝聚建设力量、共筑和谐校园为指导,认真组织好群众性的各类校园文化活动,丰富教职工的业余生活。通过对活动形式和内容的不断探索创新,寓教学于活动之中,使大家在活动中增长知识、陶冶情操、愉悦心情、锻炼身体、增强校园文化自身的吸引力与凝聚力。积极打造一批具有艺术性、思想性、教育性,反映校园特色的优秀文化作品与活动,形成校园文化的独特品牌,塑造良好的文化形象。

五要经费保障,广求支持。高校工会应该为俱乐部活动争取和提供必要的活动场所和经费保障,在活动经费划拨上既要考虑各俱乐部开展活动的经费需求不同,俱乐部成员多少等日常运营经费的开支,也要设立以奖代补的工作机制,使能干事、会干事、干成事的俱乐部发展空间更大,也促使活动开展单一、吸引教职工能力不强的俱乐部正视自身存在的不足,迎头赶上。同时也可以广为化缘,吸引社会力量投入到校园文化建设中来,争取互赢或多赢的局面,使高校文化建设得到健康有序的可持续发展,也为社会主义文化建设增添新动力、新支持。

关心教职工
工作与生活篇

和谐社会语境下高校中年员工保护性开发

余龙进①

【摘　要】随着市场经济的快速发展，竞争越来越激烈，我国高校中年员工普遍面临职业倦怠、职业枯竭、亚健康、过劳死等威胁。本文在分析中年员工保护性开发缺失的成因后，从政府、社会、用人单位以及中年员工个人视角探讨了中年员工保护性开发的对策。

【关键词】高校；中年员工；保护

习近平总书记 2014 年 9 月 9 日在《做党和人民满意的好老师——同北京师范大学师生代表座谈时的讲话》中指出："各级党委和政府要从战略高度来认识教师工作的极端重要性，把加强教师队伍建设作为基础工作来抓，满腔热情关心教师，改善教师待遇，关心教师健康，维护教师权益，充分信任、紧紧依靠广大教师，支持优秀人才长期从教、终身从教，使教师成为最受社会尊重的职业。"高校中年教师作为一个培养国家优秀人才的重要群体，其现实状况如何，直接关系到我们高校人才培养与学科专业建设的质量与水平，甚至关系到民族的未来与中华民族伟大复兴即"中国梦"的实现。

一、高校中年员工保护性开发的缺失

中年员工是指年龄在 35 岁到 54 岁之间的人群，占据了我国劳动力总人口的半数以上。从职业生涯角度看，中年员工处干职业生涯的黄金期，理应达到事业的巅峰。然而，现实生活中的中年员工是最焦虑、最疲惫、最倦怠，所承受的工作、社会、家庭压力最大，受职业倦怠缠绕，亚健康甚至"过劳死"威胁最严重的

---

① 余龙进，杭州师范大学马克思主义学院执行院长兼党总支书记、教授。

人群。

(一)高校压力过大,中年教师承压比例更高

据麦可思研究院 2014 年 9 月的调查数据,八成高校教师感觉压力大,而压力的主要来源是科研项目和经济问题。甚至有近一成教师"累觉不爱",感到害怕工作。具体见以下数据。[1]

在被调查的高校教师中,约八成表示实际工作中承受的压力较大。其中本科教师感觉"非常有压力"和"有压力"的比例为 84%,高职高专教师为 79%。分析表明,在过去两年中,"个人财务状况"是造成高校教师压力大的首要来源,47% 的本科教师和 52% 的高职高专教师都表示有经济压力。被调查的本科教师月收入在 5000 元及以下的比例为 73%,高职高专教师月收入在 5000 元及以下的比例为 88%。其中,月收入在 3000 元及以下的本科、高职高专教师的比例分别为 32%、45%。

麦可思调查显示,压力较大的高校教师主要分布在 31—35 岁以及 41—50 岁之间。31—35 岁的高校教师,其事业正处在刚刚起步的关键时期,他们同时面临成家立业、结婚生子等事情,因而压力较大。而 41—50 岁这部分教龄较长的教师在压力较大教师中占比较高,或许源自进入职业生涯中期带来的晋升和科研压力。在生活方面,他们还可能面临子女教育、赡养老人等问题,因此压力倍增。

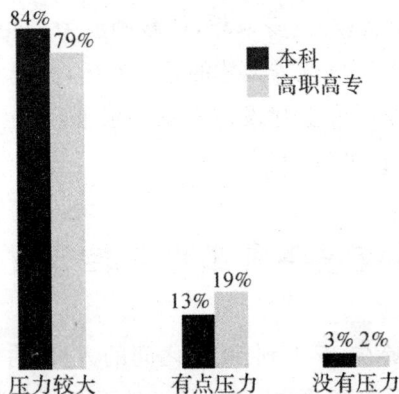

图 1 被调查高校教师工作压力程度

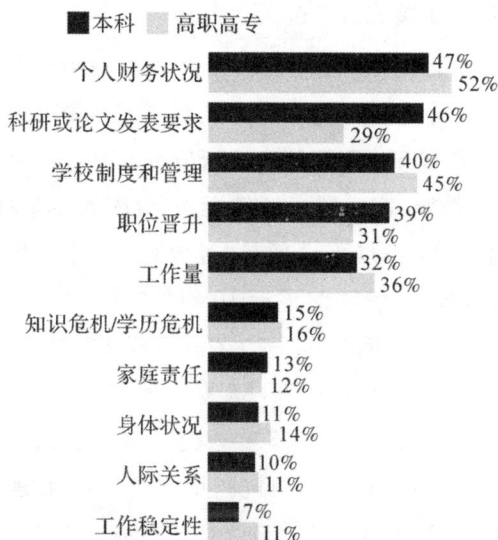

图 2　被调查教师过去两年压力来源

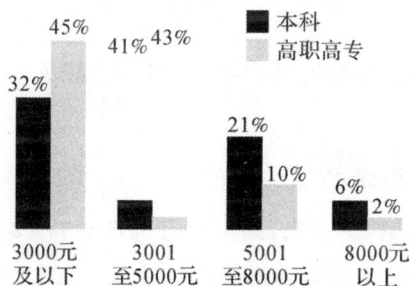

图 3　被调查高校教师薪资分布

(二)普遍面临职业倦怠和职业枯竭

世界大企业联合会(Conference Board)于 2012 年进行的一次调查显示:过去 10 年间工作满意度下降幅度最大的是 35 岁至 44 岁之间的员工,其次是 45 岁至 54 岁的员工。因此,中年员工正面临这样一种困境:工作越干越多,工作的乐趣却越来越少;对工作前景丧失信心、缺乏激情,为工作而工作,工作效率和产出显著降低。另外,翰德国际顾问有限公司早在 2006 年发布的第二季度《中国翰德就业报告》表明:在各行业中,33%的公司表示职业枯竭情况愈演愈烈,中国员工已进入"职业枯竭"高发期。[2]从中不难看到,中年员工疲惫不堪、无聊厌倦、停滞不前,充满了沮丧、困惑和孤独。

(三)普遍遭受亚健康乃至"过劳死"威胁

亚健康是指人体健康和疾病之间的临界状态。"过劳死"是超出正常工作时间、工作劳动强度,导致劳动者不能得到必要的休息而积劳成疾最终死亡的情形。2006年9月在北京召开的国际健康论坛公布了如下数字:我国人口中15%属于健康,15%属于非健康,70%属于亚健康,亚健康人口超过9亿。亚健康正在严重地威胁着中年员工,发展下去便是"过劳死"。据上海社科院《社会科学报》2005年5月9日报道,一份跟踪了近10年的"知识分子健康调查"显示,北京知识分子平均寿命从10年前的58—59岁降至调查时期的53—54岁,比第二次全国人口普查时北京市平均寿命75.85岁低近20岁。而在上海地区,1994年调查的科技人员平均死亡年龄为67岁,比全市职业人群早逝3.26岁,其中15.6%发生在35—54岁的年龄段。[2]目前,中年员工中亚健康的人数多、分布广,"过劳死"呈现出向年轻人低龄化蔓延之严重态势。

二、高校中年员工保护性开发缺失的成因分析

高校中年员工保护性开发缺失有社会因素、用人单位因素以及中年员工自身因素。

(一)从社会视角来看

我国社会正在转型,工业化、城市化进程加速,社会生活各个方面都经历着前所未有的震荡和变迁。随着竞争压力的增加,人们生活和工作节奏加快,压力渗透到人们的生活中,尤其是社会和家庭的中坚力量、正处于变革浪尖上和事业顶峰的中年员工,其精神和谐与身心健康面临巨大冲击。

(二)从用人单位来看

面对中年员工的职业倦怠、亚健康以及"过劳死"等现象,虽然它很普遍但是难以察觉,而且在组织文化上也属于空白领域,用人单位不但没有为员工的中年问题做好准备,忽视员工的中年问题,而且还将他们视为稳定可靠的员工,想当然地认为他们过得很好,指望着其忠诚和敬业。

"科研任务"成为造成中年教师压力较大的首要原因,其比例高达72.1%。不难看出,科研、教学、收入成为当今中年教师所背负的"三座大山",高压力、高负荷的工作也在消磨着他们的工作热情,使其逐渐开始扮演"知识民工"的角色。

（三）从人的生命周期来看

依照美国学者施恩的研究成果，人有职业生涯周期、家庭周期和生物周期三条生命线。在职业生涯中期阶段，员工处于发展和提升时期，并逐步达到顶峰；家庭周期从组建家庭到生育、培养子女直到子女离家自立；生物周期从精力旺盛到逐步衰落。人到中年，三个生命周期重叠时间较长且各项任务都是一生中最繁重的时期，客观上促成中年员工处于需要保护的关键时期。

（1）处于事业发展并逐步达到顶峰的时期，往往是用人单位的顶梁柱，肩负的工作任务重、责任大，有的工作本身过于复杂、时间又紧，或者过于单调简单，加上无权参与决策与管理，都给他们带来巨大的压力。

（2）家庭经济与社会负担重，处于上有老下有小的人生负担极重的时期，主要体现在子女教育与就业、赡养老人、经济负担等方面。中年员工一方面处于子女读小学和中学的最辛苦时期；另一方面，目前我国尚未建立起规范的、市场化的家政服务体系，即使有这样的服务，感觉不方便或经济上难以承受，他们在忙完繁重的工作回家后，要做大量的家务、安排孩子的学习和生活，照顾和赡养年迈的父母，这使大多数中年员工感到压力极大。

（3）中年员工尤其是 40 岁以后的中年员工处于身体转型的生理周期，即精力旺盛到逐步衰落，开始进入多病期。医学专家研究发现，35 岁以前是健康期，35—45 岁为疾病形成期，45—55 岁为疾病暴发期，而 65 岁以后则为相对安全期。

（四）从中年员工自身心理状况来看

中年员工的心理状况与青年员工相比发生显著变化，一是面临职业发展的复杂化与多元化，既要想方设法在专业领域保持领先地位和优势，成就心理特别强烈，以自己的经验和广泛知识获取更多报酬，追求更高的社会政治与学术、技术地位；二是面对职业生涯中期危机和年轻人强有力的竞争，职业发展任务繁重，在追求事业成就、社会政治与专业技术地位的同时，往往忽视必要的身体锻炼、户外活动、心理健康，导致身心受到伤害。

普通高校中年教师的健康现状从下可见一斑。某项对普通高校中年教师常见病调查结果显示，中年教师中处于亚健康状态的有 256 人，占调查总数的 46.5％。患有颈椎病的为 192 人，占 34.9％，患有咽炎的为 167 人，占 30.3％，患有静脉曲张的有 41 人，占 7.4％。从调查结果看，中年教师的健康状况不容乐观，亚健康人数所占比例较大。繁重的脑力劳动及激烈的竞争机制，缺乏必要的体育锻炼,再加上中年时期是人的生理转折时期,以至于这一群体许多人在这一时期埋下了疾病的隐患。[3]

三、日本、美国员工保护的启示

日本、美国是经济高度发达的国家,面对激烈市场竞争所产生的压力而导致频发"过劳死"现象,经过几十年探讨,在员工保护方面取得了不少成功经验,值得学习和借鉴。

(一)日本对员工保护的举措

1.承认政府对员工保护有责任,进行政府干预

1994年,日本厚生劳动省将工作过度列为"职业灾害",把"过劳死"作为一种工伤,进行政府干预,承认社会对这一现象负有责任。

2.修改相关法律,进行法律干预

1995年,日本对"过劳死"进行法律干预,死者家属通过司法途径向用人单位进行索赔。2001年底,日本厚生劳动省出台"过劳死"相关法规,把判断过劳死的时间由过去只考察雇员死前一周的工作情况延长到死前的6个月,考察每月加班是否超过80小时;同时,把工作时间的规律性、出差的次数、办公场所的温度状况和噪音作为关键指标考虑在内。[4]

3.建立人才健康管理保障制

建立治疗亚健康医院,如设立生活习惯医院,制订人才健康管理保障制度。

4.探索员工保护的有效模式

(1)进行爱抚管理。如设置放松室、情绪发泄室、茶室等缓解员工的紧张情绪;制订员工健康研修计划,帮助员工克服身心方面的疾病。

(2)拜托员工家属关心员工健康。企业动员员工家属及其他社会成员来帮助做好员工的身心健康工作。

(二)美国对员工保护的举措

在美国高校,虽然中年教师同样承受着巨大的压力,但情况却稍有不同。加利福尼亚大学洛杉矶分校下属的高等教育研究院2012年发布的一项本科教师调查报告显示,美国高校教师主要的压力源来自"过高的自我期待"和"缺少个人时间",而"研究和论文发表""个人财政"和"教学任务"则分别排到了压力源的第

7 到第 9 位。与中国大学教师所面临的"三座大山"相比,美国大学教师的压力似乎更多地来自他们对现实情况的认知以及对个人生活的期待。

1. 承认社会对"过劳死"负有责任

经常对员工压力、亚健康、过劳等问题进行调查并公布调查研究结果,以期引起全社会的关注。美国把"过劳死"作为一种工伤,承认社会对这一现象负有责任。

2. 构建覆盖全国范围的心理咨询网络

建立、健全了心理咨询与治疗网络,员工参加心理咨询与治疗成为一种生活时尚甚至是身份、地位的象征。

3. 建立健全面向全国的人才健康管理保障体系

强化对人才的健康保健和管理服务工作,每 10 个美国人就有 7 个享有健康管理服务;设有生活方式医院,建立健全了人才健康管理保障制度与网络。

4. 建立员工保护的长效机制

(1)提供"员工帮助(支持)计划"。内容有压力管理、职业心理健康、雇员心理危机、职业生涯发展、健康生活方式等。它通过专业人员对组织的诊断、建议和对员工及其家属提供的专业指导、培训和咨询,旨在帮助解决员工及其家属成员的各种心理和行为问题,直接疏导员工工作压力,提供预防性的咨询服务。

(2)实行人性化管理。大多数企业为员工提供免费早餐、午餐,建立现代化的托儿中心和现代化的健身中心,免费让员工在工余时间使用,杜绝加班现象。

(三)日本、美国员工保护的启示

(1)政府承认对员工保护具有社会责任,把"过劳死"作为一种工伤。呼吁全社会关注"过劳死",并采取包括法律干预等措施积极应对,如日本把"过劳死"的判断时间从死前 1 周延长到死前 6 个月,设立发生"过劳死"的抢救电话"110"。

(2)完善相关法律法规,把"过劳死"列入"职业病"。日本于 1994 年将工作过度列为"职业灾害",探讨法律救济途径,加大死者家属通过司法途径向用人单位索赔的力度,提高赔偿的金额。

(3)树立用人单位对员工健康负责的理念。日本的企业设有情绪发泄室并进行爱抚管理,拜托员工家属关心员工健康;美国企业广泛提供员工帮助(支持)计划,建立现代化的托儿中心和健身中心,杜绝加班现象等。

(4)建立健全人才健康管理保障制度,加强人才健康保健和管理服务工作。

日本有生活习惯医院,美国有生活方式医院,改变医疗模式,以预防、保健为主。

(5)建立社会救助网络,利用社会资源进行防范。美国建立起覆盖全国的心理咨询网络,加大社会干预工作力度。

四、高校中年员工保护性开发策略

中年员工保护性开发是针对中年员工尤其是 40 岁以上员工并基于如下考虑而提出的:由于长时间从事某个职业或岗位,对既有的工作或岗位熟悉,产生了割舍不了的情结;肩负着上要照顾年迈的父母、下要抚养年幼子女的社会与家庭责任;正值职业生涯黄金期,承担着重要而繁重的工作任务;生理上处于由旺盛转向逐步衰落;受中国传统文化影响,不愿意更换工作,而更倾向于终生做一件事。如果此时要求中年员工从根本上改变其职业或工作岗位,他们必须付出高昂的机会成本,而前途未卜,无论从时间、精力、体力还是观念而言都是下策。因此,比较有效的做法是各级组织遵循其意愿,尽量不改变其职业或工作,为其实现自我清除制度上的障碍,并付出应有的关注,投入所需的资源,挖掘其所有的潜力,使其重燃激情、重新赋予工作生命力,不断创造新的机会。当前,数千万中年员工正拼尽全力摆脱中年期的种种困扰,急切渴望改变现状,降低工作压力,寻求在工作、家庭和生活之间的平衡,同时也希望从工作中找到新的意义。

中年员工保护性开发应借鉴日本、美国的经验,结合我国实际情况,从政府、社会、用人单位、中年员工四个层面,充分发挥政府主导、社会引导、用人单位的主角作用、中年员工个人的主体作用,相互配合与衔接、透明与促进,构成一个有机整体,预防与消除职业倦怠、职业枯竭、亚健康甚至过劳死。

(一)政府主导层面

1. 完善相关法律法规,强化政府干预

从法律制度方面加强对劳动者的保护,是制止"过劳死"现象发生的根本出路。日本、美国等把"过劳死"作为一种工伤,承认社会对这一现象负有责任。目前,我国法定职业病目录有 10 大类 115 种,但"过劳死"不在其中。因此应尽快确定如《过劳死防治法》等法律,防止"过劳死";加大政府干预力度,一旦"过劳死"现象发生,要提高赔偿额,以给"过劳死"者最大限度的补偿,让用人单位即使从自身利益考虑,也不希望以劳动者的生命健康作为代价。

2.加大执法检查与监督力度

切实加大对《劳动法》《劳动合同法》等法律法规执行落实的督察力度;进一步规范各行业的劳动用工制度,加强劳动力市场的监督管理,强制落实带薪休假制度。

3.建立健全人才健康管理保障制度

加强人才健康保健和管理服务工作,为中年员工建立健康档案并纳入政府日常工作。

(二)社会引导层面

1.加大宣传与普及健康教育工作力度

长期以来,我国的健康教育比较落后,甚至根本不重视健康教育,尤其忽视心理健康教育,过多宣传拼命式的奋斗精神、吃苦精神。此外,广大市民的保健意识十分淡薄甚至完全缺乏保健意识。因此,宣传与普及健康教育的工作任务非常艰巨。

2.动员一切社会力量提供社会支持

研究表明,当外界压力威胁人们健康时,有较多社会支持的人比那些缺乏社会支持的人患病或死亡的可能性要小得多。社会支持可以是配偶、父母、亲戚、朋友以及社会群体给予的帮助。因此,动员一切社会力量提供社会支持刻不容缓。

3.倡导工作与生活平衡

工作与生活平衡——关注生命本身是对人的"工具性"向"本体性"的回归,在这个价值原则的指导下,我国人力资源才能真正做到"以人为本",为和谐社会的构建做出实质性贡献。[5]2006年10月,央视发起主题为"快乐工作"的《CCTV中国年度雇主调查》,将"成就感、成长感、归属感"作为衡量"快乐工作"的指标。随后在成立的"快乐工作联盟"宣言中指出:"在这里,我们倡导雇主遵循人们对'快乐'的根本诉求,承担在劳动关系中应当担负的责任和义务,在保证执行相关劳动法律法规的基础上,以更高的标准要求自己,使每一个员工在工作的过程中能够体会到成长感、成就感和归属感,在全社会范围内推荐和谐劳动关系,进而推动和谐社会的构建。"这说明社会意识到过度的工作压力可能带来对人的异化和扭曲,开始提倡在工作领域内的人文关怀,这是一个可喜的行动。

(三)用人单位层面

1.畅通职业生涯通道,为中年员工提供更多的职业发展机会

员工的职业发展通道主要有三种:(1)行政职务的提拔晋升;(2)转变职业,由操作工提拔为管理者;(3)技术职务的提拔晋升。各级组织要根据中年员工的具体情况畅通其职业生涯通道,不要让其有"船到码头车到站"的感觉,使其感到希望在前又走不到尽头,防止出现职业倦怠、职业枯竭。

2.安排富有挑战性、探索性的新任务,增强成就感

中年员工年富力强、经验丰富,根据美国学者库克绘制的一条时间与创造力发挥程度的曲线原理,用人单位要大胆地将富有挑战性、探索性的新工作任务安排给他们,以不断激发其创造力。一方面,表明组织看重其才能并充分信任;另一方面,给予员工表现自我才干、实现自身价值的机会,增强其工作成就感。

3.协助中年员工解决工作家庭冲突

研究表明,来自家庭和工作场所的社会支持有助于减少工作家庭冲突。用人单位可以采取如设立幼儿日托机构,提供产假、家庭休假,设计灵活的职业发展通路,实行弹性工作制,在家工作等政策和措施,以解决中年员工沉重的家庭负担,帮助中年员工平衡工作与家庭责任,降低工作压力,维护身心健康。

4.加强工会组织建设

充分发挥基层工会和教工体育社团、协会的作用,加大宣传频度,利用新闻媒体、网站、讲座等平台,把最新的健身知识传播给每一位中年教师,正确引导其体育健身观念和消费观念。

5.改善和加强体育场地、设施建设

扩大相关场馆开放领域,增加开放时间,提高利用率,为教工开展体育活动提供便利条件。

6.辅导年轻员工,提供适宜的职业发展机会

对处于职业中期且年龄较大的员工,由于其进取心和工作参与感的降低,用人单位应当安排适当的角色并提供相应的发展机会,可以采取的举措有:(1)充当年轻人的良师如师傅、辅导员或教练,可充分利用其经验与智慧,进一步发挥其作用;(2)为中年员工提供适宜的职业发展机会,担当临时性组织者的角色,如让一名资深的工程师去负责一项针对初级工程师的培训方案,请年长些的工程师担负作业组负责人的临时任务等,增加工作的挑战性。

7. 改善工作环境与条件,营造人文关怀氛围

工作场所的各种设施包括温度、湿度、照明度、卫生等硬环境,直接影响员工的身心健康,而其文化、人际关系、规章制度等软环境,对员工的进取心、归属感和积极性有很大影响。因此,各级组织要学习日本、美国企业的先进管理理念,不断改善工作环境与条件,如设置情绪发泄室进行爱抚管理,拜托员工家属关心员工健康;提供员工帮助(支持)计划,建立托儿中心和健身中心,杜绝加班现象等;建立公平的薪酬分配机制、晋升筛选机制等;适当增加薪酬、津贴、奖金,使之享受更多的福利待遇;进行有效、深度的沟通等,营造组织人文关怀氛围。

8. 普及压力管理知识,定期为中年员工体检

订阅有关压力管理的期刊,开设宣传专栏与相关课程,定期请专家作讲座和心理咨询,使其了解压力的后果、症状信号及自我调适的方法,并为其心理健康资料保密等;为中年员工定期免费体检,尽早发现问题及时治疗,预防过劳死。中年教师要定期进行体格检查,了解自身健康状况,要主动学习、掌握一些健康和锻炼知识,以便更好地预防疾病,对症治疗。

(四)中年员工个人层面

中年员工保护性开发也是中年员工自己的事情,要做保护性开发的主人。

1. 成为一名良师,肩负言传身教的责任

中年员工工作经验日益丰富,应主动肩负起言传身教的良师责任,给年轻人以监督、教诲和支持。言传身教的角色有:老师、辅导员或教练;正面的榜样角色;充当伯乐,作为人才的发现者;指路人或开门者;成功的带头人,提携年轻人等。这些新的角色能让中年员工充分发挥作用,产生工作的新鲜感与成就感。

2. 妥善处理职业工作、家庭生活和自我发展的矛盾,维护三者间的均衡

由于面临来自工作、家庭和个人发展三个生命周期的重大压力,以及其相互影响、互相制约的矛盾,要正确处理三个生命周期运作之间的关系,求得三者的适当均衡,中年员工首先要进行自我重估,客观看待自己职业的综合表现,重新思考自己的成功标准和目标定位等;其次对今后的人生进行重新定位,决策职业工作、家庭生活和自我发展的运作模式,坚持"鱼和熊掌不可兼得"的原则,妥善处理这三者的关系,求得三者之间的适当均衡。

3. 参加各种培训,寻求提高自我机会

员工的素质和能力是压力管理的关键,中年员工应主动参加技术上和心理

上的继续学习,提高与工作相关技能、人际技能、心理素质、性格等素质和能力,增强应对压力的意识,以积极的心态应对科技快速发展的局面和年轻人的挑战。

4.培养健康的生活方式,关注身心保健

(1)树立防病意识,有良好的健康意识和行为导向,定期体检,尽早发现问题及时治疗,防患于未然;(2)养成良好的生活习惯,合理安排工作和学习,保证充足的睡眠,做到劳逸结合、张弛有度;(3)重视和坚持体育锻炼,经常保持适量的体育运动;(4)保持乐观、平和的心态,中年时期,名利的诱惑容易造成烦恼,长期的不良情绪会诱发疾病,保持平和的心态有利于身心健康;(5)注意饮食结构的合理,确保肌体的营养供给,多吃新鲜蔬菜和水果,少食油腻及不易消化的食品;(6)主动进行心理咨询,不要等到问题严重时再去做心理咨询,把参加心理咨询当作日常生活中一项不可或缺的内容,成为保护身心健康的一种自觉行动。

参考文献

[1] 李莉.调查显示八成高校教师压力大 "缺钱"是压力最大根源[N].北京晚报,2014-09-09.

[2] 罗闹闹.中国员工进入"职业枯竭"高发期[J].中外管理,2006(7).

[3] 乔素景,范怡萌.普通高校中年教师体育生活现状及对策研究[J].青年与社会,2014(7).

[4] 潘晨光.中国人才发展报告[M].北京:社会科学文献出版社,2006.

[5] 曾湘泉.发展 公平 平衡——和谐社会语境下的 2006 年中国人力资源回顾与展望[J].中国劳动,2006(12).

高校工会服务青年知识分子情况的调查

柯丽敏[①]

【摘　要】本调研旨在了解高校工会在团结组织青年教职员工、维护和发展青年教职员工权益方面所做的工作及经验,存在的主要问题及原因,提出充分发挥高校工会在服务青年知识分子方面作用的对策建议。

【关键词】工会;青年知识分子;调查

作为高校教职员工队伍重要组成部分的青年知识分子是高校知识分子的主体,广大青年知识分子工作在教学、科研、学生工作、后勤服务的第一线,青年知识分子的健康成长与师资队伍建设、提高高校教学质量、建设和谐校园等方面有着密切的关系。在当前社会转型期,高校青年教职员工承受着巨大的挑战。既面临尽快适应自己的教师角色,提高教学质量的任务;同时又要致力于自己的科研事务,提高科研水平;还面临着恋爱结婚、建立家庭、养育子女、赡养父母等方面的社会责任。有限的经济能力在一直居高不下的房价和持续走高的物价水平面前,对刚进入工作岗位的青年教师而言是很大的考验。因此,在当前人事制度改革日益深化、社会环境不断变化和青年教职员工的需求越来越多元化的新形势下,如何提高工会工作的效果,服务好广大青年教职员工,提高广大教职员工的满意度是当前对工会组织工作提出的新挑战。

本调研旨在了解高校工会在团结组织青年教职员工、维护和发展青年教职员工权益方面所做的工作及经验,存在的主要问题及原因,从而提出有关充分发挥高校工会在服务青年知识分子方面作用的对策建议。

本次调研在杭州师范大学(简称杭师大)进行,杭师大年龄在 46 岁以下的青年员工已占员工总数的 67% 左右,具有典型性。本调查随机抽取阿里巴巴商学院、政治与社会学院、外语学院、社科部、材化学院、医学院、经济管理学院、国际

---

① 柯丽敏,杭州师范大学阿里巴巴商学院副教授。

教育学院以及机关的教师、职工,发放问卷 120 份,回收问卷 110 份。调查人员男性占 48%,女性占 52%。84% 已婚,16% 未婚。年龄基本都在 30—40 岁之间,其中 20—25 岁占 1%,26—30 岁占 23%,31—35 岁占 47%,36—40 岁占 29%。专业教师占 58%,行政人员占 26%,教辅人员占 16%。

表 1   被调查人员基本信息统计

	性别		婚姻		年龄		岗位			工龄		
	男性	女性	已婚	未婚	20—30 岁	31—40 岁	教师	行政	教辅	3 年以下	4—10 年	10 年以上
比例	48%	52%	84%	16%	24%	76%	58%	26%	16%	25%	60%	15%

一、高校青年知识分子的主要特点及对工会维权和服务的主要诉求

(一)青年知识分子的工作生活状况及思想状况

目前,高校青年知识分子大多数成长在改革开放时代,他们基本上都受过良好的教育,学历层次不断提高,日趋高学历化。他们有着比较宽阔的知识面,业务基础扎实,思维敏捷,朝气蓬勃,积极要求上进。调查数据显示,杭师大具有硕士和博士学历者已占青年知识分子总数的 94%,和一般重点大学的比例相当,73% 是党员,他们竞争意识强。高校普遍进行了内部管理体制和人事制度的改革,平等竞争机制的引入,大大激发了广大青年知识分子的工作热情。大批的青年知识分子因成绩突出,破格晋升为副教授、教授,形成了高级职称年轻化的良好局面。成才欲望高、竞争意识强是当代高校青年知识分子的一个显著特点。调查的教师中,60% 已取得中级职称,17% 已取得高级职称。调查的行政人员中,51% 未获得职务,20% 是科级职务,4% 是处级职务。

在市场经济条件下,高校青年知识分子价值取向呈现多元化趋势,价值观念差别较大,功利趋向较强。同时青年知识分子在事业心、责任感、纪律性、治学态度、师德修养、育人意识等方面,与中老年知识分子相比,也有一定的差距,价值取向个人化、功利化。大利大干、小利小干、无利不干、奉献等于索取的价值观在部分青年知识分子中仍具有市场。青年知识分子关心自身利益多,接触社会实践少,对于国家政治经济发展形势还存在不少思想困惑,他们受社会上一些消极

因素的影响,滋生了个人主义和享乐主义,把个人利益和物质利益放在第一位,严重影响了学校教学工作和教学质量;对改革过程中出现的一些挫折,表现出不可理解;部分青年教师由于受各种西方思潮的影响,而又没有充分了解国情,因而产生不满现实的情绪,带着这些思想情绪从事教学工作,势必对教学质量产生不良影响。

(二)面临的主要问题和困难

在工作方面,面临的主要问题是"专业技术职务晋升困难",占 53%;其次是"工作压力太大""考核机制不合理",各占 18%。如图 1 所示。

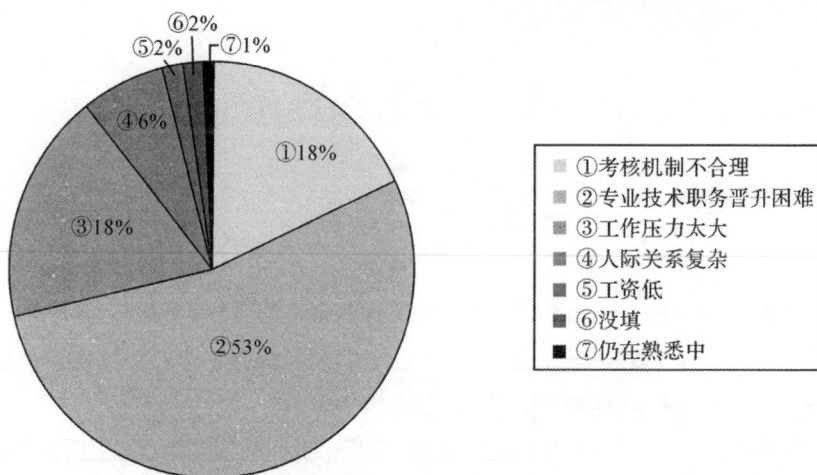

图 1　工作上的主要问题

在教学方面,面临的主要问题依次是"教学任务重""教学课酬较低""教学评估体系不合理""教学任务分配不合理""学校重科研轻教学""学风不好"。如图 2 所示。

在科研工作方面,面临的主要问题中最突出的是"学科平台支撑不够",33% 的教师提到这个问题。其次是"科研工作考核体系不合理",占 27%。"缺少科研经费和仪器设备",占 13%。如图 3 所示。当问到"在生活方面,面临的主要问题是什么",40% 的调查对象都选了"子女教育问题",其次是"心理压力问题""父母赡养问题"和"婚恋问题",各占 23%、15% 和 12%。"经济压力大和住房问题"倒是选得很少,只占 2%。如图 4 所示。

当问到"影响个人在岗位上发挥作用的主要因素是什么",各选择项分布比较均匀,排在前 5 的依次是"家庭负担重""收入待遇偏低""扶持政策缺失或力度

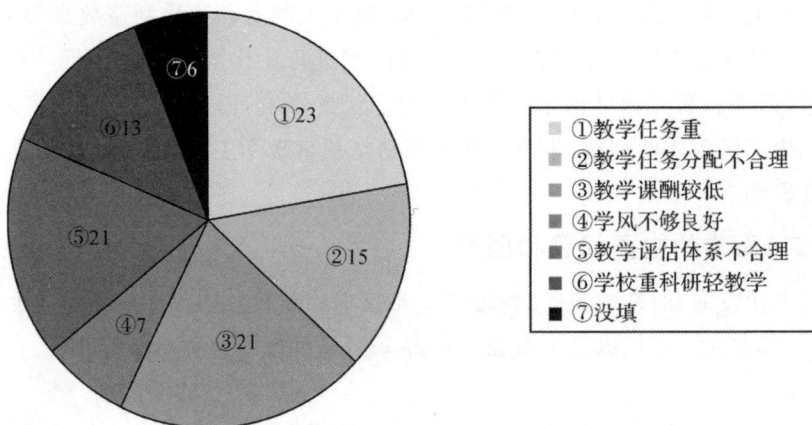

图 2　教学上的主要问题

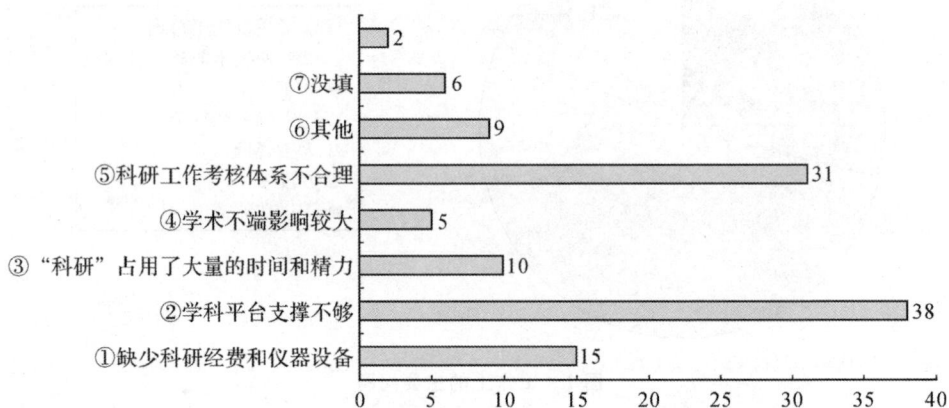

图 3　科研上的主要问题

不够""缺乏团队合作的外部环境""缺少信息资料",而"人际关系差"几乎没有被提到。说明青年教工有足够的人际技巧解决工作问题,也说明不同的教工面临的具体情况差异比较大,所以影响岗位发挥作用的因素比较杂乱。如图 5 所示。

在收入和住房方面,青年教工目前的税(费)后月收入 39％每月在 4000—4900 元,27％在 2700—4000 元之间,25％在 4900—6500 元之间。34％的人表示对目前的收入不太满意,35％的人表示目前的收入属于一般。如图 6 所示。

81％的人以"购买商品房""购买经济适用房""住教职工公寓房"等方式解决了住房问题,只有 16％的人尚在"租房"。"对自己目前的住房状况感觉满意的"占 20％,"感觉一般"的占 40％,"不满意或不太满意"的占 44％。说明青年员工

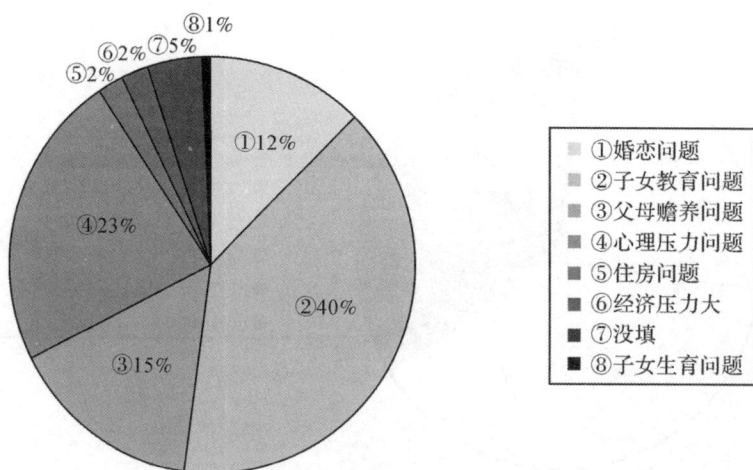

图 4　生活上的主要问题

⑧1%
⑥2% ⑦5%
⑤2%
①12%
④23%
②40%
③15%

① 婚恋问题
② 子女教育问题
③ 父母赡养问题
④ 心理压力问题
⑤ 住房问题
⑥ 经济压力大
⑦ 没填
⑧ 子女生育问题

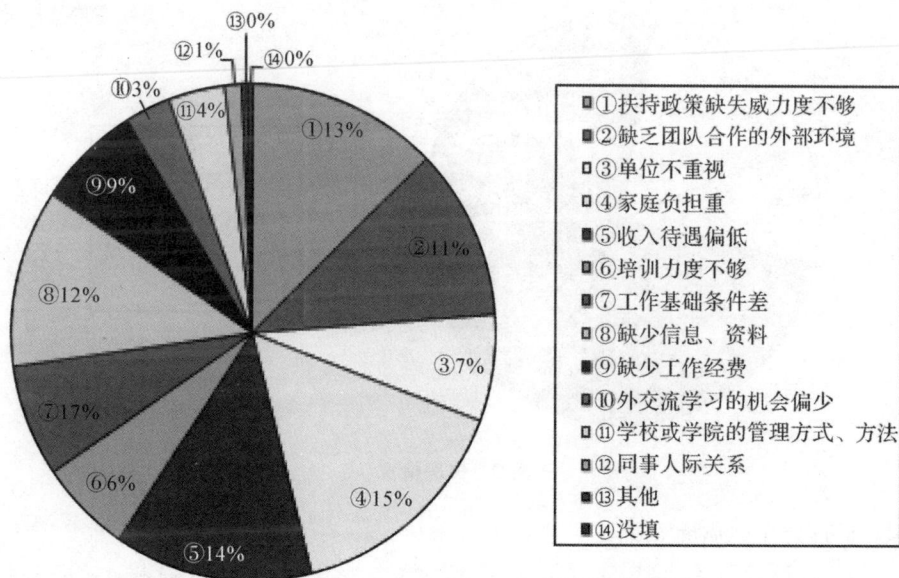

图 5　影响个人在岗位上发挥作用的主要因素

⑬0%
⑫1% ⑭0%
⑩3%
⑪4%
①13%
⑨9%
②11%
⑧12%
③7%
⑦17%
④15%
⑥6%
⑤14%

① 扶持政策缺失威力度不够
② 缺乏团队合作的外部环境
③ 单位不重视
④ 家庭负担重
⑤ 收入待遇偏低
⑥ 培训力度不够
⑦ 工作基础条件差
⑧ 缺少信息、资料
⑨ 缺少工作经费
⑩ 外交流学习的机会偏少
⑪ 学校或学院的管理方式、方法
⑫ 同事人际关系
⑬ 其他
⑭ 没填

虽然多数已经实现了居有其屋,但还存在着改善的需求。他们认为影响住房质量的最主要原因是房价太高、还贷压力大、地理位置差。如图 7、图 8 所示。

在身体健康方面,根据最近一次的体检情况,58%的人处在"亚健康状态",20%的人直接表示"有病",只有 21%的人表示是"健康"的。说明青年教工健康

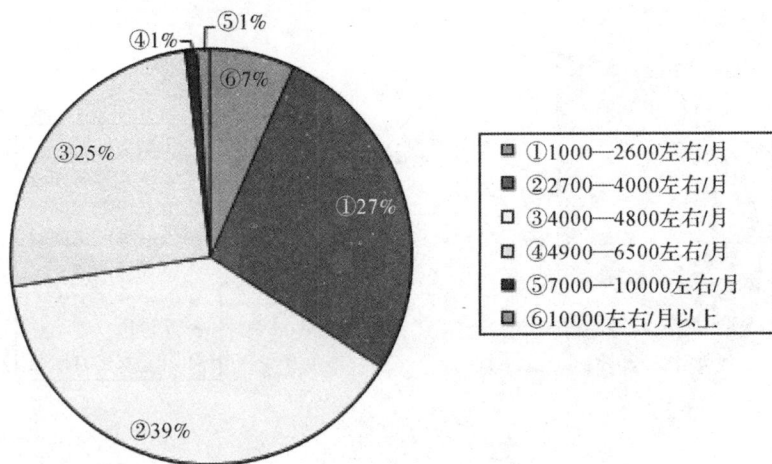

图6 目前的税(费)后月收入

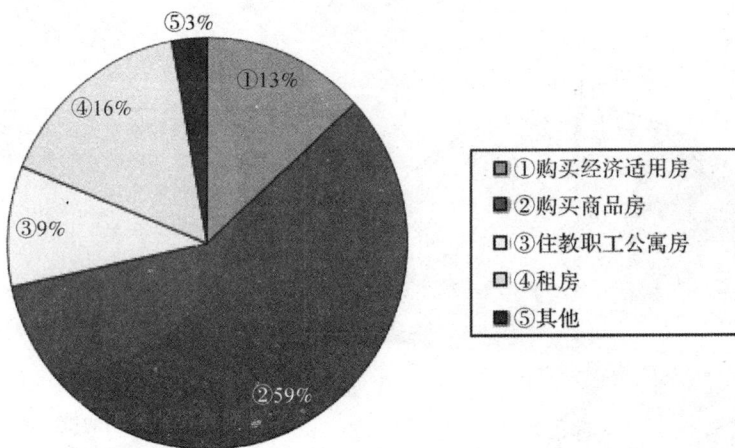

图7 住房情况

状态普遍不佳。如图9所示。

青年教工迫切希望改善的主要是"提高收入和福利待遇""晋升职称""得到更多的培训交流机会""减轻工作压力",较少提到"婚恋""家庭情感""人际关系""法律与心理援助"等。如图10所示。

(三)对工会组织的认知及态度

当问到"对本校的工会状况的了解程度"时,18％的人表示"比较了解",46％的人处于"一般",15％表示"不清楚不太了解",另有21％的人没有填。这个数

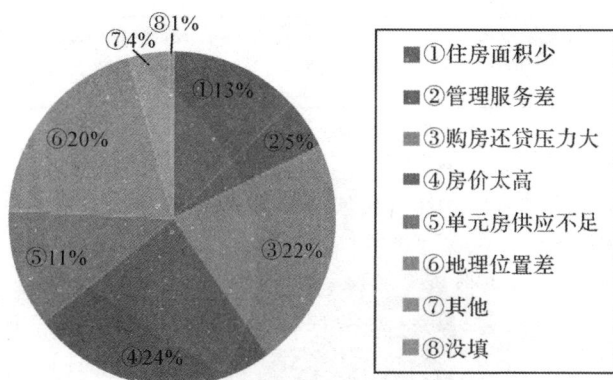

图 8 影响住房质量的主要原因

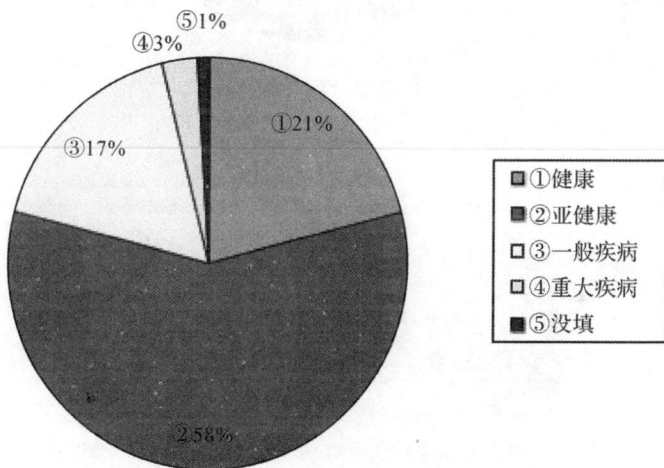

图 9 健康状态

字说明总体上青年教工对我校工会状况的了解还远远不够。如图 11 所示。

对近年来本校工会工作状况的评价,认为工作"一般化、影响力不大"的占 40%;认为"能密切联系教职工,为教职工说话办事"的占 36%;认为"成绩显著,为学校做出积极贡献"的占 15%;认为"和教职工期望差距较大的"只占 5%。说明总体上我校青年教工对工会的总体评价是积极的正向的。具体而言,调查教师对我校工会在工会维权成效、工会活动开展、工会组织建设、民主参与实践、领导团队能力以及会费管理运转(严格透明程度)各方面的评价都不错,其中对工会活动开展的评价以"很好"为主,"很好和较好"的评价占到 63%,"一般"的评价只占 27%。对工会维权成效的评价以"一般"为主,占 34%,"很好和较好"占

■①晋升职称或职级　　■②减轻工作压力　　■③得到更多的培训、交流机会　■④提高收入和福利待遇　■⑤增加工作经费
■⑥转到更合适自己的工作岗位 ■⑦子女教育　　■⑧赡养老人　　　■⑨家庭情感　　　■⑩个人自身的婚恋问题
■⑪人际关系　　　　　　■⑫改善住房条件　　■⑬法律与心理援助　■⑭其他　　　　　　■⑮没填

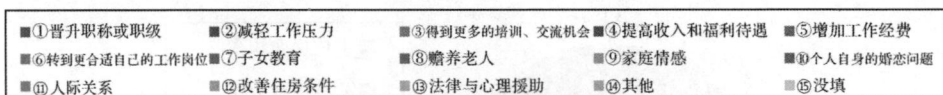

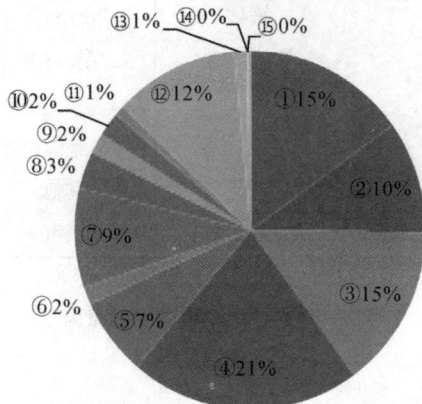

图 10　迫切希望改善的项目

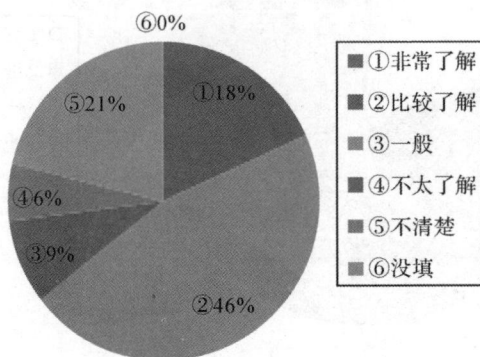

图 11　对工会状况的了解程度

到 50%。对工会组织建设的评价以及民主参与实践的评价"一般""较好""很好"各占 30% 左右。会费管理运转(严格透明程度)的评价以"很好"为主。

35% 的青年教职员工认为工会组织在文体活动举办的工作上最有成效,12% 的员工认为节日慰问做得有成效,随后是反馈和处理教代会代表提案、维护教职工合法权益、帮扶助贫,吸引教职工参与管理和思想政治教育工作则很少。

在工会干部对待教职工的态度方面,绝大部分人认为是"平等和有耐心"的,"重视并且关心"员工的,只有极少数人感觉"比较冷淡",另有 26% 的人表示"不了解"。如图 12 所示。

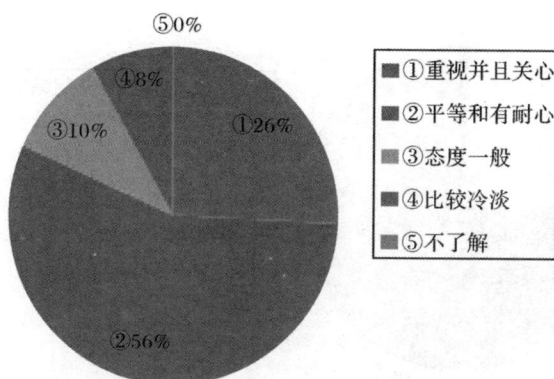

图 12　工会干部对待教职工的态度

在学校或学院工会领导是否有主动关心过教职工的相关问题（如个人思想、工作情况、家庭情况等）或困难方面，61％的人表示有，但也有 38％的人表示没有。如图 13 所示。

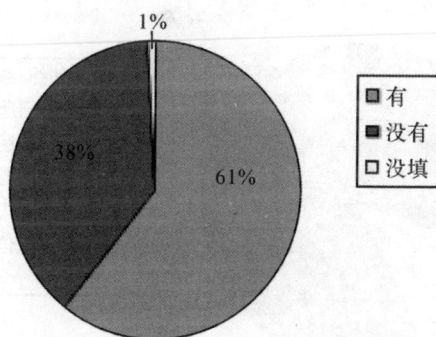

图 13　工会领导是否主动关心过您的问题

关于"有困难或问题，是否愿意借助工会的介入"来出面解决的问题，47％的人表示愿意，因为"工会介入有助于问题的解决"，28％的人说"没感觉，工会帮不上什么忙"，另有 24％的人表示"不好说，说不清楚"。如图 14 所示。

在问及工会在服务"青年知识分子"的工作方式上，以下问题是否明显时，提出了五个选项，即"总结汇报成绩多，实效少"；"活动开展多，直接服务少"；"应付上级多，关注群众少"；"面上工作多，调研走形式"；"应付日常事务多，解决实际问题少"。对这五个问题，基本上 40％的回答是"一般"，问题存在相对明显一些的是"应付日常事务多，解决实际问题少"；"活动开展多，直接服务少"。

关于"当前工会工作存在的主要问题"，排名前三的是"体制环境问题"，"工

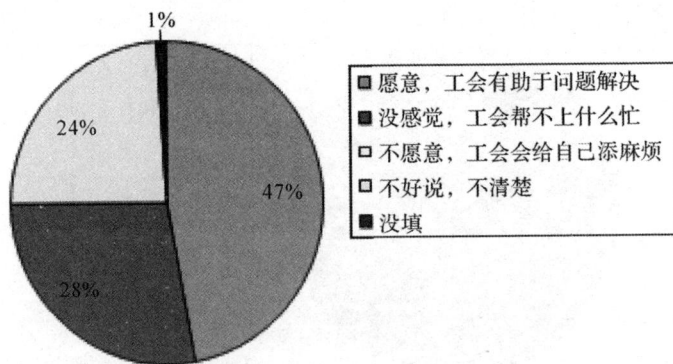

1%

24%

47%

28%

■ 愿意，工会有助于问题解决
■ 没感觉，工会帮不上什么忙
□ 不愿意，工会会给自己添麻烦
□ 不好说，不清楚
■ 没填

图 14 有困难是否愿意工会介入解决

作机制问题"和"工会角色定位问题"，分别占 33％、24％和 21％。"工作作风"
"工作方法""工会干部能力方面存在的问题"很少，只有 9％和 4％。说明青年教
工对工会的工作作风、工作方法、工作能力都比较认同，工会当前需找准本组织
的定位，以便更好地开展工作。如图 15 所示。

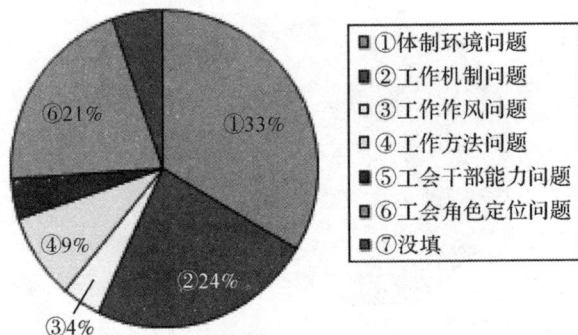

⑥21%

④9%

③4%

①33%

②24%

■ ①体制环境问题
■ ②工作机制问题
□ ③工作作风问题
□ ④工作方法问题
■ ⑤工会干部能力问题
■ ⑥工会角色定位问题
■ ⑦没填

图 15 当前工会工作存在的主要问题

在工会工作的难点方面，"教职工权益维护""教职工参与度不够""受党政影
响"位列前三。此外，还有些教职工提出任务繁杂，工会力量薄弱，学校和学院支
持不够，工会队伍能力建设等难点。

在最希望工会做好的工作中，50％的教职工认为首先是"完善维护职能，切
实维护教职工合法权益"，显然教职工权益维护既是工会工作的难点也是教职工
最希望工会做好的工作。其次是"争取党政重视和支持"，占 35％的比例。组织
开展丰富的文体活动占 34％，加强工会自身能力建设占 31％。

5.参与工会工作和工会活动情况

调查的样本中,72％的教职工是工会一般会员,9％是工会委员,16％是非会员。如图 16 所示。

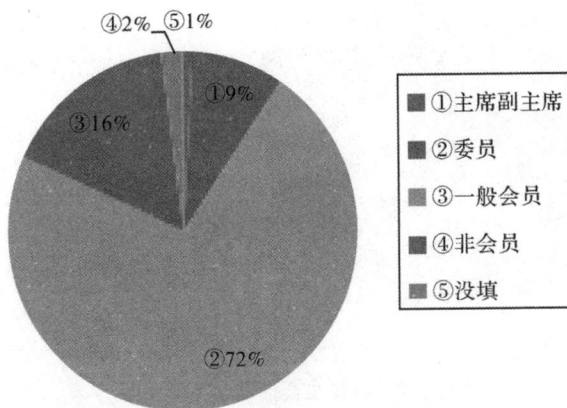

④2％ ⑤1％
③16％
①9％
②72％

① 主席副主席
② 委员
③ 一般会员
④ 非会员
⑤ 没填

图 16　在工会担任的职务

这些人参与工会活动不是很积极,67％的人每年参加以工会名义组织的会议或活动次数在 4 次以下,25％的人在 4—6 次。如图 17 所示。

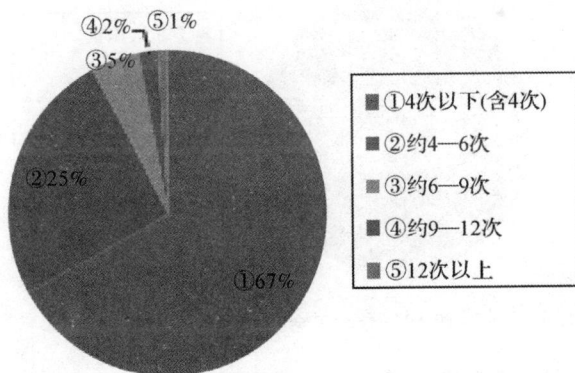

④2％ ⑤1％
③5％
②25％
①67％

① 4次以下(含4次)
② 约4—6次
③ 约6—9次
④ 约9—12次
⑤ 12次以上

图 17　参与工会活动的次数

38％的人参加工会活动的主要类型是文体活动,15％的人参加教职工代表大会,14％的人参与外出参观考察。参与主题教育征文、单身青年联谊、内部培训学习、评先评优活动的比例很少。如图 18 所示。

70％以上的老师表示自己对文体活动非常有积极性参与;69％对参与外出

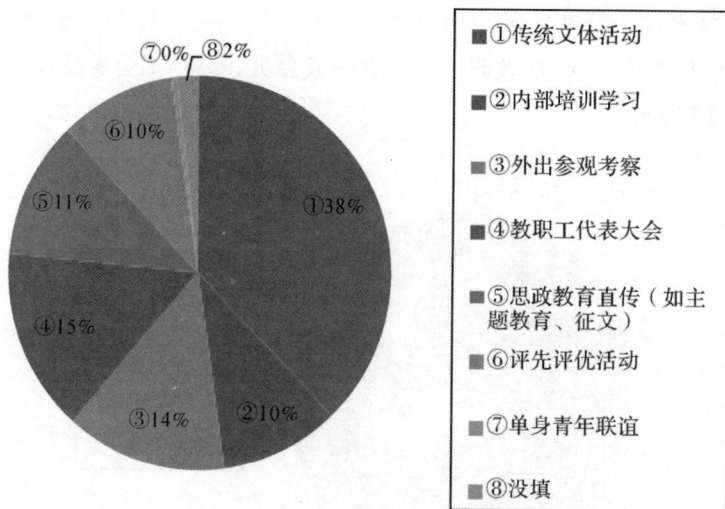

图 18　参与工会活动的主要类型

参观考察有积极性:59%的老师对参加内部培训学习和教代会有积极性,52%对参与思政教育宣传有积极性;参与单身青年联谊积极性不高。如图 19—24 所示。

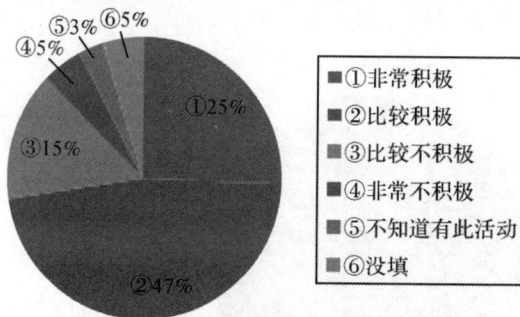

图 19　参与工会文体活动的积极性

在问到"青年教师思想教育职业道德教育方面应组织哪些活动"时,35%的老师认为"应该寓教于乐",29%的老师认为"应该座谈谈心",22%的老师认为"应该开专题辅导课"。"学劳模学先进、青年教师现身说法"等选择比例较少。如图 25 所示。

在问到"工会工作当前需要重点加强哪些方面"时,36%的老师认为是"青年教师住房等民生问题",26%的老师认为是"青年教师的职业发展问题",20%的

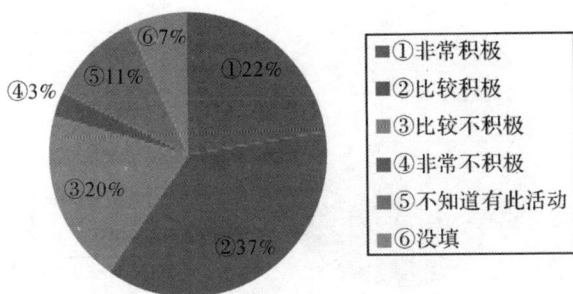

图 20　参与内部培训学习的积极性

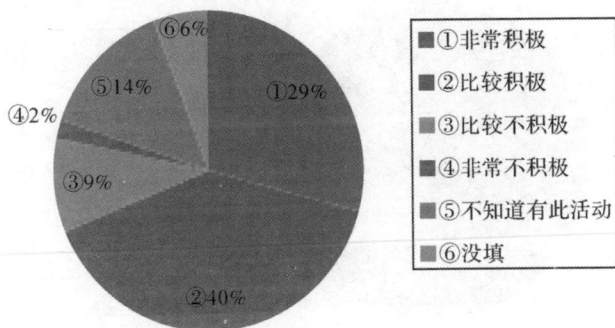

图 21　参与外出参观考察的积极性

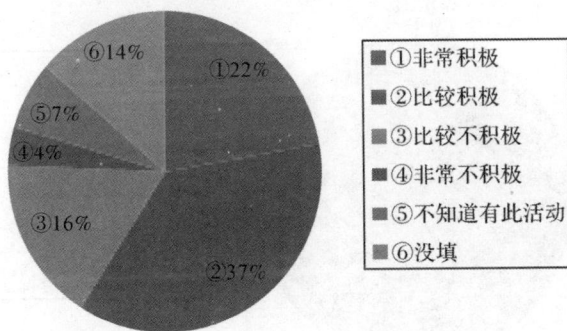

图 22　参与教代会的积极性

老师认为是"应该开展促进青年教师身心健康的文体活动",17％的老师认为"开展青年教师的教学帮扶活动"。如图 26 所示。

　　在问到"基层工会组织服务教师教学科研方面,哪些方面需要重点加强"时,29％的老师认为"开展对外学术交流研讨活动"需加强,23％的老师认为"开展教

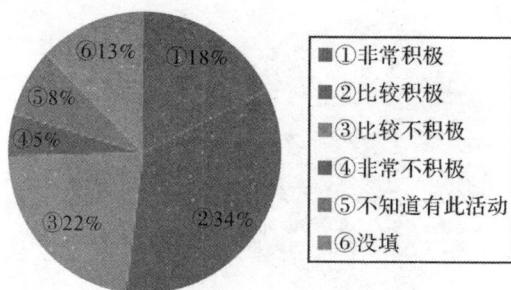

图 23　参与思政教育宣传积极性

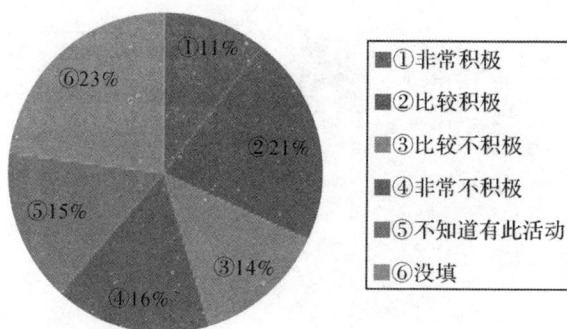

图 24　参与单身青年联谊积极性

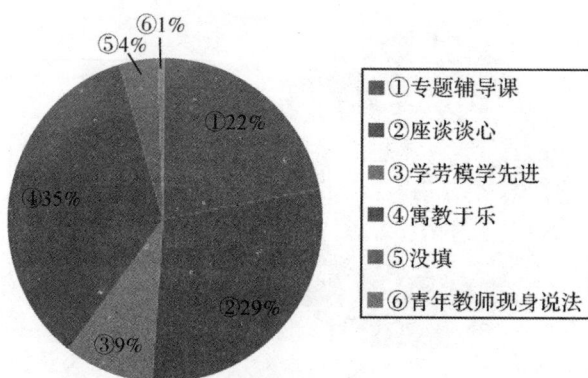

图 25　职业道德教育应组织的活动

学交流研讨活动"需加强,21％的老师认为"开展科研队伍建设活动"应加强,16％的老师认为"开展服务地方经济发展的活动"应加强。如图 27 所示。

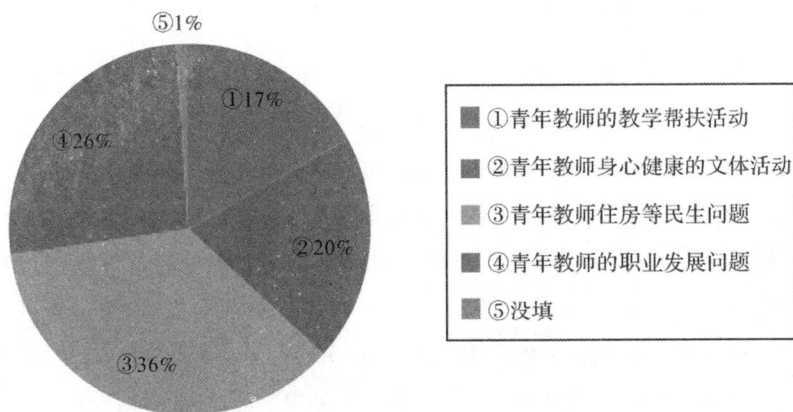

图 26　工会工作当前需重点加强的方面

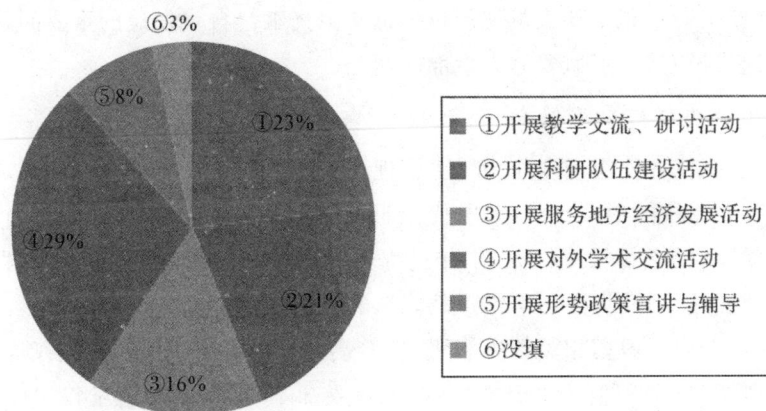

图 27　工会服务教师教学科研需加强的方面

二、影响和制约高校工会发挥作用的主要原因

(一)思想认识方面

目前我国一些高校的思想政治教育工作对青年教师群体重视仍然不够,工作方法相对单调,针对性、实效性和统筹性不强。各职能部门因业务范畴的局限性,表面上貌似齐抓共管,实际上缺乏必要的配合机制和明确的职权划分,不能有效统筹青年教师包括思想、工作、学习、生活、家庭在内的全面协调,形不成管理合力,使得高校青年教师思想政治教育在高校中处于尴尬的境地。

(二)制度机制方面

1.干部选拔机制不合理

高校工会主席一般由学校党委书记、副书记兼任,虽然也需经过投票选举产生,但通常的做法是,谁分管工会工作,谁就是工会主席,教职工已经默认了这种做法,也没有决定权。学校党政领导兼任工会主席,在具体工作中很难不受行政职位的影响,也无法摆脱"既是裁判员,又是运动员"的形象。在教职工切身利益和学校利益发生冲突矛盾时,经常受到多方面行政因素干扰,以至于难以从教职工的角度彻底考虑问题,造成工会主席"既是劳方代表,又是资方代表"的混乱现象。此外,受体制影响,高校工会干部的工资均为学校人事部门发放,而不是从工会会员经费中支出,专职工会干部的自身权益难以得到保护,如果教职工同学校或者领导层发生矛盾时,出于自身考虑想要做出公正的决定显得特别困难。另外,高校工会专职干部人员编制较少也是困扰工会自身发展的重要问题,工会干部的选拔没有自主权,要靠人事部门调配。

2.工会维权机制不健全

首先,高校教代会制度作为民主管理和代表教职工权利的基本形式,在实际工作中存在职权的形式化问题,教代会职权形式主义严重,未形成完善的制度对其提供保障,缺乏可操作性,在工作过程中无法依据健全制度来行使权力,职能无法得到发挥,因而无法切实维护教职工的合法权益。其次,工会工作目标不明确,维权范围小。根据相关调查,目前很多高校工会组织工作事务杂乱,缺位错位现象严重,耗费大量劳力财力成本,但效果却不明显,给工会维权工作带来不利影响。高校工会的维护职能被局限于愉悦教职工身心和丰富教职工业余生活,这样虽然实现了教职工参与文化活动的权利,却忽视了工会引导教职工参与高校各项工作决策的重要职能,使高校教职工政治表达权利和参与决策权利难以实现。只局限于对教职工局部或短期利益的关注,忽视了整体利益或长期利益,很难体现高校工会作为群众性组织和教职工权益维护者的地位和职能,使高校工会的整个维权范围缩小和维权效果弱化,这在某种程度上也反映了当前高校工会维权机制的不健全。

3.工会体制和制度不完善

由于目前高校实行的是党委领导下的校长负责制,工会作为教职工群众性组织,同时接受本校党委和上级工会的双重领导,其中以本校党委领导为主。这样的领导体制弱化了高校工会的维权职能,使工会的维权机制不健全,教职工无法维护自身的权益。领导体制的不完善直接反映在立法的缺失上,法律只针对高校工会做出规定,而对于二级工会或教代会则没有给予指导,这就造成了二级工会无法依据制度或文件来履行职能,执行或制裁没有规范文件做保障,维权效力不强,维权效果差。同时,维权过程中本身就存在着高校整体利益和教职工局部利益的内在矛盾,这就使全面维权难上加难。从目前高校工会的维权机制来看,其对教职工利益诉求、身份地位、用工方式等差异性及特殊性考虑得不够,内容尚不明确。

随着高校的改革,教职工的聘用、工资、福利待遇等随着人事制度和职务制度的改革,也日益呈现出多样化特征。但据调查,目前很多高校工会在双重领导体制下的维权机制和内容基本大同小异,高校工会的维权切入点也是为了行政事务的需要,因而维权机制带来利益失衡,内在机制和外在机制未形成配套,无法有效保障高校工会及教职工的合法权益。

(三)经费保障方面

高校的工会经费是公费展开工会活动,满足教职工基本权利行使的前提,也是实现工会调节社会矛盾、建成社会主义和谐社会等职能的重要前提保障。工会的经费只有在透明公开的状态下运作才能得到保障。

一方面,工会经费的来源不够明确,未将公费的收取工作完全纳入制度化、法制化轨道。《工会法》规定:我国工会公费收取的制度是财务每个月按照教职工工资总额的2%提取,再将提取总额的40%交与上一级工会,60%作为本单位工会费用。这也是我国工会公费最重要的来源。然而,由于我国高校存在着多种形式的收入及职工的分配方式,此收取方法并不能切实保证工会费用的收取。第一,我国高校存在着各部门、各学院独立的收入,这部分收入并不纳入工资进行收缴。因此存在着部门、学院利用了公共资源,却未将"创收"部分按比例缴纳工会费用,违背了工会成立的本意并且忽视了对教职工的权利维护。第二,高校教职工的收入分为基本工资和绩效工资两大部分,我国大多数高校并未将绩效工资以及年终奖等部分纳入工会公费收缴的范围,这样便造成了基数缩减而产生的工会费用无法得到保障。第三,高校的人事制度日趋复杂化,高校教职工编制也更加多样化,外聘人员在高校中屡见不鲜,这就导致了教职工工资的覆盖面难以全面,容易将外聘人员工资排除在收缴范围之外,造成漏缴、不缴现象。

另一方面,工会经费的管理以及运作缺乏监督机制,信息不够透明公开,造成经费浪费或滥用。工会的经费管理方面存在着管理水平较低的情况,例如单位未将工会经费独立建账,导致工会经费使用缺乏合理的预算和支出管理,工会经费使用情况不明,具有较大随意性,造成一定浪费。工会经费属于全体职工的经费,因此必须为全体职工的福利而使用,例如进行基础设施建设、员工培训等。同时,我国高校工会经费的使用情况以及支出结构也具有不合理方面,存在着多种超预算、超支出、超标准的支付。工会经费收好是前提,管好是关键,只有同时做到了"开源"和"节流"两个方面,才能使工会经费得到保障。此外,有些单位虽然列出了单独的工会经费,但是却形同虚设,存在着工会经费被挪作其他用途甚至工会没有经费使用的决定权,这严重影响了工会经费统一领导、分级管理的财务管理体制,以及"取之于民,用之于民"的本意,甚至使工会经费成了高校额外经费的"储蓄池"。

(四)工会队伍素质方面

高校工会内部成员的整体权利意识不强,干部法律意识薄弱。目前我国高校工会的队伍结构呈现老龄化、创新力不足、不稳定性等问题,干部思想保守,法律意识薄弱,害怕承担责任,在高校工会权益受到损害时维权意识不强。具体表现在如下两点。第一,法律知识的宣传和普及不够,维权观念落后,履行教育职能时只侧重学术知识、科研知识的学习,忽略法律意识的培养;教职工在工作过程中注重义务的履行却忽视权利的行使,使工会整体权益受损,在某种程度上阻碍了教职工的发展。第二,由于高校工会的双重领导体制,其习惯于依赖行政手段而非法律手段来解决问题,且活动多侧重于文娱活动和竞技活动,关于法律教育的活动很少甚至没有,缺乏对教职工法律意识的强化;非法律专业的教职工法律意识淡薄,无法在教学和科研工作中运用法律的武器来维护自己的合法权益,进而不利于高校工会组织整体权益的保障。

另外,大部分高校工会及二级工会机构不健全,职能得不到充分发挥,作为高校与教职工的桥梁和纽带无法准确传达教职工的利益诉求,不能切实维护教职工的合法利益,忽视了正当程序和合法途径的运用,这也使高校工会自身权益得不到有效保障。

三、改进措施及政策建议

高校工会在加强青年教工工作方面要抓住关键、突出重点、创新形式、丰富载体。只有如此,才能切实帮助青年教工健康发展。

笔者建议策划推出"师大青年沙龙"这个活动品牌。"师大青年沙龙"是经机关党委和校团委同意,由校团委主办,机关团委承办,各团总支协办,以全校青年教工为服务对象的各类活动名称的总称。"师大青年沙龙"以促进全校青年教工健康成长为己任,以全校教工团员和45岁以下的青年教工为服务对象,定位准确,目标明确。通过开展一系列丰富多彩的活动直接或间接地为广大青年教工提供各种服务和帮助,以进一步增强青年教工的凝聚力,促进青年教工的健康发展。

"师大青年沙龙"包含的活动形式和内容可谓十分丰富,按照工作重点可以分为学习沙龙、文艺沙龙、体育沙龙、服务沙龙、其他沙龙等。全校青年教工借助这个平台,交流学习,共同提高,共同建设,铸造品牌,致力于把"师大青年沙龙"打造成学校青年教工乐于参与,并愿意依赖的温馨港湾和美好家园。

在这个品牌下,推出以下一系列措施。

(一)改进和加强青年教师的师德师风建设

高校工会加强对青年教工的师德师风教育,也可以通过开展一系列的学习和交流活动来实现。比如,工会可以在每年纪念五四青年节期间,通过举办师德主题征文、演讲赛等生动健康积极的活动,通过召开中青年教工经验交流会、青年教工与学生代表座谈会、青年教工三育人工作研讨会等一系列主题纪念活动,交流教研工作体会和经验,增进师生之间的情感与友谊,同时向青年教工通报学校快速发展的大好形势和美好前景,引导他们立志在学校建功立业。通过在全校广泛开展十佳青年师德标兵评选活动,在大学生中深入开展"我最喜爱的老师"评选活动等为青年教工树立学习榜样,激励广大青年教工爱教、乐教、爱生如子、刻苦钻研、奋发进取的精神,进一步推进青年教工师德师风建设工作。

(二)为青年教师搭建发展平台,帮助青年教工提高业务技能和水平

搭建平台的一个很好方式就是依托"师大青年沙龙"之类的相关组织,并给予指导和经费上的支持,让其采取民主自治的管理方式,加强青年教师之间的交流,活跃学校的学术气氛,塑造青年教师的良好形象。

青年教师要想得到快速、健康、可持续的发展,首要的工作就是进行职业生涯规划,这样才能为自身的发展提供科学的指导。工会可举办职业生涯规划作品展示和座谈会,让青年教师明晰前进的方向和目标,使自己的发展更加科学化,为职业发展奠定良好的基础。

在对社会服务的拓展上,可以和当地的企事业单位合作,建立一条完善全面

的教师科研、学生见习的通道,定期联合搞活动,双方受益。此外,工会还可以出面和周边的相关单位联合搞培训、科普等丰富多彩、切合实际的活动,为青年教师赢得更多的发展机会和空间,让青年教师获得大幅度的发展。

在教学方面建立一帮一制度,为每一位青年教工安排一名教学功底扎实、有良好师德修养和丰富教学指导经验、热心于青年教工培养的老教师,对青年教师进行一对一的培养和引导。深入持久地开展各类争先创优活动、举办青年教工教学基本功竞赛等,为青年教师提供丰富多样的学习平台,引导和教育青年教工进一步转变教育观念,加强业务理论学习,苦练教学基本功,不断提高综合素质和职业竞争能力。

(三)帮助青年教工排忧解难、合法维权

青年教工正处于人生最艰难的创业时期,事业尚未成熟、收入待遇不高、住房条件不好,既要赡养老人又要抚育孩子,工作任务繁重,生活十分艰辛。高校工会要积极主动给予青年教职工以更多的人文关怀,了解他们在工作和生活上存在的实际困难,明确他们的情感变化与合理诉求,坚持为他们做实事、办好事、解难事,真正做到关心人、理解人、服务人、激励人、凝聚人和帮助人,努力传递党的温暖。要认真履行工会组织的基本职责,坚持依法治校、民主管理,不断完善教代会制度,切实推进校务公开,认真听取和积极采纳青年教工的合理建议,并在促进学校改革与发展的过程中切实维护好青年教工的各种合法权益。

(四)帮助青年教工缓解压力,增进身心健康

青年教工是高校教工队伍的骨干,承担着繁重的教学科研管理与服务工作。大学及社会对高校教师的要求不断提高,诸如学历、学位、职称评定、教师聘任、年终考核、末位淘汰、按劳付酬等,这些超常的压力不断威胁着高校教师的身心健康。

身心健康包括身体健康和心理健康,两者缺一不可。青年教工只有拥有健康的身体和良好的心理,才可以更好地工作,获得更好的发展。因此,采取种种途径让青年教工既有良好的体育锻炼意识和健康的体魄,又有优良和健全的心态,是工会的一项重要工作。

首先,工会需找到途径,走进青年教师的心灵世界。工会应找好时机和方式,可以在重要的传统节日举行联谊晚会或者访谈等,让教职工在特殊的节日感受到学校大家庭的温暖和关爱,营造"幸福学院"的感觉,从而增强青年教工对学校的认同感,激发更大的工作潜能和热情,形成强大的向心力和凝聚力。举办形

式多样的校领导参加的青年教师座谈会,倾听他们的声音,做好沟通。

其次,为了让各种类型的教职工都能发展自己的爱好,有自己的锻炼方式,工会可以成立"教工健身休闲活动促进委员会",制定教职工健身休闲活动方案。工会可充分利用一些场地,定期安排瑜伽、羽毛球、体育舞蹈等不同的项目,让教职工能有锻炼的机会和场所。每逢一些特殊节日,工会还可组织如女性健康保健知识讲座、体能测试等活动来呵护教职工的身体健康。坚持每年为教工做一次健康体检,为教职工创造健康条件。通过各种方式和途径引导教工学习保健知识,增强自我保健意识。还可以经常组织青年教工开展篮球、足球等球类比赛,举办趣味体育运动会、青年教工联谊舞会、青年教工卡拉 OK 大赛等活动,组织青年教工旅游观光等,搭建交流平台营造增进身心健康。

(五)详细了解,牵线搭桥,具体解决青年教工的后顾之忧

青年教工由于刚步入社会和工作不久,生活工作上都还刚刚起步,收入、婚姻、住房、子女、进修等问题都困扰着青年教工,且很多青年教工都远离家乡,他们非常需要关心和帮助,工会应该义不容辞地成为他们的依靠。因此,高校工会要特别重视关心青年教工的工作和生活,为他们解除工作生活上的后顾之忧,这样才能让青年教工以更大的精力投入工作。利用校内外资源,多举办业务培训,帮助提高业务水平,积极联系其他高校,为有需要的青年教工争取赴其他高校进修的机会。为青年教工争取住房政策的倾斜,协助做好教工子女的入托、入学、夫妻两地分居等问题。建立未婚青年教师档案,主动关心大龄青年的婚姻大事,举办联谊会,帮助他们牵线搭桥。对于有些家庭有困难或情况特殊或生病住院的教职工,工会还应当以各种方式深入慰问或救济,让他们能够顺利渡过难关。

高校女教师职业幸福感探讨

周　玲[①]

【摘　要】幸福感是教师在职业发展中取得成就的重要情感体验,也是教师工作生活质量的重要指标。教师的职业幸福感问题直接关系到我国教育的发展和学生身心的发展。近十年来,不断引起我国教育界的热切关注。女教师作为高校教师不可缺少的一部分,她们的职业幸福感如何? 文章在调研性别视角下的高校女教师职业结构的基础上,分析了影响女教师职业幸福感的因素,提出促进女教师职业幸福感的有效对策。

【关键词】高校;女教师;职业幸福感

夸梅纽斯曾说过,教师是太阳底下最崇高的职业。在我国往往把教师称为人类灵魂的工程师。那么,这些"工程师"尤其是女"工程师"是否是世界上最幸福的人呢? 她们的幸福感是否像人们所认为的那样呢? 笔者试着谈点自己的看法。

一、幸福感概述

(一)幸福感及其特点

什么是幸福感? 有人认为,幸福感是人们依据自己的标准对自身生活满意程度的认知评价。人们的幸福感在很大程度上等同于对客观生存条件的满意感。还有人认为,一个人是否幸福首先在于其是否拥有心理健康,如果一个人在特定的时期内,所体验的正向情绪比负向情绪越多,他就会越感到幸福。幸福感在很大程度上取决于人们在特定条件下所体验到的快乐感。第三种观点是,幸

---

① 周玲,杭州师范大学马克思主义学院教授。

福不仅仅意味着因物质条件的满足而获得快乐,幸福感更多表现为一种价值感,它从深层次体现的是人们对人生的目的与价值的追问。综上所述,笔者认为,幸福感是人们对现实生活的主观反映,它既同人们生活的客观条件密切相关,又体现了人们的需求和价值。幸福感正是由这些因素共同作用而产生的个体对自身存在与发展状况的一种积极的心理体验,是人在物质和精神方面所达到的合乎价值的程度与水平。

因此,幸福感应包括:(1)积极情绪,如兴奋、愉快、高兴、精神饱满等情绪体验;(2)认知评价,即生活满意度,指个体构建出一个适合自己的标准,并将生活的诸多方面作为一个整体来评定自己的满意感程度。由此,概括出幸福感具有的几个明显特点:(1)主观性,指它的评定完全依赖于个体本人的主观性标准,因此有人也把幸福感称为主观幸福感;(2)整体性,它是一种综合性评价,包括对情感反应的评估和认知判断,是对生活的一种总体满意感;(3)相对稳定性,主观幸福感的测量主要是基于评价者长期的情感反应和生活满意度,是一个相对稳定的值;(4)差异性,不同个体基于自身的特点对于同一事物的满意度是不同的。

(二)关于教师的职业幸福感

教师是一种社会角色,肩负着一定的社会责任和历史使命。他们的幸福感如何解释?国内外学者至今尚未达成共识。

有学者认为,教师对自己生存状态的意义体会构成教师的幸福感。教师幸福感就是"教师在自己的教育工作中,基于对幸福的正确认识,通过自己的不懈努力,自由实现自己的职业理想,实现自身和谐发展而产生的一种自我满足、自我愉悦的生存状态";还有人认为,它是一种主观体验,比如肖杰提出,教师职业幸福感是以自己的标准对从事的教师工作产生的持续快乐体验;也有学者认为,教师职业幸福感是一种评价,认为职业幸福感是个体对自身工作的各个方面的积极评价,包括情感、动机、行为、认知和身心幸福五个方面;另外还有学者认为,教师职业幸福感是一种生活方式,认为"对于信服教育的教师来说,教育不是牺牲而是享受,不是重复而是创造,不是陌生的手段而是生活本身"等。综上所述,教师的幸福感属于一种职业幸福感,是教师在职业发展中取得成就的重要情感体验,也是教师工作生活质量的重要指标。

可是,随着社会转型,我国高等教育不断发展,教师职业幸福感的现状不容乐观。有的教师职业倦怠,有的教师感到压力过大,尤其是女教师。根据调研,40岁以上女教师有睡眠障碍的占调查总数70%以上;还有的更年期症状提前出现,情绪烦躁不稳定;常听到一些女教师发出这样的感叹:"上课时我一句话都不想说",其对工作产生极度的厌倦感,长期精神不振,形成心理病态。这种现象,近十年来,不断引起我国教育界的热切关注。

二、影响我国高校女教师职业幸福感的因素

高校女教师担任多重角色,在学校里她们是教师,在家庭中她们又是妻子、母亲、儿媳等。社会竞争的日趋激烈加剧了女教师的多重角色的冲突与心理压力。她们既要扮演好贤妻良母的家庭角色,又要承担相应的社会责任,来自各方面的压力使女教师的职业幸福感不断流失。很多教师把自己所从事的职业仅视为一种谋生的手段,从而失去了实现自我价值的意义和职业幸福的精神享受,导致职业倦态现象的产生。

第一,社会重男轻女的传统性别观念,使女教师在职业发展中遇到歧视,如受到女性"竞争和发展意识弱于男性""综合素质和能力低于男性"等成见和偏见,或认为女性动手能力低,理性思维不如男性等。社会因为这些问题和偏见,不重视女性能力的培养,忽视她们的发展,从而造成整体而言女性在谋求自我发展所获资源不如男性的局面,并使她们在职业发展与竞争中处于不利地位。这不仅挫伤了女教师学习、生活的积极性,还可能使部分女性"学得好不如嫁得好"的观念加重。更严重的是,这种性别歧视破坏了社会的公平原则,使得劳动力资源配置出现扭曲,造成人力资源的浪费。

第二,社会传媒的消极影响,过分强化女性的外在形象,而忽略了其内在本质。在现代传媒中,过度渲染女性年轻貌美的外在价值,而忽略了其内在本质。在许多媒体的宣传报道中,女性不是有个性、有思想的完整个体,而是一种被观赏的对象。媒体中亮相的女性大都拥有白皙的肌肤、清澈的大眼、飘逸的长发和良好的身材,在这"美女神话"的牵引下,各种塑造美女的商品充斥着荧屏。在传媒强大伪攻势下,美丽面庞、曲线身材已成为当今女性的首要追求。打扮、保养自己要成为每个女性的每日功课。漂亮即可获得幸福的意识,致使对女性外在美的要求越来越普遍,在一定程度上导致了在就业、婚姻、社会生活领域中对女性年龄和外貌的偏见。

第三,婚姻家庭因素的影响。调查发现,即使从主观意识来看,男女在30岁以前,在将来要成为一个什么样的人,要做出什么事方面没有差异。一旦到了40岁以后,差异就明显,男性随着年龄增长,越来越雄心勃勃,女性则呈现相反

的态势。30—40岁,正是形成差异的时间段。一方面,女性一旦有了孩子,可能她的兴奋点就会有所转移。而当前独生子女的教育问题牵扯着家长很大部分精力。在这一年龄段,女性承担了更多的家庭责任,使男女竞争的机会和起点形成一定的差距。女性的这一阶段正值事业发展的黄金期,却开始生育,而男性则突飞猛进,更有利于将来获得更多的发展机会。目前国家自然科学和社会科学青年基金申请对年龄的限制是男女"一刀切",超过35岁就不能再申请,而很多女性在此之前要完成生儿育女等任务,成果自然没有男性多。许多有潜质的女科技工作者,在家庭重担的压力下,逐渐失去与男性竞争的能力,还有一些则彻底放弃了科研。

第四,学校不科学的评价机制影响。高校的学生评教机制,对教师教学水平影响如何? 70％取决于学生给教师的打分。教师如果不懂得讨学生欢心,反而批评学生、严格要求,就会导致评分差,相关人员就认为教师上课效果不好,不能激发学生学习的兴趣等,给教师很低的评价,造成他们职业声望的降低,加重其工作和心理的负担。众所周知,任何一门课的学习都不是教师教会的,而是学生学会的。教师只是一个引导者和助学者而已。女教师的心理特性往往使她们比男教师更看重学生对自己教学的评价。一般而言女教师心理承受能力也不如男教师,学生的过高要求和不公正评价让她们感到无所适从、身心疲惫。再加学校没有提供更好的教师自我发展环境,外出进修和学习的机会很少,或者提供很少的经费,使她们对事业成功的期望化为泡影。在缺乏资源和环境支持的氛围下,女教师在众多的角色冲突面前更加弱化了自我调节的能力,究竟是在事业方面还是回归到家庭方面追求自己的目标和精神安慰? 如果这些消极的情绪得不到合理的宣泄,就会严重影响她们的工作积极性,使其滋生职业倦怠感。

三、促进我国高校女教师职业幸福感的对策

现代社会早就提倡男女平等,但一些心理咨询专家通过多年研究发现,由于女性要经历妊娠、生育等阶段,实际上的"男女平等"很难体现。女性在就业、工资待遇、社会地位、子女教育、照顾老人等方面承受的压力都大大高于男性。关爱女性是社会进步的表现。因此,要对社会和高校环境进行综合治理,把高校女教师的心理健康工作真正纳入社会主义现代教育中来,切实做到"男女平等"。

(一)优化社会环境,推动社会性别公平

幸福感既不是纯粹的精神体验,也不是纯粹的物质满足,而是精神和物质的

统一。一定的物质保证,是人生幸福不可缺少的前提条件。女教师当然渴望自己的付出能够得到应有的回报。女教师社会和经济地位的提高要求全社会崇尚男女平等和尊师重教,创造一个男女机会均等和切实提高女教师地位的良好环境。给予女教师与男教师同等的进修学习、参与重大科研项目的环境以及从政的机会,不断改善女教师的经济待遇、生活条件和工作环境,让女教师在社会上能够比较体面地生活,她们才会把所从事的教师职业看作一种"生活方式"。得到社会的尊重和拥有较高的社会地位,意味着女教师自身生命价值的实现。只有当尊师重教、男女平等成为一种社会风尚,才能促使女教师积极地投入到教学工作中,使其真正享受教学带来的乐趣,从而更好地促进教育的健康和谐发展。

(二)加强女教师的职业认同感教育

教师的职业认同是指教师在内心里对所从事的职业价值与意义的认定,并从中体验到快乐和幸福。也就是说,教师认为工作不仅是一种谋生的手段,还是一种生活方式,是实现自我价值的需要。如果女教师认为通过教师这个职业可以体现自己的价值,实现自我,她们就会以积极、愉悦的心态投入到教学中,把教学当作一个幸福和崇高的事业,享受教学带来的持久性的愉悦和幸福。反之,如果把教师职业定位为一种谋生的手段,一旦得不到应有的报酬、职称和荣誉等,她们就会感到自己的工作失去意义和价值。由于女教师在物质方面的追求一般都比男教师小,她们更倾向于追求精神上的满足,把学生教好和得到学生的好评被她们看作一种幸福的享受。当女教师对这种精神的享受远远超过物质的回报时,教师职业幸福感的获得将一直贯穿于习以为常的教师职业生活方式之中。

(三)提升女教师的专业发展水平

苏联教育家苏霍姆林斯基曾说过,"如果你想让教师的劳动能够给教师一些乐趣,使天天上课不至于变成一种单调乏味的义务,那你就应当引导每一位教师走上从事研究的这条幸福道路上来"。可见,教师专业发展是教师幸福感的基础。教师专业发展强调教师个体的、内在的专业性的提高。由于大学女教师人数众多,学校应根据她们的实际情况以及学校的教学工作安排,鼓励她们考研和考博,定期分批提供她们外出进修学习的机会。其次要加强教师的校本培训。定期举行教研活动,采取"走出去,请进来"的办法,邀请国内外知名学者给教师做学术报告,鼓励和组织教师积极参加各种校内外的教学研讨会和教学观摩活动,为教师搭建一个自我发展的交流平台。女教师本人在做好本职工作之余,要积极参加各种教研活动,通过讲座、观摩、讨论和反思,逐步提高自身的教学水平和专业发展。教师专业发展水平越高,其驾驭课堂教学的能力就越强,教学的效果就越好,教师的职业幸福感就越强烈。

(四)更新观念,提高多重角色中的人际协调能力

社会关系包括朋友关系、家庭关系、婚姻关系和邻里关系等,是影响幸福感的主要因素之一。良好的社会关系可以增加人们的主观幸福感,而不良的社会关系则会降低人们的主观幸福感。20 世纪 70 年代,坎贝尔等人将婚姻和家庭视为预测美国人总体幸福感的 15 个因素中最主要的两个因素。他们认为婚姻因素会有助于提高主观幸福感水平。安吉(Angel)认为,家庭关系的好坏、家庭功能与结构是否正常影响个体健康,离婚形成的不完整的家庭和生活环境动荡都可造成心理压力和精神创伤。

因此,对于女性个人而言,要主动应对压力、控制情景,以减少冲突,提高家庭生活满足感。一方面,女性要了解本身的角色冲突情况,即上司、配偶和自己的期望,了解工作和家庭角色对时间和精力的需求,衡量自身情况,量力而行,减少角色冲突的情况,同时女性还要思考自己的角色定位问题,因为研究结果表明女性对工作和家庭的态度同样会影响到工作家庭冲突的程度。本研究在访谈时就发现被访者处理冲突的两种态度,一种是以工作为主,另一种是对工作采取顺其自然的态度,能应付过去就行,更愿意投入家庭活动。这恐怕代表了部分当代职业女性对工作和家庭的态度。所以根据自身的情况给自己一个合理的定位,也是女性减少工作家庭冲突和提升幸福感水平的一个重要方面。另一方面,女性要积极获取组织、朋友、家人和配偶的支持,减少工作家庭冲突,保证身心健康发展、提高幸福水平。

参考文献

[1] 陈小普.高校女教师心理枯竭分析[J].黑龙江高教研究,2007(6).

[2] 黄正平.幸福感:师德修养的理想境界和目标追求[J].江苏教育学院学报(社会科学版),2003(5).

[3] 刘次林.教师的幸福[J].教育研究.2000(5).

[4] 丁成际.当代中国社会幸福观研究[J].淮南师范学院学报,2011(6).

[5] 李焰,赵君.幸福感研究概述[J].沈阳师范大学学报(社会科学版),2004(2).

[6] 刘伟.大学英语女教师职业幸福感影响因素分析[J].河南教育学院学报(社科版),2012(5).

[7] 蒋业梅.高校大学英语女教师职业幸福感研究[J].贺州学院学报,2010(2).

[8] 白海峰,张秀娟,谢晓飞,等.职业女性工作家庭冲突、社会支持和幸福感的关系研究[J].
金融经济(理论版),2006(12).

[9] 戚雪枫.国外主观幸福感研究[J].邢台职业技术学院学报,2011(6)。

高校青年教师生存现状调查研究

——以 5 所在杭高校为例

应维华[①]

【摘　要】青年教师是高校教学力量中的新鲜血液,是教师队伍中的骨干,是学校发展的希望。目前,绝大多数高校青年教师都面临着巨大的工作、生活压力,而这直接或间接影响着青年教师的职业满意度与生活满意感,其生存状态堪忧。高校必须重视并尽快改善青年教师的生存状态,为青年教师创造良好的生存环境,促进青年教师快速成长,从而更好地发挥其在高校教育事业发展中的主力军作用。

【关键词】高校青年教师;生存现状;调查

一、引　言

随着我国高等教育规模的迅速扩大,大量青年教师走上了高校教学、管理、科研的第一线,成为高校教师队伍建设中值得关注的重要群体。相关数据显示,截至 2012 年底,我国高校 40 岁以下青年教师人数已超过 88 万,占全国高校专任教师总数的 61.3%。高校青年教师具有较高的学历层次,眼界开阔、思想活跃、勇于探索,是未来教育改革与发展的希望。通过对杭州师范大学、浙江农林大学、浙江工商大学、浙江理工大学、中国计量学院 5 所高校青年教师的调查研究,笔者发现当前绝大多数高校青年教师面临着巨大的工作和生活压力,而这无疑直接或间接影响着青年教师的职业满意度和生活满意感。因此,加强对青年教师工作、生活的关怀,促进青年教师的成长,不仅是青年教师自身成长的需要,也是高校改革与发展的要求,关系到高校能否持续稳定健康发展以及"中国梦"的实现,是一项十分重要的战略性任务。

---

① 应维华,杭州师范大学马克思主义学院讲师。

二、问卷设计与样本描述

本调查采用问卷调查法和访谈调查法,既便于定量分析,避免主观偏见,减少误差,又有利于调查者掌握话题,更好地进行深入研究。调查从工作生活压力、职业满意度和生活满意感三方面入手,设计了调查问卷,目的在于对高校青年教师的生存现状有一个较为深入的了解。调查问卷由三部分构成。第一部分是被调查人的自然情况,包括性别、文化程度、职称、婚姻状况等。第二部分是生存压力状况,分别是工作压力、生活压力及发展压力。一共有 10 个项目,每个项目的答案设置了 5 个备选项,采用 5 个等级评分,从左到右,从完全不同意到完全同意,得分依次为 1、2、3、4、5,其中 3 分设定为基准线。第三部分是满意度现状,包括职业现状满意度、职业发展满意度和生活满意感。一共有 10 个项目,每个项目的答案设置了 5 个备选项,采用 5 个等级评分,从左到右,从非常不满意到非常满意,得分依次为 1、2、3、4、5,其中 3 分设定为基准线。2013 年 6 月,调查组随机发放了 150 份调查问卷,回收 142 份,其中有效问卷 142 份,有效回收率为 94.7%。

被调查的青年教师中,其中男性 54 人,女性 88 人;未婚 56 人,已婚 82 人,离异 4 人;助教 3 人,讲师 92 人,副教授 47 人,教授 0 人;本科 10 人,硕士 80 人,博士 52 人。

三、调查结果与分析

表 1　青年教师生存现状总体统计分析

维　度	项　目	极小值	极大值	均　值	维度均值
工作压力	科研要求	3.00	4.00	3.4755	3.5538
	教学任务	2.00	5.00	4.4122	
	学生评教	1.00	5.00	3.4156	
	工作失误	2.00	5.00	3.4797	
	人际关系	2.00	5.00	2.9862	

续　表

维　度	项　目	极小值	极大值	均　值	维度均值
发展压力	深造要求	2.00	5.00	3.8142	3.6699
	职称评聘	2.00	5.00	3.5256	
生活压力	赡养父母	2.00	5.00	4.2461	4.1309
	抚养子女	2.00	5.00	4.1851	
	购置住房	2.00	5.00	3.9617	
生活满意度	收入水平	1.00	4.00	2.6152	2.5146
	住房条件	1.00	4.00	2.4140	
职业现状满意度	学校管理	1.00	4.00	2.7051	2.8304
	绩效考评	1.00	4.00	2.2446	
	参与决策	1.00	4.00	2.2122	
	师生关系	1.00	4.00	3.6219	
	社会地位	1.00	4.00	3.3682	
职业发展满意度	施展机会	1.00	4.00	2.4612	2.5063
	深造机会	1.00	4.00	2.4652	
	晋升机会	1.00	4.00	2.5926	

　　表1的调查结果显示:高校青年教师面临着巨大的工作、生活与发展压力。三重压力在一定程度上直接或间接地影响着青年教师的职业满意度与生活满意感,其生存状态不容乐观。

　　高校青年教师面临着巨大的工作压力(3.5588),从而直接降低了职业现状满意度,并且通过生活压力间接降低了生活满意感。近些年来,高校持续大规模地扩招,导致师生比例严重失调,高校教师尤其是青年教师的工作量大幅度增加。部分青年教师的周课时甚至达到20多学时,年教学工作量竟达到800学时以上。繁重的教学任务(4.4122)使得他们成了"上课机器",严重地割裂了科研和教学之间相辅相成的关系,他们很难在教学和科研之间进行合理调配,寻求合适的平衡点。加之与职称评聘挂钩的学生网上评教(3.4156)、教师群体间的同行评教、学院及学校两级督导员的不定期听课评教等教学评价体系,种种因素制约下的量化科研任务(3.4755),以及因晋升职称而加剧的同事之间的竞争,不断透支着青年教师的精力,紧张了人际关系(2.9862),青年教师的体能和脑力因得不到及时的调适,时常处于一种十分疲劳的状态,也影响了他们的身心健康。

　　高校青年教师面临巨大的生活压力(4.1309),从而大大降低了生活满意感。由于青年教师参加工作时间短,职称低,工资收入也较低,但他们所面临的生活问题却不少,例如组建家庭,年幼子女的抚养、赡养父母等生活压力,再加上住房改革、医疗改革等,影响最大的又是青年教师。从表1可以看出,生活压力远远超过了基准线,其中赡养父母、抚养子女、购置住房的压力均值分别达到4.2461、4.1851、3.9617。沉重的生活压力,使青年教师疲于奔命,生活满意感(2.5146)远低于基准线,必然会影响学校的教学水平和科研水准,最终也会妨碍到学生的成长发展。

　　高校青年教师面临巨大的发展压力(3.6699),从而直接降低了职业发展满意度(2.5063),并间接降低了生活满意感。随着整个社会受教育层次的提高和高校人才竞争的加剧,对高校教师的学历要求越来越高,教师队伍硕士化、博士化成为一种必然趋势。然而,青年教师处于职业发展的起步阶段,教学任务重、生活负担重、科研工作量大、收入偏低,使得他们很难处理好工作与学习的冲突,教学与科研的矛盾,更令其很难有足够的精力、财力和时间投入到进修深造和攻读学位上来,甚至无法保证赢得有限的科研机会以满足职称晋升所必需的每年发表的论文数目、科研立项。

　　工作压力与发展压力都间接影响到生活满意感,其中发展压力对生活满意感的影响更大。青年教师所处的特殊工作环境决定了他们具有很强的发展需求,希望得到进一步的深造来提高自己的学历、专业学术水准和学识水平,为今后的职业发展奠定良好的基础。例如职称的晋升,没有良好的教学成果和突出的学术成就是很难实现的。因此,相对于工作现状,高校青年教师更注重职业的未来发展。虽然正处于职业发展起步阶段,工作压力大,生活压力也大,但只要能看到未来的发展潜力、发展空间和发展前景,他们就会充满信心,提高职业发展满意度,进而提升生活满意感。

四、对策与建议

　　一定程度的压力会转变成前进的动力,但压力过大,青年教师尚未成型的学术翅膀就可能被折断。如果不能帮助他们缓解压力,调动他们在教学科研中的主动性和使命感,对实现教书育人、科学研究和服务社会功能都会产生不利影响。全社会尤其教育主管部门及各高校都应切实关注青年教师生存及发展状况,为高校教育持续健康发展保护中坚力量。

1. 加强对青年教师的人文关怀

人文关怀就是以人的生存、安全、自尊、发展等需要为出发点和归宿，以充分尊重人、理解人、肯定人、丰富人、发展人、完善人、促进人的全面发展为内在价值尺度。高校管理者应当贯彻以人为本的思想理念，针对青年教师自身的特点给予更多的自主权。首先应对青年教师工作及职称评定实施全面评价，既对其学科知识、文化素养、教学能力、科研能力进行评定，又要对青年教师的职业道德、参与意识、合作能力、创新能力等进行考核。其次要搭建平台，让青年教师有更多的机会到重点院校、科研院所甚至发达国家高校进行培训学习，提高自己的综合素养和实践能力。

2. 提高青年教师的工资福利待遇

提高教师的工资福利待遇、改善教师的住房条件是搞好教师工作必需的物质保证，也是稳定高校教师队伍的关键。努力改善高校教师的生活环境，如可以为高校青年教师在校区附近修建廉租教师公寓，让高校青年教师能够在刚开始工作的几年内有房住，渡过最艰难的起步阶段，解除其后顾之忧，他们才能够全身心投入教育事业。

3. 增加对青年教师的科研投入

高校青年教师普遍具有高学历，是高校教学科研的后备力量。他们希望通过教学和科研来实现自己的价值，希望能很好地融入现有的相关研究所或科研团队；他们渴望在自己专业及相关领域内有所建树，并尽快将科研成果付诸应用。因此，各级主管部门在青年教师的待遇政策上应有所倾斜，对其实行较为人性化的管理，建立青年教师专项科研基金并加大倾斜力度，为他们申报科研项目提供经费支持；鼓励和支持青年教师开展创新性的课题研究，培养年轻的学术骨干，鼓励青年教师在科研方面出成果、出效益。

原清华大学校长梅贻琦早在 1931 年就曾说过："一个大学之所以为大学，全在于有没有好教授。"而一个大学未来发展所需之教授，应从当前青年教师的队伍中发展而来。全社会应尽所能保护好、培育好这块土壤，将理解、尊重和支持无条件地给予高等教育的生力军，使青年教师迅速成长为主力和骨干力量，推动高等教育事业的健康可持续发展。高校可以聘请各级各类名师组成导师团，为青年教师提供业务指导。通过走出去听课、请进来上课、面对面辅导、深入探讨与研究等方式，为青年教师的成长把脉，从而提升他们的教育教学能力和科研水平。

苏联教育家加里宁说:"加强对培养人的培养比直接培养人更重要。被教育者能力的提高是以培养人的素质为前提的,这种培养必须从青年教师开始。"高校应树立科学的人才观,把能力建设作为人才资源开发的主题,大力营造尊重劳动、尊重知识、尊重人才、尊重创造的社会氛围,把收入分配与个人的岗位职责、业绩贡献紧密结合,与职称、学历、资历脱钩,让实际收入与岗位、贡献联系起来,为青年教师创设更多的发展空间和机会。也只有以此为突破,才能挣脱体制的束缚,稳步推进科教兴国战略健康顺利发展。

参考文献

[1] 马晓娜.高校青年教师生存状态的调查与分析——制度的视角[J].化工高等教育,2010(1).

[2] 夏苹.高校青年教师满意度调查——以合肥工业大学青年教师为例[J].合肥工业大学学报(社会科学版),2010(4).

高校青年教师师德、工作、生活和发展状况的调查：分析与对策

胡祎赟① 刘苏杭② 潘玉银③

【摘　要】高校间激烈的竞争将教学科研第一线的高校教师推向风口浪尖，青年教师所面临的形势尤为严峻。青年教师的生存状态，需要社会大众和高校管理者给予更多的关注和了解。

【关键词】青年教师；工作生活状况；调查

近年来，随着高等教育改革的全面推进，国内高校互相竞争，将建设省内、国内乃至世界一流作为建设和赶超的目标。高校间激烈的竞争将教学科研第一线的高校教师推向风口浪尖，昔日安于清贫、潜心教学和科研的高校教师，现在不得不面对各种新的挑战。其中，青年教师所面临的形势尤为严峻。最新调查显示，在我国大多数高校中，35岁以下的青年教师人数已经超过了教师总人数的65%。可以说，青年教师已经成为高等教育事业发展的主力军和高校教学科研工作的新生力量，是高校教职员工队伍中值得关注的一个重要群体。青年教师作为一个特殊群体，在很多方面具有普遍的相似性，他们由于年龄特点、个人修养、教学经验、职业适应等方面的原因，比其他年龄段教师面临着诸如教学、科研压力、职业适应、社会适应、自身专业能力提升、婚姻、住房、家庭安排、职业定位等诸多方面的挑战。有关调查表明，近年来，教师的职业幸福感在下降。近70%的教师感到精神疲惫，48%的教师有焦虑、失眠等症状，36%的教师感到有时难以控制自己的情绪。[1]因此，青年教师的生存状态，需要社会大众和高校管理者给予更多的关注和了解。

---

① 胡祎赟，杭州师范大学马克思主义学院副教授，工会研究会秘书长。
② 刘苏杭，杭州师范大学医学院教师。
③ 潘玉银，杭州师范大学材料与化学化工学院教师。

一、调查内容与目的

(一)调查内容

高校青年教师现状调查——围绕青年教师所面临的教学、科研、生活等问题设计调查问卷,旨在从宏观上把握青年教师在师德、主观幸福感、心理健康、自我评价以及人际关系等方面的现实状况。

(二)调查目的

对每个因素就学历、性别、年龄、职称等方面进行对比,把握各类人员在以下方面的表现:

(1)师德,即是否具有敬业精神,是否热爱自己的职业。包括两方面的因素,一是指青年教师能否遵循基本的教学规范,保住为人师表、教书育人的"底线";二是指青年教师是否有敬业精神,热爱自己的职业。

(2)主观幸福感,包括两个方面,一是指对学校的生存环境以及为教师提供的物质条件的满意度;二是指青年教师对现有状况主观的满意度。

(3)心理健康,指青年教师应对工作压力和生活困扰的能力和态度。

(4)自我评价,包括青年教师对自己的评价及与之相适应的态度体验。

(5)人际关系,即青年教师与同事、上下级、学生的人际融洽度。

在统计分析的基础上,针对高校教师在师德、主观幸福感、心理健康、自我评价、人际关系五个方面所表现出来的问题,提出可行的建设性建议。

(三)研究对象

本次调查通过互联网向浙江大学、杭州师范大学、浙江工商大学、杭州电子科技大学、浙江财经大学、浙江理工大学 6 所在杭高校的 150 名高校教师发放问卷,回收问卷 150 份,回收率达 100%,有效问卷 150 份,有效率为 100%。本次调查的 150 名对象,平均年龄在(35.6±1.0)岁,其中男性青年教师 85 名,女性青年教师 65 名。本研究的调查对象基本是笔者的同事、同学、朋友圈子中的熟悉人士,这就避免了因陌生而产生的不信任感,降低了信息的失真程度。

(四)研究方法

本次调研主要采用问卷调查法、统计分析法、文献研究法。

二、调查结果与分析

(一)师德状况及原因分析

调查显示,78.3%的教师对工作是尽职尽责的,具有较高的敬业意识,53.5%的教师能够在教学中持严谨教学态度,70.11%的教师把为人师表作为教师追求的目标,83.39%的教师比较注重学习传统文化来提高自身修养,还有83.03%的教师急于参加专业培训来提高自己的专业教学水平。另外,有15.3%的教师承认,自己偏重学术科研,缺乏育人意识。调查结果显示,青年教师的师德状况总体还是比较好的,而教学中出现的偏重学术科研,缺乏育人意识问题,与青年教师所在学校教育评价机制不完善、师德考评不到位、激励制度不健全有关。

(二)工作压力表现及原因分析

表1 高校青年教师对工作压力程度的自我评价(%)

压力程度	很大	比较大	一般	比较轻松	很轻松	总计
百分比	55.33	23.33	13.33	8	0	100

本次调查结果显示,55.33%的教师感觉工作压力很大,23.33%的教师感觉工作压力比较大,即78.66%的教师感觉工作是很有压力的,其压力主要来自教学、科研考评和职称晋升。调查结果显示,教师的工作压力主要来源于学校教学考评、科研要求、职称晋升及其自己的专业发展问题。青年教师教学质量考核成绩较低与青年教师自身对岗位的适应能力不强、教学经验缺乏等因素有关。在目前的高校学术评价标准和学术导向政策机制下,高校青年教师为了生存和发展,在努力提高教学水平和能力的同时,又不得不屈服于各种硬性考评体系,项目申报、科研经费、职称评定,从而使高校青年教师面临着极大的工作压力。

(三)主观幸福感状况及原因

心理学认为,幸福感是人类个体认识到自己的需要得到满足以及理想得以实现时产生的一种情绪状态。它与人们生活的客观条件密切相关,又体现了人们的需求和价值取向。[2]职业幸福感特指从职业中或是由于职业而产生的幸福感。高校教师职业幸福感是教师在自己的教育工作中需要获得满足、职业理想得以实现,从而发挥自己的潜能、实现自身和谐发展、获得持续快乐的体验。[3]

表2　高校青年教师对职业满意程度的自我评价(%)

满意程度	很满意	比较满意	一般	比较不满意	很不满意
百分比	14.6	57.5	25.5	1.9	0.5

本次调查以"您对大学教师的职业是否满意"问题的回答,来了解高校青年教师的总体职业满意度水平。结果表明,14.6%的人对高校教师的职业"很满意",57.5%的人表示"比较满意",而表示"比较不满意"和"很不满意"的分别仅占1.9%和0.5%,25.5%的人回答"一般"。即有72.1%的受调查者具有较高的职业满意度,与之相对,仅有2.4%的受调查者的职业满意度较低。这一结果说明,高校青年教师对他们所从事的职业的总体满意度是比较高的,即随着高校教师社会经济地位的逐步提高,教师职业逐渐显示出较强的吸引力。

(1)教师职业爱好和专业兴趣是影响高校青年教师职业满意度的内在源泉。调查发现,68.6%的青年教师表示喜欢教师职业对其选择教师职业有"重大影响"。相比之下,这些教师的总体职业满意度比持其他看法的教师要高。分析结果表明,喜欢教师职业程度不同的教师,总体职业满意度存在显著差异。总体而言,喜欢教师职业的人,职业满意度较高。由此可见,热爱教师职业不仅是高校青年教师从教的重要因素,同时也深刻影响着他们对该职业的总体感受。对教师来说,从工作中获得的乐趣,不仅是教师职业的一个重要回报,同时也给教师带来很大的满足感。调查发现,59.2%的受调查者认为,从工作中获得的乐趣"比较多"或"很多"。统计分析结果显示,在工作中享受到不同乐趣的青年教师的总体职业满意度之间存在非常显著的差异,并且获得的工作乐趣与总体职业满意度呈显著的正相关。

(2)教师专业发展是影响高校青年教师职业满意度的最主要因素。本次调查没有发现年龄与教师职业满意度有显著相关,却发现职称与之显著相关。这恰恰证明了教师专业发展是影响教师职业满意度最重要的因素,因为职称是教师专业发展最直接的指标。

(3)收入是影响高校青年教师职业满意度的基本条件。

表3　高校青年教师对收入与福利保障的满意程度(%)

满意程度	很满意	比较满意	一般	不太满意	很不满意
工资收入	0.4	17.4	62.4	16.7	3
福利保障	7.0	43.6	44.3	4.5	0.7

本次调查结果虽然表明高校青年教师总体职业满意度较高,但其工资收入满意度一般,学校津贴满意度甚至低于一般水平。虽然仅有 25.5% 的青年教师认为高校教师收入比较高是其选择教师职业的原因,但 79.2% 的青年教师认为收入问题"非常重要"或"比较重要"。高校青年教师在收入方面的满意度较低,原因可能是多方面的。首先,青年教师的经济压力比较大。初任职的教师经过十多年的教育走上工作岗位后,往往对于工资和收入抱有不切实际的幻想,而工作后相对较低的收入给他们很大的挫折感。同时,大部分教师到了结婚成家的年龄,因此对于工资和收入都比较看重。这也能解释为什么教师的职业满意度与结婚与否存在显著相关。因为婚姻可以相对缓解经济方面的压力,住房等问题可以由双方共同承担,遇到问题也可以相互支持。当然也有其他的解释,如婚姻能增强一个人的责任感,使一个人赋予稳定的职业或工作更高的价值和重要性;容易满足且循规蹈矩的人,本身就可能结婚,等等。其次,目前高校的津贴和奖金发放制度也是导致青年教师不满的重要因素。调查发现,仅有 16.1% 的青年教师认为本单位的津贴和奖金分配制度"很公平"或"比较公平",抱怨单位分配制度"较不公平"或"很不公平"的却有 31.6%。目前一些高校的津贴和奖金发放主要依据职称、行政职务、工龄等,而在这些方面青年教师处在"弱势"地位,但在教学和科研方面绝大多数青年教师是主力军,这种状况引起许多青年教师的相对不满。从某种意义上说,青年教师对职业是否满意,关键不在于收入的多少,而在于是否公平。

(四)自我评价状况

教师归因对于高校青年教师职业满意度有影响。归因是人们推断行为原因的过程,在很大程度上决定了人们对其行为的反应。

表 4　高校青年教师对于自己获得成功的主要途径的自我评价(%)

主要途径	自己努力	相信机遇	领导赏识	人际关系
百分比	44.8	36.3	21.7	10.9

本次调查表明,青年教师职业总体满意度与对自己工作满意度的得分完全一致,这表明教师职业满意度与对自身的评价密切相关。对于获得成功的主要途径,青年教师中认为要靠"自己努力"的占 44.8%,"相信机遇"的占 36.3%,而将"领导赏识"和"人际关系"视为成功主要途径的只分别占 21.7% 和 10.9%。认为自己在高校取得成功的途径主要靠"自己的能力"或"努力程度"等自身内在因素的青年教师,其工资收入满意度、学校津贴满意度、工作条件满意度和单位

用人制度满意度较高,而认为靠"领导赏识""人际关系"和"机遇"的青年教师,其上述职业满意度相对较低。接近半数的青年教师相信努力工作有利于自己在高校的发展,有 26.9% 的相信努力工作是成功的必经之路,仅有少数人(8.0%)认为努力工作也希望渺茫或无济于事。青年教师对自己在学校发展前景的看法,影响其工作条件满意度、单位用人制度满意度和上级管理方式满意度,认为"努力工作是成功的必经之路"或"努力工作对自己非常有利"的青年教师,其工作条件满意度、单位用人制度满意度和上级管理方式满意度较高;而持悲观论调,将自己的发展前景完全归结为外在因素的教师,上述职业满意度最低。

本次调查发现了一个引人注目的现象:那些将目前发展中的主要障碍归结为自己努力不够等自身原因的教师,其总体职业满意度较高。这表明,一部分青年教师利用高校教师比较自由的工作特点,享受高校的工资与津贴,但并没有把主要精力放在教学、科研和教师专业发展上,而是从事兼职等其他工作。因此,他们在承认自己工作努力不够的同时,对于高校教师这个职业仍然感到满意。

(五)人际关系状况

人际关系、社会认同对于高校青年教师职业满意度有重要影响。调查发现,对"自己工作是否获得别人认可"这一问题回答不同的教师,总体职业满意度存在明显的差异,对该问题回答越肯定的青年教师,其总体职业满意度越高。人际氛围因素对青年教师职业满意度的影响,主要表现在良好的同事关系和家庭支持两个方面。

表5　高校青年教师对人际关系影响职业满意度重要因素的自我评价(%)

满意程度	非常重要	比较重要	不重要	不很重要	其他
百分比	40.3	46.2	1.4	1.1	11

本次调查中,86.5% 的青年教师认为良好的人际关系"非常重要"或"比较重要",仅有 2.5% 的青年教师认为人际关系"不重要"或"不很重要"。这与青年教师在人际关系方面比较乐观,对同事关系满意度较高相一致,也表明同事的认同是影响职业满意度的重要因素。家人的支持也与教师总体职业满意度呈正相关。84.5% 的青年教师认为家人对其工作"非常支持"或"比较支持",53.3% 的教师认为在工作中有人关心其成长,这反映了青年教师多数拥有良好的成才环境和坚强的家庭后盾等有利于其发展的人际条件。

三、对策与建议

(一)优化教师评价和激励机制,提高青年教师师德素养水平

青年教师师德建设仅仅依靠道德主体的自我约束是无法完成的,"离开制度的公正性来谈个人道德的修养和完善,甚至对个人提出严格的道德要求,那么,即使本人真诚相信和努力奉行这些要求,充其量也只是充当一个牧师的角色而已"。[4]因此,只有把师德建设纳入制度建设的框架,依靠制度的约束机制和导向机制,才能为提高青年教师师德素养提供保证。首先,建立科学的教师职业道德考核体系。青年教师的职业道德素养很多情况下是通过一些无法量化的要素外显出来的,诸如平等尊重的人格、向善的心灵、关注学生未来命运及人生幸福的责任感、坦诚温暖的人文情怀等。因此,要做到客观、科学地评价教师的职业道德素养,一定要避免使用简单的终结性的评价方式,而应该积极探索由多主体参与的形成性的评价体系。其次,建立教师职业道德评价体系和激励体系的紧密联系。相对于评价机制的强制约束力,激励机制更能激发教师主动管理、提升自我的积极性。要通过有效的激励机制来发扬高校教师的优良作风,要坚持物质奖励与精神鼓励相结合的原则,对于师德行为高尚者可以从职称晋升、岗位津贴、课时酬金等方面给予倾斜,使其有成就感和荣誉感,从而增加继续前进的动力;对无视师德规范的教师,应坚决给予处罚,以产生警示作用。

(二)从青年教师和学校两个层面提高青年教师的科研能力

作为青年教师,首先要有端正的科研态度。青年教师必须明确自己所从事的科研方向与学科专业建设之间的关系。其次要明确科研个体与科研团队之间的关系。明确自己的科研方向之后,应迅速融入适合自己的科研团队中。学校层面,应该解放思想,打破论资排辈的条条框框,大力营造鼓励青年教师积极参与科研的浓厚氛围。一是政策引导,建立健全考评制度。为了鼓励青年教师开展科研创新,学校应建立一套科学合理的教师年度考核标准及奖惩制度,采取定性与定量相结合的方法,客观、公正地评价教师的科研能力、教育管理和成果,并将考评结果与体现个人价值的职称聘任、个人收入等挂钩,奖优罚劣。二是加大投入,建立教师科研基金。为了鼓励青年教师在科研方面出成果、出效益,高校应建立青年教师科研基金,鼓励和支持青年教师开展创新性课题研究,形成新的研究方向,培养年轻的学术骨干,同时帮助青年教师解决在科研工作开始阶段的

经费困难,为他们开拓新的研究方向和申报项目预研工作提供经费支持。三是开展培训,发挥"传帮带"作用。针对青年教师开展科研工作无从入手的困境,学校应加强科研业务培训,特别是邀请一些科研骨干教师讲授科研政策、申报科研课题流程及技巧、科研课题组织运作的方法及成功经验,充分发挥中老年教师及科研骨干的"传帮带"作用。四是信息共享,建立科研信息库。及时公布本校的科研计划、科研课题,加大与当地政府的教育科研部门、研究院所、企业的交流,广泛收集科研课题信息,建立科研课题信息库,为青年教师及时、准确地提供科研课题信息服务。五是改革现有科研管理机制,建立灵活的科研和人才管理制度。科研管理部门应以青年教师专业和科研潜力的发展为目标,多给其关心和帮助,为其创造良好的科研环境和学术氛围,及时准确地将前沿科学理论、新的科研方法等信息通过网络传播给青年教师,帮助其科学选择科研题目。六是在科研课题申报制度上,尤其是在校级课题申报中应向青年教师倾斜,以锻炼其科研能力,在省部级课题申报中应打破论资排辈的机制,给予青年教师同等申报的机会。

(三)提高青年教师的收入,改善他们的生活条件

青年教师面临的工作压力不仅是本次调查中显示出来的一个突出问题,事实上这是一个社会上非常普遍的问题。另据清华大学教育研究院以研究型大学的青年教师为样本所做的调研显示,仅有 41.5% 的青年教师对物质生活感到满意,全体样本的每天平均工作时间高达 10.5 小时,75.6% 的青年教师感到压力较大或很大。[5] 当前高校青年教师薪酬管理问题主要表现为:对内缺乏公平性、对外缺乏竞争性、对个体缺乏激励性等。我们必须深切地知道,教师的生活饭碗没有保障,学生的学习就没有保障,高校的教育质量也不可能有真正的保障。因此,如何让高校青年教师专心于教学与科研,过体面和有尊严的生活,提高其职业满意度,是高校管理工作的一项重要任务。高校应转变思路,不应仅仅关心那些功成名就、有威望的教授,而忽视青年教师的待遇和生活中的困难。刚入职的青年教师是高校教师中的"弱势群体",学校应想方设法地提高他们的待遇,留住人才。

(四)尊重和培养青年教师的兴趣,坚定其对教育工作的信念

从本次调查结果来看,一些青年教师的专业发展动力不够,一部分人甚至"身在曹营心在汉",精力大多放在校外兼职上,这是值得加以注意的。一方面,高校在选拔教师的过程中,应尽量选择那些热爱教育事业,对自己所从事的专业

有强烈兴趣的人员从教；另一方面,高校应采取各种方式加强青年教师的职业信念教育,培养他们对教师工作的热爱,在让青年教师体会到教师职业的崇高与神圣的同时,应尽力创造条件帮助青年教师取得成功。一个人如果总是遇到失败,很少成功,是很难形成兴趣的。因此,青年教师在专业发展中遇到问题时,高校应尽量帮助他们解决,使他们体会到成功的乐趣,展示自己的才华,满足自身社会认同和赞许的需要,从而培养其对教师工作的热爱和专业兴趣。如果青年教师既能体会到专业发展的成功,又能得到社会的认同,其职业信念一定会树立和巩固起来。

(五)创建良好氛围,提供宽松工作环境

从本次调查结果来看,良好的人际关系和工作环境是影响青年教师职业满意度的重要因素。高校青年教师幸福、快乐地工作、生活,取得职业发展的成功,离不开组织培养、领导信任、同事支持和社会认同,青年教师的生活状态、发展状况、利益诉求与高校的校园文化息息相关。事实上,个体的基本需要,只有通过他人才能得到满足。[6]所以,一方面,青年教师要积极主动地与人合作,乐于助人,构建出和谐的人际关系,主动寻求他人的帮助和支持；另一方面,学校工会、党团组织应有意识地开展诸如"青年教工之家"等有益青年教师成长的活动,丰富青年教师的业余生活,激发他们的工作、生活热情,创造良好的人际氛围,增进教师的相互交流和沟通,为青年教师的健康成长助力。

参考文献

[1] 苏善生.高校青年教师幸福感培养初探[J].宁波教育学院学报,2009(4).

[2] 朱新秤.教育管理心理学[M].北京:中国人民大学出版社,2008:196.

[3] 蔡玲丽.高校教师职业幸福感的影响因素及增进策略[J].教育理论与实践,2010(12).

[4] 罗尔斯.正义论[M].何怀宏,译.北京:中国社会科学出版社,1988:22.

[5] 张东.青年教师是一流大学的中坚力量[N].中国教育报,2011-01-26.

[6] 马斯洛.动机与人格[M].许金声,译.北京:华夏出版社,1987:25.

高校非在编教职工的生存状况和对策分析

——以杭州师范大学为例

严从根①　毛　妍②　徐王熠　许炜涓　陈怡男　朱晓青

【摘　要】尽管教师的生存状况日益受到人们的关注,但是高校非在编教职工的生存状况及其权益问题并没有受到应有的关注。本研究以杭州师范大学为例,主要采取分层随机抽样的办法,采用自制量表进行问卷调查,旨在揭示出高校非在编教职工的生存感受及其状况,发现问题,提出对策,希望能为高校事业进一步发展提供绵薄之力。

【关键词】高校;非在编教职工;生存状况

一、引　言

公平正义日益受到人们的关注,在这样的背景下,教师收入不平等和相对剥夺的问题日益受到人们乃至政府的关注,在近年"两会"上,教师的待遇福利问题一直是其中的一个焦点。但是高校新弱势阶层——非在编教职工的生存及其权益问题却没有受到应有的关注。

本文所说的非在编教职工包括一切不在编制内的高校辅导员、行政人员、教师、实验员、科研助理等。随着高等教育的进一步大众化,高校规模越来越大,机构越来越多,教职工数量严重不足,高校亟须引进大批人员,参与到高校的发展建设中去,但是现今我国政府对高校编制的控制力度加强了,传统的编制内用人方式受到了严格限制。[1]在这样的情况下,非在编的用工方式大大缓解了人员编制紧张和高校需要大量人力资源之间的矛盾。不过,现今我国高校非在编的用

---

① 严从根,杭州师范大学教育学院副教授。

② 毛妍、徐王熠、许炜涓、陈怡男、朱晓青,杭州师范大学教育学院学生。

人方式也造成了一些问题,如非在编人员的聘任程序不规范,由于在编和非在编的原因导致同工不同酬,进而使高校出现身份有高低贵贱之分的现象。这不仅挫伤了非在编教职工的工作积极性,也违背了我国社会主义的价值观及其道义要求。个别学者已经意识到这方面问题的存在,并力图揭示我国高校非在编用人方式导致的问题,提出一些消解的对策,但是这些研究缺乏实证调研,发现的问题和提出的对策都缺乏可靠性的数据佐证。[2]在此,我们以杭州师范大学非在编教职工为对象进行调查研究,旨在揭示高校非在编教职工的一些生存状况,发现问题,并提出解决的对策。

二、方　法

(一)研究工具

1.专题访谈

为了更好地设计《非在编高校教师生存状况及权益调查问卷》,使问卷调查能够最大限度地反映高校非在编教职工的生存状况,研究者首先对个别非在编教职工进行了专题访谈。访谈的对象主要有两类:高校在编教职工和高校非在编教职工,共计 20 名。从生计、安全、社交、尊重、自我实现五个方面进行了访谈,掌握了非在编教职工权益的粗略现状和具体问题。

2.问卷调查

结合访谈的结果,我们设计了本次调查问卷中的每个选项。问卷主要分为两部分。第一部分是个人情况调查,主要包括一些基本的人口统计学变量以及与权益有关的影响因素。其中,影响因素主要涉及学历、薪酬等方面。第二部分是权益现状的量表,该量表以文献资料为基础,结合访谈结果,筛选出 29 个项目作为非在编教职工权益现状的评判标准。让被试者从"完全同意""同意""不清楚""不同意""完全不同意"五个等级记分中对每个项目的重要性进行评价,"完全同意"为 1 分,"同意"为 2 分,"不清楚"为 3 分,"不同意"为 4 分,"完全不同意"为 5 分。

(二)被试取样与数据统计

杭州师范大学非在编教职工现有 619 名。学校同工同酬的非在编教职工为114 人,人事代理的非在编教职工为 144 人,部门人事代理的非在编教职工为

135 人,除了个别返聘的员工外,其他均为校合同工。我们采取分层随机抽样的办法,给每种聘任属性的教职工发放几乎相等的问卷,共发放问卷 104 份,回收问卷 104 份,回收率 100%,有效答卷 100%。问卷的数据采用 SPSS10.0 软件包处理。对一般个人特征的数据处理,采用构成比、平均分、标准差等进行一般统计描述;对于生存和权益状况影响因素采用方差分析调查不同人群分布差异(包括性别、工龄、文化程度、聘用属性和工资收入)。

三、调查结果

(一)一般情况

在有效样本中,男性 40 名,女性 64 名。其中:校人事代理的非在编教职工占 44.2%,部门人事代理的占 10.6%,同工同酬的占 34.6%。样本的平均工龄为 3.3 年,其中工龄为 0—2 年的占 31.7%,2—4 年的占 43.3%,4—6 年的占 8.7%,6 年以上的占 16.3%。在文化程度方面,除了学校合同工(合同工主要是车队司机、各部门工勤人员和保洁员、校卫队保安等)之外,样本非在编教职工的学历主要是硕士研究生。在工资收入方面,32.7%的人工资收入在 1500—2500 元之间,27.9%的人工资收入在 2500—3500 元之间,27.9%的人工资收入在 3500—4500 元之间,仅有 0.5%的人在 5500 元以上。

(二)非在编教职工生存状况影响因素构成

通过访谈调查,结合马斯洛的需求层次理论,我们提取了五个影响非在编教职工生存状况的因素,分别是 F1(生计)、F2(安全)、F3(社交)、F4(尊重)、F5(自我实现)。其中,F1 主要涉及非在编教职工的工资待遇、公积金以及岗位津贴等;F2 主要涉及医疗保险、工作稳定性;F3 主要涉及与领导、同事、学生交往的状况;F4 主要涉及非在编教职工的专业发展、社会地位现状;F5 则主要涉及对工作的态度等。

(三)非在编教职工权益状况影响因素的方差分析

采用方差分析考察人力资本因素(性别、工龄、文化程度、聘用属性)和社会资本因素(工资收入)对非在编教职工生存和权益状况的影响。

表一　高校非在编教职工生存和权益状况影响因素的方差分析

职业价值观的影响因素	分组	所占比率	F1(生计)				F2(安全)			
			平均值	标准差	F 值	p 值	平均值	标准差	F 值	p 值
性别	男	38.5	3.84	0.56	6.83**	0.01	2.75	0.75	11.94**	0.00
	女	61.5	4.05	0.73			2.51	0.91		
工龄	0—2 年	31.7	4.07	0.78	2.93*	0.03	2.65	0.73	3.15*	0.03
	2—4 年	43.3	3.94	0.67			2.68	0.80		
	4—6 年	8.7	3.82	0.55			2.37	1.13		
	6 年以上	16.3	4.08	0.63			2.39	1.04		
文化程度	高中以下	1.9	4.80	0.00	2.44	0.07	3.67	0.00	4.80**	0.00
	大专	5.8	3.27	0.69			3.11	0.43		
	本科	16.3	3.80	0.66			2.62	1.00		
	硕士研究生	76.0	4.05	0.69			2.53	0.85		
聘用属性	校人事代理	44.2	4.17	0.53	5.15**	0.00	2.38	0.93	3.28*	0.02
	部门人事代理	10.6	4.06	0.78			2.18	0.81		
	同工同酬	34.6	3.83	0.72			2.88	0.73		
	其他	3.8	3.72	0.82			2.87	0.88		
工资收入	1500—2500 元	32.7	4.06	0.73	3.46**	0.01	2.85	0.92	3.51**	0.01
	2500—3500 元	27.9	4.10	0.54			2.04	0.66		
	3500—4500 元	27.9	3.97	0.71			2.60	0.85		
	4500—5500 元	9.6	3.59	0.89			2.85	0.62		
	5500 元以上	0.5	4.40	0.00			4.00	0.00		

职业价值观的影响因素	分组	所占比率	F3(社交)				F4(尊重)			
			平均值	标准差	F 值	p 值	平均值	标准差	F 值	p 值
性别	男	38.5	2.14	0.74	2.28*	0.13	2.79	0.86	5.40*	0.02
	女	61.5	1.90	0.64			3.23	0.91		
工龄	0—2 年	31.7	2.09	0.54	7.79**	0.00	3.13	0.86	0.35	0.79
	2—4 年	43.3	2.03	0.78			3.06	0.94		
	4—6 年	8.7	1.94	0.86			2.85	0.96		
	6 年以上	16.3	1.62	0.32			3.28	0.91		

续　表

职业价值观的影响因素	分组	所占比率	F3(社交)				F4(尊重)			
			平均值	标准差	F值	p值	平均值	标准差	F值	p值
文化程度	高中以下	1.9	2.50	0.00	1.58	0.19	2.78	0.00	4.40**	0.01
	大专	5.8	1.75	0.37			3.04	1.15		
	本科	16.3	1.81	0.86			3.03	1.07		
	硕士研究生	76.0	2.01	0.65			3.12	0.87		
聘用属性	校人事代理	44.2	1.71	0.45	6.75**	0.00	3.13	0.97	7.89**	0.00
	部门人事代理	10.6	1.93	0.87			3.25	1.08		
	同工同酬	34.6	2.24	0.73			2.96	0.74		
	其他	3.8	1.90	0.42			3.29	1.92		
工资收入	1500—2500元	32.7	1.82	0.77	16.34**	0.00	3.07	1.04	9.02**	0.00
	2500—3500元	27.9	1.75	0.35			3.22	0.96		
	3500—4500元	27.9	2.26	0.81			3.18	0.85		
	4500—5500元	9.6	2.06	0.26			2.78	0.50		
	5500元以上	0.5	1.75	0.00			1.78	0.00		

职业价值观的影响因素	分组	所占比率	F5(自我实现)			
			平均值	标准差	F值	p值
性别	男	38.5	2.22	0.84	4.4*	0.04
	女	61.5	1.93	0.53		
工龄	0—2年	31.7	2.02	0.47	8.63**	0.00
	2—4年	43.3	2.17	0.79		
	4—6年	8.7	1.83	0.64		
	6年以上	16.3	1.77	0.36		
文化程度	高中以下	1.9	1.50	0.00	3.83**	0.01
	大专	5.8	1.83	0.44		
	本科	16.3	1.79	0.44		
	硕士研究生	76.0	2.09	0.69		
聘用属性	校人事代理	44.2	1.83	0.49	4.25**	0.01
	部门人事代理	10.6	1.68	0.45		
	同工同酬	34.6	2.29	0.77		
	其他	3.8	1.90	0.48		

续 表

职业价值观的影响因素	分组	所占比率	F5(自我实现)			
			平均值	标准差	F值	p值
工资收入	1500—2500元	32.7	1.94	0.45	5.84**	0.00
	2500—3500元	27.9	1.76	0.49		
	3500—4500元	27.9	2.08	0.66		
	4500—5500元	9.6	2.56	0.98		
	5500元以上	0.5	2.00	0.00		

注:**表示0.01水平上显著,*表示在0.05水平上显著。

表1列出了非在编教职工权益有着显著影响的因素。其中,对生计(F1)有着显著影响的因素是工龄($p < 0.05$),对生计(F1)有着极其显著性影响的因素有性别($p < 0.01$)、聘用属性($p < 0.01$)、工资收入($p < 0.01$);对安全(F2)有显著影响的因素包括工龄($p < 0.05$)和聘用属性($p < 0.05$),对安全(F2)有着极其显著性影响的因素是性别($p < 0.01$)、文化程度($p < 0.01$)、工资收入($p < 0.01$);对社交(F3)有着显著影响的因素有性别($p < 0.05$),积极显著影响的因素有工龄($p < 0.01$)、聘用属性($p < 0.01$)和工资收入($p < 0.01$);对尊重(F4)有着显著影响的因素有性别,极其显著性影响的因素有文化程度($p < 0.01$)、聘用属性($p < 0.05$)和工资收入($p < 0.01$);对自我实现(F5)有显著影响的因素有性别,极其显著性影响的因素包括工龄($p < 0.01$)、文化程度($p < 0.01$)、聘用属性($p < 0.01$)以及工资收入($p < 0.01$)。

(四)问卷调查结果的分析和讨论

1. 对生计状况及其权益普遍不满意

几乎所有的教职员工都不满意自己的工资收入,就"我对我的净收入满意"的回答里面,选"完全同意"的人数为0,"不满意"的人数占89.5%。11.5%的人选了"基本同意",但是他们基本上属于具有研究生学历的同工同酬类教职工。原因是同工同酬类教职工的净收入与在编教职工的净收入几乎没有太大差别,因此他们较为满意自己的纯收入。

94.2%的非在编员工都认为在生存权益方面存在不公平对待,他们认为他们的付出与收入是不成正比例的。95.2%的非在编员工认为当他们同时负责几个岗位的时候,得不到额外的岗位津贴。其中最不满意的是具有高中及以下学历的校合同工和具有硕士研究生学历的校人事代理。同工同酬类非在编员工的待遇最好(在基本工资和福利待遇方面与在编教职工一样);即便如此,他们也对公积金一项极不满意。他们认为和他们一样进入学校工作的在编教职工在公积金方面存在不公平待遇,比如,工作2—4年的同工同酬类教职工的公积金及其学校补贴一般为1800元左右,而和他们同年进入杭州师范大学的在编教职工则可拿到4000元左右(其中包括杭州市2000元左右的住房补贴)。

2. 缺乏良好的安全感

安全权益保障方面的统计数据显示,非在编教职员工非常不满意这方面的待遇和保障。比如就"我的医疗补贴是到位且充足的",77.9%的人表示"不同意",其中40.4%的人认为"完全不同意"。59.6%的员工还认为他们的工作不稳定,非常担心因为工作中出现的错误而被惩罚乃至辞退。

通过方差分析后发现,尽管大部分非在编教职工都感到工作不稳定,不具有良好的安全感,但是学历越高的人越具有不稳定、不安全感,具有硕士研究生学历的不安全感最为强烈(不过,具有研究生学历的同工同酬类的非在编教职工的安全感明显好于校人事代理、特别是部门人事代理的教职工)。访谈发现,其原因可能是学历低的人几乎都是些合同工,他们要么已有杭州市户口和房子,安全感相对较好,要么认为没有必要一定要落户杭州,杭州只不过是他们工作的场所而非他们安家的地方,因此安全感较好;学历高的研究生们(聘任属性主要是学校和部门人事代理)绝大多数都是外地人,他们是"漂泊的一族",他们并不认为家乡的房子是属于自己的,他们认为他们首要的责任是通过工作能够在杭州安家落户,微薄的工资和保障让他们感到极不安全。同工同酬的非在编员工虽然都具有研究生学历,但是由于收入等与在编教职工几乎没什么差别,更重要的是学校承诺他们若干年后能够全部转为"在编",因此他们的安全感相对良好。

数据还显示,收入高的非在编教职工的安全感明显优于收入低的,特别是优于2500—3500元收入之间的教职工。因为安全感不足,36.6%的人甚至表示"我时常考虑辞职",64.4%的教职工(包括"完全同意"和"基本同意"的教职工)明确表示"如果自己预期的几年内还不能转正,我会辞职",27.9%的教职工则表示"不太清楚",只有6.7%的员工表示不会辞职。

3. 交往需求强烈

非在编教职工有强烈的交往需求,不仅希望能与同事、领导交往,还希望有更多的机会和同学交往。81.8%的非在编教职工表示希望加强和同事的交往,80.8%的非在编教职工表示希望能加强和领导的交往,90.4%的非在编教职工表示希望能加强和学生之间的交往。

值得注意的是,尽管他们希望有更多机会和在编教职工交往,但是普遍感到自卑和不适应。76.9%的非在编教职工("完全同意"和"基本同意"的人数)明确表示"身为一名非在编人员,我在与在编人员进行工作和生活的接触时,有较明显的心理落差"。其中工龄越长(特别是6年以上)、工资收入在2500—3500元之间和5500元以上的教职工感觉尤为明显。原因可能是工龄长的非在编教职工认为自己尽管工作了很多年,却仍然还没有"转编",从而感到低人一等;工资收入在3500—4500元之间的非在编教职工几乎均为同工同酬员工,因为学校承诺他们即将转为"在编"人员,所以和在编人员的交往中,他们可能并没有感觉到低人一等,相反工资收入在2500—3500元之间和5500元以上的教职工多为人事代理的员工,他们可能总是觉得自己的"身份"低人一等。

4.尊重需求没有得到应有满足

绝大多数非在编教职工表示,除了学生对自己非常尊重之外,其他人和学校对自己都不是非常尊重,学历越低者感觉越明显。仅有35.6%非在编教职工表示"在编同事对待我和对待其他在编教职工没有什么区别",58.6%的非在编教职工认为"在我的岗位上,我能感受到领导对我的尊重和认可"。很多教职工都认为得不到同事和领导的尊重和认可。通过访谈我们得知,很多非在编教职工认为,尽管工作很多年,学校行政人员通讯录上仍没有自己的姓名和联系方式,没有同等权利享有集体的职工游乐等,这些都反映出学校和领导对自己劳动的不尊重。问卷调查还发现,47.1%的非在编教职工认为即便当我尽心尽力工作之后,我也没有机会参加类似"优秀工作者"的评奖评优活动。56.6%的非在编教职工明确表示即便表现出色,也不会和在编同事有相同的升迁机会。只有36.5%的非在编教职工认为"当我向领导提出恰当、合适的意见时,领导能够像对待在编教师一样积极听取"。

需要注意的是,工资收入越高者越感觉不到领导和同事的尊重。工资收入在4500元以下的非在编教职工尽管也感觉受到一定程度的歧视,但是和4500元以上收入的非在编教职工、特别是5000元以上的非在编教职工的感受相比存在极其显著性的差异。其原因可能是收入越高者多具有硕士研究生学历,个人能力越高,期望值也越高,所以更容易感到被歧视和不受尊重。

5.自我实现的愿望并不明显

被调研的绝大多数非在编教职工表示,他们并没有觉得自己现在的工作有助于自我实现,因为看不到希望"转编"或大幅度提高待遇,他们很多人都表示也没有意愿在现在的工作上实现自我。大家现在最关注的是能否"入编",入编的动机主要也并不是为了自我实现和拥有更大的发展空间,实现人生意义,而是为了让自己的生活更稳定,提高待遇和社会地位。

6.男女非在编教职工工作不满意度存在显著性差异

初始,我们以为,男性非在编教职工比女性更为不满意现在的非编制工作。但是调查结果显示,无论从哪个方面来说,不仅男女在工作满意度方面存在显著性差异(在生计和安全两个方面,甚至存在极其显著性差异),而且女性的满意度远低于男性的满意度。究其原因,可能是因为样本中女性教职工学历普遍较高(几乎都具有硕士研究生学历),期望也高,由于现实与期望不符,所以落差大,不满意感强。

四、对策与建议

高校非在编教职工的人数越来越多,其队伍的稳定性和积极性的发挥对高校事业的发展影响重大。因此,解决高校非在编教职工的生存状况问题,提高他们工作的积极性,不仅是任何高校发展都必须面临的现实问题,也是任何高校发展应及时解决的道义问题。

(一)建立健全高校非在编教职工人事管理制度,规范管理

制度正义是个人权益得到保障的前提。[3]因此,为了维护非在编教职工的正当权益,首要需要建立健全高校非在编教职工人事管理制度。高校需要制定切实可行的公平正义的人力资源管理方案,从聘用、升职到解聘各个环节都需要制定相应的人事制度。

为了更好地体现社会主义的按劳分配原则,激励非在编教职工工作的积极性,高校还应对非在编教职工的技术档案进行管理,包括非在编教职工的一般资料、岗前培训情况、学历变化、继续教育情况、论文发表情况、各种比赛获奖情况、每年绩效考核情况、奖惩情况等,定期为非在编教职工的培养、续聘、提高待遇等提供依据。

(二)淡化身份差别,一视同仁,建立一套全面、科学的薪酬管理系统

高校一般对非在编聘用制人员实行工资包干制,并建立了工资奖金正常晋

升制度,但是由于体制的原因,即便从事同样的工作,达到了同样的效果,在编教职工和非在编教职工之间的工资福利标准仍存在较大差异。为了淡化身份差别,消除身份差别导致的工资收入差异,我国高校应坚持社会主义的按劳分配原则,要让非在编教职工感到自己的劳动得到了尊重,自己的付出得到了应有之回报,减少他们的后顾之忧,使他们能够全心全意投入工作。

高校非在编教职工基本上都是具有高学历的人员,他们不仅在乎生计、安全等方面的低级需求能否得到满足,也非常在乎尊重、社交等高级需求能否得到满足。因此,高校不仅要提高非在编教职工的工资待遇、奖金等物质报酬,还应该对他们实施精神奖励。

全面薪酬和宽带型薪酬同时实施是一种可供借鉴的方案。在全面薪酬方案中,薪酬不仅仅是指纯粹货币形式的报酬,还包括非货币性的报酬,也就是在精神方面的激励,比如优越的工作条件、良好的工作氛围、培训机会、晋升机会等,这些激励也应该很好地融入薪酬体系中去。宽带薪酬是指在组织内用少数跨度较大的工资范围来代替原有数量较多的工资级别的跨度范围,将原来十几甚至二十几、三十几个薪酬等级压缩成几个级别,取消原来狭窄的工资级别带来的工作间明显的等级差别。但同时将每一个薪酬级别所对应的薪酬浮动范围拉大,从而形成一种新的薪酬管理系统及操作流程。宽带中的"带"意指工资级别,宽带则指工资浮动范围比较大。与之对应的则是窄带薪酬管理模式,即工资浮动范围小,级别较多。由于体制原因,非在编人员的职位提升是艰难的。因此,如果采取窄带薪酬管理模式,非在编人员的工资待遇等很难得到大幅度提高,但是在宽带薪酬体系中,他们的工资待遇可以得到大幅度提高。在宽带薪酬体系设计中,非在编教职工不是沿着高校中唯一的薪酬等级层次垂直往上走,相反,他们在自己职业生涯的大部分或者所有时间里可能都只是处于同一个薪酬宽带之中,他们在高校中的流动是横向的,随着能力的提高,他们将承担新的责任,只要在原有的岗位上不断改善自己的绩效,就能获得更高的薪酬,即使是被安排到低层次的岗位上工作,也一样有机会获得较高的报酬。如此,这种宽带型薪酬制度能减少在编和非在编教职工工作之间的等级差别,打破了传统薪酬结构所维护和强化的等级制,有利于增强职工的创造性和全面发展,有利于带来良好的工作绩效,有较大的加薪影响力,从而给予绩效优秀者以较大的薪酬上升空间;同时,还有利于职位轮换,培育组织的跨职能成长和开发。

(三)树立"以人为本"的管理理念,减少压力

非在编教职工非常在意领导的评价。因此,高校各级领导应采取人性化的

管理,以积极肯定的态度认可、赞赏非在编教职工的劳动,应以民主伙伴式的管理模式替代家长制的管理模式,使上下级关系进入良性循环。同时,也应定期采取访谈、调查等方式及时发现非在编教职工的各类问题,对困难的非在编教职工给予力所能及的帮助,使他们感到组织的温暖和关怀,使其具有组织的归属感。

同时,高校还应营造和谐的工作环境和人际关系,利用各种机会促进在编和非在编教职工之间的沟通交流,取长补短,增进了解,促进其人际关系的发展,减少他们之间的隔阂,增加教职工队伍的凝聚力。

(四)进一步完善考核和晋升机制,稳定职工队伍

一旦转编,不仅生计、安全感问题可解决,尊重的需求、交往的需求,乃至自我实现的需求都会得到很大程度的满足。因此非在编教职工最关注的问题还是有无转编的可能。但是由于编制受限,要求高校为每个非在编教职工都提供在编机会是不太可能的,但是学校可规定研究生学历以上,在教师、管理岗位上工作满三到五年之后,表现特别优秀者(最好量化,减少主观人为因素的影响),考核后可进行转编,或者可规定能够在职攻读拿到博士学位后,可以进行转编。学校可把此项工作作为一项长期经常性的工作来抓,加大考核力度,为有能力的非在编教职工提供更多的机会。

(五)实施以人力资本投资驱动的发展战略

由于种种原因,即便学校提供了很多转编的机会,很多非在编教职工在短期内也很难拥有入编的机会,或永远也进不了编制,但他们的业务水平和工作能力并不逊色于在编教师。因此,学校也应重视对非在编聘用制职工的人力资本投资,健全人才培养机制。应当加大对非在编教职工的人力资源开发强度,优化人员队伍结构,强化对他们的高学历教育和在职培训的投资力度,特别是对于新进人员,要有计划、有步骤地开展新业务、新知识、新技能、新制度等的适应性培训,为他们提供个人升值的机会和发挥潜能的舞台。由此他们自然就会勤奋敬业、主动创造,为学校发展勇做贡献,最终形成一种良性互动的双赢格局。由于受非在编教职工的编制影响,学校可为非编职工提供专项培训费用,对其进行专业技术培训,可以签订协议,约定服务期。

参考文献

[1] 马俊伟,曾湘泉.大学人力资源管理[M].北京:中国人民大学出版社,2007:23-69.

[2] 赵普光.中国高校人力资源管理制度研究[M].北京:社会科学文献出版社,2010.

[3] 林志斌.对高校非在编人员聘任及其管理若干问题的思考[J].无锡职业技术学院学报,

2012(5).

[4] 孙仲华.我校非在编员工管理初探[J].东方企业文化,2010(3).

[5] 方华.我校非在编聘用制人员现状及管理对策[J].科技信息,2008(13).

[6] 罗尔斯.正义论[M].何怀宏,等,译.北京:中国社会科学出版社,2006.

高校人事代理、劳务派遣人员(外来 务工人员)情况调查

朱立峰[①]

【摘　要】在"用工荒"的大背景下,高校后勤要创新管理模式,稳定外来务工人员队伍,提高外来务工人员整体素质以及工作积极性和主动性,进而实现高校后勤服务与高校发展的和谐共进。

【关键词】高校人事代理;劳务派遣人员;外来务工人员

一、研究与背景

(一)研究的背景

1.外来务工人员成为高校后勤用工的主要来源

随着高校对后勤服务质量要求的不断提高,高校后勤用工数量逐年增加,但是,高校后勤队伍中学校编制增长无法满足用工需求。因此,外来务工人员占职工总数的比例日益增大,逐渐成为高校后勤用工的主要来源。以某高校为例,2000 年,教职工总数为 9342 人,外来务工人员 1700 余人,所占比例为 18.2%;2006 年,教职工总数为 8256 人,外来务工人员超过 4500 人,所占比例为 54.5%。这一数据还是以整个高校教职工总数为总体,若单独统计后勤用工情况,则外来务工人员所占比例更大。如以杭州师范大学后勤为例,目前员工总数 1043 人,外来务工人员 705 人,所占比例为 67.6%。

2."用工荒"造成高校后勤用工压力

浙江省人力资源和社会保障厅预计,基于金融危机退却、经济复苏、企业增产,浙江今年农民工的需求量将比去年增加 10%—20%。但是,外来务工人员数量则呈下降趋势,主要原因在于来杭就业经济收入并不比在家乡就业的高。

---

①　朱立峰,杭州师范大学后勤发展总公司工会主席。

为了应对"用工荒",满足用工需要,社会各用工单位纷纷提高薪酬和福利,以吸引外来务工人员就业。高校后勤是劳动密集型的产业,需要聘用大量外来务工人员,在"用工荒"的情况下,高校后勤面临严重的用工压力。

3.高校对后勤服务要求的提高促使用工结构的变化

目前,高校雇用的外来务工人员存在年龄过大、文化层次低、缺乏专业技能等现状。国内的高等院校随着扩招、大学城建设等发展变化,在教学、科研与师生生活方面对后勤服务逐渐有了新需求,并且朝着多层次、精细化、现代化等方向发展。这一变化促使了高校后勤用工结构的变化,亟须受聘的外来务工人员呈现年轻化趋势,他们具备一定的文化知识,掌握基础的专业技能,具有技术性员工的培养潜力,也造成了高校后勤现有的外来务工人员管理模式的相应改变。

4."用工荒"应对策略研究具有重要现实意义

提高外来务工人员工资是破解"用工荒"的第一步。但是,破解"用工荒"并非只有提高工资一条路可走。用工单位能否以各种措施,提高外来务工人员的安全保障、福利待遇,实施人性化管理,建立一种让企业与员工能够同甘共苦的企业文化,让员工有一种家的归属感,无论对用工单位还是外来务工人员都具有现实意义。受限于成本控制的需要,高校后勤短期内尚且不能大幅度提高外来务工人员的薪酬。因此,为了应对"用工荒",高校后勤必须积极挖掘自身优势,探索一种以管理提高外来务工人员工作满意度,降低流动率的新模式。

5.用工结构变化应对策略研究具有重要现实意义

聘用年轻化、有学历、有技能的外来务工人员是高校后勤服务适应高校发展需求的必经之路。这类人群除了在薪酬福利等方面有需求外,还对生活品质、精神文化、个体发展等方面存在需求。因此如何改变管理模式,科学合理地满足这一人群的新需求,对于高校后勤吸引这类人群就业,顺势改变用工结构,建立新时期需要的高校外来务工人员队伍具有重要现实意义。

(二)研究的目标与内容

1.研究目标

本研究旨在探讨,在"用工荒"的大背景下,高校后勤如何创新管理模式,提高外来务工人员工作满意度,吸引外来务工人员就业,降低外来务工人员离职率,稳定现有外来务工人员队伍,提高外来务工人员整体素质以及工作积极性和主动性,进而实现高校后勤服务与高校发展的和谐。

2.研究内容

本研究围绕四个外来务工人员管理当中必须面临的具体问题展开。这四个问题也成为本研究的基本框架：

(1)薪酬与外来务工人员工作满意度及离职意向的关系；

(2)员工福利与外来务工人员工作满意度及离职意向的关系；

(3)员工管理制度与外来务工人员工作满意度及离职意向的关系；

(4)精神文化生活与外来务工人员工作满意度及离职意向的关系。

3.概念界定

外来务工人员，又称作"农民工""民工""进城务工人员"，是指长期生活在城镇，从事第二、第三产业劳动，以此来获得主要收入，但户口在农村、户籍身份是农民的劳动者。

薪酬是员工因向所在的组织提供劳务而获得的各种形式的酬劳。狭义的薪酬指货币和可以转化为货币的报酬。在本研究中，采用狭义的薪酬定义，包括基本工资、奖金、绩效工资、激励工资、津贴、加班费、佣金、利润分红等。

员工福利是薪酬体系的重要组成部分，是企业或其他组织以福利的形式提供给员工的报酬。福利是对员工生活的照顾，是组织为员工提供的除工资与奖金之外的一切物质待遇，是劳动的间接回报。

员工管理制度即组织为了员工规范自身的建设，加强考勤管理，维护工作秩序，提高工作效率，经过一定的程序严格制定相应的制度，是组织管理的依据和准则。

精神文化生活是为满足人们的非物质需要，而开展的各类学习、娱乐、休闲等活动。

员工满意度是指个体作为职业人的满意程度，也就是个体对他所从事的工作的一般态度。

离职意向指个体在一定时期内变换其工作的可能性。离职可以简单分为主动离职和被动离职。在本研究中，离职意向指员工主动离职的可能性。

管理模式指管理所采用的基本思想和方式，是指一种成型的、能供人们直接参考运用的完整的管理体系，通过这套体系来发现和解决管理过程中的问题，规范管理手段，完善管理机制，实现既定目标。

二、调查与研究

(一)调查情况基本介绍

1.调查目的

本次调查的目的是,通过问卷和访谈两种调查方法,了解外来务工人员在本单位工作的满意度及其影响因素;了解高校后勤管理人员对外来务工人员管理的基本看法;了解在校师生对外来务工人员的工作状况基本看法。

2.调查方法

本次调查主要采用问卷法和访谈法。自编三份问卷:《高校外来务工人员工作状况与生活需求问卷调查》《管理人员调查问卷》《服务满意度调查问卷》。三份问卷均围绕:薪酬与外来务工人员工作满意度及离职意向的关系,员工福利与外来务工人员工作满意度及离职意向的关系,员工管理制度与外来务工人员工作满意度及离职意向的关系;精神文化生活与外来务工人员工作满意度及离职意向的关系展开。为了能够获得较为详尽的信息,本研究还采用了访谈法,对一线员工及管理人员进行了访谈。

3.调查对象

本次调查主要针对高校后勤外来务工人员、高校后勤管理人员、高校师生进行。问卷调查总计调查杭州师范大学、浙江工商大学、杭州电子科技大学、中国计量学院、湖州师范学院等浙江省内本科类高等院校 10 所,占全省本科类高等院校的 38.46%。访谈调查以杭州师范大学为主。

4.调查过程

(1)外来务工人员问卷调查情况

《高校外来务工人员工作状况与生活需求问卷调查》共发放 300 份,回收 278 份,回收率 92.67%,有效问卷 265 份,有效率 95.32%。从性别、年龄、婚姻状况、受教育程度、职业等方面分析来看,样本分布较为合理,能够反映高校后勤外来务工人员的情况。

表1　样本的性别年龄分布

年　龄	性　别		总　计
	男	女	
15—19 岁	5	16	21
20—29 岁	35	34	69
30—39 岁	29	36	65
40—49 岁	27	58	85
50—59 岁	16	4	20
60 岁及以上	4	1	5
总　计	116	149	265

表2　样本的婚姻状况分布

婚姻状况	男	女	总　计
未婚	34	34	68
已婚	75	105	180
离异	5	7	12
丧偶	2	3	5
总　计	116	149	265

表3　样本受教育程度分布

年　龄	受教育程度				总　计
	小　学	初　中	高　中	高中以上	
15—19 岁	1	11	9		21
20—29 岁	5	29	23	12	69
30—39 岁	16	33	13	3	65
40—49 岁	25	45	12	3	85
50—59 岁	7	7	3	3	20
60 岁及以上	2	1	1	1	5
总　计	56	126	61	22	265

表 4　样本职业分布

职　业	性　别		总　计
	男	女	
厨师	49	3	52
洗菜工	13	21	34
服务员	9	41	50
公寓大厅管理员	3	11	14
维修工	6		6
绿化工	7	1	8
保洁员	10	42	52
收银员	2	14	16
其他	17	16	33
总计	116	149	265

(2)管理人员问卷调查情况

管理人员调查问卷共发放 120 份,回收 120 份,回收率 100%,有效 119 份,有效率 99.17%。从样本的分布看,主要调查了高校后勤中层和基层的年轻管理人员,50 岁以下的中基层管理人员占被调查对象的 85%,具体情况见表 5。被调查者受教育程度以本科为主,占被调查总数的 45%,具体见表 6。总体来看,本次调查抽取的样本能够较好地反映高校后勤年轻的中层管理人员和基层管理人员对外来务工人员绩效考核制度的观点。

表 5　样本性别和年龄分布情况

年　龄	中层管理人员		基层管理人员		总　计
	男	女	男	女	
20—29 岁			18	31	49
30—39 岁	5	3	12	8	28
40—49 岁	1	5	10	9	25
50—59 岁	5			11	16
60 岁及以上			1		1
总计	11	8	52	48	119

表6　样本受教育程度分布情况

受教育程度	基层管理人员		基层管理人员		总　计
	男	女	男	女	
博士			1		1
硕士	1			2	3
本科	6	6	13	28	53
专科	4	1	12	9	26
高中		1	26	9	36
总计	11	8	52	48	119

（3）服务满意度调查情况

高校外来务工人员服务质量调查问卷共发放200份，回收问卷200份，有效问卷200份，回收率和有效率均为100％。样本以本科女大学生为主，占样本总量的50％以上，这既反映了调查所在学校的特征，也说明可能调查过程中存在一定的抽样误差，调查结果可能无法准确反映高校师生对后勤服务质量的评价。

表7　样本性别、年龄和职业分布情况

年　龄	教　师		行政教辅人员		学　生		总　计
	男	女	男	女	男	女	
15—19岁			2		6	11	19
20—29岁		2	1	4	30	114	151
30—39岁		4	3	2		1	10
40—49岁	7	8					15
50—59岁	1	3					4
60岁及以上	1						1
总计	9	17	6	6	36	126	200

表8　样本的性别年龄和受教育程度分布情况

年　龄	博　士		硕　士		本　科		大专及以下		总　计
	男	女	男	女	男	女	男	女	
15—19岁	1		1		5	11	1		19

年　龄	博　士		硕　士		本　科		大专及以下		总　计
	男	女	男	女	男	女	男	女	
20—29 岁		2	2	5	29	112		1	151
30—39 岁		2	3	5					10
40—49 岁	7	5	1		1	2			15
50—59 岁	1	3							4
60 岁及以上	1								1
总　计	10	12	7	12	34	123	1	1	200

（4）访谈情况

访谈对象共 46 人,其中:一线员工 20 人,基层管理人员 20 人,中层管理人员 6 人,样本包括杭州师范大学的下沙校区、文一路校区和玉皇山校区,岗位职务基本能够涵盖高校后勤各类岗位和职务,能够较好地反映高校后勤真实情况。

表 9　本课题访谈对象情况表

访谈对象	人　数	校　区	岗位职务
一线员工	20	下沙校区	餐厅服务员、厨师、绿化工、保洁员、大厅主管、文印员、收银员
		文一路校区	保洁员、绿化工、维修工
		玉皇山校区	维修工、厨师
基层管理人员	20	下沙校区	仓管员、超市店长、大厅服务员主管、文印管理员、餐厅主任助理、卫生管理员、绿化技术管理员、维修班长
		文一路校区	维修班长、楼群部管理员
		玉皇山校区	行政秘书、维修班长、餐厅管理员
中层管理人员	6	三校区	部门经理、部门副经理

（二）问卷调查与分析

1. 外来务工人员对工资水平不太满意

调查发现,49.06％的员工对现在的工资报酬"不满意",13.58％的员工对现在的工资报酬"很不满意",累计超过 62.64％的员工表示对现在的工资报酬"不满"。

表 10　外来务工人员薪酬满意度情况

分　类	人　数	百分比(%)
很满意	3	1.13
满意	89	33.58
不满意	130	49.06
很不满意	36	13.58
未填写	7	2.64
总计	265	100.00

在进一步的分析中,可以发现,对现有薪酬不满与员工离职意向具有高度的相关性;而且值得注意的是,没有离职意向的员工对薪酬满意程度也不高,有11.7%的员工虽然没有离职意向,但是对薪酬还是不满意的。

2.薪酬满意度与外来务工人员离职意向密切相关

薪酬满意度一向被认为是影响员工离职意向的主要因素。在本次调查中,这个命题被再一次证实。外来务工人员薪酬满意度与离职意向之间呈现出较高的相关关系。有无离职意向两组外来务工人员,在薪酬满意度上存在显著性差异($p < 0.01$)。

表 11　外来务工人员离职意向与薪酬满意度情况

离职意向	很满意	满　意	不满意	很不满意	总　计
有离职意向	1	20	76	28	125
没有离职意向	2	54	31	3	90
总计	3	89	130	36	265

卡方＝50.69　　$p < 0.01$

3.外来务工人员对福利待遇满意度偏低

当员工回答"你觉得现在的福利待遇如何(节假日礼品、放假等可再添加)"这一问题的时候,41.89%的员工选择了"不满意",15.85%的员工选择"很不满意",累计达到57.74%员工对后勤的福利待遇不满。

表 12　外来务工人员福利满意度情况

分　类	人　数	百分比（%）
很满意	6	2.26
满意	102	38.49
不满意	111	41.89
很不满意	42	15.85
未填写	4	1.51
总计	265	100.00

4.福利满意度与外来务工人员离职意向密切相关

结合员工离职意向分析，可以发现，有离职意向的员工对福利不满的比例明显高于没有离职意向的员工，而即便是没有离职意向的员工也同样表现出对福利不满的情况，占没有离职意向员工总数的 37.89%。根据卡方检验结果，有无离职意向两组外来务工人员，在福利满意度上存在显著性差异（p<0.01）。

表 13　外来务工人员离职意向与福利满意度情况

分　类	很满意	满　意	不满意	很不满意	总　计
有离职意向	1	29	65	31	126
没有离职意向	4	51	30	6	95
总计	6	102	111	42	265

卡方=32.85　p<0.01

5.外来务工人员对高校管理制度和领导方式认同度较高

管理制度能够得到外来务工人员的较大认同，超过 50% 的员工认为管理制度是"合理"的，但是，仍然有 31.32% 的员工认为管理制度"不合理"，4.53% 的员工认为管理制度"非常不合理"。详见表 2.2.5。

表 14　外来务工人员对工作制度的评价情况

分　类	人　数	百分比（%）
很合理	9	3.40
合理	146	55.09
不合理	83	31.32

续　表

分　类	人　数	百分比（%）
很不合理	12	4.53
未填写	15	5.66
总计	265	100.00

员工对领导管理公平程度的评价与对管理制度的评价结果非常接近。总体来看，员工对领导的管理评价较高，详见表15。

表 15　外来务工人员对领导的管理评价情况

分　类	人　数	百分比（%）
很公平	12	4.53
公平	134	50.57
不公平	87	32.83
很不公平	16	6.04
未填写	16	6.04
总计	265	100.00

6.管理人员认为外来务工人员管理制度不完善

对单位现有针对外来务工人员绩效管理制度的看法，基层管理人员与中层管理人员中，较少有管理人员认为本单位针对外来务工人员的绩效管理制度是不完善的。但是，同时还可以看出，累计只有8.3%的管理人员认为本单位的管理制度很完善，详见表16。

表 16　管理人员外来务工人员绩效管理制度评价情况

分　类	中层管理人员		基层管理人员		总　计	
很完善	0	0.00%	1	1.00%	1	0.84%
较完善	7	36.84%	44	44.00%	51	43.70%
一般	9	47.37%	36	36.00%	45	37.82%
不太完善	1	5.26%	12	12.00%	13	10.92%
很不完善	0	0.00%	3	3.00%	3	2.52%
未填写	2	10.53%	4	4.00%	6	5.04%

分　类	中层管理人员		基层管理人员		总　　计	
总计	19	100.00%	100	100.00%	119	100.00%

7.外来务工人员对单位组织的各项活动评价较高

外来务工人员对单位组织的活动兴趣都很高,其中几个满足员工精神文化生活需要的项目,如旅游、节假日联欢、业余文体活动都较受外来务工人员的欢迎。同时,还需要注意的是,虽然这些项目能够得到外来务工人员的欢迎,但是,能够看出,外来务工人员的兴趣具有较大的差别,在选择自己喜欢的单位活动的时候,并没有显示出较为一致的意见,而是基本分散在各类项目当中。因此,在设计此类活动的时候,应当更多考虑员工多样化的需求,尽量满足所有员工的需要。

表 17　外来务工人员对单位组织的活动评价情况

分　类	人　数	百分比(%)
旅游	158	59.62
节假日慰问	83	31.32
节假日联欢活动	130	49.06
业余文体活动	88	33.21
家庭困难补助	114	43.02
未填写	28	10.56
合计	265	100.00

8.管理人员希望通过解决员工实际困难提高外来务工人员工作绩效

在建立制度之外,72.5%的被调查者表示"解决员工实际困难"是促进绩效目标实现的重要方式;同时,增加人性关怀举措和定期与员工谈心沟通也普遍受到管理者的重视。

表 18　管理人员对促进绩效目标实现方式的选择情况

分　类	人　数	百分比(%)
定期与员工谈心沟通	37	30.83
增加人性化关怀举措	48	40.00
解决员工实际困难	87	72.50

续　表

分　类	人　数	百分比(%)
其他	14	11.67
未填写	4	3.33

9.师生对后勤外来务工人员服务评价不高,员工素质偏低是主要原因

师生满意度调查问卷共设计四类问题,包括服务质量、服务技能、服务态度和着装礼仪,四个方面中评价最高的是着装礼仪,其次是服务技能,评价最低的是服务态度。服务质量和服务技能具有较高的一致性,而这两点既不是评价最好的方面,也不是评价最差的方面。

表19　师生对后勤外来务工人员服务评价情况(%)

分　类	很好	好	一般	差
服务质量	5.50	40.50	51.50	2.50
服务技能	6.00	42.00	50.00	2.00
服务态度	8.00	37.00	51.50	3.50
着装礼仪	13.50	50.50	33.50	2.50

有66.5%的师生认为,员工自身素质是造成外来务工人员服务质量不高的原因,这可能是由于人们习惯以为外来务工人员素质不高有关。当然,外来务工人员在文化素质等方面确实存在一定的不足也是客观事实。

表20　师生认为外来务工人员服务不足的原因情况

分　类	人　数	百分比(%)
员工自身素质	133	66.50
员工管理不到位	67	33.50
总计	200	100

(三)访谈调查与分析

1.薪酬水平偏低,薪酬体系有欠公平

通过访谈我们了解到,外来务工人员表示留在高校后勤工作的原因是"与社会企业比,薪酬相对是低,但工作环境较好,人际关系简单"。同时也有人表示,"薪酬分配没有和工作量、工龄挂钩,没有量化、细化,无法体现多劳多得,打击员

工的工作积极性""假日加班没有加班费,应该考虑加班费""缺编情况下,员工加大工作量完成工作,却不能将缺编人员的工资均分给加班员工,无法体现多劳多得"。不难看出,外来务工人员选择在高校后勤就业,对薪酬的期望值并不高。因此,虽然薪酬高低影响他们的薪酬满意度,但是,在高校工作的外来务工人员对薪酬分配方式不满的情况更加普遍。

在对中层管理人员进行访谈的时候,我们了解到,中层管理人员普遍认为:"薪酬总体低于社会企业,招聘员工时不具有吸引力。"这可能与中层管理人员的角色有关,在招聘或者处理员工离职的事务时,薪酬较低的问题较为突出。但是,中层管理人员这种观点可能忽视了部分外来务工人员的真实想法,那些愿意留在高校后勤工作的外来务工人员,关注的不是工资的高低,而是分配是否公平合理。

中层管理人员比较关注高校后勤各部门之间薪酬标准的统一问题。他们提出:"高校后勤对于普通员工的薪酬没有统一标准,各部门自行制定易造成部门之间员工互相比较,不利于高校后勤内部员工队伍的稳定。"他们建议:"采取按工种划分薪酬基本标准和上浮比例限制,各部门根据实际效益选择是否上浮以及多少比例。"由于存在缺编严重、招工难、工作量大、工作要求高等问题,员工加班现象普遍存在。员工对于加班费比较敏感,为调动员工积极性,各部门存在支付加班费的现象,但由于支付标准不统一,不利于开展工作,激发员工工作积极性。建议根据具体情况,制定合理的加班费支付标准,在高校后勤内部达成统一。中层管理人员与外来务工人员具有较为一致的意见是:"建议员工薪酬和工作量、工龄挂钩,对薪酬分配进行细化和量化。"

基层管理人员与中层管理人员一样认为:"目前薪酬普遍偏低,员工工作积极性不高。"他们还指出,"目前监控条例只罚不奖,缺乏激励作用""缺编情况下,员工加大工作量完成工作,却不能将缺编人员的工资均分给加班员工,无法体现多劳多得"。

2. 福利标准不统一,缺乏个性化福利方案

中层管理人员较为一致地认为:"目前各部门在福利分配发放上都是各归各,自行制定标准、内容、发放时间。这样做导致不同部门员工之间互相比较,不利于高校后勤内部员工队伍的稳定。"他们建议,"统一划分福利标准,对福利分配有明确详细的指导"。

福利方案的个性化,也是中层管理人员比较关注的问题。他们觉得,"下属部门的福利基本属于共性,即全体员工或多数员工能享受的,而针对优秀、资深

员工的个性化福利欠缺"。因此,他们建议"福利分配上要共性和个性兼顾,体现福利的激励功能,这也有利于激发员工工作积极性"。具体的个性化福利方案如,完善外来务工人员的住宿福利措施。因为,对于外来务工人员来说,外出打工最大的支出是租房水电。而高校后勤与社会企业相比,可将解决员工住宿作为一项优势吸引员工入职。以相对低廉的价格提供集体宿舍、夫妻房以及家庭房,可以吸引各年龄段、各种住房需求的外来务工人员。多数外来务工人员是拖家带口外出打工,如果足量供应夫妻房和家庭房,可以吸引有家庭的人员入职,也可以招聘其家庭成员入职,这种双职工甚至以家庭为单位的员工组合更能长期在高校后勤工作,并有较强的归属感。建议新校区建设时,将社区化的员工宿舍纳入规划中。

最后,列举一些管理人员认为应该为员工解决的具体困难,帮助员工解决生活中的困难,也是单位福利的一项重要内容。

(1)员工节假日因公值班留守,目前家属探亲没有相应措施安排住宿。

(2)员工节假日因公值班留守,子女在家无人照顾,高校后勤没有长期性入托辅导之类的举措。特别是寒暑假,目前杭州师范大学后勤的留守员工子女夏令营等活动,无法保证整个暑假员工子女有人照顾辅导作业。

(3)工龄超过十年的资深员工缺乏关心和奖励机制,对于工龄长因年龄问题即将离职的员工缺乏慰问关爱机制。

(4)由于户口问题,外来务工人员的子女在杭受教育困难,无法入学公办学校,民办学校费用过高无力承受。即使入学民工子弟学校,只能读幼儿园和小学,初中及以上必须回原籍受教育。存在资深优秀员工由于子女回原籍读书不得不辞职返乡的现象。也有部分员工由于子女教育问题无法将年幼子女带在身边,家里老人一旦生病,不得不辞职返乡照顾子女。

此外,福利标准、内容、发放时间不统一,也会影响员工对福利的满意度。有员工建议:"高温费、慰问品等福利能否各部门统一标准和内容,建议高温费以现金或者超市抵价券等形式发放。"

最后,关于福利分配员工也存在一些意见。比如他们认为,"工龄长短没有和福利待遇挂钩,无法体现老员工的激励作用。建议工龄长的资深员工在旅游等福利上给予考虑。目前一些新进的管理人员反而有机会获得此类福利"。给予优秀员工的旅游等福利名额是由各部门推荐产生的,但部门基层管理人员存在"人治"现象,即对与自己关系比较好的员工在管理和福利上有偏颇。加上高校后勤人力资源没有建立详细准确的员工基本信息数据库,对于部门上报的推荐名额无法核对员工的工龄、绩效考评、奖惩情况,容易造成员工推荐的不真实。

3.员工管理制度存在较多细节问题

通过对外来务工人员的访谈,我们还得知,在员工福利方面外来务工人员还存在一些意见。比如他们觉得"员工宿舍管理不规范,存在陌生人员随意借宿现象,对于员工宿舍的设施增添维修、公共卫生等管理上不及时、不认真"。这种管理上的细节不足,往往会给员工福利满意度造成不良的影响。

与外来务工人员相比,中层管理者对管理制度的意见比较多,他们从单位管理的角度提出了很多具有建设性的建议。列举中层管理人员和基层管理人员的意见如下:

缺乏一套规范、统一、固化的管理制度,包括招聘、用工、辞退、薪酬福利以及培训辅助等内容。无法让各部门在招工、用人以及辞退时规范管理员工,也无法让员工明确自己的权益和责任。

管理员工的关键是员工的归属感、执行力以及薪酬福利,必须在制度规章中给予体现。

各项制度规章的出台和变更需要给予员工知晓权、监督权和参议权,必须结合员工的实际需求,否则适得其反。

应对招工难问题以及今后招工长效性问题,建议与偏远地区合作,建立招工基地。

基层管理人员对管理制度的意见同样较多,他们发现如下问题:

高校后勤在招工、用工、辞退方面没有明确的制度流程。

员工反映进高校后勤工作薪酬待遇福利等内容没有明确说明,用工过程中赏罚制度不够公平、量化。

辞职手续办理过程中,没有给予明细的流程指导和说明。目前员工辞职必须自己去相关政府机关部门办理手续,而且手续办理流程高校后勤和学校也不明确告知,导致员工费事费时,信息错误导致经济损失。这个主要体现在失业金和医保账户的现金提取上。

管理人员相对外来务工人员来说,更希望单位能够建立相对完善的管理制度,一是使于他们的日常管理,二是统一管理能够保障外来务工人员的权益,进而对稳定员工队伍具有重要意义。

4.员工的精神文化生活需要没有得到理解和重视

在访谈中,我们了解到管理人员对外来务工人员的精神文化生活关注度并

不高,他们认为目前这方面工作主要存在以下几个问题:

高校后勤文体活动还是不错的,但是部门不太支持,艺术团之类的举措也没有发挥长效性,员工希望能形成制度,得到支持,保证长期开展,不是做做形式。

员工觉得在外打工,工作压力大,需要设立专职的心理辅导人员,可以定期走访员工,给予咨询服务,帮助员工调整情绪,缓解压力。

各类活动对员工有一定吸引力,但活动组织缺乏统一性,高校后勤及其下属部门重复交叉活动较多,建议统一规划,减少不必要的浪费。

三、观点与建议

(一)薪酬制度应与工作年限、合同时限与绩效考核挂钩

长期以来,外来务工人员的薪酬执行当地最低工资标准已经成为各行业的基本共识。用人单位习惯将外来务工人员当作临时工聘用,很少放眼长远地来思考如何通过系统化的薪酬制度建设,来为企业建立一支稳定的外来务工人员队伍。出现这样的情况,是因为我国长期以来农村富余劳动力资源丰富,大量外来务工人员涌入城市寻求工作机会,劳动力市场一直处于需求方市场,用人单位在劳动力市场上长期居于主动地位。

1. 外来务工人员的工资应随在本单位工作年限的增长同步增长,以此稳定员工队伍

外来务工人员薪酬无法与正式编制员工一致,但是,我们完全可以参照年轮序列工资制制定一套适合高校后勤外来务工人员的薪酬制度。工资随工作年限增长,即使增长幅度非常有限,但是其心理暗示作用仍然十分明显,老员工会比新员工有更强的组织认同感,降低其离职率,新员工的工作态度会明显受到老员工的影响,当老员工积极工作表现出对组织高度认同的时候,我们有理由相信新员工对组织的认同度也会提高,这种制度设计最终将降低整个组织的离职率。

2. 建立劳动合同期满奖励津贴制度

在员工履行劳动合同期满后,一次性支付一定额度的奖励性津贴,并妥善解决员工离职问题。合同期满给予一次性奖励津贴可以促进员工履行合同的积极性,用奖励和处罚相结合的方式鼓励员工履行劳动合同会使得员工更多地从正面评价单位。

3.高校后勤统一加班津贴标准,各部门参照执行

针对目前各高校后勤的下属各部门员工加班津贴标准不够统一的情况,高校后勤应及时制定相关标准,为各部门制定加班津贴分配方案提供依据。在加班津贴标准基础上,各部门可以根据具体情况酌情上下浮动,做到高校后勤加班津贴整体统一又不失具体的灵活。

4.员工的绩效考核与奖惩应纳入薪酬体系

对员工进行绩效考核,并把员工的突出贡献纳入考核,以考核为依据进行奖惩,并纳入薪酬体系,有利于调动员工的工作积极性,形成积极向上的工作氛围。突出贡献的评定标准以高校后勤发展的需要为主要依据,针对目前高校后勤的实际,技术革新能力、管理创新能力、职业操守、工作态度等皆可纳入。

(二)福利分配统一、激励与公平三原则不可或缺

高校后勤外来务工人员福利分配应遵循以下主要原则:

(1)福利分配的统一性原则。在福利分配的额度、形式、内容以及时间等均应由高校后勤统一规定,避免因下属各部门分配的差异性导致员工不满情绪。

(2)福利发放的激励性原则。在基本福利分配应倾向激励优秀员工,鼓励员工的工作积极性,在员工队伍中形成良好的竞争氛围,改变福利全员分配的现状。

(3)福利发放的公平性原则。在激励性福利的分配上建立公平、公正的推选制度,避免因人为等因素导致的推选不公平,使得对员工的福利分配出现偏差,员工没有获得应得的福利而造成适得其反的效果。

(三)日常管理制度有序与灵活并重

1.建立和完善外来务工人员日常管理制度

完善的制度是管理不可或缺的条件,建议高校后勤在完善现有的外来务工人员管理制度的基础上,建立更多的具体制度,制度以员工日常工作、在高校的生活以及家属、子女相应照顾规定等为主要内容,目的在于建立良好的工作、在高校生活的秩序,稳定员工队伍。

2.让外来务工人员参与到管理制度的制定过程

高校后勤的管理文化和外来务工人员自身具有的地区文化通常是不一致的,为了在两种文化之间建立良好的理解和沟通渠道,让外来务工人员参与到管理制度的制定过程具有重要的现实意义。特别是关系到外来务工人员工作、生

活等具体事务的管理制度的制定,应当让外来务工人员充分参与制度的讨论。这既有利于制定科学合理的制度,也有助于外来务工人员理解和执行高校后勤的管理制度。

(四)精神文化生活走向基于员工自主建设

精神的满足是人类区别于动物重要的特征,外来务工人员与其他工作人员具有更加强烈的精神文化需要。如果能满足这方面的需要,就会带来极大的文化凝聚力。这种潜在的文化力量往往会成为真正留住人的关键性力量。

1.鼓励员工自发组织各种文化娱乐团体,建立员工丰富自身精神文化生活的"自治"制度

员工自发组织的文化娱乐团体应在高校后勤管理机构备案。各部门应在人财物等方面支持员工自发组织的文化娱乐团体开展活动。管理机构应设置投诉和监督功能。年度部门考核,将"支持员工业余时间开展精神文化活动"列为考核指标,备案团体负责人享有该项目的评分权。应由专人负责为员工提供心理咨询和辅导工作,定期走访员工,了解员工工作和生活的情况,及时做好沟通和交流。

2.加大文化娱乐相关制度建设力度,保障外来务工人员精神文化生活

目前,很多中层和基层管理人员还没有充分意识到满足外来务工人员精神文化生活需要的重要意义。因此,在部门内还存在对这类活动支持力度不大的现象。高校后勤应当将文化建设作为凝聚外来务工人员人心的重要力量,加强制度建设,提高管理人员对该项工作的重视程度,调动各相关部门的积极性,组织大量的文化娱乐活动,充分满足外来务工人员的精神文化生活的需要。

3.充分利用学校资源,发挥高校文化高地和文化引领者的优势

高校是社会文化的引领者,高校后勤依托高校文化,应当充分发挥自身优势,利用高校资源为外来务工人员提供精神文化生活服务。

以杭州师范大学为例,杭州师范大学是一所综合性的师范类大学,较强的教育学科是高校后勤利用高校资源加强外来务工人员管理的重要依靠力量。建议聘请教育科学学院专家,组建杭师大后勤外来务工人员系列教育课程开发专家小组,由教育学专家联合本校其他院系专家教授共同为杭师大后勤外来务工人员量身定制一套教育课程,以科学性、完整性、系统性、实用性为特征的系列课程将成为后勤外来务工人员实现个人发展的重要载体。

四、进一步研究建议

(一)在行动中开展研究,研究过程全员参与

外来务工人员管理是一个实践性非常强的课题,需要在行动中开展研究。这一课题关系高校后勤各部门,需要高校后勤各部门的高度配合,研究过程需要全员参与。

(二)彰显人文关怀,关注外来务工人员实际问题

研究的立场从管理者到被管理者,将是一次重要的转变,真正关心外来务工人员,才能获得他们真实的想法,得到科学的研究结论。因此,研究可以进一步关注外来务工人员在生活、工作中遇到的实际问题。

(三)整合研究成果,形成完整外来务工人员管理模式

外来务工人员的管理最终应形成一套管理模式,找到模式中的关键点、连接点,以系统思维的方式解决外来务工人员管理中遇到的问题才能获得预期的效果。

(四)推进准实验环节,提高研究的科学化、定量化程度

前期研究主要以调查法为主,调查法对获得信息具有重要的作用,却难以有效说明事物间的因果关系。比如说,通过调查法了解到外来务工人员对福利分配不满的一个原因可能是福利分配不够统一,但是,把福利分配统一后外来务工人员是否就会满意还是一个未知的答案。因此,进一步的研究中,应该推进准实验的环节,获得更加可靠的研究结论。

医院劳务派遣女职工思想与生活、工作状况的研究与思考

李亚萍[①]

【摘　要】本文调研了杭州师范大学附属医院劳务派遣女职工的工作情况,分析了她们的思想、生活和工作情况,总结了医院劳务派遣女职工存在的共同问题,以此来建立健全激励机制,如重视女职工职业生涯规划,整体素质培训和权益保障。同时,通过活跃业余生活,倡导人文关怀,树立学习榜样等方面规范对劳务派遣女职工的管理。

【关键词】医院劳务派遣女职工;思想与生活、工作状况;激励机制

近年来,随着国家医疗保障体系的日益成熟,极大地刺激了人民群众的医疗服务需求,各地医疗机构出现服务量急剧增长的现象[1]。老龄人口的增长,生活节奏的加快,工作压力的增大等原因,增加了医疗需求和医疗消费。医院现有编制远远不能满足医院发展的需要,人员配比严重不足,急需要增加专业技术人员。为了保证临床医疗工作的正常开展,同时又要降低人力成本,医院往往选择以劳务派遣的用工形式来解决人员短缺问题。

一、编外女职工的基本情况

我院职工数:1332 人,其中女职工 1007 人,占 75.45%;劳务派遣人员共计438 人,占 32.88%,其中劳务派遣女职工 366 人,占劳务派遣人员的 83.56%,为全院女职工的 36.35%。年龄层集中在 21 岁至 28 岁之间,平均年龄为 24.5岁。工作年限在两年以内的有 143 人,两年以上的有 223 人。劳务派遣女职工工资标准采取的是企业协议工资制,社会基本保险按规定参加企业保险,绩效分配和在编员工基本一致,均为医院内部制定方案。

---

① 李亚萍,杭州师范大学附属医院工会主席。

1.劳务派遣女职工呈逐年增长趋势

近两年来我院开放床位增加了近 4 成,病区也由原来的 20 个增加到了 26 个。特别是病房新大楼投入使用后,人员短缺的问题更加突出。因此我院近年招用的劳务派遣职工也日益增多,尤其是劳务派遣女职工的队伍更是日益壮大。我院劳务派遣女职工近三年来人数和所占女职工比例,由 2009 年 206 人(占 13.85%)到 2012 年达 366 人(占 36.35%),呈逐年增长趋势。

2.我院劳务派遣女职工岗位及职称分布情况

岗位分布情况:劳务派遣女职工中专业技术岗位占了 90.44%,护理岗位最多,为 285 人,占 77.86%,医疗与医技 46 人,占 12.57%,行政与后勤 35 人,占 9.56%;劳务派遣女职工初级职称占 98.36%,中级职称人员仅占 1.64%;由此可见,劳务派遣女职工岗位基本是在临床一线较低层次的技术人员。

3.劳务派遣女职工的学历构成情况

在学历构成上,研究生 4 人,占 1.09%;大学本科 85 人,占 23.22%;大专 248 人,占 67.76%;中专(高中)29 人,占 7.92%。我院劳务派遣女职工大专及以下学历占 75.68%。这说明劳务派遣女职工群体学历层次不高。

二、劳务派遣女职工的思想与工作动态

目前,劳务派遣女职工的思想状况总体是积极向上、奋发进取的,大多数劳务派遣女职工较为关注医院的生存和发展。但一部分人也存在思想上的冲突和偏差。其思想状况具体表现在如下。

(一)心理压力大,职业感淡化

由于劳务派遣职工的特殊身份,她们对医院没有归属感,会感到身份与正式员工不一样,在医院好像是"二等公民",容易产生自卑心理。例如,在本院许多劳务派遣女职工认为医院是正式职工的医院,医院发展与自己无关,对自身在医院的发展前途不抱多大指望,因此缺乏创新和献身精神。

(二)自认为发展空间小,晋升机会不大

与医院在编职工相比,派遣员工的特殊身份,使其往往会对这种用工方式产生疑虑,从而出现诸如"短期行为""责任感和归属感低下"等情况。认为自身没有长期稳定的工作环境,只要能够基本胜任工作,能按期拿到工资就行,对技术

和业务的学习劲头不足,对职业缺乏规划。忽视自身业务素质及专业技能的提高,缺乏主人翁意识。

(三)对医院缺乏认同感,人员流动性较大

患得患失的危机感,这种思想是劳务派遣职工在医院矛盾心理的集中表现。担心合同期满后,由于自己年龄的增长和其他原因,担忧不能续签合同,恐怕失去职业保障,存有后顾之忧。她们一方面十分在意自己的岗位,另一方面又害怕因自己的工作失误而失去现有的岗位,存在较大的心理压力。尤其是与正式工相比,心理上存在着不平衡。一旦不如意,就立马走人,成为潜在的流动人群,在各医院之间频繁跳槽。心态不平衡造成的派遣员工队伍稳定性差,是劳务派遣用工模式的主要弊端。

(四)工作任务重,感觉精神文化生活匮乏

在多元化的社会中,人们的精神世界不再安于现状,不甘于平凡,选择也呈多元化的趋势。这些年轻人,对精神文化生活的追求更是丰富多彩,但又因为长期忙于工作,与外界接触范围较小,生活圈子窄,交友机会缺失,特别是本单位女性占大多数的情况下,单身女职工的个人问题显得较为突出。

三、建立富有成效的激励机制,消除思想不稳定因素的对策

我院派遣员工分布在医院各个工作岗位,绝大多数工作在基层第一线,增强其创新性和积极性对医院的发展至关重要。笔者从管理角度提出三点对策,旨在建立富有成效的激励机制,消除思想不稳定因素。

(一)重视劳务派遣职工的职业生涯规划,建立健全激励和淘汰机制

员工的个人发展与医院的长远发展密切相关。因此,提高员工的业务素质特别是派遣女职工的整体素质对医院的未来发展尤为重要。因此,医院结合派遣员工的岗位需求来制定不同的岗位培训计划,为她们提供完善的职业发展规划。譬如,医院不仅开展各种岗位培训和竞赛活动来加强她们在各自领域内业务技术的实践能力,而且提供了与在编职工同样的学历教育和进修机会,并且可以通过"竞争上岗"途径走上管理岗位,有效消除她们的自卑无望感,使其能够"把职业当成事业"为之奋斗。同时,医院每年都会吸收一批优秀的派遣女职工择优录用为正式职工,相对地,也有一批合同期满考核不合格的人员被退回派遣公司。

针对这一对策,可以从以下三方面来具体操作,以我院情况为例。

1. 加强岗前培训和岗位学习,提供继续教育机会

为了使新进入医院的劳务派遣女职工尽快地转换角色,医院每年都安排为期一周的岗前培训,通过岗前培训使她们尽快熟悉医院环境,了解医院的现状和对她们的期望。而劳务派遣女职工也能够更快熟悉自身角色,以最快的速度投入到工作中。此外,本院会定期开展业务技术操作训练,并增加考核力度,使得劳务派遣女职工利用岗位,边干边练,在实际工作中训练自己,快速提升她们自身能力。医院重视对派遣员工学历教育和进修管理,鼓励女职工参加自学考试与成人高考。鼓励个人自学,不断提高知识。而继续教育与在编职工要求一致,入职的劳务派遣女职工必须根据技术岗位要求参加规定的继续教育培训,并参加全院统一规定的业务培训和考核。

2. 组织"比武"竞赛,提升综合实践能力

我院定期开展"比武"竞赛活动,进一步提高职工的综合能力。在这些比赛中,劳务派遣女职工表现突出,成绩喜人。如安全用药知识比赛中,派遣女职工有 2 人获二等奖、3 人获三等奖;在心肺复苏比赛中,一等奖和二等奖均被劳务派遣女职工夺取。我院还推荐劳务派遣女职工参加杭州市护理技能大比武,在理论测试与操作技能考核比赛中,选手们充分展示了劳务派遣女职工良好的护理技能,获杭州市护理技能大比武团体三等奖。又如,为激发广大护士认真学习专业理论知识、掌握过硬的技术本领的热情,为患者提供优质护理服务,举办"糖尿病知识竞赛"。来自临床各科室的派遣护理人员进行了激烈的角逐,除了活跃在护理岗位的优秀劳务派遣女职工,我院也组织收费窗口人员开展全员大练兵,从财务管理知识、医保政策的全面掌握到模拟医疗收费纠纷的处理,从电脑打字到处方录入,从点钞到电脑故障排除,从手语培训到英语口语的学习,收费窗口人员各项岗位技能水平在练兵中明显提升。在市首次医疗服务收费窗口技能大比武总决赛中,我院获得团体二等奖,劳务派遣女职工陈芳获个人全能第三名。

3. "优胜劣汰"促进良性竞争

应明确规定对技术娴熟、专业及水平较高,在本岗位工作业绩突出的劳务派遣女职工,在达到规定学历要求后,由所在科室的直接领导进行择优推荐。医院可设置需求,通过公开招聘,由各专业的专家、主管部门和医院人事部门组成专家组进行劳务派遣人员招收为正式工作人员的考核考评,择优录用,为考评合格人员办理正式招聘手续,使其有机会实现从"外部人"向"内部人"的转变,对劳

务派遣人员形成有效激励。同时,对合同期满,考核不合格人员,医院可以将其退回派遣公司。最近三年劳务派遣女职工中转正人数 51 人,转正率 11.64％。其中女职工 43 人,占 84.31％,转正率 11.75％。

(二)重视权益保障,倡导人文关怀,解决劳务派遣女职工的后顾之忧

医院应强化以人文关怀为基本形式的教职工互助保障机制,做好对劳务派遣女职工的各项慰问工作,切实帮助劳务派遣女职工解决实际问题和困难。医院还要努力营造团结合作、公平竞争的工作氛围,形成一种尊重人、关爱人、信任人、激励人、发展人的有效工作机制,使她们能在宽松和谐、心情舒畅的环境中工作。

1. 了解派遣女职工的真正需求,切实解决难点、焦点和热点问题

在处理内部管理体制改革中一系列问题时,引导劳务派遣女职工以理性、合法、有序的形式表达利益诉求,积极做好沟通与协调工作。工会通过多种渠道,做好调查摸底工作,捕捉女职工中存在的倾向性问题及工作中的热点、难点问题,全面真实地了解劳务派遣女职工的工作、思想、生活状况,切实感受她们的喜怒哀乐,真正搞清楚她们的困难、愿望和要求,积极争取,协调各方,千方百计帮助解决她们实际问题,做好困难劳务派遣女职工动态管理工作。以我院为例,劳务派遣女职工与在编职工同样享受职工应急济难互助补充保险,提高了工会帮助困难职工抵御风险的能力。工会力求把帮扶劳务派遣困难女职工纳入工会整体“送温暖”工程中,并形成一套行之有效的帮困体系,作为一项长期工作坚持下去。我院通过工会、女职工委员会为劳务派遣女职工排忧解难,解决后顾之忧,使她们集中精力投入到工作中去。近两年来,接待劳务派遣女职工来访 16 次,帮助她们解决实际困难。特别是职工子女就读本校幼儿园等有关事宜,工会积极争取有关政策支持,做了大量的咨询协调和帮办争取等工作,在教职工子女入托入学时用心给予照顾。我院工会通过办实事、解难题,使劳务派遣女职工感受到校党政领导的关怀和组织的温暖,从而增强向心力、吸引力。

2. 工会以人为本,开展多项文娱活动,营造良好氛围

派遣女职工加入工会并可入选职工代表,参加职代会,融入医院大家庭,消除他们与医院正式员工身份上的差别感。劳务派遣女职工加入工会并参加医院各项活动,不仅体现了她们的自身价值,也促进了医院的文化建设,提高了医院的凝聚力。工会常组织“单身男女青年教职工联谊会”,给长期忙于工作、与外界接触范围较小的劳务派遣女职工搭建交友平台,让大家在工作之余,能有更多结

交朋友的机会,使大家在短时间内增进了彼此的沟通和了解。

工会还鼓励劳务派遣女职工积极参加各种文体娱乐活动,通过开展知识竞赛、征文比赛、演讲比赛、女子健美操培训班等,通过各项活动的开展,丰富了她们的精神生活,提高了她们的文化素养。培养女职工团队精神,加强科室之间的合作与交流,增进同志间的友谊,提升女职工精神生活,增强自信、自尊信心、缓解心理压力、促进心理健康、实现心理和谐。如组织职工参加杭州师范大学首届"健康美丽节"系列活动,举办"党在我心中"教职工演讲比赛,举办女教职工健身秧歌比赛和水果拼盘大赛等。又如每位过生日的职工当天不但能收到工会送上的生日祝福短信和生日蛋糕卡,而且还能收到由院长、书记亲笔书写的生日祝福及签名贺卡。工会通过这些实实在在、细致入微的行动,营造出医院上下和谐奋进的工作氛围。

(三)树立学习榜样,全面完善自身素质,弘扬自强不息的精神

劳务派遣的工作性质并不影响个人不断提升和完善自身素质,医院的许多先进个人和优秀员工都来自劳务派遣女职工。医院及时表彰和宣传先进人物、先进事迹,促进了劳务派遣女职工的上进心和荣誉感。随着我院在医疗、教学、管理和服务等方面各项工作的不断深入和发展,一大批女青年前来我院就业,为促进医院实现新一轮跨越式大发展做出了贡献,展现了进院创业务工青年的风采。近年来,有二十多人分别获"杭州师范大学十佳进校创业务工青年""杭州师范大学优秀进校创业务工青年"和杭州市总工会的"女职工建功立业标兵"等荣誉称号。8位在各自工作岗位上无私奉献、成绩突出的劳务派遣女职工在"第二届浙江省明星护士"评选中受到表彰和奖励,被评为事业家庭双兼顾先进个人。每年均有多名劳务派遣女职工被评为三星级护士。

此外,医院还多次组织职场礼仪培训,从医务人员的心理形象、行为形象、自然形象、外饰形象等方面全方位整体素质培训。就如何积极正确地认识自我、展示优雅的体态语言、运用交流的技巧、缓解职业压力等方面进行深入透彻的培训。工会专门邀请我国著名心理学家、教育家、社会学专家宋克家教授以"享受健康生活,提升工作激情"为主题进行专业培训。通过列举生活中的例子,就善待婚姻、亲子教育、事业成功、人际关系、礼仪服务等方面,通过诙谐幽默以及丰富的肢体语言,详细地诠释职场女性所面临的困惑以及应对方法;同时强调微笑服务对医务人员工作的重要性,提出医务人员在工作中必须时刻为患者着想,快乐工作,心存感激。我院还定期举办"塑造美好形象、提升服务质量"专题培训,培训结合女性医护人员的工作特点和要求,就如何提升个人魅力及优雅气质,塑

造新时期女性的健康形象做了重点介绍,使劳务派遣女职工们能用更积极更自信的精神面貌投入工作。

四、结　论

　　总之,医院应切实保障劳务派遣女职工权益,强化人文关怀。积极营造尊重、平等、关爱派遣员工的和谐氛围,通过各种考核奖励、评比奖励、竞赛奖励等多种形式、渠道去激发她们的工作热情,提高她们的业务水平和工资待遇,对工作出色的优秀派遣员工进行表彰和奖励。这样有利于优秀派遣员工长期在医院工作,稳定核心派遣员工队伍,防止优秀人才外流。

参考文献

[1] 刘敬,饶慧兰,欧振宇,蔡艳姬.广州某三甲医院劳务派遣员工的管理实践[J].现代医院,
　　2009,9(10).

VDT 综合征:大学教师的潜在杀手

严从根[①]

【摘　要】由于长期使用 VDT,越来越多的大学教师患上了 VDT 综合征。VDT 综合征对大学教师的身心产生了恶劣影响。为了有效预防和治疗 VDT 综合征,大学教师需要选择高质量的显示器,养成良好的 VDT 操作习惯,积极参加户外活动和体育活动,必要时要及时就医,进行治疗。同时,大学管理者需要充分意识到 VDT 综合征对大学教师的危害,积极制定各种科学的预防和治疗 VDT 综合征的措施。

【关键词】VDT 综合征;大学教师;预防;治疗

VDT(Visual Display Terminal,或者叫作视频终端)是一个专业术语,它指的是光学显示器终端。VDT 综合征又称"视频终端综合征",它是指从事光学显示器终端(包括计算机终端显示器、阴极射线管、进行数据输入的键盘,以及电视机、手机、电子游戏机之类)作业而引起的种种不良反应和表现。

随着 E 时代的来临,无论行政办公、教学还是科研,大学教师都无法离开 VDT 操作。VDT 操作过程中产生的电磁辐射,闪烁不定的眩光、负权离子减少、电子污染等都会对操作者产生不良影响。由于全神贯注,甚至长时间在固定姿势下从事 VDT 操作,很多大学教师都患上了 VDT 综合征,并表现出诸多病症。

最常见的病症是视功能障碍。近距离工作都会产生集合疲劳。VDT 操作不仅是一种近距离的工作,而且是一种以光照强、刷新频率高、眩光明显的自发光显示器为对象的作业。自发光显示器的显示因素(亮度、对比度、颜色、字体大小和间距等)、物理特性(闪烁、清晰度不佳、亮度不均匀或不稳等)和周围环境都会对其操作者的视觉产生不同程度的伤害。使用超过一定时间,操作者不可避

---

① 严从根,杭州师范大学教育学院副教授。

免会出现视觉疲劳。由于行政办公、教学、科研都离不开 VDT 的使用,很多大学教师不得不连续几小时,乃至十几个小时进行 VDT 操作,视觉疲劳是常有之事。由于长期的视觉疲劳,诸多大学教师出现了视觉模糊、眼睛发涩等症状,有的教师因为长时间不眨眼,还出现了眼部胀痛、眼眶痛、头痛、畏光等症状,最终导致视力下降,越来越多的人开始患上干眼症、散光眼、结膜炎、睑腺炎、眼压升高以及泪液分泌障碍等。"许多人由于长时间注视荧光屏上的闪烁图像和字句,视线一旦离开荧光屏,竟会把白色的墙壁看成是淡红色,看人的形象也觉模糊。这是因为,过度用眼和电脑微波的影响,眼内保护晶状体透明度的一种物质抗坏血酸和谷胱甘肽减少,轻则晶状体受损,重则可因微波作用引起白内障。"[1]

由于长期使用 VDT,大学教师的腕、颈、肩、背等功能也出现了一些障碍。美国的一项研究发现,每天超过 3 个小时进行 VDT 操作的人,不仅视觉功能很可能会产生障碍,腕、颈、肩等功能也非常可能会产生障碍。由于行政办公、教学和科研的需要,我国大学教师平均每天使用 VDT 的时间远超过 3 小时。很多教师使用 VDT(特别是电脑显示器)的时间都超过 10 小时。对 32 名大学教师的小范围访谈发现,70％的大学教师使用 VDT 的时间超过 10 小时。由于需要用手指长期密集、反复和过度地敲击键盘、移动鼠标等,所以,他们的手指和腕关节逐渐变得僵硬并且有酸痛感,进而产生重复性压力击键劳损症。"其早期的表现为手指和手关节疲惫麻木,有的关节活动的时候还会发出轻微的响声,类似于平常所说的'缩窄性腱鞘炎'症状,但其累及的关节却比腱鞘炎要多。手外科专家认为鼠标比键盘更容易造成手的伤害,因为人们使用鼠标时,总是反复机械地集中活动一两个手指,而配合这种单调轻微的活动,还会拉伤手腕的韧带。"[2]腕部慢性软组织损伤、肌肉劳损、肌鼓和滑膜发炎等会使腕管内压力增高,进而压迫刺激正中神经,最终导致手指疼痛。随着症状的加重,这种疼痛会向肘部、肩部辐射,严重时,患者的日常起居、端茶倒水等都会受到影响。由于长期坐姿低头,所以 VDT 使用者的颈部、腰背部也会逐渐感觉不适。由于需要持续工作,其症状长期无法消除,最终甚至诱发头痛等症状。

工作中的 VDT 会产生一定量的电离辐射(主要是低能量的 X 射线)、非电离辐射(主要包括低频辐射、高频辐射和光辐射)和声辐射。较长时间接触电离辐射、非电离辐射和声辐射会引起中枢神经失调,降低人的免疫力、减少或增加人的白细胞数量,引发癌症,特别是脑癌和血癌。这些辐射还可使女性的生理周期发生紊乱,增加意外怀孕和流产的概率。

在长期以固定姿势使用 VDT 过程中,操作者的精神和神经也会受到影响。

大学教师从事的行政办公、教学、科研工作都是需要耐心对待的细致工作，有时候还非常单调乏味，为了避免出现错误，精神只能长期处于紧张的状态。长此以往，必然患上慢性综合疲劳症。初期可能表现为头晕、失眠、注意力不集中、烦躁易怒、性欲减退等。后期则可能变为中枢神经系统功能障碍和自主神经系统紊乱，诸如头昏脑涨、失眠多梦、四肢酸痛、脱发、多汗、记忆力减退、郁郁寡欢、甚至胃肠功能紊乱等，有些人还会出现心跳加速、血压升高，甚至白细胞增加或减少等。

　　VDT 综合征不仅会对大学教师身心造成直接伤害，还会带来无限的间接伤害。例如，在越来越强调科研考核和教学竞争的现今大学，大学教师的职业压力本来就非常之大，VDT 综合征会严重妨碍大学教师集中精力去进行教学和科研。因此，患 VDT 综合征的大学教师会比其他正常教师承受更为沉重的心理压力，他们心有余而力不足，容易烦恼、忧郁、抱怨，甚至出现未老先衰、平均寿命缩短、英年早逝等令人痛心的局面。长时间进行 VDT 操作还会使操作者形成人机对话的思维定式。美国斯坦福大学的一项调查就发现，经常与电脑打交道的人中，"59％的人看电视时间大为减少，34％的人阅读报纸的欲望降低，26％的人不再热心与亲朋好友叙情谈心，13％的人疏于朋友间聚会，8％的人放弃了大部分社会交往活动"[3]。其中沉迷于 VDT 操作的人，还可能产生社会隔离感、孤独、悲观等心理，性格变得孤僻、神情变得冷漠，甚至产生各种心理疾病等。

　　综上所述，完全可以说，VDT 综合征是大学教师的潜在杀手。为了有效预防和治疗 VDT 综合征，大学教师需要尽量少使用 VDT。当然，在现今这个 E 时代，VDT 已经成为大学教师日常生活和工作必不可少的一部分，大学教师尽量少用 VDT 是有难度的。在此情况下，如何才能有效预防和治疗 VDT 综合征呢？

　　为了有效预防和治疗 VDT 综合征，大学教师需要选择高质量的显示器。点距、分辨率、扫描频率、刷新率、电磁辐射及功耗是光学显示器主要的技术性能指标。点距是指荧光屏上两个同样颜色荧光点之间的距离。点距越小，图像越清晰，眼睛不易疲劳。分辨率是指显示器所能显示的点数的多少，由于屏幕上的点、线和面都是由点组成的，显示器可显示的点数越多，画面就越精细，同样的屏幕区域内能显示的信息也越多，眼睛会更舒服一些。扫描频率即行频，它决定着最大逐行扫描的清晰度和刷新速度。刷新率，指的是屏幕每秒钟刷新的次数，也叫场频或垂直扫描频率。一般而言，只要刷新率达到 85Hz，也就是每秒刷新 85 次，人眼就感觉不到屏幕的闪烁了，但实际使用中往往有人能看出 85Hz 刷新率和 100Hz 刷新率之间的区别。所以从保护眼睛的角度出发,刷新率仍然是越高越好。电磁辐射会对人体有伤害,因此,显示器必须达到一定的安全标准,诸如安全性认证的 ISO9241,UL,CSA,TUV,FCC,低辐射的 MPR II,或更严格的 TCO。总而言之,为了有效预防和治疗 VDT 综合征,需要优先选择点距小、分辨率高、扫描频率快、刷新率高、电磁辐射小的显示器。

大学教师还需要养成良好的 VDT 使用习惯。离显示器太近,眼睛很容易产生疲劳;离太远,又看不清楚。因此,保持舒服健康的距离是非常必要的。一般而言,眼睛与显示器的距离要保持在 50 厘米至 60 厘米之间是最佳选择。坐姿不正、座位不适等都会引起腕颈背的不舒服,乃至酸痛。因此,需要配备专用的电脑椅,调整好座位高度和靠背角度,显示器的几何中心最好位于视平面以下,但在 15 度角以内;尽量在"操作时应上身挺直,肩膀放平,肌肉放松,两脚平放地下,切勿交叉用单脚立地;手腕及肘部成一直线,双手自然放在键盘上,手指弯曲,自然适度,鼠标垫放的远近适宜,以右肘弯曲 100—120 度为宜"[4]。长时间进行 VDT 操作会对机体产生伤害,因此应间断休息。每隔 50 分钟需要休息 10 分钟,休息时最好不要再看近物,如读报、书写等,最好能看看窗外的远景,适当的时候到室外活动活动;对于近视和远视的患者,需要戴上合适的眼镜进行 VDT 操作(不戴眼镜或眼镜度数不合适,是导致眼部疲劳乃至诱发 VDT 综合征的重要原因);可戴防疲劳的浅黄色眼镜,以减轻眼部疲劳症状;必要时可以滴一些可以使眼部保持润滑的眼药水。为了避免电磁辐射,可以穿电磁屏蔽服装,有效地保护自己。保持充足的睡眠,使大脑皮层的血液循环得到适时的调节也是非常必要的,因为,只有如此,才能有效地缓解身心不适,使身心更好更快地恢复到正常状态。"此外操作完毕及时洗脸、洗手,去掉积聚的灰尘,保持清洁;多吃蔬菜水果,补充维生素 C,预防皮肤病变;多饮茶水,茶叶对荧光屏幕产生的放射性物质有吸收作用,保护人的造血功能;室内经常通风换气,预防微生物污染和减少电磁辐射,室内光线适宜的调节,不可过亮或过暗,避免光线直接照射在荧光屏上激发更多辐射等都是避免和预防电脑综合征十分有效的方法。"[5]"如果操作者头顶或旁边有灯,应调整位置,身后如有窗户应拉上窗帘,避免亮光直接照射到屏幕上反射出明亮的影像造成眼部的疲劳。"[6]

为了有效预防和治疗 VDT 综合征,积极参加户外活动和体育活动也是非常必要的。健康的户外活动和体育运动能够增强机体的抵抗力,也能够缓解人的疲劳和压力,释放不良情绪,振奋人的精神,愉悦人的心情。因为长期在室内进行 VDT 操作,大学教师还需要经常外出晒太阳。

当然，如果 VDT 综合征已经发生，必要的时候，患者需要及时就医，可做按摩、理疗、拔罐、针灸等治疗.特别严重的时候，需要终止一段时间使用 VDT。

上面陈述的都是大学教师自身需要做出的努力，这些努力固然非常必要，学校重视及其制度供给也是不可或缺的。如果学校不重视，制度不予以保障，就无法有效杜绝低劣的 VDT 产品进入学校，无法优化 VDT 操作环境，大学教师科学而固定的休息时间、科学合理的锻炼计划就得不到制度保障。因此，学校要充分意识到 VDT 综合征的危害，要制定一系列的制度，保障大学教师拥有必要的休息时间和锻炼机会。以下措施值得提倡：编制预防和治疗 VDT 操作的小册子，指导大学教师正确而健康地使用 VDT；上午和下午都要有固定的供教师休息锻炼的时间，在此时间之内，应创造机会让在校的教职工一起练习，有利于强筋健骨、养气壮力、行气活血、协调五脏六腑、舒经通络、愉悦心情的八段锦，或易筋经，或六字诀等。

参考文献

[1][2] 张国华,葛辉.现代文明病的新发展及成因分析[J].长江大学学报(自然科学版),2008(9).

[3] 刘招.不可忽视的电脑综合症[J].世界发明,2002(9).

[4][5] 王敏.使用电脑的自我保健[J].劳动安全与健康,2012(2).

[6] 梅婷.电脑综合症走进现代人[J].车间管理,2003(1).

加 强 工 会
自 身 建 设 篇

坚持中国特色与创新高校工会工作的思考

徐小明[①]

【摘　要】坚定不移地走中国特色社会主义工会发展道路,深入了解国内外情况和高校新动态,认真研究学校和教职工的实情,创新工会工作观念,加大工会思想宣传工作力度,创新维护教职工合法权益机制,推动高校民主政治建设,创新工会自身建设机制,开创高校工会工作新局面。

【关键词】中国特色工会道路;高校工会;工作创新

中国特色社会主义工会理论是中国工会成立九十多年、改革开放三十多年、特别是近年来工会工作实践和理论创新成果的科学概括和总结,是马克思主义工运理论与中国工人运动具体实际相结合的产物,是中国特色社会主义理论在工会工作领域的运用和体现。高校工会要想创新思路,提升水平,开创工作新局面,必须坚定不移地走适应时代要求的中国特色社会主义工会发展道路。

一、坚持走中国特色社会主义高校工会发展道路是历史的必然选择

"中国特色社会主义"是亿万中国人民在中国共产党的领导下,汲取了国内外的经验教训,积数十年不懈探索的结晶。工会十五大提出的"走中国特色社会主义工会发展道路",就是要坚持中国工会的发展方向,坚持自觉接受中国共产党的领导,坚持以中国特色社会主义理论体系为指导,坚持中国工会的社会主义性质,坚持服从服务于党和国家工作大局,坚持维护职工群众的合法权益,坚持不断发展工人阶级先进性,坚持维护工人阶级的团结和工会组织的统一,坚持推动形成公正合理的国际工会新秩序,构成了中国特色社会主义工会发展道路的

---

①　徐小明,杭州师范大学政治与社会学院副院长、教授。

科学内涵和精神实质,其核心是坚持中国共产党的领导,根本是坚持社会主义性质,关键是坚持维护职工合法权益。[1]

中国工会本身就是在党的领导下诞生的,由《中华人民共和国工会法》和《中国工会章程》规定了中国工会的性质和任务。因此,中国工会必然只能是自上而下地组织,在中华全国总工会的领导下,其经费主要来源于单位划拨,干部由党委推荐经会员选举产生,担负着"党联系职工群众的桥梁和纽带"的作用,具有"组织群众、引导群众、服务群众、维护群众合法权益"的重要职能,这就是中国工会的实际。[2]高校工会发展之路,是中国特色社会主义工会发展道路的重要组成部分,坚持走中国特色社会主义高校工会发展道路是历史的必然选择。

坚持走中国特色社会主义高校工会发展道路是适应新的形势任务的必然要求。以党的十七大为标志,中华民族站在夺取全面建设小康社会新胜利的新的历史起点上,高校正面临着科教兴国、人才强国的新任务,存在着长远发展与近期建设、教育教学改革与社会对人才需求、高素质教师队伍建设、创新型人才培养、教职工工作学习生活等全面发展与现实学校工作条件的多重矛盾和问题。这既对高校工会如何在化解矛盾、促进和谐中发挥好作用,提出新的更高要求,又对高校工会加快自身建设,努力跟上时代步伐,体现新作为、做出新贡献、取得新发展发出迫切呼唤。党的十七大报告将"基层群众自治制度"纳入中国特色政治制度,并明确提出"支持工会、共青团、妇联等人民团体依照法律和各自章程开展工作,参与社会管理和公共服务,维护群众合法权益",对新时期的工会工作提出了新的要求。王兆国同志指出,"全面贯彻党的十七大精神,高举中国特色社会主义伟大旗帜,坚持中国特色社会主义道路和理论体系,夺取全面建设小康社会新胜利,要求中国工会必须深入贯彻落实科学发展观,坚定不移地走中国特色社会主义工会发展道路,努力建设中国特色社会主义工会",标志着中国工会对自身的认识达到新的高度,同时也为高校工会的发展指明了道路。随着高校改革的逐步深入,高校工会应更充分认识工会的本质特征,准确把握我国工会与西方工会在产生、性质、地位、职能、组织体制等方面的本质区别,毫不动摇地坚持中国特色,坚定走自己道路的决心和信心,自觉地在学校党委的领导下,走中国特色社会主义道路,努力开展好高校工会工作。

坚持走中国特色社会主义高校工会发展道路,是由高校工会的性质地位决定的。《宪法》确定了工人阶级作为国家领导阶级的政治地位,《工会法》明确了"工会是职工自愿结合的工人阶级的群众组织",《劳动法》则进一步规定了"工会代表和维护劳动者的合法权益,依法独立自主地开展活动",具有维护、建设、参与和教育四项社会职能,确立了工会在我国社会关系中的重要地位。高校工会是在中国共产党的统一领导下,以教职工为主体会员的群众组织,是密切党和知识分子联系的桥梁和纽带。更应在中国特色社会主义工会道路的指引下,积极配合学校党政部门,在动员、组织、宣传、教育广大教职工,参与制定、修改和实施改革方案等方面,发挥积极的、不可替代的作用。

坚持走中国特色社会主义高校工会发展道路,是推动高校工会发挥积极作用的客观需要。高校工会在接受上级工会领导的同时,更要接受本学校党委的领导,这是由其性质、地位和作用决定的。高校工会要根据本单位的实际情况,找准位置,扮演好自己的"角色"。应按照党委的工作部署,本着"明确职责、理顺关系、精兵简政、提高效能"的原则,围绕学校中心开展工作。同时,在制定教育教学或学校发展规划,重大改革措施出台,落实学校教育、教学、科研、管理、服务等方面的改革时,要全面参与;在酝酿讨论改革方案中开展调研,在实施改革方案中提出意见、建议;在改革方案酝酿和实施中,注意搜集、掌握广大教职工的意见和呼声,并反映到方案的制定和实施中,使工会整体工作服务于学校大局和中心工作。

二、新时期高校工会工作面临的挑战和特点

进入21世纪以来,我们已进入了一个新时期。新时期、新挑战、新机遇给高校工会工作提出了新要求。从国际看,当今世界正处在大发展、大变革、大调整时期。世界多极化、经济全球化深入发展,科技进步日新月异,国际金融危机影响深远,世界经济格局发生新变化,国际力量对比出现新态势,全球思想文化交流交融交锋呈现新特点,综合国力竞争和各种力量较量更趋激烈,各种矛盾错综复杂,敌对势力对我国实施西化、分化的战略图谋没有改变,我们仍面临发达国家在经济、科技等方面占优势的压力,这给我国发展带来新的机遇和挑战。

从高校自身看,随着高校管理体制以及人事制度改革和分配制度改革的不断深入,高校逐渐成为自主办学的主体,同时也是市场竞争的主体。学校管理层与员工之间的劳动关系将进一步市场化。学校要与原本为工人身份的劳动者签订劳动合同,与原本为干部身份的教师签订聘用合同,明确双方的权利和义务关系及相关待遇。因此,劳动关系的确立、变更、终止及解除,都要与市场经济规律相适应。同时,随着高校改革的深入,教职工维权意识的不断增强,参与民主管理学校主动性的提高,依法治校、依法维权等要求日益强烈。高校内部不同职工

群体利益的差异和分化越来越突出,成为管理层十分关注的问题。所以,高校工会工作在处理劳务关系、维权、参与民主管理等方面面临着机遇和挑战并存的复杂形势。所有这些,都对高校工会工作提出了新要求。

此外,高校工会工作由于服务群体的特殊性,除了具备一般工会所具有的职能和属性外,从工作对象、工作内容和工作方法来看,还带有高校自身的特殊性。

第一,工作对象的特殊性。高校教职工中的很大一部分群体是有着强烈自主意识和崇尚自由精神的知识分子,他们比较有个性,喜欢拥有绝对独立自主的精神空间,希望具有内心的自由和言语的自由;他们既是创新者和建设者,又是社会不良现象的批判者;他们既具有个人主义的情结,又具有报国济世的抱负和情怀。高校广大教职员工具有强烈的政治责任感,参政议政能力和思想政治素质比较高。他们思想解放、视野开阔,有"天下兴亡,匹夫有责"的社会责任感和忧患意识。他们在高校学科建设、新专业开设、职称评聘、收入分配、教学资源配置、学校功能定位和发展方向等方面,积极建言献策,争取更多知情权、发言权、选择权和参与决策权,积极为实现高等教育又好又快发展贡献自己的智慧。但也毋庸讳言,在主体意识增强的情况下,有些人受市场经济负面影响,价值取向发生新变化,不能完全正确认识个人与集体、个人与社会的关系,片面追求个人极端化价值,价值多元化取向日渐复杂。正因为这些特点,高校工会作为维护教职工利益的群众性组织,在履行一般性服务职能时,还要及时关注、整合教职工群体的特殊利益,并通过多种渠道去代表和维护他们的特殊利益。

第二,工作内容的特殊性。高校是人类各种知识体系及各种价值体系传播和交流的重要桥梁,是思想道德教育和知识传播的主要场所。高校的一个重要使命,就是将人类社会在一定历史环境和社会条件下形成的价值追求、知识体系和行为准则等传授给青年学生,达到教书育人的目的,从而促进人类社会的进步,推动人类社会的发展。这一切又主要是靠教职工的日常工作来实现的,所以高校工会作为高校的一部分,要为教职工服务,就必须参与到教职工教书育人的工作中去,充分发挥其教书育人的主导作用。

第三,工作方法的特殊性。高校教职工群体的特殊性和工会工作内容的特殊性,决定了工会基本的工作方法一般不能靠组织纪律和强制行政命令,而应针对高校教职工的具体实际,采取形式多样、生动活泼、喜闻乐见、富有教育意义的活动和行之有效的工作艺术,去吸引、凝聚教职工,并引导教职工自我教育。高校工会的工作方法不能是领导式的,更不应该是教导式的,那样只会使工会组织游离于教职工之外,甚而成了教职工的对立面,影响工会工作的成效。

第四，随着生活节奏的加快和进行高强度脑力劳动，工作之余，教职工渴求高质量的文化生活欲望强烈。他们从小学、中学到大学，一直接受着良好正规教育，他们有的多才多艺，有着较为强烈的文化生活展示愿望。

三、推动中国特色社会主义高校工会工作必须走创新发展之路

（一）高校工会工作创新是贯彻落实党的十八大精神的需要

高校工会组织是以知识分子为主体的工人阶级群众组织，努力做好高校工会工作，把广大知识分子团结起来，充分发挥他们的主动性、积极性和创造性，对于科教兴国、人才强国和加快实现建设小康社会的宏伟目标具有十分重大的意义。

（二）高校工会工作创新是建设创新型大学的需要

高等院校是我国"科教兴国"和"人才强国"的强大主力军，是建设创新国家的重要依据和有力支撑，建设创新型国家呼唤建设创新型大学，而建设创新型大学必须坚持以教师为本，广大教师是推进教育创新和建设创新型大学的主体。实践证明，开拓创新和拼搏进取的精神，需要在良好的民主政治氛围和人文环境中培育和形成。人文环境是一个组织的潜环境，有一种无形的鼓舞和约束力量。因此，弘扬与时俱进、开拓创新的精神，努力营造一个拼搏向上、奋发进取的人文环境，必然是高校管理工作的重要任务。高校工会作为教职工的群众组织，可发挥独特的重要作用。围绕建设创新型大学的战略任务创造性地开展各项工作，是对高校工会工作提出的必然要求。

（三）高校工会工作创新是加强自身能力建设的需要

针对新的形势、新的机遇和挑战，高校工会工作面临着许多新情况，存在着与教育事业发展和教职工的需要不相适应的地方。要彻底改变"文体型""福利型"工会的形象，这需要高校工会在创新工作理论、工作机制与制度、工作思维、活动方式和工作方法上有进一步的突破。因此，从工会自身能力的建设和发展来看，也需要把创新作为当前工作的重点。

四、进一步推进高校工会工作创新发展的思考

面对国内外复杂多变的政治经济形势和高校自身出现的新问题，高校工会

工作者要以全新的姿态,坚定不移地走中国特色社会主义工会发展道路,迎接新挑战,抓住新机遇,开创高校工会工作新局面。

(一)把自觉接受党的领导作为工会工作创新的前提

胡锦涛同志在同全国总工会新一届领导班子成员和中国工会十五大部分代表座谈时强调,要把坚决按照工会章程和有关法律法规独立自主开展工作同自觉接受党的领导紧密结合起来。[3]坚持党的领导,坚定不移地在思想上、政治上、行动上自觉与党中央保持高度一致,是中国工会的政治原则、本质要求和根本保证,也是中国工会区别于西方资本主义国家工会的根本特点。高校工会工作在任何时候都必须在党的领导下开展,工会必须坚定不移地自觉接受和服从党的领导,这是高校工会保持坚定正确的政治方向的重要保证,也是我们开展高校工会工作的前提条件,高校工会应该主动接受和争取学校党委的领导。高校实行的是党委领导下的校长负责制,即校长作为学校的法人代表,对学校工作负全面责任。所以,工会工作还必须争取得到学校行政的支持。高校工会必须切实处理好与校党委和校行政的关系,自觉围绕中心,服务大局,按照工会章程和有关法律法规独立自主地开展工作,在维护学校整体利益、根本利益的同时,切实维护好教职工的具体利益。

(二)搭建平台,进一步加强工会理论研究,夯实工会工作的理论基础

高校工会作为高校党委联系教职工的桥梁和纽带,在当前教职工需求扩大化、思想复杂化、社会关系多元化的情况下,要适应新形势新任务的要求,不断破解实践难题,推动工会工作在新的起点上实现新的突破,更好地发挥作用,就必须进一步加强工会理论研究,高校工会研究会是工会理论研究的平台,是开展理论政策研究的载体。加强工会工作研究会建设是提高研究水平和管理水平的关键,是更好地为科学决策、创新思路、推动工作服务的重要保证。要积极探索工会工作研究会的活动方式,创新工作方法,不断增强工会工作研究会的吸引力和凝聚力,使研究会建起来之后转起来、活起来,通过经常举办多种形式的学术研究活动,进一步加强各高校之间的联系,及时沟通交流。

(三)创新工会工作理念,加大工会思想宣传工作力度

江泽民同志指出:"创新是一个民族进步的灵魂,是国家兴旺发达的不竭动力。"当今,我国高等教育健康、持续、快速发展,高层次人才培养与引进,促进了办学水平的显著提高,教育质量的大幅提升。作为高校重要组成部分之一的工会,也面临着难得的发展机遇和挑战并存的情势。面对新形势,高校工会要发挥

更大作用,就必须创新工会工作理念,转变工作的思维方式,认清形势,明确任务,把握工会事业发展的新机遇。所谓"理念",是指从事某种工作的指导思想。创新高校工会工作,必须树立科学的发展理念。一要坚持求真务实、贴近生活、贴近实际;二要坚持创新为主,科学发展为实;三要坚持以职工为本,维权为重;四要坚持教育引导,服务管理为基、为上。校工会和二级分会干部要强化创新意识,结合当前国内外和高校的新形势、新问题,进一步解放思想,更新观念,实现思想观念上的大变革;以更宽广的胸怀、更开阔的视野和更高的工作目标,站在新的起点上,多出新主意,多想新点子,多谋新思路,走特色发展之路,以工作的新意吸引教职工的注意,激发工作活力和教职工的创造力。

同时,要加大工会思想宣传工作力度,用中国特色社会主义理论占领高校工会宣传阵地,始终把社会主义核心价值体系建设作为主线,用共同理想凝聚教职工,用高校自身涌现的"三育人"先进集体、先进个人、师德先进个人、师德标兵的先进事迹感染教职工。尤其要加强对青年教职工的宣传、教育和引导,帮助青年教师更好地学习和了解中国高校的传统和精神,认识到作为一名大学教师所肩负的神圣责任,为青年教师良好职业道德的形成奠定坚实的基础。

(四)创新维护教职工合法权益机制,推动高校民主政治建设

工会要始终突出"维护"这一基本职责,重点保障教职工民主管理、民主参与、民主监督的权利和义务,深化学校民主政治建设,工会要以政治文明建设和精神文明建设以及建立和谐校园的高度,坚定不移、与时俱进地加强学校教代会建设。

第一,建立完善劳动人事争议工会内部调解制度。高校人事制度改革处于深化过程中,人事制度带有一定的过渡性和不确定性,使得劳动人事关系管理难度加大。这意味着高校劳动人事争议的一些问题并不能简单地外部化解决,也不便强制解决,更多的是要面对改革过程中的实际问题,在单位内部柔性化解决。在这种状况下,身兼教职工代表和管理团队成员的工会恰好具备了协调劳动关系、化解劳动关系矛盾的制度优势。因此,我们要建立完善高校劳动人事争议工会内部调解制度。

第二,完善和创新基层民主制度,把教职工的民主权利落到实处。坚持和完善教代会制度和民主管理制度,不断完善组织体系、创新运行机制、调整职权内容,全面落实教代会职权,重点落实教代会民主评议监督权,规范教代会民主评议领导干部制度。要把坚持不断完善教代会制度作为学校管理体制的有机组成部分,并大力推行高校二级教代会制度建设。学校与院(系)改革与建设中的重大问题都要提请教代会审议,涉及教职工切身利益的重要事项,要由教代会通过。诸如此类,做到制度化、规范化、常态化,确保教职工民主政治制度化,把民主权利落到实处。

第三,完善和深化校务公开制度,加强工会源头参与从完善运行机制入手,形成党委领导,行政主抓,工会和纪检监察协调监督,职能部门和各院系各司其职,广大教职工积极参与的工作格局,建立具有可操作性的校、院(系)务公开工作制度。要牢固树立全心全意依靠广大教职工办好教育、共建共享和谐校园的指导思想,进一步健全和完善以教代会为基本形式的民主管理和校务公开制度,确保教职工有知情权、参与权、表达权和监督权,着力发挥广大教职工的积极性和创造性。[4]

(五)创新工会自身建设机制,开创高校工会工作的新局面

机制,就是指有机体的构造、功能和相互关系。要开创高校工会工作新局面,必须创新工作机制。

第一,争取更多的资源和手段,为加速学校发展多做贡献。胡锦涛同志在同全国总工会新一届领导班子成员和中国工会十五大部分代表座谈时的重要讲话中提出,要"把更多的资源和手段赋予工会组织,为工会工作提供更好的环境和条件","把党政所需、职工所急、工会所能的事更多地交给工会组织去办"。结合指示精神,高校工会要争取学校人力、财力及物力等各方面的支持,积极创造条件,在围绕学校中心工作的同时,独立自主地开展好工会的各项工作,为加速学校发展多做贡献。

第二,创建活动品牌,当好高校党委的桥梁和纽带。工会要努力活跃教职工的文化体育活动,坚持常年开展丰富多彩的文体活动。同时要积极开展对困难教职工的帮扶和有益教职工身心健康的心理咨询和一年一度的教职工体检活动。要始终以"爱教职工、为教职工、给教职工、靠教职工"为高校工会工作的出发点和立足点,在本职工作中具体体现对教职工的真情,在创新中当好高校党委的桥梁和纽带。

第三,创新工会干部队伍,使高校工会充满生机和活力。一要建立健全一整套科学的校、系两级工会干部选拔、培训、教育、考核机制。首先要选配好校工会委员及工作部主要干部和各分会主席。切实将政治素质好、理论水平高、组织协调能力强、工作思路清晰、创新意识强、工作作风扎实、热情高、群众威信高的干部选拔出来担当重任。二要加大对专兼职工会干部的培训、教育力度。以作风和能力建设为重点,坚持"请进来,送出去"的原则,全面提高工会干部的素质,保

持工作的生机和创新的活力,更好地担当重任。三要加强对工会干部的平时考核和年度考核力度,建立工会干部考评档案,及时表彰先进,鞭策后进,与组织人事部门建立工会干部工作信息交流平台,将工会干部工作优劣和绩效大小作为科学评价和选拔调整的重要依据,强化其责任意识和作为意识,使人人肩上有担子、人人心中有责任,将外在压力转化为内在动力,激励其创先争优,使其永葆生机与活力。

第四,创新工会管理机制,推动高校工会工作迈上新台阶。校工会要创新管理机制,对二级分会实行年度工作目标管理,年初与各二级分会签订年度工作目标管理责任书,年终全面系统考核。根据学校的实际和二级分会的具体特点,坚持理论与实践相结合、原则性与灵活性相结合、宏观指导性与微观开放性相结合、统一性与差异性相结合、刚性与柔性相结合的原则,出台详细的考核办法,将二级分会的年度工作任务分解量化,增加附加项和自主创新项,以百分制为基数,留有余地,上不封顶,给二级分会发挥想象和创新的广阔的自由空间,激发二级分会的原动力和创造力,实现工作新突破。同时,加强各分工会之间的横向联系,相互借鉴,交流工作经验、工作方法,使好的经验得以迅速推广,推动高校工会工作迈上新台阶。

参考文献

[1] 王兆国.坚定不移地走中国特色社会主义工会发展道路理论与实践研讨会在京召开 [J].中国劳福事业,2009(6).

[2] 郭大成.认准道路,放开脚步:中国高校工会第十五次宣传思想工作研讨会论文集[M].成都:四川大学出版社,2011.

[3] 胡锦涛同全国总工会新一届领导班子成员和工会十五大部分代表座谈[EB/OL]. (2008-10-21)[2016-10-11]. http://news. xinhuanet. com/newscenter/2008-10/21/content_10229774_1. htm.

[4] 李春杰.关于加强和创新高校工会工作的思考[EB/OL]. (2010-06-07)[2016-09-23] www.hngh. org.

高校工会贯彻落实党的十八大精神的途径和载体研究

——学习和贯彻党的十八大关于"努力办好人民满意的教育"的精神

龚上华①

【摘　要】党的十八大指出:"努力办好人民满意的教育",最重要的就是要在办学过程中做到公平、公正、透明化且教学质量被社会认同。高校工会联系着学校、教师和学生,是其间的桥梁和纽带,工会的服务、维护、建设、教育的职能有很大的作用,而且其在校园文化建设、教学水平建设、民主管理建设、人性化服务建设方面有着举足轻重的作用。但是,由于高校工会的职责常常履行不到位,其角色定位也与现实有差距,再加上经费短缺,其政策的实施常常受阻。因此,高校工会要自觉加强自身建设,认真履行职责,更好地建设和谐校园,努力办好人民满意的高等教育。

【关键词】高校工会;十八大精神;努力办好人民满意的教育

一、"努力办好人民满意的教育"是高校的精髓所在

党的十八大指出:"教育是中华民族振兴和社会进步的基石。要坚持教育优先发展,全面贯彻党的教育方针,坚持教育为社会主义现代化服务的根本任务,培养德智体美全面发展的社会主义建设者和接班人。""全面实施素质教育,深化教育领域综合改革,着力提高教育质量,培养学生创新精神。""加强教师队伍建设,提高师德水平和能力,增强教师教书育人的荣誉感和责任感。"

高校是高等教育的载体,是在中等教育基础之上进行各类专门教育的承担者。实施高等教育的主要机构是大学、学院和专科学校。

党的十八大指出:"努力办好人民满意的教育。"办好人民满意的教育,不仅

---

① 龚上华,杭州师范大学政治与社会学院副教授。

要学有所教,更要提高教学水平,提升受教者的素质。

让人民满意的教育,首先就是要公平。人民群众最关心、最直接且最为现实的高等教育问题就是透明、公正、公平,要让那些中西部落后地区、进城务工人员子女享受同等的升学待遇,推进招生考试"阳光工程",公平对待每位参加高考的学生,加大对中西部地区高校财政的支持力度,做好对口支援工作,提升中西部高校的办学条件、综合实力及其水平,促进高校教育区域的协调发展。健全家庭经济困难学生资助体系,提升资助水平。高校要严格自律,规范自身办学行为,加强社会监督,鼓励和促进民办高等教育健康持续发展。

让人民满意的教育,关键在于质量。评判高等教育的标准是其人才培养水平,高校要牢固树立人才培养的中心地位,把教育资源和学校工作的重点集中到教学环节,提高教育质量、服务学生成才上来,扭转重科研轻教学、重学科轻育人的现象,提高教师的师德水平和教学能力,加强学校的硬件和软件建设,实现全员育人、全程育人、全方位育人。推动产学研的深度结合,完善科研和教学的紧密结合。转变衡量人才培养标准,要以促进大学生全面发展和适应经济社会发展需要作为根本标准。不仅要提升学生的知识水平,而且要教育学生培养和践行社会主义核心价值观,建设优良的学风教风校风,加强其课程知识与实践的结合,全面发展学生的素质,提高其发现问题、解决问题且创新的实践能力。

努力办好人民满意的高等教育,是现代教育制度下,高校所必须承担的责任。努力办好人民满意的高等教育,高校不仅要在办学过程中体现公平,而且要提升办学质量,保证学生素质的全面发展,使其成为社会所需要的人才,让其能尽其所能为社会服务。

高校作为一个社会机构,其内部机构分为党委职能部门、行政职能部门、教学院系、科研单位、档案室等辅助单位以及群众社团,这些机构都与学校工作人员和学生有着密切的联系,但最为贴近群众的自然是群众社团,群众社团包括校工会、团委、校友会,其中校工会联系着学校、教师和学生,是其间的桥梁和纽带,所以高校工会在努力办好人民满意的高等教育的过程中有着重要的地位和作用。

二、高校工会在"努力办好人民满意的高等教育"中的地位和作用

工会,1992 年 4 月 3 日颁布的《中华人民共和国工会法》规定"工会是职工

自愿结合的工人阶级的群众组织",工会的阶级性和群众性是工会性质的两个基本特征。在我国,工会是国家政权的重要社会支柱,是对职工进行教育的学校,代表和维护职工合法权益。

高校工会是高等学校的一个内部机构,是在高校党委领导下,由广大高校教职工联合起来的群众组织,其阶级性体现在广大高校内部的教职工们是自愿形成高校工会的,且我国的社会制度也决定了高校工会的阶级性;群众性体现在高校工会分布在各大高校,它是最广泛的群众组织。高校工会作为学校、教职工和学生的纽带和桥梁,对学校的各方面建设有着服务、维护、参与和建设的职能。在学校的组织领导、资源赋予、队伍建设方面,高校工会把党政之所急、教职工之所需的事情努力去办,为学校建设创造了良好的外部工作环境。党的十八大要求努力办好人民满意的教育,人民满意的教育一方面要求公平,另一方面要求质量,特别是在现代大学制度下和开放网络环境下,学校所需要的不仅是生源或者名誉,更重要的是能够为社会提供所需要的人才资源。

人民满意的教育需要的是学校各方面的进步、学生素质的提升以及教职工工作的积极状态。

1.校园文化建设方面

校园文化是学校在办学过程中形成的,以学生为主体、教师为主导,以促进学生成长和提高全员文化素质与审美情操为目标,全体师生所认同的教育思想、价值观念、文化观念、习惯和传统的融合体。校园文化能凝聚人心,是学校核心竞争力的重要组成部分,是学校的灵魂。而高校工会是教工之家,是教职工参与校园文化建设的群众组织,是校园文化的有机体,应该担当起宣传校园文化、倡导校园文化、推进校园文化建设与发展的责任。高校工会是由高素质的高校教职工组成的,在办学过程中发挥着管理育人和服务育人的功能,工会作为学校管理体制的一部分,可以通过发挥其维护、建设、参与和教育的职能,构建和谐的校园文化,提升组织文化品位,推动学校的凝聚力工程。

2.教学水平建设方面

高校工会是高校教职工所组成的组织,高校工会可以根据本校的办学特色、工作规划和教职工的需要,组织"工会讲堂"进行交流、学习、观摩,以提升教职工的教学能力和教学水平,进而提升整个学校的教学质量。当教师教学能力和教学水平提升后,学生更有机会受到更为良好的教育,学生的科研素质、发现和解决问题的能力也会得到提高。教学水平是关乎一个学校成败的关键点,只有提高学校的教学水平,高等教育才能办成人民满意的教育。教学水平的提高有赖于教师自身素质的提升和学校硬件软件的投资以及高校工会在其中所起的纽带作用。高校工会在教学水平建设方面为教职工提供有效的资源支持和人性化的管理,能够让教职工以积极的方式去教学、去搞科研,这也有利于构建科研型学校。

3.民主管理建设方面

高等教育在办学过程中所需要的是各显其才、各尽其能,高等教育其中最为重要的主体是教师和学生,而恰恰高校工会是由教师所组成的群众性的团体组织。教师作为高校管理的一员,可以通过工会这一平台展现自己的才能,为学校的民主建设尽自己的能力。现代大学制度要求实施民主管理与监督,特别是由于现在社会环境的改变,网络通信技术的发达更加要求学校进行民主管理,这是时代的要求,也是学校各个成员的需要。学校在管理、办学过程中做到民主,那么也就能达到人民所希望的公平、透明和公正,达到人民的要求,也就会办好人民满意的高等教育。

4.人性化服务建设方面

工会起初是为了维护工人利益而建立的,现在的作用不仅是要维护工人的利益,更为重要的是为工会所在的企业、学校或者其他机构提供一个和谐、良好的外部环境,所以高校工会最为基本的一项事务是维护教职工的利益,而且维护教职工的基本权益有利于教职工进行教学。同时,工会还需要"送温暖",为那些贫困学生提供他们所需要的学习和生活用品,这也能够体现一个学校向人性化的教育转变,而不是单纯的教育机构。还有一些高等学校的工会组织单身人士联谊活动,为学校单身教师提供一个结识朋友的机会。

努力办好人民满意的高等教育,工会的服务、维护、建设、教育的职能有很大的作用,而且其在校园文化建设、教学水平建设、民主管理建设、人性化服务建设方面有着举足轻重的作用。工会在学校办好人民满意的高等教育的过程中能够很好地对学校进行监督,有利于构建良好的教学氛围,有利于提高教职工为学校服务的积极性,有利于提升学校的教学品质。

三、当前高校工会在"办好人民满意的高等教育"中存在的突出问题

高校工会作为高等学府的内部机构,是在党委领导下,由高校教职工组成

的,具有独立性,它是介于学校和教职工之间的第三方,协调学校和教职工之间的关系,具有维护教职工的权益、监督学校的职责,但在现实状况下却不是如此,高校工会的职责常常履行不到位,其角色定位也与现实有差距,再加上经费短缺,使其权利的实施受阻。高校工会仍然是事务性部门,工会往往成为单纯的福利机构或者仅为教职工开展文化娱乐活动的服务机构,地位在不断削弱,在教职工群众中影响力和凝聚力逐渐下降。

1.角色定位不明确

高校工会是独立的社会团体,我国《工会法》规定,"中华全国总工会、地方总工会、产业总工会具有社会团体独立法人资格。基层工会组织具备民法通则规定的法人条件,依法取得社会团体法人资格"。从这一法人条件上看,第一,高校工会是依法成立的,拥有独立的工会章程。第二,高校工会拥有独立账户,管理会员会费,拥有一定的经费。第三,高校工会拥有正式的名称,具有严密的组织机构和活动场所。第四,高校工会独立承担民事责任。它虽然属于所在高校的党政系统,但它又是独立于党政系统之外的正式的社会组织。高校工会是教职工合法权益的维护者,《工会法》规定:"维护教职工合法权益是工会的基本职责,工会代表和维护职工的合法权益。"维护教职工权益,这是工会的性质决定的。高校工会作为学校党政联席教职工的桥梁和纽带,同时是各项工作开展的重要支柱,是高校教职工合法利益的代表者和维护者。而且,高校工会是民主管理的参与者和监督者。在现代大学制度的背景下,大学不再是闭塞的空间,而是开放的小社会。高等教育改革提出,高校应当面向社会,实行民主管理,而且要求大学自身拥有更多的自主权。在这种自主权下,大学内部应该有一套合理而有效的体系和机制,保证各项权力的协调和运行。在这一环境下,高校工会则成为校内最为有效的参与者与监督者。但在现实中,高校工会并没有履行其这些职责,其角色定位不明确。在校内事务中,高校工会不参与党政事务和行政事务;在维护教职工权益的事件中,维护不到位,而且侵犯教职工权益的当事者往往是所有权者,而工会往往会息事宁人,使教职工权益得不到保护;在学校民主管理过程中,工会的作用也逐渐削弱,没有承担起学校管理的监督者和参与者应负的责任。

2.职能履行不到位

高校工会作为学校内部的一个独立机构,具有维护、参与、服务和建设的职能。在维护教职工权益和学生权益的事件中,工会只是一个调停者,而且有时候在学校同教师之间的矛盾冲突中,往往会站在校方的利益考虑,并没有真正维护教职工的利益。在现代大学制度下,民主管理是高校必不可少且是评价高校质量的一个标准,而在这一体系下,工会所需要做的不仅是参与学校的民主管理,更重要的是监督学校管理者。建设一个民主、和谐的校园文化是每个学校所追求的,而现实中工会往往成为从属于学校行政或党政的机构,对建设和谐校园只是一味地赞同,没有建设性的意见,甚至不对校园建设进行参与。另外,服务理念不强,竭诚服务的思想基础不牢,高校工会是为学校中心工作服务、为教学科研服务、为教职工服务的,其宗旨是全心全意为教职工服务。然而在实践中,有的高校工会缺乏应有的地位和权威,出现了"事不关己,高高挂起"的不负责任的态度,有时还会遇到难事就退缩,在教职工权益受到损害时,充当"说客",这也影响了教职工会员对高校工会组织的信任度。在服务内容方面,仍停留在传统层面。由于现实情况的转变,现代大学制度的建立,服务不能只是停留在"福利工会"的层面,只是"唱歌跳舞,布置会场,带头鼓掌",而是要在多方面照顾教职工的合法权益,改变高校工会传统的工作思路和工作方式,推动高校教育管理的变革,并且在服务上要加强创新,强调组织的凝聚力。

3. 学校和工会内部机制不健全

高校工会的组织结构一般由工会委员、教职工代表大会机构两部分构成,工会委员包括主席、副主席、工会部室、女工委员会、工会经费审查委员会、各院系分工会;职工代表大会机构包括大会主席团,二级教代会,教代会专委会。为了更好地履行职能,设立维护部、建设部、参与部、教育宣传部,制度包括民主协商对话制度、民主评议干部制度、民主生活制度、校长接待日制度。高校工会委员往往兼任其他校领导,在维护教职工权益难免会站在校方的利益考虑,不能完全维护教职工的权益,不能很好地代表教职工的利益,也不能很好地监督学校。特别是胡锦涛同志在十八大上提出"努力办好人民满意的教育"后,更需要工会和学校健全自身机制,工会更好地监督学校做到办学公平公正,努力维护教职工利益,更好地建设和谐校园文化,才能让学生感受到人性化的管理,让家长放心,让社会满意。

四、高校工会贯彻落实"努力办好人民满意的高等教育"的途径和载体

十八大指出,要努力办好人民满意的教育。办好人民满意的高等教育,最重

要的就是要在办学过程中做到公平、公正、透明化且教学质量为社会认同。作为高校中的独立机构——工会，要自觉加强自身建设，认真履行职责，更好地建设和谐校园，努力办好人民满意的高等教育。

第一，清晰认识自身。高校工会是在党委领导下，由高校教职工组成的独立机构，要在维护教职工权益、参与学校建设、教育教职工方面发挥自己应有的作用。高校工会要正确对待自身在学校的职责和角色，并且在这一角色要求下，做出相应的举措和行动。

第二，加强自身建设。袁贵仁同志强调，要加强党对教育的领导，坚持教育的社会主义方向，实现教育的科学发展、人民满意。工会在党的领导下，要想在高校教育建设中发挥作用，必须加强自身建设，其包含两个方面，一是制度建设，二是组织队伍建设。明确自身的职责和使命，培养入会人员的责任、使命和服务的意识，要严格依照《中国工会章程》《工会法》以及校内的有关工作制度来规范自身工作，会费的开支、入会人员和工会干部的培养，都需要有严格的制度来规范。要积极参与高校制度的建设，如党政联席会议制度、教代会制度、劳动争议解决制度、校务公开制度等，使得校内各项工作有章可循。对《工会法》所做的新规定，要及时进行研究并制定相应的措施，建立新的工作运行机制，以使工会依法办事，可以将双重领导体制变为直属于上级工会，确保高校工会的独立性，更好地为学校办事。另外，《中国工会章程》中要求，要按照革命化、年轻化、知识化、专业化的要求，努力建设一支熟悉本职工作、热爱工会工作、受教职工拥护的干部队伍。当然，这一支干部队伍要有过硬的思想政治素质、精湛的业务素质和敢于承担责任的品质，而且要有为教职工服务的意识。这样，才能在履行职能的过程中，做到责任到位，自觉以群众满不满意作为衡量自己工作的标准。

第三，强化服务理念，认真履行职责。在现代大学制度下，强化工会的维护、参与、建设、教育的职能。《工会法》规定，维护职工合法权益是工会的基本职责。而职工的合法权益包括经济、政治、文化和社会权益四个方面，要维护教职工劳动就业权利、维护职工获得劳动报酬的权利、维护职工社会保障权利、维护职工劳动安全卫生权利、维护职工民主权利、维护职工精神文化权利、维护职工的社会权利这七个方面的权利。不仅要维护教职工合法的经济利益，更要保障他们的政治权益，发挥高校工会的作用，围绕维护的基本职能，协调好各方利益，创造良好的教学环境，构建和谐校园。《工会法》中规定，"工会依照法律通过职工代表大会或其他形式，组织职工参与本单位的民主决策、民主管理和民主监督"。

所以,工会应该按照这一规定鼓励高校教职工参与到高校各项制度的建设中去,实现高校的民主管理。高校工会要做好党和教职工群众联系的桥梁,构建良好的校园文化环境,并且提升高等教育的层次,就必须充分发挥参与职能,以教代会为载体,对有关学校的发展和教职工利益的方案要积极提出自身的意见和建议,向学校的决策提出教职工的想法。在提升教学水平过程中,工会应该吸引和组织教职工参加教育教学的实践和改革,让教职工积极投入到学校改革和发展的各项事业中,保证教职工的主人翁地位;同时,要大力开展师德师风建设,凝聚人才和培养人才,通过调研考察和一些奖惩机制促进职工爱岗敬业,调动教职工工作的积极性,用负责任的态度对待教学,从而形成良好的校园风气,保证教学科研工作的顺利有效进行。而且,作为党领导下的组织机构,要保证高校运行的社会主义方向,保证党对教育的领导,所以,工会应在这种状况下,在科学发展观的指导下教育职工不断提高思想道德、技术业务和科学文化素质,建设有理想、有道德、有文化、有纪律的职工队伍。可以利用媒介对教职工进行宣传教育,更新微博、博客,或者制作网站,并且要重视对教职工的人文关怀。

另外,作为高校的工会组织,应多多关注学校的弱势群体,慰问困难的教职工,并且要特别注重对女教职工权益的维护,给她们提供疏解压力的方法,举办女性知识讲座、成立女性问题研究所。此外,还要积极关注贫困学生,努力让他们适应大学生活,为他们的学习和生活提供帮助。

高校工会联系着党、学校和老师,要想办好人民满意的高等教育,必须要从自身出发,努力进行制度建设,拓宽自己的职能,强化职能建设,坚定服务理念,心系弱势群体,关心和维护教职工权益,构建和谐校园,以适应改革的发展和要求。要努力践行十八大精神,保持教育的社会主义方向,坚持以科学发展观为指导参与学校建设,提升学校的教学质量,从生活、科研学术和教学上进行改革,使高校成为真正培养21世纪人才的地方,为使我国从人力资源大国变为人力资源强国而努力。

参考文献

[1] 胡锦涛.坚定不移沿着中国特色社会主义道路前进,为全面建成小康社会而奋斗—— 在中国共产党第十八次全国代表大会上的报告[R].北京:人民出版社,2012.

[2] 赵丽敏.发挥高校工会维权职能,促进高校党的建设发展[J].学校党建与思想教育,2011(11).

[3] 赵保全,刘圣汉,辛良,孟莉.高校工会职能的伦理性及现实构建[J].工会论坛,2012(6).

[4] 王彩虹.高校工会在联系和服务群众工作中的优势和作用[J].学校党建与思想教育，2011(5).

[5] 林少菁.高校工会价值实现的路径探析——以福建农林大学工会为例[J].西南农业大学学报(社会科学版),2012(12).

社会管理创新视角下推进高校工会工作的思考

徐小明①

【摘　要】高校工会组织是参与社会管理的重要力量,在积极参政议政,推动民主政治建设、依法科学维权,促进社会和谐稳定和实施素质工程、提升教职工整体素质等方面做出了积极的贡献。新形势下,高校工会工作面临挑战和机遇。在创新社会管理视角下,高校工会应从明确角色定位、加强自身建设和创新工作理念、工作方式和拓宽工作渠道等方面推进高校基层工会组织的工作。

【关键词】社会管理;高校工会工作;创新

改革开放以来,我国在经济繁荣发展、社会进步的同时出现了复杂利益关系带来的各种挑战。政府在执政过程中,为适应社会发展的需要,不断进行职能转变。特别是党的十六届四中全会召开以来,高度强调要加强和创新社会管理。党的十八大更是进一步提出要"加快形成党委领导、政府负责、社会协同、公众参与、法治保障的社会管理体制","支持工会等人民团体积极参与社会管理,维护群众合法权益"。高校工会组织作为参与社会管理和建设的重要力量,在加强和完善社会管理体制的大背景下,如何充分挖掘自身优势更好地发挥作用就成为一个值得思考和研究的问题。

一、高校工会与社会管理的关系

社会管理是伴随着人类社会的发展而产生的,其对于社会的有序、稳定发展至关重要。社会管理,是指政府和社会组织为形成协调运作的社会系统,对社会生活的各个领域和社会发展的各个环节实行组织、协调、监督和控制的过程。有学者把社会管理分为两类:一类是政府对有关社会事务进行规范和制约,即政府

---

① 徐小明,杭州师范大学政治与社会学院副院长、教授。

社会管理;另一类是社会(即自治组织、非政府组织)依据一定的规章制度和道德约束,规范和制约自身的行为,即社会自我管理和社会自治管理[1]。结合我国当前的社会经济背景,本文的社会管理是指一种包含政治、经济、文化、社会等涉及多方面公众利益的各种公共事务的系统工程,通过对相关制度政策的制定和完善来进行有效的管理,以促进社会利益公平分配,促进社会和谐发展,为党和国家事业发展营造良好的社会环境为目的。2011 年胡锦涛同志在省部级领导干部研讨班(社会管理及其创新专题研讨班)开班仪式上指出:社会管理的任务就是协调社会关系、规范社会行为、解决社会问题、化解社会矛盾、促进社会公正、应对社会风险、保持社会稳定。

工会组织是社会管理的重要力量。2008 年中国工会十五大上做出了如下的明确规定:中国工会是中国共产党领导的,职工自愿组合的工人阶级群众组织,是党联系职工群众的桥梁和纽带,是国家政权的重要社会支柱,是会员和职工利益的代表。工会组织作为我国的政治社团,一方面要将社会特定利益集团的利益诉求传达给国家或政权机构,另一方面又要将国家的意志和信息传达给社会集团,即在聚合特定社会群体利益诉求的基础上介入国家政治生活过程。工会组织的主要社会职能是维护、参与、建设、教育四项职能,具体表现为:维护职工的政治、精神文化、社会及经济权益在内的合法利益,是工会组织的基本职责,更加强调具体利益的维护;代表和组织职工参与国家和社会事务管理,参与企事业单位的民主管理;组织发动职工在国家建设和改革中积极参与,为实现经济目标和社会的全面发展贡献力量;不断地教育和引导职工提高科学文化素质和思想道德素质,培养有理想、有道德、有文化、有纪律的"四有"职工队伍。十六届四中全会后国家对社会管理高度重视,明确指出支持工青妇等人民团体按照各自章程积极参与到社会管理当中,维护所代表群众的合法权益。

二、高校工会存在的主要问题

近年来,高校工会作为全国工会组织的重要分支积极参政议政,在推动民主政治建设、依法科学维权,促进社会和谐稳定和实施素质工程、提升教职工整体素质等方面做出了积极的贡献。但是,随着高校由封闭、单一的管理模式向开放、多元的方向发展,高校内部的管理关系与社会相比有共性也有其特殊性,表现为党群关系、党政关系、师生关系、管理者与被管理者之间的关系、服务者与被服务者的关系、学术群体与管理群体的关系、在编人员与非在编人员的关系、流动人员与非流动人员的关系、大环境与小环境的关系等,呈现出管理关系的多元化和利益主体的多样化,易于引发矛盾或冲突,加大了基层工会工作的难度。其次,基层工会的工作任务加重。目前,涉及教师切身利益的各项改革措施频频出台,教师的工作压力和精神压力不断加大。学校要发展,也必须实行各项改革,但改革又势必会产生各种新的矛盾,特别是学校内部管理体制、奖金福利制度等方面的改革,直接关系到教职工的切身利益,如果工作不到位,容易产生一些不稳定因素。当前迫切需要高校基层工会履行职责,在推进和谐校园建设中发挥作用。但从实际情况来看,其发挥的作用还非常有限,其实然功能与应然功能还存在一定的差距。主要表现为:

1. 角色定位不够明确

首先,高校工会组织自身定位不够明确。由于特定的历史条件和政治发展的因素,这是长期以来工会组织都存在的问题。工会组织是党领导下的人民团体,代表和维护广大职工群众的利益,但是在实际工作中,党和政府控制了过多的资源,导致工会组织高度依赖党政机关,决定了它在履行职责时不仅要维护广大职工群众的利益,更要以国家的利益为重,更加注重党和政府给予的任务。高校工会组织的双重角色导致其在贯彻执行党的方针政策时容易脱离基层教职工群众。总的来说,工会组织一方面代表政府维稳,一方面代表教职工维权,这种双重角色的冲突深层次地制约着工会组织职能的发挥。其次,工会组织在社会管理中的定位不够明确。新型社会管理体制强调"政府负责、社会协同",由此可见,社会管理实践中,政府应发挥主导的作用,工会组织应起到协同的作用。而实际工作中,高校工会组织在职能和活动方式上都严重地依赖于学校党委和行政,导致工会组织过多地承担了高校党委和行政本应担负的责任而发挥了主导作用,与新型社会管理体制的要求不大符合,常常出现"越位"和"错位"现象,工会不能有效履行职责。

2. 职能发挥不够充分

近年来,高校工会组织在社会管理领域进行了探索和尝试,也取得了明显的效果,但在具体的工作过程中,仍然不同程度地存在着职权虚化的问题,特别是维权职能存在弱化的现象。具体表现在:一是一线教职工在人大代表、政协委员中比例虽有所提高,但是与庞大的教职工队伍相比还是相对较低,难以取得话语权;二是以教代会为主的民主管理制度建制率还不够高,存在不同程度的形式主义,特别是对于教职工提出的合理化意见建议,不认真加以研究解决,民主公开和监督工作难以真正发挥作用,与工会组织在加强和创新社会管理中的地位和作用有较大差距。

3.方式手段较为单一

工会组织开展工会工作的资源和手段还很有限,其工作内容与活动方式只偏重活动事务型、福利型,工作内涵不足,创意不够,没有真正适应广大教职工的需求;工会工作的方法不多,多局限于争取党委重视、政府支持、工会自身努力等工作方法;在解决当前工会中主要存在的问题上,工作思路不宽,工作缺少针对性;在新形势下,教职工维权、主动协调劳动关系、参与高校文化建设等方面,创新不够,办法不多。总体看来,工会组织在参与过程中跟不上时代的需要,不利于工作的开展,与新时期开放性、社会性、灵活性、多样性的要求还有一定的差距。

4.自身建设有待完善

一是能力水平有待提高。当前高校工会组织存在着人员结构老化、人才结构单一等问题,一些工会干部受自身理论基础不扎实、战略思维缺乏、专业知识不足等问题的影响,不能够准确理解和推行国家相关政策,缺乏用创新理论解决新问题的能力,致使工会组织在充分调动和使用社会资源的能力不高,缺乏对群众工作趋势的有效把握和理性思考,远远不能适应社会管理和广大教职工多层面的需求。二是工作机制有待完善。一方面,没有健全的联动机制,一定程度上造成部分教职工的权益不能及时有效地进行维护。另一方面,教职工利益表达渠道不畅通。工会组织收集职工意见未能实现经常化和制度化,使得利益诉求难以真正反映到决策层,职工权利的落实情况与期望值有较大差距。

三、高校工会组织社会管理创新思考

面对党和国家提出的构建新型社会管理体系的要求,高校工会组织作为社会建设的重要力量,更应主动抓住契机,以改革创新的精神加强自身建设,创新相关的工作方式、拓宽相关的工作领域,从与职工利益密切相关的问题入手,做好党的群众工作,充分反映诉求、提供服务、化解矛盾,探索新的参与渠道来创新社会管理,促进社会和谐发展。

社会管理创新是指在现有社会管理条件下,运用现有的资源和经验,依据政治、经济和社会的发展态势,尤其是依据社会自身运行规律乃至社会管理的相关理念和规范,研究并运用新的社会管理理念、知识、技术、方法和机制等,对传统管理模式及相应的管理方式和方法进行改造、改进和改革,建构新的社会管理机制和制度,以实现社会管理新目标的活动或者这些活动的过程。社会管理创新既是活动,也是活动的过程,是以社会管理存在为前提的,其目的在于使社会能够形成更为良好的秩序,产生更为理想的政治、经济和社会效益。[2]笔者认为高校工会组织创新社会管理应着力做好以下几方面的工作:

1. 健全高校工会法律体系,完善高校工会参与社会管理创新的基础

新世纪以来,我国进入社会主义现代化建设的新阶段,工会要完成引领广大职工建设小康社会、推动构建和谐社会的重要历史使命,就必须对工会所处的历史方位、工会发展的特点和规律有一个科学地判断和准确的把握。[3]适应新形势、新任务的要求,紧密结合新时代的条件,立足新的实践基础,不断研究新情况,通过理论创新,推动工会工作实践创新。同时,工会要在社会管理中最大限度地发挥其作用,关键在于法律法规的支持。国家应适应当前劳动关系深刻变化的现实,对立法和有关法律进行修改,赋予高校工会组织参与社会管理的更多的资源和代表广大职工群众协调维护自身权益的刚性权力与手段,使工会切实成为职工群众利益的代表和维护者。

2. 明确角色定位

明确工会组织的角色定位是加强和创新社会管理、构建新型社会管理体制的基础和关键。一要明确工会组织的身份定位。在社会管理实践中,高校工会组织应该是党委、行政与教职工群众之间的桥梁和纽带。一方面,高校工会要代表和维护好教职工群众的利益,通过组织调研、走访等多种方式,了解教职工群众的实际情况,整合多元化、分散的利益诉求,并通过教代会、党政联席会议制度等合理渠道向学校决策层反映;另一方面,要协助党委和行政在其不能很好管理的领域进行社会管理,将国家的意志和信息迅速传达给教职工群众,贯彻执行国家的大政方针和学校各项措施,以更好地维护广大职工群众的利益。要最大限度地发挥社会管理的主体作用。二要明确工会组织的职能定位。高校工会组织在参与社会管理过程中要做到不能大包大揽,也不能无所作为,把握好参与的度,努力做到不越位、不缺位。高校工会组织要落实社会整合功能,实现与学校党委和行政的良性互动,与其他社会组织有效衔接,着力解决教职工群众切身利益问题,提高工会组织的凝聚力和号召力。

3. 加强自身建设

工会组织要不断改革创新,向学习型、服务型和创新型组织发展,从而提高

高校工会参与社会管理的能力。一要健全内部管理机制,形成权责明晰、运转协调的管理体系。为了适应社会发展的要求,高校工会组织要不断提升自己的组织化程度,建立健全各项规章制度,以及财务、人事、会议、服务等制度,使工会组织形成完整的自律运行机制,保证高校工会组织协调步伐、减少内耗,实现工作稳定性和连续性的作用。要建立财务信息公开披露制度,自觉接受广大教职工成员的监督,依法依规参与社会管理。二要增强高校工会组织的凝聚力,激活和促进参与社会管理的内在动力。要向教职工提供优质高效的服务,组织必须首先将自身建设成一个富有效率和活力的组织。因此工会组织内部要重视成员的社会需求和感情需求,形成和谐愉悦的人际关系,培养对组织的归属感与认同感,增强群体意识、社会责任感,加强心灵和情感上的凝聚力,使工会组织上下形成一股合力,自觉维护工会的形象和声誉,为工会有效参与社会管理贡献智慧和力量。三要不断增强自身的治理能力,包括非政府组织的活动能力、管理能力和创新能力等。首先要优化高校组织结构和功能,提高配置效率和技术效率,实现知识、人员和组织的最佳组合,增加工会组织的弹性、活力。其次,要完善招聘、选拔、培训、考核等制度,以提高工会工作人员的能力,推进工会队伍职业化发展。通过培训来规范工作人员的工作行为和方法,提升素质水平和服务能力;引入公务员考核系统中的"德能勤绩廉"对工会日常工作进行考核,以激励其积极投入教职工群众工作中。

4.创新工作理念、工作方法,拓宽工作渠道

一要树立以人为本、维权为重和服务为先的工作理念。社会管理最终的目的是对人的管理和服务。因此,高校工会组织的主要任务就是以人为本,维护教职工的合法权益。要提高服务意识,将服务作为维护职工群众的社会权利、推动社会管理创新的重要工作,不断满足教职工群众日益增长的公共服务需求。二要创新工作方式。首先实行项目化管理。在管理学语境中,项目管理是指把各种系统、方法和人员进行有机结合,在规定的时间、预算和质量目标范围内完成计划的各项工作。即从项目的投资决策开始到项目结束的全过程进行计划、组织、指挥、协调、控制和评价,以实现项目的目标。因此,通过项目化的管理将工会活动的具体过程予以更为明确和系统化的理论指导,凭借明确的目标、系统的过程以及丰富的内容,既能更好地维护广大职工群众的利益,又有助于整合相关资源以形成合力,共同致力于加强和创新社会管理。其次,运用包括信息技术、决策技术、计划技术、组织技术和控制技术等先进的技术手段提高工作效率,实现有效管理。高校工会组织应充分运用互联网等新兴媒体平台,运用微博、论坛

等各种活跃平台,充分把握教职工动态,包括思想情感群众投诉等职工群众的利益诉求,进行实时的舆论导向和监控,最大限度减少不和谐因素,实现和维护教职工的权益。再次要拓宽工作渠道,通过搭建良性互动平台、维权保障平台、帮扶救助平台和文化教育平台等了解教职工的诉求,维护教职工的合法权益,帮扶困难教职工,提升教职工的整体素质,有效实现社会管理的目标。

参考文献

[1] 李军鹏.公共管理学[M].北京:首都经济贸易大学出版社,2005.

[2] 杨建顺.社会管理创新的路径、内容与价值分析[EB/OL]. http://news. sina. com. cn/o/2010-02-02/2317028767s. shtml.

[3] 王兆国.坚持以理论创新推动工会工作创新[J].新世纪领导者,2006(5).

学习型高校工会组织的创建研究

龚上华①

【摘　要】创建学习型工会组织,是高校工会组织适应新形势、应对新挑战的必然要求,是加强和改进新形势下工会自身建设的重要举措,也是赋予高校工会组织的使命和责任。目前高校工会组织面临着对学习型创建工作的认识不足、组织机制不健全、工作与学习关系协调紊乱的挑战,需要从提高对学习型工会组织的认识,导入"终身学习"理念;加强工会组织领导,完善工会学习机制和工作管理体制;提高教职工素质,创造良好的"学习型"环境,这三个方面对创建学习型高校工会组织进行探究。

【关键词】学习型工会组织;高校工会;组织创建

在构建学习型社会的推动下,学习型工会也日益成为现代工会组织的发展趋势和追求。2003年9月全国总工会十四大进一步提出了"终身学习、全程学习、团队学习"的理念。高校工会组织作为我国工会组织的重要组成部分,是促进我国教育事业蓬勃发展的一股重要力量。因此,要实现高校工会工作的与时俱进和创新发展,单靠原来的组织方式、管理方法和思维定式,是远远不能满足科学技术日新月异以及高校科学发展的时代要求的。高校工会组织必须不断加强学习,真正树立"终身学习,团队学习"的先进学习理念,形成"学习工作化,工作学习化"的良好氛围,切实把工会组织建成学习型组织。只有这样,高校工会才能不断适应形势发展的需要;唯有不断学习,才能真正发挥工会组织的基本职能,才能有效地促进高校事业的发展。

---

①　龚上华,杭州师范大学政治与社会学院副教授。

一、学习型高校工会组织的基本内涵

把握学习型组织的内涵,首先要搞清楚组织和组织学习这两个概念。"现代管理理论之父"——巴纳德(C. I. Barnard)把组织定义为"有意识地加以协调的两个或两个以上的人的活动或力量的协作系统"。这么说来,与一般个体的学习不同,组织学习是全体组织成员、全部团队和整个组织三个层面上的学习,团队学习是组织学习的最主要特征,也是组织学习开展的基础。可以说组织学习是指组织不断努力改变或重新设计自身以适应不断变化的环境的过程,是组织的创新过程。组织学习不同于个体学习。它是组织全体成员在组织运行过程中,通过实践、互动和创造来进行的团队学习。在组织学习中,学习、知识共享、提高员工的素质将是一项重要职能和目标,组织会开展经常性的培训以及团队学习活动。[1]

彼得·圣吉在《第五项修炼——学习型组织的艺术与实务》提出学习型组织这一概念。彼得·圣吉认为,所谓学习型组织,是指通过培养弥漫于整个组织的学习气氛,充分发挥员工的创造性思维能力而建立起来的一种有机的、高度柔性的、符合人性、能持续发展的组织。这种组织具有持续学习的能力,具有高于个人绩效总和的绩效。[2]因此,学习型组织是指以培养组织的持续学习能力和高于个人绩效的组织综合绩效为目的,通过营造充斥于全组织的学习气氛、充分发挥员工的知识创新能力而建立起来的一种有机的、柔性的、扁平的、人性的、持续发展的组织。[3]

学习型高校工会组织自然就是培养高校工会全员的持久学习能力和知识创新能力,使全体绩效达到最大值的可持续性发展的组织。高校工会组织需以工作学习化和学习工作化为理念,不断推进高校工会组织建设,提高工作水平,创建学习型工会。

二、建设学习型高校工会组织的必要性

1. 创建高校学习型工会组织是促进高校教育事业发展的需要

新世纪是一个科技知识不断更新,需要新力量、新成果、新创造不断融入的世纪,在我国进入全面建设小康社会,加快推进社会主义现代化的新的发展阶段。一个组织要实现不断的发展,唯一的出路正如彼得·圣吉所说的那样,就是要比别人学习得更快更好。高校作为我们教育事业的一个重要阵地,对我国教育事业起着至关重要的作用。高校的发展同样充满竞争,高校在学习型工会组织的带动下只有不断完善自己,坚持学习,才能滋生新的竞争力,才能跟上时代前进的步伐。高科技的发展,新技术的应用,教育方式的转变,教育理念的不断创新,劳动用工制度的不断变化,都只有高校工会成为学习型组织,才能使高校适应当今时代的发展,走上与时俱进、开拓创新的教育轨道,从而推动整个教育事业的不断发展。

2.创建高校学习型工会组织是工会自身发展的需要

工会自身的发展也需要积极主动地迎合变化着的社会大环境。在社会主义市场经济时代下,科技应用技术、政策环境、管理方式、职工福利、教职工教学方式和工作方式的变化都对工会组织形成了新的挑战。因此,高校工会必须尽快适应新形势,学习新知识,树立新观念,掌握新技术,才能从实际出发解决工会面临的新情况、新问题,才能把工会的各项工作推向前进。创建学习型工会组织,可以使工会干部群众深入贯彻落实科学发展观,深入研究工会面临的新形势、新问题,从而对工会工作进行积极的改进和调整,大胆创新,不断地与时俱进,从而使工会组织呈现出适应时代发展的勃勃生机和活力,促进工会组织自身的发展。

3.创建高校学习型工会组织是工会组织履行"服务型、创新型"职能的需要

高校工会是我国工会组织的重要组成部分,不仅是发展我国教育事业的重要力量,也是维护教职员工合法权益的重要力量。工会组织建设核心是服务,前提是学习,动力是创新。学习型工会组织的创建是为了更好地沿着工会"服务型、创新型"的发展方向前进。维护广大教职工群众合法的经济利益和政治权利是高校工会组织最基本、最主要的职责。学习型工会组织的创建,可以使工会干部积极履行工会职能的新思想,形成良好的工作作风,避免使工会组织成为行政色彩浓重的机关,更好地为广大教职工服务;同时,在学习型工会组织的创建中,通过践行终身学习的理念,教职工不断拥有适应变革的能力,职工素质都得到不断提升,学习风气和学习积极性不断提高,不仅营造出良好的施教环境,也为教职工的知识文化创新塑造了浓厚的氛围,不断推进工会工作的创新。

三、创建学习型高校工会组织面临的问题

新世纪新阶段,随着我国社会主义市场经济的发展和高等教育事业改革的深入进行,高校工会面临着新的形势、新的问题及新的挑战。这些问题主要表现在:

1.对学习型工会组织创建工作的认识不足

高校教职工的工会组织文化发展长期以来一直得不到高校的重视,高校领导仅仅重视高校学子的学业水平和高校的规模和硬件设施的建设,忽视了高校教职工组织文化对于高校建设的重要地位。同时工会组织成员自身也对学习型工会组织的创建不够重视:高校工会的组织成员基本上是从事高等教育行业的教师群体,他们的教育起点较高,有的教师对自身知识的满足度比较高,把对学习型工会组织的创建当作一时的"应景之作",对工会组织的创建活动不感兴趣;有的教师不热衷于所谓的"政治"组织群体,对工会组织创建活动没有强烈的使命感和责任感;也有的教师对学习型工会组织的学习内容界定模糊,认为完成党和领导任务就是创建学习型工会组织等。这些都是对创建学习型工会组织的重要性认识不足,对工会组织认识的观念陈旧。

2.创建学习型工会组织机制不健全

学习型高校工会组织的创建任务艰巨,需要长期坚持,应该有完整的机制和健全的工作方法给予支撑。有些高校工会组织在创建过程中工作方法简单,创建学习型高校工会组织的活动也就是多读书看报、多组织几次学习而已。由于高校对于教职工的资金投入问题等原因,一些文化活动缺乏规范的组织和策划环境,没有良好的活动筹办环境和氛围,也严重影响教职工进行学习型活动的积极性。学习无计划,所以,只是流于形式、没有朝气,创建学习型工会组织的效果也大打折扣。有的工会组织虽然也开展了学习型工会组织的创建活动,也提出了实施意见和创建目标,但是没有考虑和充分理解教职工的实际需求和学习困难,一味地进行创建活动,未能真正按照创建学习型组织的要求那样制定有效的学习教育机制、学习培训机制和学习激励机制,也会适得其反。

3.学习与工作协调紊乱

提起学习,我们首先想到的是人们通过阅读、听讲、研究等途径来获得知识和技能。但学习型组织的学习远不止于此。彼得·圣吉指出,"学习最后应导致行为的改变,不应只是取得一些新资讯、也不是产生一些新构想而已。否则,我

们只要学习了新的语言、观念或方法，就认为自己已经学会了，即使行为毫无改变"[4]。同时他还指出，"我们很容易只了解一些原理就自以为已经完成该项修炼，误将知识上的了解当作学习，学习必须产生新的了解和新的行为"[5]。但是大部分教职工本身科研任务和教学任务比较重，他们把自身科研工作和教学任务的投入认为是对学习型工会组织创建的付出，没有把握真正认清学习型工会组织的学习与自身事业的关系，把二者混为一谈。

四、创建学习型高校工会组织的路径探究

根据党的十八大精神和中国工会十四大的要求，高校工会必须不断加强学习，真正树立"终身学习，团队学习"的先进学习理念，形成"学习工作化，工作学习化"的良好氛围，切实把工会组织建成学习型组织。只有这样，高校工会才能不断适应形势发展的需要。针对高校面临的工会问题，我们需要探究学习型高校工会组织的创建路径。

1.提高对学习型工会组织的认识，导入"终身学习"的理念

提高对学习型工会组织的认识，首先必须使广大教职工深切感受到学习型工会组织的重要性。高校工会从理论上着手进行学习型创建活动宣传，制定建设学习型组织的长远规划，明确指导思想、学习内容、总体目标，以及主要措施和具体实施方案。关于学习内容，当前应突出党的十八大精神和十八届三中全会文件，始终坚持把对科学发展观的学习落到实处。其次，引导工会教职工树立"终身学习"的理念，把学习当作责任、兴趣和创新，始终保持与时俱进的学习态度。古人云：非学无以广才，非学无以明知，非学无以立德。只有不断学习，才能提高理论基础，培养高尚情操，开阔眼界，培养思维，提升道德修养，才能不断推进工作创新、文化事业创新。工会组织应站在时代前端，把握住所处的大环境，看到知识经济发展的态势，把握其发展脉搏并采取切实可行的措施，随时调整自己的工作方向，引导广大工会干部和职工不断解放思想、转变观念，增强积极参与创建学习型工会组织的责任感和紧迫感，为创建学习型工会组织提供动力之源。

2.加强工会组织领导，完善工会学习机制和工作管理体制

工会组织需要构建配套的学习机制，完善的学习机制和管理体制才能保证工会各项工作的顺利圆满完成，才能保证工会服务的持续进行。建立健全学习机制是创建学习型工会组织的基本前提，要加强工会的组织领导，层层推进，发

挥领导的推进作用,各级工会领导要在创建中真正起到领导作用,把学习与工作相结合,言行一致,学以致用,模范带头,一级带一级学。同时,在创建学习型组织活动中,组织领导要系统把握学习型组织的理论和实践,不搞形式,不走过场,切忌急功近利,避免短期行为,要注重理论与实践的结合,注重学习的实效;加强工会管理机制建设,推进民主管理、民主决策、民主监督;根据工会的基本职能和工作中出现的新问题,及时制定出确切可行的职工保护监督机制和争议协调机制,把各项机制真正地延伸到维护教职工合法权益的各个方面。同时,要强化保障激励机制,把学习成效作为判断干部素质、认定干部实绩的首要条件,与单位评先、与干部升降、绩效考评挂起钩来,树立正确的学习导向,激发工会干部的学习热情,努力把工会建成政治素质强、业务水平高、创新精神好的学习型工会组织。

3.提高教职工素质,创造良好的"学习型"环境

教职工素质的高低是影响学习型工会组织创建的关键因素。使教职工明确创建学习型高校工会组织的重要性就必须对教职工的素质进行全面的培训、考核和评优奖惩。因此高校工会对建设学习型组织要统筹规划、精心安排。首先要指导各部门工会建立学习制度,制定阶段性学习计划,安排学习时间、学习科目、学习内容,有组织地开展学习交流研讨活动。要建立考核奖惩机制,对建设学习型工会组织定期进行检查评估;推广有关部门工会好的做法和经验,把学习情况与工会的考核评优结合起来。同时高校工会组织还要拿出必要的经费,用于学习型工会的软硬件建设,保证学习资料供应,保证学习调研活动的组织和表彰奖励费用,促进建设学习型工会活动持久深入地开展。高校工会组织通过一系列的考评激励来提高教职工的素质;通过对教职工各方面利益的维护来保证教职工的学习积极性,不断营造良好的创建"学习型"环境的氛围,以促进学习型工会组织的良性循环发展。

参考文献

[1] 程水栋.学校学习型组织构建初探[D].江西师范大学,2005(9).

[2] 易仲芳.创建学习型组织与新时期高校工会自身建设[J].工会论坛(山东省工会管理干部学院学报),2005(2).

[3] 李景坤.学习型组织的知识管理模式研究[D].吉林大学,2011.

[4][5] 彼得·圣吉.第五项修炼—学习型组织的艺术与实务[M].上海:上海三联书店,1998.

[6] 张利青.创建学习型工会组织的思考[J].太行日报,2011(4).

基于网络服务的高校工会工作探索

——以杭州国际服务工程学院为例

陈永强[①]

【摘　要】本文通过对基于网络服务的高校工会工作现状分析,结合当前工会建设的经验总结,提出了高校工会应有效整合网络资源,依托网页、短信、邮件、QQ 群等各种网络平台,加速推动高校信息化工会的构建,促进高校民主化建设,提升高校工会的整体工作水平。

【关键词】高校工会;网络服务;民主管理

一、引　言

随着计算机技术、网络技术和现代通信技术的快速发展,覆盖高校校园局域网和校际间教育与科研计算机网已经形成,网络已经融入高校工作的各个方面。QQ 群、办公网、微博、微信、飞信、电子邮件列表等网络沟通工具被广大师生普遍应用,在这人人都是作家、人人都是发言人的微时代,给高校工会工作的开展带来机遇的同时也带来了挑战。高校工会作为联系广大教职工的桥梁和纽带,是组织教职工参与民主管理、民主监督的代表者,也是群众合法权益的维护者。因此,工会工作的职责要求高校工会工作要勇于创新、善于创新,去适应信息时代带来的变化,更好地为广大教职工服务。本文将就高校如何利用“网络基础设施完善、人员素质高、使用网络频率高”的优势,将网络服务纳入到创新工会工作的重要手段中去,进一步加强工作服务载体的建设,从而创新高校工会工作的方法和手段,增强高校工会工作的时代性、吸引力和针对性等进行一些探讨。

---

①　陈永强,杭州师范大学杭州国际服务工程学院党委书记、副教授。

二、基于网络服务的高校工会工作现状分析

(一)基于网络服务的高校工会工作现状

(1)教职工网络参与度高,工会已经开始利用网络开展工作。当前,大多数学校特别是高校都建立完善了自己的校园网络,其已成为高校管理的重要基础。互联网成了高校教职工了解社会、接触社会的基本方式,正在或已经改变了他们的思维方式和行为习惯,他们对网络的依赖程度也越来越高。有调查显示,在高校几乎90%以上的教职工都通过浏览网络来查阅信息或进行信息检索,大多数教职工利用计算机联网功能,依靠互联网达到获取知识、传递信息、交流情感的目的。可以说网络已成为人们思想交汇、情感碰撞、信息传播、情绪宣泄的重要平台。工会通过网络这个平台,积极开展宣传思想工作,以扩大宣传思想工作的覆盖面,来更广泛地收集教职工的信息,了解教职工的意见、呼声、要求和建议,通过广泛吸引教职工参与对学校改革方针、政策、制度的学习、讨论,进一步达到宣传思想工作的目的。

(2)工会利用网络开展工作,已经取得部分成效。相比以往,工会在履行维护学校的稳定与发展以及维护广大教职工的根本利益职能时往往显得较为被动,经常成为"事后诸葛亮"。现在,通过充分利用互联网,工会的工作便可主动靠前,既能较好地保证学校的和谐稳定,又能使教职工的根本利益得到切实保障。如工会可以通过网页、QQ群、邮箱、微博、短信平台等网络载体及时将学校的改革发展目标和中心工作、学校发展过程中遇到的困难和问题等主动引导教职工加入讨论,以广泛征求意见。这样一来,学校不仅能够很好地把握教职工的最新思想动态,将其作为今后制定改革方案的依据,而且在交流过程中增强了教职工的主人翁意识,增进了教职工对学校工作的理解和贯彻的自觉性,使学校的发展与教职工自身利益的获得形成一个有机的统一。这样既有利于维护学校的稳定与发展,又有利于更好地维护和实现广大教职工的根本利益。

(二)存在的不足

网络在高校工会工作中的优势和作用是明显的,许多高校工会都建立了自己的网站或网页,但目前高校工会利用网络开展工作的状况还有待改善。

(1)高校工会网站内容普遍比较单一。大多数工会网站内容通常就是简单介绍工会的组织结构、负责人、工作职责等,网站中没有特色栏目,网站功能结构

单一,而且往往只能依靠单向传播,没有提供互动功能,对教职工的吸引力明显不够。

(2)高校工会网站缺乏与教职工的互动性。由于宣传力度不够,这类网站通常被淹没在浩瀚的网海中。因而,教职工的关注程度和参与热情都相对比较低,使之不能够很好地形成及时、有效的互动,也无法实现高校工会网络成为联系教职工的纽带,以及成为联系学校中心工作和教职工切身利益的桥梁。

(3)未能充分认识网络给社会、高校带来的挑战与机遇,尤其是未引入微博等新媒体媒介。因为不能认识到网络已经渗透到高校教职工学习、生活的方方面面,高校工会对利用网络开展工作的重视程度不够,意识不强,更没有认识到应该把当前日益增加的网络虚拟群体的工作纳入到工会的工作范围中来。

三、依托网络平台,加速构建高校信息化工会

(一)切实加强网络交流、互动平台建设

1.构建网上"教工之家",吸引教职工乐于安"网家"

工会的最大优势是组织优势,只有发挥规模效应,才能最大限度地扩大工会在高等学校整体工作中的影响,在完善各项工作措施的同时,形成规范的工作程序。只有这样,才能把教职工更多地吸引到工会中来,参加到网上的"家"中来,体味"网家"的温暖和关爱。因而,网上"教工之家"的建设要真正面向教职工,直面教职工关注的热点、难点问题,"答疑解惑"以进行正面引导。为了突出体现教职工之家的特色,这些具有鲜明工会工作特色的内容很能吸引广大教职工的眼球,真正实现工会工作进网络。

2.构建工会交流群,促进教工沟通与交流

QQ群等即时聊天软件是当前教职工中使用最为普遍、功能最为全面的交流平台。构建工会交流群,有利于教职工以文字、图片、视频等多种形式分享工作;有利于院务信息的传递,提高工作效率;有利于意见的征集,提高工会决策的科学性和准确性。以杭州国际服务工程学院为例,学院建立国服院工会群后,平常不乐意与同事交流、不轻易发表意见的教职工态度发生了很大的转变,利用QQ群这个平台畅所欲言,积极发表自己的观点。工会群建立半年以来交流信息达两万余条,有效促进了教工间的沟通与交流,为学院营造了良好的工作氛围。

3.设立工会服务信箱,提高服务职能

服务教职工是工会的职能之一,相较于其他交流平台,电子信箱更具有针对性和私密性,它不受地点和时间的限制,遇到问题可以随时寻求解决与答复。以杭州国际服务工程学院为例,学院考虑到理工科老师性格内向、不善于交流的缺点,为切实有效地解答教职工在工作学习中遇到的困难,专门开设了工会服务信箱,并安排有专人负责管理。凡是有教职工反映涉及学院在教学与管理过程中的问题,学院承诺在3天内给予解决与答复,在第一时间为教职工排忧解难。服务信箱的功能,大大地提高了教职工对学院的满意度。

4.建立微博等新媒体信息发布、互动平台,保障信息有效传播与反馈

近年来,以微博为代表的自媒体将移动通讯、互联网及资讯紧密结合,显示出自主信息发布性、功能高集成性、媒体融合与跨越性、快速直播便利性、广泛平等交互性、自由简短原创性等多重特点,迅速介入社会生活。以杭州国际服务工程学院为例,推出的微博生日纪念活动,通过短信推送、微博祝福、每日工会手机报的方式向每一位过生日的工会成员传一条短信、@一次生日祝贺微博,自媒体信息在平台上大量转发、评论,在广大师生心中形成了一股"暖流",有效搭建起基层工会同基层教工之间的"连心桥"。仅2012年一年@杭州国际服务工程学院发布微博125条,听众1234人,关注137人,通过微博渠道解决教职工实事29件。

5.建立网上投票系统,提高工会决策的民主性和高效性

学校许多涉及教职工切身利益的重大改革、重要决定等出台前都需要教职工代表进行表决,通常需要召集部分代表坐在一起当场投票,这种方式既浪费教职工的时间,同时参与人数也非常有限,有时也不能真正反映教职工的意见。通过网上投票系统,教职工不受时间和地点的限制,同时也便于统计,投票结果更好地代表了教职工的意见。

(二)做好工会网上宣传工作

1.网上宣传形式的多元化

通过微博、短信、论坛等自媒体交互平台的互动,以"微调查""微视频""微直播""微同步""微活动""微专题"等生动的多媒体传播形式,使教职工的愿望和要求以"直接、公开、畅通"的形式传递到决策层面,真正做到"从群众中来,到群众中去",推进高校工会建设上台阶上水平。

2.网上宣传内容的多元化

通过在工会网站上开设"工作动态""服务通道""关爱健康""职业提升""民主管理"等栏目,丰富宣传内容,起到向教职工答疑解惑的主要目的,及时宣传了工会的法律法规,贯彻落实了工会的基本职能,传达了教代会精神,公开了校务信息,展示了教职工在教学、科研等方面的成果。

四、整合网络资源,助推高校民主化建设

(一)把互联网建设成为院务公开的有效载体,加强网络民主监督

要充分利用互联网这个有效载体,建好网上院务公开栏目,对院务实行网上公示,使广大教职工及时了解学院的工作动态。对动态的行政事务采取网上公示,比起开会逐级传达显然快捷方便得多,比起一年一次向教代会报告工作来也更具有时效性。除此之外,论坛也应是工会网站重点办好的栏目,可邀请学院领导在网上与教职工进行互动,对教职工关心的热点问题进行答疑,营造一个平等、民主的网络氛围,全方位地为教职工服务,倾听教职工的呼声,并及时向学院党委反映教职工的呼声,吸纳意见和建议,更好地维护学院的发展和教职工的利益。

(二)利用互联网处理教代会提案,实现提案工作的公开透明

教代会已成为教职工民主管理和民主监督的主渠道,成为积极推进校务公开的有效形式;将提案的落实与加强教职工参与学校民主管理和解决好教职工最关心最现实最直接的利益问题结合起来,努力提高提案的落实成效,其在促进学校改革与发展、推进学校民主管理方面发挥了不可替代的作用。

依赖传统的提案征集工作程序和方法将导致征集工作效率低下,办事成本巨大等问题,随着互联网的普及,通过在现有网上办公功能的基础上,研发、建立更进一步的网络办公系统,构建适应新形势需求的办公流程,提高工作效率,建立学校行政电子政务系统。此种办法也充分显示了提案代表的履职方式不仅仅是提出问题,而且直接参与了问题的解决,代表了民主参与的方式向纵深发展。

五、结束语

笔者希望通过高校工会加强网络管理,进一步改进和完善高校工会的服务手段,加速构建高校信息化工会,提升高校工会的工作效率和工作水平,更好地为广大职工群众服务,促使高校工会工作逐步实现从福利型向参与型、活动型向维权型、常规型向开拓型转变,为学校的改革稳定发展大局服务。

"工会知识进校园、工会理论进课堂、专家学者进工会"的工作机制研究初探

沈宝林① 施萍萍②

【摘　要】在社会主义建设的新时期,为更好地完成国家赋予的任务,高校工会工作者探究"工会知识进校园、工会理论进课堂、专家学者进工会"的新型高校工会工作机制就显得非常重要。本文主要从高校工会开展"三进"工作的必要性、当前工会具有的作用、开展"三进"工作的途径及开展"三进"工作的意义等方面进行研究。

【关键词】高校工会;"三进"工作;机制研究

工会,又称工人联合会,是保障工人阶级利益的革命团体。改革开放几十年以来,我国工人阶级在党的正确领导下,艰苦奋斗,锐意进取,积极支持改革开放,充分发挥党联系职工群众的桥梁纽带作用,推动社会发展,促进社会和谐,为我国的特色社会主义事业做出了极大贡献。党的十八大和工会十六大一再强调实现中华民族伟大复兴的中国梦必须充分发挥工人阶级的主力军作用,必须紧紧依靠工人阶级发展中国特色社会主义。高等学校工会是上级工会领导下,普遍存在于高校内部,维护和代表广大教职工利益的群众性组织。高校工会的存在,有力地维护了校内劳动关系,推进了和谐校园的构建。近年来,我国高校工会队伍不断扩大,素质不断提高,结构不断优化,发展完善了教代会、职代会等机制,但还存在着不少问题与不足,例如高校工会干部选拔机制不合理等。高校中的青年大学生不仅是祖国未来事业的接班人,同时也是未来工人阶级的有生力量,高校工会正处于这样一种特殊地域中。因此,高校工会不仅要关注自身建设和发展,更重要的是要让大学生这一知识分子群体能够充分了解工会知识,理解工会理论,接触工会工作。在社会主义建设的新时期,为更好完成国家赋予的任

---

① 沈宝林,杭州师范大学马克思主义学院研究生。
② 施萍萍,杭州师范大学马克思主义学院研究生。

务,高校工会工作者探究"工会知识进校园、工会理论进课堂、专家学者进工会"的新型高校工会工作机制就显得非常重要。

一、当前高校工会"三进"工作机制研究的必要性

(一)开展高校工会"三进"工作是落实党的十八大和工会十六大精神的需要

党的十八大报告指出,党要全心全意依靠工人阶级,健全以职工代表大会为基本形式的企事业单位民主管理制度,保障职工参与管理和监督的民主权利。工会十六大也指出,要坚定不移走中国特色社会主义工会发展道路,坚定信念、改革创新、埋头苦干,团结动员亿万职工在全面建成小康社会、实现中华民族伟大复兴的中国梦的历史进程中充分发挥工人阶级主力军作用。高校工会工作者创新工会工作机制,是贯彻落实党的十八大和工会十六大精神的需要,能极大促进高校工会工作的开展。同时精神也指明了新工作机制的开展方向:高校工会在开展"三进"工作过程中要认真领会精神内容,准确把握精髓,加强工会工作者和广大教职工的政治理论和业务能力建设,提高工会工作者和广大教职工各方面素质,让教育强国的育人理念深入人心,将工会知识与理论融入教学与生活中,扩大高校工会的影响力,从而更好地完成高校工会的工作使命。

(二)开展高校工会"三进"工作是构建和谐高校校园的需要

一方面,高校工会作为联系学校与教职工之间、教职工群众之间的桥梁和纽带,有责任和义务向学校反映广大教职工的意愿和利益,这有利于推进学校科学决策。另一方面,高校工会也有责任和义务向广大教职工宣传和解释学校相关规划和政策,调节教职工之间产生的矛盾与隔阂,使教职工之间、教职工与学校之间的关系和谐,从而促进和谐校园的构建。高校工会有义务组织开展一些文体休闲活动,不仅要让广大教职工在繁重的工作之余得到休息和调剂,以保证其身心健康发展,更重要的是促进和加强广大教职工之间的沟通和交流,协调教职工之间的利益冲突,激发教职工工作热情。因此,高校需要充分发挥高校工会的桥梁纽带作用,让工会知识进校园、工会理论进课堂、专家学者进工会,更好地推动高校校园和谐发展。

(三)开展高校工会"三进"工作是推进工会自身能力发展的需要

新时期要求高校工会要以新形象新面貌出现,要以有效的手段方式改变与

时代发展不相适应的地方,要改变传统工会给人的福利型、娱乐型机构的不良印象。这就要求各高校工会要紧密围绕在党中央和学校周围展开工作。在理论上,需要用十八大报告和工会十六大报告精神指导工会开展工作;在向广大教职工和大学生宣传工会理论的实践过程中,要广泛征求教职工和学生的意见建议,集思广益,更好地促进工会工作。高校工会工作者要注重在"三进"工作方法上下功夫,发展和创新工会工作理论和实践,推进工会工作机制和制度的改革,从而使高校工会自身能力得到充分提高。

二、当前高校工会的作用

(一)桥梁和纽带作用

1.联系党组织、管理层和教职工

工会处在高等的育人场所——高校当中,高校最主要的群体除了学生之外就是教职工,因此高校工会的桥梁纽带作用首先体现在联系学校和教职工。工会作为学校和教职工之间的桥梁,能够与双方进行广泛沟通交流,促进学校政策的执行和教职工工作任务的完成。高校工会首先能够深入基层,认真听取群众意见,向党组织或者学校党政部门反映,还能向教职工传递党组织和学校的相关思想,从而保证上下信息传递畅通,在充分的沟通与交流中化解矛盾,构建和谐校园。

2.联系教职工和教职工

教职工是高校教学和日常运转的主导力量,教职工间关系和谐与否直接影响到高校工作能否正常运转。工会作为教职工间联系的重要纽带,能够协调教职工间的矛盾,稳定教职工队伍。近年来,高校各项改革逐步深化,教职工的利益分配受到较大调整,因而教职工的思想问题也随之增多。工会应该协助学校做好教职工的思想工作,合理调整教职工利益,以广大教职工普遍能够接受的态度方式开展工作,特别注重了解教职工之间的冲突,努力协调教职工之间的矛盾,最大限度地减少摩擦,从而营造出良好的工作氛围。

3.联系教职工和学生

构建和谐校园,还要努力加强教职工和学生之间的和谐关系。近年来,高校事件频频发生,其中也不乏学生与教职工之间的冲突。究其根本,是学生和教职工之间的利益关系发生冲突或者一些工作方式的失误。工会需要通过开展一些活动,广泛沟通学生和教职工,通过工会知识进校园、工会理论进课堂、专家学者进工会等方式增进学生和教职工之间联系,让教职工了解工会知识并将工会理论融入教学之中,让大学生能够了解工会,学会维护自己的合法权益。

(二)民主建设作用

1.民主激励作用

高校工会的特点之一是以教书育人为根本目的。工会的存在是为了保障教职工能够更好地实施教学计划。高校工会民主建设的首要任务就是发挥自身阵地优势,引导和激励广大教职工深入学习党的方针政策,深化教育理论学习,坚定教书育人信念,努力引导他们自觉站在国家改革前列,支持和贯彻国家和学校提出的各项改革发展措施,并且正确对待自身利益关系的调整,服从组织安排,从而为学校的发展、学生的发展做出自己的贡献。

2.民主参与作用

高校工会代表的是全体教职工的利益。学校在制定涉及教职工利益的各项方案的过程中,要让工会参与其中,充分反映和体现教职工的意愿和要求,要让教职工代表广开言路,积极献计献策。只有在涉及教职工切身利益的重要措施中充分体现教职工的意愿,并通过教代会审议通过,才能充分调动教职工的工作积极性,从而在构建和谐校园,促进学校和学生发展过程中起到重要作用。

3.民主监督作用

在构建和谐校园过程中,高校工会还承担着推动校务公开的协调运作、监督与信息反馈工作,从而发挥其民主监督作用。高校工会除了把教代会作为实现教务公开的载体之外,还要进一步拓展校务公开的宽度和广度,从而保证校务公开工作的有序开展。

(三)教育传播作用

高校是各类学者专家和高层次专业技术人员汇聚的地方。当前繁重的教学、科研和管理业务都会使这些教职工思想压力增大,高校工会能够以校园文化活动为载体,传播各种有效信息,组织举办各种校园文化活动,进行教育传播的同时舒缓教职工的工作压力。另外,广大教职工在与学生共同参加活动的过程中能够传授知识、交流经验,引导学生树立正确的人生观、世界观和价值观,并在潜移默化中加强教师作为教书育人主体的思想,加强教师的思想道德建设,从而使教师能够更好、更认真、更全面地投入到教学之中,并把相关知识和文化渗入到教学之中。

三、当前高校工会开展"三进"工作的途径

"工会知识进校园,工会理论进课堂,专家学者进工会"的工作机制,主要就是通过理论宣传和实践宣传来促进广大教职工和大学生对工会的认识,改变高校工会传统形象,推进高校工会自身建设,真正发挥高校工会"联系、建设、维护、教育"的职能,使工会真正在构建和谐校园进程中发挥重要作用,进而使高校工会在全国工会组织中起到中流砥柱的作用。

(一)以理论宣传方式开展

1.以职工大会或各种宣讲会、讲座为依托开展工作

"工会知识进校园"的主要目的,就是让缺乏工会知识的大学生和教职工有机会接触和学习到工会知识,提高高校工会的影响力。高校工会可以通过职工大会或者各种宣讲会、讲座向广大教职工和大学生宣传工会知识,并且通过相关专家的实际经验及专业为依托讲解工会相关法律,特别是与就业相关的法律,从而增强广大教职工和大学生的维权意识,以及帮助他们处理遇到的侵权问题。

2.以大学课堂为宣传平台开展工作

工会理论进课堂也是工会理论传播的重要一环。广大高校教师特别是思想政治教师应该以大学课堂为平台,将工会知识和理论融入教学之中,通过与专业知识、多媒体课件相结合向大学生生动地宣传工会理论,特别是加强学生日后参加工作之后的维权意识的培养,以及维权手段的掌握。另外,在党团课学习期间党团干部也应以党校课堂为载体,采取多种形式对各类法律进行讲解,例如《工会法》《劳动合同法》《中国工会章程》等,从而帮助高校学生培养相应的意识,掌握相应的手段。

3.以微时代背景下的新媒体为载体开展工作

单一枯燥的课堂理论教学形式不符合当代大学生的思想行为特点,当前的"微时代"时代背景也对这一教育方式产生了一定的挑战。因而,高校工会在开展"三进"工作时应该紧跟时代潮流,利用各类新媒体开辟工会理论宣传新阵地,将"微时代"带来的挑战变为机遇,搭建工会理论宣传新平台。首先,各高校可以

利用微课堂、慕课等形式开展工会理论宣传;再者,相关工会工作者可以通过微信、微博、论坛等平台的社会交互功能与学生针对热门话题进行自由讨论,各自发表自己的见解,还可以利用网络中的影像、例子、典型等材料来使工会理论活跃起来,从而深化学生对工会的认识,让他们明白掌握工会理论的重要性。

(二)以实践活动方式开展

高校工会"三进"工作机制不仅仅是理论宣传,理论最终还是服务于实践的。如何利用"三进"工作机制获得的理论氛围开展工会实践创新是此工作机制的最终目的。

1.以校园休闲活动为依托开展工作

高校工会的传统印象是娱乐性机构,这确实是工会的重要职能之一。高校工会通过组织开展各种寓教于乐、健康有益、喜闻乐见、形式新颖多样的特色校园文化活动,并将"三进"工作融入这些活动中,如知识竞赛、演讲赛等活动,使广大教职工还有一些学生能够在活动中拓展知识、陶冶情操、增进感情、愉悦心情、锻炼身体,增强广大教职工及学生的凝聚力和集体观念,进而成为和谐校园构建进程中的一道亮丽风景线。

2.以人文服务实践为途径开展工作

工会组织作为反映职工意愿的部门,不应该是高高在上的。工会干部应该要俯下身来,将"三进"理念切实实践起来,深入调研,深入了解广大教职工的困难和意愿,广泛收集第一手资料,发现问题,总结问题,分析问题,有针对性地解决问题,从而实现高校工会工作的新突破。特别在实践过程中,各高校要秉着人文关怀的原则搭建平台为广大教职工提供相应的帮助,切切实实地解决广大教职工的问题,使广大教职工真正感受到"三进"工作机制的活力和力量,感受到高校工会自身建设的完善,让广大教职工把工会当成真正的"职工之家""温馨之家",从而更好地支持"三进"工作的开展以及工会自身的建设。

四、当前高校工会开展"三进"工作在构建和谐校园中的意义

当前高校工会的组织发展因其复杂的历史原因以及各种法律制度的不健全导致工会存在着不少的问题,如维权机制不健全、发展经费得不到保障等。因此教职工有了利益关系的矛盾和问题,一般不会求助于本应该代表他们的工会。

这使得工会的职能得不到发挥,地位得不到重视,高校工会有被边缘化的危险。要改变工会的当前状况,使其在构建和谐校园进程中发挥应有的作用,首先必须要从思想理论上开始转变。"工会知识进校园,工会理论进课堂,专家学者进工会"的工作机制就是一种引导人们思想理论转变的机制,这不仅是广大教职工对于工会认识的转变,也是广大学生对于工会认识的转变。

(一)在高校广大教职工中开展"三进"工作的意义

高校作为教书育人、培养祖国接班人的阵地,其广大教职工的主导作用是不可忽视的。大学生在大学阶段思想开放,生活较自由,并处于踏入社会前夕,因此高校教职工对其的影响是很大的。广大教职工的任何思想与行为都会影响大学生的学习生活方式,甚至进入社会以后的人生选择。高校工会开展"三进"工作对教职工而言具有重大的意义:首先,开展"三进"工作能使广大教职工对工会理论有进一步认识,深入了解工会的各项职能,增强自己的维权意识,保障自身的合法利益。其次,开展"三进"工作能提高广大教职工参与工会组织各项活动的积极性,在教代会、职代会等会议中乐于行使自己的参与、监督等权利。再者,开展"三进"工作能够让广大教职工在教书育人工作中增加和学生的交流与了解,互相学习,互相沟通,从而培养出更加优秀的下一代接班人。最后,开展"三进"工作能够加强工会自身的建设。广大教职工在"三进"工作开展过程中获得工会知识,学习工会理论之后能够反思当前工会存在的问题,再以其专业素质加以总结成理论,促进了高校工会的发展。

(二)在高校大学生中开展"三进"工作的意义

高校大学生作为祖国的接班人,同时也是工人阶级未来的新成员,是职工队伍和工会会员的后备力量。开展"工会知识进校园,工会理论进课堂,专家学者进工会"的工作,能够让高校大学生在未来的就业选择、维护自身利益等方面都更具有优势。首先,开展"三进"工作能让大学生对工会组织和工会职能有进一步的了解和认识,增强他们加入工会组织和依法维权的意识,并且通过了解工会,能够让大学生更了解党、了解工人阶级作为中华民族先锋的作用,更加自觉地树立起拥护党、拥护国家的爱国主义精神。其次,开展"三进"工作能让大学生在学习知识理论的过程中参与到工会的各项文化活动中来,从而与教职工加强沟通和交流,从而建立起更加和谐的师生关系,为构建和谐校园做贡献。此外,大学生也能够充分享受工会为其就业提供的服务,帮助他们在就业过程中更好地维护自己的合法权益。最后,开展"三进"工作能够推进工会自身建设。大学生作为青年知识分子,有极强的接受能力和创新能力,在大学生学习工会知识和理论、了解工会的问题之后,能提出新的工会发展机制和工作机制的建议意见,从而促进高校工会的健康发展。另外,工会还能够发挥大学生知识群体的力量,让大学生在踏入社会之后继续宣传工会知识,加大全社会对工会组织的认知度,加强人民对工会、对党、对国家的信任和支持,从而促进整个工会组织的持续发展,增进党和国家对工会建设的自信,能够更好地构建整个社会主义和谐社会。

参考文献

[1] 李建国.高举旗帜,改革创新,团结动员亿万职工在实现中国梦历史进程中充分发挥主力军作用——在中国工会第十六次全国代表大会上的报告[J].工会信息,2013(11).

[2] 卓毓荣.高校工会在和谐校园建设中的作用分析[J].工会论坛,2010(1).

[3] 林少菁.高校工会价值实现的路径探析——以福建农林大学工会为例[J].西南农业大学学报(社会科学版),2012(12).

[4] 曾惠娴.高校工会如何推进校园文化建设的发展[J].中国职业教育,2013(10).

[5] 孙桂英,顾剑.高校工会在构建和谐校园中的作用和思考[J].学理论,2013(11).

[6] 福亭.高校工会在和谐人文校园文化建设中的策略研究[J].中国电子教育,2009(1).

[7] 玉凤,张友民.高校工会在和谐校园建设中的作用[J].工会论坛,2008(1).

[8] 郑虹.高校工会如何推进校园文化建设的发展[J].吉林省教育学院学报,2011(8).

多方位、多渠道,打造基层工会新气象

朱立锋[①]

【摘　要】增强工会尤其是基层工会的活力,更好地发挥基层工会的作用是基层工会工作者一个长期探索的课题。本文作者从自身在基层工会工作的亲身所感,论述了增强基层工会活力,提高基层工会作用的新思路,并结合现实案例分析如何增强工会活力,以及提高工会活力对日常工作所起到的作用。

【关键词】以人为本;基层工会;增强工会活力

工会作为职工自愿结合的工人阶级群众组织,是群众利益的代表者和维护者,负有团结、组织、引导广大职工群众的历史使命。随着改革的不断深化和市场经济体制的基本确立,我们进入了全面建设小康社会,开创社会主义物质文明、精神文明和政治文明协调发展的新时期。面对更为复杂的社会利益关系,工会工作的领域、对象、任务、环境都发生了深刻的变化,员工对工会工作的期望值越来越高,工会组织肩负的责任也更加艰巨繁重。而工会基层组织是工会全部工作和战斗的基础,是工会整个肌体的细胞。因此如何在新的形势面前,把基层工会的目标任务落到实处,使工会工作有更大突破和长足发展,是基层工会工作者不得不认真思考的一个重要课题。笔者结合基层工会的工作经验,就如何在新时期、新形势下增强基层工会活力,提高基层工会作用做一浅显的论述。

一、以人为本是增强工会活力的新理念

以人为本,是科学发展观的本质和核心,就是要把不断满足人的全面需求,促进人的全面发展作为发展的根本出发点和归宿。牢固树立和认真落实科学发展观,就必须坚持以人为本,把人民群众的利益作为一切工作的出发点和落脚

---

①　朱立峰,杭州师范大学后勤发展总公司工会主席。

点,不断满足人民群众多方面的需求和促进人的全面发展。工会组织是党组织联系职工群众的桥梁和纽带,工会工作是党的群众工作的重要组成部分。党中央以人为本的要求与工会维护职工合法权益的基本职责是完全一致的,坚持用以人为本的思想指导工作,就要从工会的性质和特点出发,在各项工作中维护职工的合法权益作为根本出发点和落脚点,努力促进员工多方面需求的满足和自身的全面发展。

1. 坚持以人为本,就必须充分尊重职工,保障职工群众的民主权利

工会是职工自愿结合的群众组织,在工会工作中坚持以人为本,首先要充分尊重职工的民主权利。基层工会通过加强与单位制定政策源头的沟通来参与反映职工的呼声和要求,这是保证职工行使民主权利的重要途径。要进一步拓宽和疏通与源头沟通的渠道,使单位行政在制定政策和改革方案上反映职工群众的意愿,使职工群众的合理要求得到充分体现。其次要落实职工的知情权。只有让职工知情,才能将职工当家做主的民主权利落到实处。最后要强化职工的监督权。职工群众的监督是最基层、最直接的监督,要通过多种渠道、多种方式落实职工的监督权,使单位的一切工作都处于职工群众的监督之中。

2. 坚持以人为本,就必须发挥基层工会组织的桥梁作用

企业工会组织是企业党组织联系职工群众的桥梁和纽带。因此企业工会要经常听取职工群众的意见和建议,认真地把职工的意见和建议及时向企业党组织和企业负责人进行反馈,并将处理情况及时向职工说明,要把企业的现状、存在的困难、企业对职工利益的有关设想等及时向职工进行宣传,增加职工对企业的了解,从而形成职工知企业、爱企业的企业文化,促使企业健康发展。

二、拓展工会活动新载体是增强工会活力的新思路

俗话说,流水不腐。"流"的本义是指有生命意义的东西。只有不断变化的东西才能永葆活力。自然界的"水"是如此,我们的基层工会工作又何尝不是如此呢?随着时代的发展变化,随着员工知识结构的变化,要想保持甚至增强基层工会组织的活力,不创新工作模式,不扩大活动载体,就只会导致我们的工会组织逐渐失去在群众中的地位,就不可能把广大职工吸引到工会组织中来。笔者认为,由全国总工会提出的基层工会建设"职工之家"是一个十分契合当今工会工作,十分符合会员需求的一个新的工会活动载体。实践也证明,建立一个符合

基层工会特色的"小家",对于增强基层工会的活力是一个十分有效的综合性载体。那么如何利用这一活动载体,发挥其应有的作用呢?

笔者认为,首先就要从本单位会员的实际出发,要实事求是,不能为考核而"建家"。其次,要把"建家"工作和"建设企业"相结合,自觉将"建家"工作融入本部门的工作中去。再次,"职工之家"的建设和管理必须形成齐抓共管的局面,要推动多方积极参与。只有很好地做到上述三点,才能让"职工之家"焕发出其应有的活力。以笔者所在的单位——后勤集团工会为例,在准备建设"小家"之前,集团工会没有出现几个工会领导"拍拍脑袋"就盲目上马建设的情况,而是在建设之前,在员工中做了一个详细的调查,从普通员工到公司负责人,从一线人员到管理骨干逐一了解、调查,开展座谈,通过多种渠道、利用多种形式较为客观地了解到员工的实际需求,从而一开始就较为准确地把集团"职工之家"定位为一个"学习之家、活动之家和温情之家"。准确的定位,使得集团的"职工之家"在建设初期就受到了员工的热情关注,得到了员工热情的帮助。

同时,集团把"建小家"活动与公司的企业文化、企业特点紧密结合起来,从而使得集团工会的"小家"成为集团密不可分的一部分。集团党政的支持,员工的积极参与,使得集团的"职工之家"成为一块神奇的"磁铁",吸引着全体员工积极参与到工会的各项活动中来,使工会组织焕发了新的魅力,使基层工会很好地做到了"贴心人、知心人"的角色。

三、基层工会做好"人"的文章是增强工会活力的新源泉

人,是21世纪最可宝贵的资源。做好"人的工作"是工会一切工作的出发点和归宿点。所有离开了"人"的工会工作,都是无源之水、无根之木,是无益于增强工会组织的活力的。这里所指的"人的工作",主要是两个层面的意思。首先,基层工会要加强对工会干部班子的建设,这是所谓"人的工作"的第一个方面。众所周知,所有工会工作的贯彻和执行,都离不开一个强有力的工会领导班子,一个不具有广泛代表性、缺乏工作责任心和必要工作能力的工会班子,注定要在实际工作中碰壁,这对发挥基层工会组织的作用是一个很大的"硬伤"。加强工会领导班子的建设,首先要强化工会干部的政治意识、责任意识和创新意识,要提高贯彻党中央有关精神的自觉性和坚定性,进一步增强工会干部的责任感和使命感。其次,每个工会干部在新的历史时期,都要进一步解放思想,转变观念,创造性地开展工会各项工作。最后,要加强工会干部的学习意识,致力于提高工

会干部的理论水平和工作能力,以利于日常的工作开展。

拥有一支强有力的基层工会领导班子,是做好工会工作的基础,但不是全部。这就涉及"人的工作"的另一个方面,即加强工会会员队伍建设。工会工作要靠人去做,仅仅依靠一个工会班子毕竟力量有限。因此,基层工会就要努力做好这一方面的工作。要解决外来务工人员的"入会"问题,体现工会组织的群众性和开放性。如杭师大后勤集团工会在开展日常工作中,就十分注意这一点。由于集团在学校是一个独立核算、自负盈亏的经营实体,因此绝大部分的后勤员工都是没有学校事业编制的人员,这就使这一部分的员工在入会上存在了障碍。集团工会在了解到这一情况后,多次与学校工会进行协商,想方设法让大部分后勤员工不再为"入会"而烦恼。在学校工会的大力支持下,目前,集团在学校工会的帮助下已顺利解决了集团合同制人员的会员资格。这一问题的解决,起到了意想不到的结果:这一批合同制人员因此而工作热情高涨,坚定了他们扎根后勤、奉献后勤的信念,其中一部分员工还逐渐成长为集团的骨干人员。这一成绩的取得,基层工会功不可没。同时,集团工会还十分注意特长人员的挖掘和培养工作,组成了一支具有表演、主持等天赋的工会积极分子队伍,这也为集团工会开展文娱活动、丰富员工生活打下了人才基础。

四、以帮扶工作为抓手,增强基层工会的"新引力"

基层工会要以"职工有困难找工会"活动为抓手,增强基层工会对会员的"吸引力"。送温暖活动和对困难职工的帮扶活动,是救急行动,也是一项"民心工程",起到了雪中送炭的作用,真正发挥了党和群众的桥梁和纽带作用。

工会最大的优势就是密切联系职工群众,最大的活力就在于能够吸引职工群众。要增强基层工会活力,必须真心实意为职工说话办事,让困难职工对工会的作用看得见、摸得着。杭师大后勤集团工会就十分注重做好困难员工的帮扶工作。成立了由集团行政经费支持,员工自觉捐款而成的"帮困基金",对需要帮助的员工施以援手。集团工会在调查走访的基础上,建立了困难职工档案,制定了每学期的帮扶计划,建立了固定的帮扶关系,定期上门慰问,及时解决帮扶对象的困难。对特殊困难的员工,如符合市、学校工会补助条件的,集团工会总是及时帮助申请;不符合上级工会补助条件的,集团工会从"帮困基金"中给以力所能及的帮助。员工生病住院了,工会及时派人前往探视,把集团工会的关怀和温暖送到病床前;员工家庭出现矛盾了,集团工会就及时主动地了解,并进行必要的调解。帮扶工作的开展,已经成为工会沟通员工、了解员工的一个渠道,使工会起到了员工"娘家人"的角色。

增强工会组织的活力是新时期工会工作的一项重要工作。工会活动开展的好坏是检验基层工会组织活力的一个重要标志。增强基层工会活力,是一项全局性、综合性的工作,这就要求我们要牢固树立面向基层、服务基层的思想,进一步转变工作作风,深入基层;加强示范引导,推动基层工会的理论创新、机制创新和工作方式方法创新,开动脑筋,实事求是、因地制宜、有的放矢地做好工会工作,从而进一步提高基层工会的作用。